教你打官司 丛书

婚姻家庭法律案例

——家庭继承与收养事务纠纷

兰　花　编著

山西出版传媒集团　山西教育出版社

图书在版编目（CIP）数据

婚姻家庭法律案例. 家庭继承与收养事务纠纷/兰花著. —太原：山西教育出版社，2012.5
（教你打官司）
ISBN 978-7-5440-4197-3

Ⅰ. ①婚… Ⅱ. ①兰… Ⅲ. ①继承法-案例-分析-中国②收养法-案例分析-中国 Ⅳ. ①D923.05

中国版本图书馆 CIP 数据核字（2009）第 205375 号

婚姻家庭法律案例·家庭继承与收养事务纠纷

责任编辑 魏雪萍
特邀编辑 霍 艳
复　　审 郭志强
终　　审 张沛泓
装帧设计 刘志斌
印装监制 贾永胜

出版发行 山西出版传媒集团·山西教育出版社
（太原市水西门街馒头巷 7 号 电话：4035711 邮编：030002）
印　　装 山西人民印刷有限责任公司
开　　本 850×1168 1/32
印　　张 11.875
字　　数 370 千字
版　　次 2012 年 5 月第 1 版山西第 2 次印刷
印　　数 7001—9000 册
书　　号 ISBN 978-7-5440-4197-3
定　　价 21.00 元

序　言

俗话说："无规矩不成方圆。"法律虽然抽象，但离我们的生活并不遥远。法律规则在现代社会人与人的交往中发挥着重要的作用，尤其是在预防和减少纷争、维护自身权益方面。我国正处在经济迅速发展、法制日臻完善的时期，法律的制定和修订也比较快，因此，对于普通百姓而言，我们不仅需要了解基本法律理念，还需要了解最新的、与我们生活密切相关的法律知识。

本套"教你打官司"丛书本着"为你打官司支招，为你赢官司献计"的宗旨，以通俗易懂的方式向读者宣讲法律知识，传播法治理念，让百姓明白自己有哪些权益是受法律保护的，应当怎样运用法律武器维护自己的合法权益。

本丛书共23册，各册的内容体系不是严格按照学术分类或是法律部门进行划分，而是以"与百姓的生活密切相关"为标准，将大量的法律概念、法律原理融入一个个典型而精彩的案例中，让读者在不知不觉中学到法律知识。每册书均采用以案说法的形式，运用简明通俗的语言、根据最新的法律规范深入浅出地解说法律问题。每个案例都由"事情是这样的"、"律师专线"、"法律规范"和"专家释惑"四个部分构成。其中"事情是这样的"旨在简要介绍法律问题的事实背景；"律师专线"是从律师实务的角度指明所涉法律问题，判断问题处理得对错与否，为当事人妥善解决此类问题提出相应的建议与技巧，比如所涉纠纷的核心问题是什么、有效解决问题的措施是什么、该向什么部门反映等；“法律规范”是摘录与案件有关的核心法条，为读者指明解决问题所援引的法律依据；“专家释惑”则是对与案件有关的法律知识进行更专业的阐释与介绍。有些案例还附有“联系本案”的内容，为读者防范或处理相关问题进行提醒。

衷心希望本丛书能成为普通百姓学习基本法律知识的得力助手，使大家不再觉得法律陌生而遥远，为我们认知和维护自身权益略尽绵薄之力。

兰 花

2009 年 7 月于中国政法大学

目　录

第一部分　婚姻家庭关系案例

一、夫妻人身关系与财产关系

二、父母子女关系

第二部分 有关继承法的案例

一、继承法的基础知识

二、法定继承

（一）法定继承人的范围与顺序

（二）代位继承、转继承

二、收养关系的解除及其法律后果

三、涉外收养

第一部分　婚姻家庭关系案例

一、夫妻人身关系与财产关系

内容提要

合法婚姻形成的夫妻关系受法律保护。夫妻关系是由法律规定的夫妻双方之间的权利义务关系，它包括夫妻人身关系和夫妻财产关系两方面。

夫妻人身关系体现为夫妻地位平等（法律地位平等、享有充分人身自由权、有使用自己姓名的权利、互相不得实施家庭暴力等）和夫妻配偶权（同居请求权、继承权、失踪和死亡宣告申请权、贞操请求权、扶养请求权等）。

夫妻财产关系是指夫妻财产所有的形式，可以是各自所有、共同所有或部分各自所有、部分共同所有，在法律上主要体现为法定财产制和约定财产制这两种财产制度。

法定财产制是指夫妻双方在婚前、婚后都没有约定或约定无效时，直接适用有关法律规定的夫妻财产制度。婚姻关系存续期间夫妻所得的财产，都属于夫妻共同所有的家庭财产。夫妻双方对共同财产都有平等的处理权。这些财产包括：夫妻双方的劳动报酬；双方或一方接受继承、遗赠所得的财产，或接受他人赠与的财产。依据我国《婚姻法》第 17 条与第 18 条的规定，除法律规定为归个人所有的财产以外，所有婚姻关系存续期间取得的财产，均归夫妻共同所有。

约定财产制是指夫妻双方可以对婚前、婚后取得的财产的归属、处分以及在婚姻关系解除后的财产分割达成协议。基于意思自治原则，法律自无干预的必要，但是这种约定必须采取法律明确要求的书面形式。

案例 1　林某某包二奶的行为构成重婚，违反一夫一妻制

事情是这样的

夏某某（女）与林某某于 1992 年结婚，婚后两年生下一女。1997 年，丈夫林某某辞职下海经商，作为建筑工程的承包人，收入大幅提高，妻子夏某某就辞职回家做家庭主妇，照顾丈夫和女儿的家庭起居生活。后来，随着林某某赚钱越来越多，回家的时间却越来越少。感觉到丈夫变化后，妻子夏某某从相关生活圈子了解到丈夫在外面包养了“二奶”。夏某某发动亲友对丈夫进行规劝。虽然林某某表面上答应了，但事实上并没有放弃“二奶”，只是做得更加隐蔽。通过聘请私家侦探，夏某某得知丈夫林某某早已在某小区给已经生下一个儿子的“二奶”买下了宽敞舒适的房子。

在亲友对林某某历经数年的多次劝说无效的情况下，夏某某把林某某告上法庭。为此，夏某某聘请了律师在林某某与“二奶”江某某同居地周围开展调查，取得邻居、物业管理公司职员的证言；在林某某私生子入学的幼儿园取得老师证词，查阅了孩子入园登记表。虽然林某某和江某某在小孩子的父母一栏用的是化名，但可以判断小孩的父母是林某某和江某某。受案法院依法进行了相关的调查，取得了林某某、江某某和孩子的生活照数张，包括春天、夏天和秋天等不同时节的照片，从这些照片可以看出三人关系亲密，绝非一般关系。尽管林某某在法庭上百般为自己辩解，但由于有了以上重要证据，法院认定林某某构成重婚罪。

律师专线

本案被告林某某在已经与夏某某存在合法婚姻关系的情况下，与“二奶”江某某以夫妻名义进行生活，属于事实上的重婚行为。尽管林某某在其与“二奶”所生小孩的入园登记表上并没有注明自己的真实名字，也没有就自己与“二奶”的事实上的夫妻关系广为告知，但是，从他与“二奶”以及儿子的生活照，小孩子称呼林某某为爸爸、江某某为妈妈，以及物业等各方面的证据可

知，他与“二奶”江某某确实以夫妻名义共同生活。其行为构成重婚罪。

依据我国《婚姻法》第 32 条、第 45 条、第 46 条，本案原告夏某某还可以要求与被告林某某离婚，并要求林某某对其进行相应的损害赔偿。

事实上，林某某的“二奶”江某某明知林某某已经结婚并且存在合法有效的婚姻，仍然与有妇之夫林某某以夫妻名义同居，也构成重婚罪。

注意

非法同居也违反一夫一妻制度。

修改后的《婚姻法》及相关司法解释，对于同居作了两方面的规定。一方面，针对双方均未婚的情况作出了规定；另一方面，针对有配偶的同居作出了规定。

对于双方均未婚而同居，法律采取了宽容的、基本上不干涉的态度，即同居双方的行为是不违法的。如果同居双方想分开，自己解决就可以了，如果起诉仅仅要求法院解除双方之间的同居关系，法院是不予受理的。但是，如果是要求法院分割双方同居期间的财产或者子女的抚养问题，法院依法受理并裁决。

对于有配偶而同居的情况，法律则采取了严厉的、惩罚的态度。情节严重的违法行为，构成重婚的，还会通过《刑法》予以制裁。

法律规范

中华人民共和国婚姻法

（1980 年 9 月 10 日第五届全国人民代表大会第三次会议通过　根据 2001 年 4 月 28 日第九届全国人民代表大会常务委员会第二十一次会议修正　同日公布并实施）

第二条　实行婚姻自由、一夫一妻、男女平等的婚姻制度。

保护妇女、儿童和老人的合法权益。

实行计划生育。

第三条　禁止重婚。禁止有配偶者与他人同居。禁止家庭暴力。禁止家庭成员间的虐待和遗弃。

第三十二条　男女一方要求离婚的，可由有关部门进行调解或直接向人民法院提出离婚诉讼。

人民法院审理离婚案件，应当进行调解；如感情确已破裂，调解无效，应准予离婚。

有下列情形之一，调解无效的，应准予离婚：

（一）重婚或有配偶者与他人同居的；

（二）实施家庭暴力或虐待、遗弃家庭成员的；

（三）有赌博、吸毒等恶习屡教不改的；

（四）因感情不和分居满二年的；

（五）其他导致夫妻感情破裂的情形。

一方被宣告失踪，另一方提出离婚诉讼的，应准予离婚。

第四十五条　对重婚的，对实施家庭暴力或虐待、遗弃家庭成员构成犯罪的，依法追究刑事责任。受害人可以依照刑事诉讼法的有关规定，向人民法院自诉；公安机关应当依法侦查，人民检察院应当依法提起公诉。

专家释惑

本案主要涉及重婚的认定。

构成重婚有两类人，第一类是有配偶的人，又与他人登记结婚，或者与他人以夫妻名义共同生活的；第二类是明知他人已有配偶的人，又与他人登记结婚，或者以夫妻名义共同生活的。第二类人构成重婚要求是“明知他人已有配偶”。当事人事先知道，或者事后知道而继续保持婚姻关系，则属于“明知”。反之，不知道、受欺骗的，则不构成重婚。

是否构成重婚，认定的关键要看当事人是否构成另一种夫妻关系。依据有关司法解释，重婚有两种情况：一是法律上重婚，指有配偶的人与他人登记结婚；二是事实上重婚，即有配偶的人与他人以夫妻名义共同生活。有以下情形之一的，应视为以夫妻名义共同生活：1. 有配偶的人与他人举行结婚仪式的；2. 有配偶的人虽未与他人举行结婚仪式，但以夫妻相称或者对外以夫妻自居的。以夫妻相称，除当事人间承认、日常生活间的称呼外，当事人同居生活，女方生病时男方以丈夫的名义签名、陪侍，女方生育孩子男方以父亲的名义在医院签字，当事人以父母的名义为子女庆祝满月等，也可以作为认定以夫妻相称的辅助证据。认定重婚，通常还需要取得周围群众、当事人亲戚朋友的证言，以证明周围群众认为当事人是夫妻。

案例2　夫妻应当遵守计划生育政策，树立男女平等观念

事情是这样的

王某某是某县和平镇光峰村的一名青年农民。1993 年 10 月，21 岁的王某某经人介绍认识了另外一个镇的 20 岁的农村女青年肖某某。1994 年 11 月，王某某与肖某某在父母的主持下正式订婚。1996 年 2 月两人正式结婚，办理结婚登记后，举行了结婚仪式。婚后夫妻感情一般，1997 年 4 月，肖某某生下一个女儿，取名为王乐乐。王某某有重男轻女、传宗接代思想。肖某某生了女孩以后，王某某对肖某某的产期生活爱理不理的。王某某还提出要将这个女儿送给别人，好赶紧生第二胎。这让肖某某很伤心，她不同意送养孩子。王某某便经常以“水缸不满”、“做饭太迟或者太多太少”等家庭琐事为借口，寻事生非，与肖某某多次发生口角，由此引起夫妻关系不和。王某某的父母对肖某某也没有什么好脸色。

1998 年 5 月，肖某某再次怀孕，她本来想流产，但王某某不同意，他要求肖某某再生，还说一定要生一个男孩，如果是女孩生下来就要被送走。但是，偏偏不如意的事情又发生了，这次肖某某生的又是一个女孩，王某某非常坚决地将这个第二胎的女儿送养，要求肖某某再怀孕，生一个男孩，以便传宗接代。王某某不仅对肖某某的产期生活不闻不问，而且还发展到经常为了一些琐碎的事情动辄打骂妻子肖某某，有病也不肯花钱去给她医治。对于王某某这种恶劣的行为，光峰村的村委会

曾多次对王某某进行批评教育，王某某虽承认了错误并写了保证书，但在实际行动中却毫无悔改，夫妻关系恶化到了无法继续维持的地步。公公婆婆也不出面教训自己的儿子，帮儿媳妇主持一下公道。肖某某被迫于1999年11月11日借机逃出夫家。2000年3月，肖某某以“王某某经常殴打、虐待”她为由，向人民法院起诉，请求法院准予双方离婚。

人民法院受理此案后，对双方当事人进行了劝说教育，主持调解，王某某承认了自己的错误，保证以后再也不打骂肖某某了，还要求肖某某尽早回到王家来。由于原告肖某某宁死也不愿意回王某某家，导致了调解失败。

人民法院认为，我国《婚姻法》明确规定“实行计划生育”，并且将它作为《婚姻法》的一项基本原则，夫妻双方都有实行计划生育的义务。但是，由于重男轻女、传宗接代等封建思想的存在，一些婚姻当事人并不自觉遵守该项原则，甚至对生女孩的母亲及女孩进行虐待。本案被告王某某，年纪虽轻，但封建夫权思想严重，重男轻女、传宗接代的观念特别根深蒂固，其打骂甚至是虐待生了女孩的原告肖某某的行为也是严重的。法院考虑到肖某某和王某某二人婚姻基础差，婚后由于被告王某某封建夫权和重男轻女思想严重，经常打骂、虐待原告，经教育仍不悔改，致使夫妻感情完全破裂。最后，人民法院判决：准予原告肖某某与被告王某某离婚。

律师专线

本案中，原告肖某某和被告王某某经人介绍认识并结婚，感情基础不是很牢固。由于王某某封建思想特别严重，重男轻女，不惜违反我国关于计划生育的相关规定，要求妻子肖某某生男孩。对生了女孩的肖某某，在产期生活中故意不理会，王某某的这一行为是十分恶劣的，违反了我国计划生育的有关规定。到后来还经常为了一些小事，故意打骂肖某某，有病还不肯为她花钱医治，这仅仅因为肖某某生的是女孩。王某某还坚决地将自己的女儿送养，违反了我国《收养法》第19条的规定。被告王某某的这些行为，既严重违反了《婚姻法》关于计划生育的规定，又严重恶化了夫妻感情，导致了肖某某和王某某本来感情基础就不太牢固的婚姻更加脆弱，最终致使肖某某宁死不回丈夫家，导致夫妻感情完全破裂。因此，法院最后断定王某某与肖某某的夫妻感情确实已经破裂，准予离婚是正确的。

注意

如果本案被告王某某对原告肖某某的打骂等虐待行为严重，原告肖某某可以依法提起刑事诉讼，人民法院可根据情况追究王某某的刑事责任。

对于王某某违反计划生育原则，对生育女孩的妻子产期生活不予照顾的恶劣行为，人民法院应对其进行严肃的批评教育，以使其改变观念，理解和贯彻国家的计划生育原则。

法律规范

中华人民共和国婚姻法

（1980 年 9 月 10 日第五届全国人民代表大会第三次会议通过　根据 2001 年 4 月 28 日第九届全国人民代表大会常务委员会第二十一次会议修正　同日公布并实施）

第二条　实行婚姻自由、一夫一妻、男女平等的婚姻制度。

保护妇女、儿童和老人的合法权益。

实行计划生育。

第三条　禁止包办、买卖婚姻和其他干涉婚姻自由的行为。禁止借婚姻索取财物。

禁止重婚。禁止有配偶者与他人同居。禁止家庭暴力。禁止家庭成员间的虐待和遗弃。

中华人民共和国收养法

（1991 年 12 月 29 日第七届全国人民代表大会常务委员会第二十三次会议通过　1998 年 11 月 4 日第九届全国人民代表大会常务委员会第五次会议修正　自 1999 年 4 月 1 日起施行）

第十九条　送养人不得以送养子女为理由违反计划生育的规定再生育子女。

专家释惑

本案涉及计划生育原则、收养关系中的送养人条件、妇女权益的保护以及法院裁判是否离婚的标准等一系列的法律问题。其中，涉及家庭关系的一个法律问题是《婚姻法》基本原则之一的计划生育原则。因为本案被告王某某的行为就违反了我国《婚姻法》所确定的计划生育原则。

计划生育，是指通过生育机制有计划地调节人口的发展速度。包括节制生育，降低人口的发展速度；鼓励生育，提高人口的发展速度。就我国的实际情况而言，计划生育是指节制生育，降低人口的发展速度。实行计划生育，是我国的一项基本国策。《宪法》第25条规定：“国家推行计划生育，使人口的增长同经济和社会发展计划相适应。”《婚姻法》根据宪法这一规定，将计划生育作为一项基本原则，这对有效地调节人口的再生产和有计划地控制人口增长具有重要的意义。实行计划生育是社会主义制度下人口再生产的客观要求，是提高人民生活水平，实现社会主义现代化建设的需要。我国作为社会主义国家，国民经济必然遵循经济规律，有计划、按比例地发展。中国作为世界人口大国，必须自觉地、有计划地调节人口再生产，正确处理消费与积累、生产和需要以及经济和社会发展中的各种比例关系，以促进社会主义现代化建设和我国社会的可持续发展，提高人民的物质文化生活水平。

计划生育有利于减轻家庭的经济负担，提高人口素质。家庭作为人口再生产的社会形式，与婚姻家庭制度有着密不可分的联系，计划生育必须通过每一个家庭实施，同时也与每一个家庭利益相关。首先，从家庭经济状况讲，子女从出生到有独立的生活能力，需要家庭的抚养和教育，子女越多，父母付出的财力和精力就越多。当前，我国大多数家庭还不富裕，实行计划生育可以减轻家庭经济负担，提高家庭生活水平。其次，从子女的质量讲，计划生育有利于提高人口质量。尽管父母有责任和义务培养、教育子女，但父母的精力是有限的，子女过多，父母难以为其提供充分、良好的抚育条件，抚养教育子女的质量难以保证，因而其子女的质量就相对较低。实行计划生育，父母就会有更多的精力和财力抚养教育子女，使之全面发展。因而，实行计划生育，有利于提高中华民族的人口素质，促进社会发展。

总之，计划生育对社会的发展、国家的建设，以及提高人口的素质和人民的物质、文化生活水平都有重要意义。

联系本案

被告王某某由于严重的夫权思想和重男轻女观念，以妻子肖某某生育女孩为由，在产期对肖某某生活不予照顾，其行为十分恶劣，违反了我国计划生育的有关规定。为了生一个男孩，将自己的女儿送养。在以后的夫妻生活中，因妻子生育了女孩而经常对其进行虐待，有病不给医治，并经常打骂，其行为严重地违反了我国《婚姻法》有关计划生育原则的规定。最后，被告的这些行为导致夫妻感情完全破裂并离婚。

对于王某某这种违反计划生育原则，对生育女孩的妻子产期生活不予照顾的恶劣行为，人民法院应对其进行严肃的批评教育，以使其改变观念，理解和贯彻国家的计划生育原则。因为从我国的实际情况来看，虽然新中国成立以来人民生活水平有了很大提高，医疗卫生条件也有很大的改善，但在过去相当长的一段时间内，由于忽视了对人口的控制，人口增长过快，不利于国民经济的发展和人民生活水平的继续改善。因此，我国的计划生育是以降低人口增长速度，提高人口素质为目标的，基本要求是少生、优生和适当地晚婚晚育。因此，一定要破除“多子多福”、“重男轻女”等封建主义生育观，发扬以计划生育为荣、生男生女都一样的新风尚。对于像王某某这样的夫权思想和重男轻女思想严重的人，应进行严肃的批评教育，否则有此种观念的人会严重阻碍我国计划生育原则的贯彻执行，轻则妨碍自己的家庭幸福，重则可能因此而导致虐待严重，构成犯罪，并且严重地损害广大妇女和女婴的权益和身心健康。

案例3　“夫妻相互不得要求继承权”，财产协议可以这样写吗?

事情是这样的

田某某是一名退休的会计师。在退休后，田某某还接受一些公司的邀请，兼职做会计，收入颇丰。64岁那年，田某某的老伴因病去世，接下来的日子让田某某感到既忙乱又寂寞。忙乱是因为自己除家务事外还要经常去兼职的公司处理事务；寂寞是因为从外面回到家里，总是自己一个人，连个说话的人都没有，到晚上的时候，更是冷冷清清。田某某有一个儿子和一个女儿，都已经成家了。他们平时都忙着自己的工作，假日里偶尔带上孩子来看望田某某。65岁那年，田某某觉得有些累了，就不再做兼职了。真正退休后，为了保养好自己的身体，田某某坚持每天早上去附近的公园晨练，打打太极拳，绕着公园的小湖散步等等。早上来锻炼的老年人比较多，一来二去大家就认识了。每天锻炼完后，大家并不马上回家，年纪相仿的人经常聚在一起聊聊天。日子过得也挺开心的。随着交往的增多，田某某渐渐发现自己同经常来锻炼的一个姓项的老太太聊得非常投机，似乎做什么事情都很有默契。这个项老太太比田某某小两岁，是一个退休了的小学老师。几年前，她的老伴因为癌症去世了，三个孩子都成家了，她和最小的女儿共同生活。当田某某打听到了项某某的这些基本情况后，不由得怦然心动。他觉得两个人相处得很投机，在一起的时候时间似乎都过得更快一些了。既然两个人都没有了老伴，不如两个人在一起度过晚年生活，这样相互就有个照应，免得一个人生活冷冷清清的。

在以后的交往中，田某某试探着询问了项某某的意见。在得到了项某某的默示许可后，田某某非常高兴。在一个周末女儿回家看他的时候，田某某索性将儿子也叫了回来，向儿女们说了自己的心事和打算。儿女们沉凝了良久，委婉地说出了他们的意见。他们认为如果对方人品好，可以作为父亲晚年的伴侣，他们支持父亲再婚，但是希望到时候大家不要因为财产等问题闹得不和睦。

田某某从儿女们委婉的表达中领悟出了他们的顾虑，而这一点正是他自己也在考虑的问题。他决定结婚后在一个恰当的时机与项某某商量这个问题。

2002 年 5 月，田某某和项某某办理了结婚登记，还宴请了关系密切的亲戚朋友。结婚后，项某某搬到田某某的住处一起居住，两个人相处得比较和睦。结婚两个月以后，田某某找了一个机会对项某某说起了两个人的财产问题和自己的考虑。开明的项某某对此表示理解。为了免得将来为了争夺财产大家伤了和气，项某某还表示“你的房子和你的银行存款是你的，我将来不要，我的孩子也不会和你的孩子争的”。

田某某和项某某经过协商之后，达成如下书面协议：两人现在居住的房屋，产权属于田某某所有，项某某及其子女对该房产没有任何权利。以田某某名义在银行的存款，归田某某所有，项某某不要求任何权利。项某某的银行存款等财物归项某某自己所有，将来田某某也不要求任何权利。在这份协议上，田某某和项某某都盖上了自己的私章并签名、注明了日期。

田某某和项某某也不确定这样写是不是正确和稳妥。为了慎重起见，他们来到了本市的一家律师事务所咨询。这家事务所的彭律师听了他们的讲述和看了他们写的财产协议之后，告诉他们，其实夫妻财产协议这样写是不妥当的，并帮他们起草了一份更适当的夫妻财产协议。

律师专线

在这个咨询案例中，田某某和项某某约定：项某某承诺自己及其子女对田某某的房产“没有任何权利”。任何权利包括田某某死亡后，项某某对田某某遗产的合法继承权。这样约定的问题是提前放弃了继承权。而继承权的放弃在财产协议中进行预先约定是不符合法律规定的。因为继承权开始的时间为被继承人死亡之时，只有在继承开始后，遗产分割前放弃遗产继承，这样才有效。事先放弃继承权没有任何法律效力，这种约定在夫妻财产协议中属于无效条款，或者说不能产生当事人预期的效果。

明确这一点，对于以解决子女继承问题为目的而订立夫妻财产协议的夫妇尤为重要。因为如果田某某通过和项某某订立上述夫妻财产协议，以为自己子女的财产继承问题得到了保障，而忽视了遗嘱的订立，那一旦田某某亡故后，项某某如果对继承权的问题不表示放弃，上述财产协议中规定的项某某放弃权利的约定，对项某某就没有任何法律约束力。

田某某和项某某订立夫妻财产协议的目的就是为了保障田某某自己的子女对田某某的财产的继承权。达到这种预期目的的一个方法是：田某某通过夫妻财产协议与项某某约定，将房产的所有权明确为田某某个人所有，然后，再另行立遗嘱将该房产指定留给自己的子女。这样，田某某的子女将来就可以通过遗嘱继承的方式取得田某某的遗产。同样，项某某要将自己的财产归自己的儿女继承，采取这种方法也比较恰当。

法律规范

中华人民共和国婚姻法

（1980年9月10日第五届全国人民代表大会第三次会议通过　根据2001年4月28日第九届全国人民代表大会常务委员会第二十一次会议修正　同日公布并实施）

第十七条　夫妻在婚姻关系存续期间所得的下列财产，归夫妻共同所有：

（一）工资、奖金；

（二）生产、经营的收益；

（三）知识产权的收益；

（四）继承或赠与所得的财产，但本法第十八条第三项规定的除外；

（五）其他应当归共同所有的财产。

夫妻对共同所有的财产，有平等的处理权。

第十八条　有下列情形之一的，为夫妻一方的财产：

（一）一方的婚前财产；

（二）一方因身体受到伤害获得的医疗费、残疾人生活补助费等费用；

（三）遗嘱或赠与合同中确定只归夫或妻一方的财产；

（四）一方专用的生活用品；

（五）其他应当归一方的财产。

第十九条　夫妻可以约定婚姻关系存续期间所得的财产以及婚前财产归各自所有、共同所有或部分各自所有、部分共同所有。约定应当采用书面形式。没有约定或约定不明确的，适用本法第十七条、第十八条的规定。

夫妻对婚姻关系存续期间所得的财产以及婚前财产的约定，对双方具有约束力。

夫妻对婚姻关系存续期间所得的财产约定归各自所有的，夫或妻一方对外所负的债务，第三人知道该约定的，以夫或妻一方所有的财产清偿。

专家释惑

这里涉及的法律问题是夫妻财产协议的订立。下面简单介绍一下实践中夫妻财产协议订立的一些常见的误区及其补救。

我国法律规定夫妻可以采用约定财产制，就是通过订立夫妻财产协议，来确定夫妻各自财产和共同财产的归属。订立夫妻财产协议，是法律赋予当事人以约定方式排斥法定共有制适用的权利。由于我国法律对这种约定本身几乎没有任何实质上的规范和引导，在实践中相当一部分当事人的约定，存在着法律认识上的误区。

误区之一就是在财产协议中约定放弃继承权。

严格来讲，财产协议本身只是对双方财产的权属进行明确，一般不涉及其他问题，但当事人在自由约定时，往往关心的是对方对某些财产权利的放弃。这种情况在再婚的人群中尤为多见，由于再婚的夫妇考虑到各自子女的继承问题，双方往往想通过夫妻财产约定来限制对方及其子女对自己财产的继承权。例如上文的咨询案例中，田某某和项某某的夫妻财产协议就是为了这个目的。

误区之二就是财产协议中存在这样的约定“我的东西都是我的，你的东西也是我的”。

有的当事人在夫妻财产协议约定中，过于强调保护自己的财产权利，而让对方“自愿”承担对自己不利的法律后果；而对方往往摆出大度的姿态，全部答应。例如：在一份夫妻财产协议中，这样约定：“婚后祝某某的所得归祝某某个人所有，李某某的所得属于夫妻共同财产。婚后双方的债务以个人财产偿还。”

这是一份合法的，但显失公平的协议。祝某某通过夫妻财产协议将自己的财产列于夫妻共同财产之外，而将对方的婚后所得作为共同财产，使自己只享有权利，而不承担义务。尤其在双方对外债务的约定上，李某某实际上不享有独立的个人财产，只是夫妻共同财产的共有人。由于共有财产在夫妻关系存续期间不能分割，实际上还是要由夫妻的共同财产清偿。也就是说，实际上除了夫妻共同债务外，祝某某个人的债务也可能由李某某来负责清偿，因为李某某的财产才是夫妻共同财产。

由于婚姻家庭关系的特殊性，法律上未对夫妻财产协议的订立有诸如合法性审查等特别的要求，涉及夫妻人身关系的财产协议又不能适用《合同法》，因此，这种违反公平原则的协议，也不被法律所强行禁止，如果当事人双方都对诸如上述协议中的约定表示同意或者说不反对，这种约定也是不违反《婚姻法》的规定的。也就是说，上述协议是合法有效，但是不合理的。

不过，应当注意的是，这种约定的倾向是不值得提倡的。因为约定的内容显然都不平等，这很容易造成双方在发生矛盾时，对约定本身的争执，从而使约定成为争议的焦点，违背了立法者确立夫妻约定财产制时“消除矛盾、预防或减少纠纷”的立法初衷。

案例4　刘某某挪用公款的债务是夫妻共同债务，还是个人债务？如何区分？

事情是这样的

刘某某与熊某某于1991年6月经他人介绍认识。当时刘某某是某市工商局的工作人员，熊某某是该市棉纺厂的一名普通女工，在交往半个月后，双方确立了恋爱关系。1991年12月，两人决定结婚，去婚姻登记机关办理结婚登记后，举行了结婚仪式。1992年2月，熊某某通过刘某某父亲的关系，终于实现了一个重要的愿望，调动了工作，从棉纺厂调到了市劳动局。婚后小两口的生活非常的舒适和安逸。1993年，熊某某怀孕了，并于1994年8月，生下一个女孩，名叫刘某灵。由于刘某某的父母只有一个儿子，全家人都希望熊某某生的是一个男孩。因此，对于刘某灵的出生，刘某某及其父母颇为失望，尽管没有说出来，但对熊某某不像从前那么关心。熊某某为此同公公婆婆和丈夫产生了隔阂。此后，熊某某和刘某某经常为了生活琐事发生争吵。

1994年5月，刘某某由于工作出色，被调入本市某某街道工商所任副所长，负责财务和后勤方面的工作。在安稳工作了一段时间后，看着别人都赚大钱了，刘某某的心不禁也蠢蠢欲动。他想和别人合伙开办一个公司，通过做生意来赚大钱。熊某某不同意刘某某的这个想法，并怀疑刘某某是想从家里拿出积蓄用来逍遥挥霍，因此，夫妻俩又为此闷闷不乐，发生争吵，熊某某向刘某某提出离婚。后来，刘某某终于想到了一个获得资金的好办法，就是先从自己管理的财务上悄悄挪用一部分钱，等赚了钱马上还回来。第一次挪用公款的时候，刘某某还非常担心被发现，只悄悄挪用了1000元，心想一有动静就马上还，别人一问，就说自己忘了将这笔钱入账。三个月过去了，这期间没有任何动静，于是刘某某的胆子就大了起来，抱着侥幸心理，在此后的两年内他挪用了好几次公款。用这些钱，他和别人办了一个小的水产品加工厂，但是，由于自己管理不当，这个小加工厂半年后就倒闭了。刘某某还用这些钱带妻子和女儿去深圳旅游了一趟，剩下的就被自己挥霍掉了。

1996 年 6 月，刘某某被市工商局借调回去一段时间。在他借调之前，他悄悄用自己的工资还回去了一部分挪用的公款。后来，代替他担任工商所工作的工作人员发现了他经手的一些财务账目不清楚的问题。于是检察机关对其立案查处。查处期间，原告刘某某要被告熊某某赶紧借钱帮他还清挪用的公款。但是被告熊某某拒绝了，并于 1996 年 7 月搬到了自己母亲家里住，此后就一直没有和刘某某共同生活。同年 8 月份，熊某某又向刘某某提出离婚，但原告刘某某当时没有同意，这件事情也就搁置下来了。刘某某尽管在被查处期间向父母和朋友借钱还回去了挪用的公款，并调动一切关系来减轻自己的责任，但是他还是没有完全逃脱应有的处分。最后，他被撤销党内职务，扣发当年的一切奖金，调到本市一个偏远的县工商局任普通的工作人员。

1997 年 6 月的一天，熊某某在某宾馆与他人发生不正当的两性关系，被派出所查获。刘某某知道此事后，非常愤怒，因此，向人民法院起诉，要求与熊某某离婚。

在审理过程中，原告刘某某诉称：他与被告熊某某于 1991 年 12 月登记结婚。1992 年，熊某某通过原告父亲的关系从棉纺厂调至市劳动局工作。因为熊某某跟原告结婚的目的是为了调动工作，故她达到目的后，经常为一点小事同原告争吵不休，并提出离婚。1996 年 7 月，熊某某搬回她母亲家居住，拒绝与原告同居生活至今，并再次提出离婚。因此，自己现在强烈要求与被告熊某某离婚。请求法院判决：(1) 准予离婚；(2) 夫妻债务用共同财产偿还；(3) 小孩由谁抚养均可；(4) 共同财产平分。

被告熊某某辩称：双方婚后感情一直不好，被告怀孕后，原告不管，生下女孩后更对被告不好，经常在外吃喝嫖赌，且不听劝告，造成夫妻感情破裂。故请求法院判决：(1) 同意离婚。(2) 在夫妻关系存续期间，原告挪用公款几万元用于个人挥霍和不听被告劝阻做所谓的生意，因此所欠债务应由原告偿还；被告因购单位住房借款5000元，另借自己的哥哥几千元，由被告偿还。(3) 关于小孩抚养，可分别各养几年。(4) 自己所购单位住房及床、床上用品归自己，其他财产均归原告刘某某所有。

区人民法院经审理查明：1991年6月，原、被告经他人介绍相识，1991年12月，原、被告登记结婚。1994年8月生一女孩刘某灵。由于双方缺乏感情基础，原、被告婚后一段时间内感情尚可，后来各自暴露出自己的弱点，为一些小事发生摩擦，并吵闹离婚。1994年5月至1996年6月，原告担任某工商所副所长兼出纳期间，挪用公款5万多元。在检察机关查处期间，原告要求被告借钱还债。被告熊某某不同意，此事造成夫妻之间感情裂痕，以致分居。被告熊某某搬回其母亲家居住，一直未与原告同居生活。原告挪用的公款，大部分用于个人挥霍，如购买摩托车等，其余部分在原告个人经商时亏损。被告购买房子的借款5000元有证人及票据证实。原、被告因装修房屋、购买皮大衣、去深圳旅游所花费的款项应视为共同债务。

人民法院经审理认为：原告与被告的婚姻缺乏感情基础，在婚后由于双方的弱点而造成夫妻感情破裂。夫妻关系存续期间，除双方认可的债务外，其他无证据证实是共同债务的，应按各自的债务各自偿还。

根据认定的上述事实和理由，依照《中华人民共和国婚姻法》第32条和最高人民法院《关于人民法院审理离婚案件处理子女抚养问题的若干具体意见》和最高人民法院《关于人民法院审理离婚案件处理财产分割问题的若干具体意见》的有关规定，判决如下：(一) 准许原告与被告离婚。(二) 小孩刘某灵由原告刘某某抚养，由被告给付抚养费6000元。(三) 被告应负担共同债务6000元，其中偿还李某明2000元，余下4000元交由原告用于还债。其他以原、被告各自名义所负的债务，应各自负责偿还。(四) 财产分割：在劳动局的一套住房和床、床上用品归被告所有，电冰箱一台、彩色电视机二台、子母机一部、电话机一部、组合音响一套、床铺一张、缝纫机一部、真皮沙发、组合柜等家具全部归原告所有。案件受理费50元，其他诉讼费250元，共计300元，由原告、被告各负担150元。

一审宣判后，原告刘某某不服，在法定上诉期间内提起了上诉。上诉人刘某某认为：应判令小孩刘某灵由被上诉人熊某某抚养；共同债务由双方共同偿还；共同财产全部折价，合理分割。被上诉人熊某某辩称：一审判决正确，请求予以维持。

市中级人民法院二审查明：（1）婚姻状况同一审法院的认定。（2）1994年5月至1996年6月，上诉人刘某某担任某工商所副所长兼出纳期间，贪污公款4700元，挪用公款54734.80元。（3）双方结婚时和结婚后购置的财产有：半球电冰箱、威力洗衣机、乐华彩电、21英寸长虹彩电、台扇、缝纫机各一台，组合音响一套、皮沙发一套、住房一套、组合家具一套，移动电话、子母机各一部，厨房用品、床及床上用品。其中冰箱、21英寸长虹彩电、移动电话、子母机，被刘某某用于抵债。（4）为退还贪污、挪用的公款，上诉人称其向他人借了4.7万多元债款。（5）上诉人抚养小孩的条件优于被上诉人。

市中级人民法院认为：上诉人刘某某与被上诉人熊某某夫妻感情确已破裂，应准予离婚；所生女孩刘某灵由上诉人刘某某抚养，有利于小孩的成长；上诉人刘某某为退还贪污、挪用的公款所欠的债务应由上诉人自己偿还；原判决对夫妻共同财产的分割比较合理。上诉人的上诉理由不成立，其上诉请求不予支持。原判认定的主要事实清楚，处理恰当，审判程序合法，应予维持。

市中级人民法院根据认定的事实和上述判案理由，依照《中华人民共和国民事诉讼法》第153条第1款第1项之规定，判决驳回上诉，维持原判。

律师专线

本案中，原告刘某某和被告熊某某对于是否离婚都没有异议，都认为感情已经破裂，同意离婚；对于小孩的抚养，争议也不太大，最后由抚养条件更好的、有利于小孩成长的一方抚养；本案的主要争议在于债务如何承担和分配。也就是说，原告刘某某为了退还在其担任工商所副所长期间挪用、贪污的公款而借的钱应当如何处理，是算夫妻共同债务，两个人共同承担，还是算原告刘某某的个人债务，他一个人承担？

原告认为这是夫妻关系存续期间欠的债务，贪污和挪用的公款有很大一部分用于家庭消费，包括全家去深圳旅游和购买21英寸长虹彩电、移动电话等，因此，这笔钱款应当算夫妻共同债务，由他和被告熊某某共同分担。被告熊某某认为，刘某某贪污和挪用的公款主要用来满足自己的吃喝嫖赌，不是用于家庭开支，因此，为了退还贪污、挪用的公款而欠的债务，理所应当由刘某某自己承担，应当算个人债务，而不是夫妻共同债务。

本案的受案法院通过审理认为，刘某某在担任某工商所副所长期间挪用、贪污的公款共计5万多元，按《刑法》的规定，应予追缴。刘某某为争取从轻处理，主动借款退还公款，该借款应属刘某某个人债务。但是对于其中有证据证实刘某某已将部分挪用、贪污款用于家庭生活，添置了家庭财产的部分，如果财产还在，则应对这些财产予以收缴或没收。为退还这一部分款项而欠的债务，应当算夫妻共同债务。因此，法院对本案的处理是正确的。因此，本案例中，是夫妻共同债务还是个人债务，关键就是看挪用的公款到底是被用于家庭消费还是个人挥霍。如果是前者，应当视为夫妻共同债务；如果是后者，应当算个人债务。

法律规范

中华人民共和国婚姻法

（1980年9月10日第五届全国人民代表大会第三次会议通过　根据2001年4月28日第九届全国人民代表大会常务委员会第二十一次会议修正　同日公布并实施）

第十九条　夫妻可以约定婚姻关系存续期间所得的财产以及婚前财产归各自所有、共同所有或部分各自所有、部分共同所有。约定应当采用书面形式。

没有约定或约定不明确的，适用本法第十七条、第十八条的规定。

夫妻对婚姻关系存续期间所得的财产以及婚前财产的约定，对双方具有约束力。

夫妻对婚姻关系存续期间所得的财产约定归各自所有的，夫或妻一方对外所负的债务，第三人知道该约定的，以夫或妻一方所有的财产清偿。

第三十七条　离婚后，一方抚养的子女，另一方应负担必要的生活费和教育费的一部或全部，负担费用的多少和期限的长短，由双方协议；协议不成时，由人民法院判决。

关于子女生活费和教育费的协议或判决，不妨碍子女在必要时向父母任何一方提出超出协议或判决原定数额的合理要求。

第三十九条　离婚时，夫妻的共同财产由双方协议处理；协议不成时，由人民法院根据财产的具体情况，照顾子女和女方权益的原则判决。

夫或妻在家庭土地承包经营中享有的权益等，应当依法予以保护。

第四十一条　离婚时，原为夫妻共同生活所负的债务，应当共同偿还。共同财产不足清偿时，或财产归各自所有的，由双方协议清偿；协议不成时，由人民法院判决。

最高人民法院关于人民法院审理离婚案件处理财产分割问题的若干具体意见

（1993 年 11 月 3 日最高人民法院通过）

1. 夫妻双方对财产归谁所有以书面形式约定的，或以口头形式约定，双方无争议的，离婚时应按约定处理。但规避法律的约定无效。

17. 夫妻为共同生活或为履行抚养、赡养义务等所负债务，应认定为夫妻共同债务，离婚时应当以夫妻共同财产清偿。

下列债务不能认定为夫妻共同债务，应由一方以个人财产清偿：

（1）夫妻双方约定由个人负担的债务，但以逃避债务为目的的除外。

（2）一方未经对方同意，擅自资助与其没有抚养义务的亲朋所负的债务。

（3）一方未经对方同意，独自筹资从事经营活动，其收入确未用于共同生活所负的债务。

（4）其他应由个人承担的债务。

专家释惑

本案涉及的法律问题是夫妻共同债务和夫妻个人债务的区分。

夫妻共同债务，是指在婚姻关系存续期间，夫妻双方或一方为维持共同生活的需要，或出于为共同生活的目的从事经营活动所引起的债务。因此，认定夫妻共同债务应把握三点：(1) 是在夫妻关系存续期间发生的债务。所谓夫妻关系存续期间，是指从夫妻双方登记结婚之日起至婚姻关系终止之日（离婚判决生效之日，或者一方死亡之日）止的期间。(2) 既包括生活性债务，又包括经营性债务。所谓生活性债务，是指夫妻关系存续期间，夫妻双方或一方因为共同生活的需要而引起的债务，包括抚养子女、赡养老人、医疗疾病、建造房屋、购置家用物品等引起的债务。所谓经营性债务，是指夫妻关系存续期间，夫妻一方或双方出于共同生活的目的，从事经营活动所负的债务。(3) 夫妻共同债务为连带之债。

根据我国《婚姻法》和最高人民法院《关于人民法院审理离婚案件处理财产分割问题的若干具体意见》的规定，结合司法实践，具体来讲，夫妻共同债务大体包括以下内容：(1) 夫妻为共同生活或为履行抚养、赡养义务等所负债务，应认定为夫妻共同债务，离婚时应当以夫妻共同财产清偿。(2) 个体工商户、农村承包经营户夫妻双方共同经营所欠的债务以及一方从事经营，其收入主要用于家庭共同生活的，所欠债务为共同债务。(3) 在婚姻关系存续期间，一方因为分家产所分得的债务属于共同债务。(4) 夫妻一方受另一方虐待，无法共同生活而离家出走，出走方为日常生活所需开支及治疗疾病、抚养子女所欠债务，为夫妻共同债务。

夫妻个人债务，是指夫妻单独一方所负的债务。这种夫妻一方单独所负的债务，既可以发生在夫妻登记结婚之前，也可以发生在夫妻关系存续期间。按照不同的标准，可以将其进行不同的分类。

(一) 按结婚时间划分，可以分为婚前个人债务和婚后个人债务。(二) 按双方是否共识为标准，可以分为共识的个人债务和未共识的个人债务。所谓共识的个人债务，是指男女一方对另一方单独所负的债务已明知，且明确表示愿与之共同偿还的单方债务，即双方主观一致，达成共识。例如，男方为资助自己的弟弟结婚，以个人名义向他人借钱，女方知晓后亦表示同意和赞成，双方意见一致。所谓未共识的个人债务，是指婚姻关系存续期间，男女一方对另一方单独所负债务已明确提出异议，双方意见分歧大，或在法院受理离婚诉讼时另一方一直不明知的个人债务。(三) 按个人债务的性质为标准，可以分为合法性个人债务和非法性个人债务。后者如赌债等。(四) 按个人债务的内容和成因来划分，可以分为家庭性个人债务和非家庭性个人债务。所谓家庭性个人债务是指与家庭生活有关的个人债务，如女方为给自己买金银首饰单独所负债务。非家庭性个人债务是与家庭生活无关的个人债务，如女方为资助自己的妹妹上学单独所负债务。

根据最高人民法院《关于人民法院审理离婚案件处理财产分割的若干具体意见》的规定，下列债务应属于个人债务：(1) 夫妻双方约定由个人负担的债务，但以逃避义务为目的的不予允许；(2) 一方未经对方同意，擅自资助与其没有抚养义务关系的亲朋所负的债务；(3) 一方未经对方同意，独自筹资从事经营活动，其收入确未用于共同生活所负的债务；(4) 一方因个人实施违法行为所负的债务；(5) 一方为满足私欲而挥霍所负的债务；(6) 婚姻关系存续期间，双方因关系恶化而分居生活，一方从事经营所负的债务，其收入也未用于家庭共同生活的，属个人债务。

案例5 未经配偶同意刘某某擅自出卖房屋，是否有效？

事情是这样的

刘某某（男）和赵某某（女）系夫妻关系，两人于1990年登记结婚。2003年5月，刘某某和赵某某因为感情不和开始分居，目前两人正处于闹离婚的状态。刘某某居住在夫妻双方原来居住的家里，而女方赵某某则搬回娘家居住。刘某某现居住的房屋是他和赵某某在1995年共同出资建造的一栋位于某市郊区的两层小楼，建筑面积共302.9平方米。

叶某某是外地来该市做生意的无房户，经过数年的积累，叶某某赚了一些钱。叶某某在刘某某所在市郊村庄租房居住。经过他人的介绍，叶某某与刘某某联系购买刘某某与赵某某原先共同居住的那栋小楼房。经过数次接洽和讨价还价，刘某某与叶某某成交，双方签订了购房合同，规定叶某某在合同签订后三个月内一次性付清房款14万；房款付清之日刘某某陪同叶某某去办理房产过户手续，刘某某有协助办妥过户手续的义务；房产过户手续办妥后半个月内，卖方刘某某交付房屋给叶某某。

2003年12月，叶某某在合同签订之后两个月内把房款一次性付清给刘某某。随后，刘某某陪同叶某某去办理了房产过户登记手续，将房屋的产权移交给叶某某。但是后来，卖方刘某某一直没有按期交付房屋给买方叶某某。叶某某催促了数次，要求刘某某赶紧腾房，但是刘某某始终没有搬离该房屋。于是，买方叶某某于2004年5月向当地人民法院起诉，要求刘某某交付房屋。在案件审理过程中，受案法院依法追加了刘某某的妻子赵某某作为共同被告，参加诉讼。赵某某则以刘某某出卖该房屋未经其许可为由，主张该房屋买卖合同无效，即使合同有效，也申请撤销该合同。

在审理过程中，有两种不同的意见，一种认为刘某某与叶某某的买卖合同是有效合同。因为该合同的买卖双方都是具有民事行为能力的主体，所签订的房屋买卖协议意思表示真实，标的明确，内容不违反法律的规定，也不损害国家和社会的公共利益。因此，该买卖合同依法成立。此外，依据我国《合同法》第44条的规定，法律、行政法规规定应当办理批准、登记等手续的，依照其规定。刘某某和叶某某之间的房屋买卖合同订立后，买方叶某某已经完成了其主要义务，交付总计人民币14万元的房价款，而卖方协助去办理了房屋产权过户登记手续，这表明该房屋买卖合同已经生效，这一房屋买卖符合法律规定的不动产买卖生效的要件。因此，该买卖房屋的合同有效。另外，叶某某在购房时并不了解刘某某的婚姻状况，在刘某某家里也没有看见其他人，这使得叶某某有理由相信刘某某有权利处置该房屋，而且即使叶某某知道刘某某已经结婚，基于夫妻之间的表见代理可知，叶某某有理由相信该出卖房屋的意思表示是刘某某与其妻子的共同意思表示。因此，叶某某属于善意第三人，而卖方刘某某的妻子赵某某不得以不同意或者不知情为理由对抗叶某某的善意取得。

审理过程中的另一种意见是，该房屋是刘某某和赵某某在婚姻存续期间共同建造的房屋，属于我国《婚姻法》第17条意义上的夫妻共同财产。依据最高人民法院《关于适用〈中华人民共和国婚姻法〉若干问题的解释（一）》第17条规定可知，夫妻并非因日常生活需要而处理夫妻共同财产，作出重要的处理决定的，夫妻双方应当协商，取得一致意见，但他人有理由相信是夫妻共同财产的除外。刘某某在自己与妻子赵某某因感情不和分居期间，未经房屋共有权人赵某某的同意，擅自处分夫妻共同财产，侵犯了妻子赵某某对该房屋的所有权。

法院经过审理，最后判决刘某某和叶某某之间的房屋买卖合同无效，刘某某返还叶某某的购房款14万元，这一款项的利息损失由叶某某自行负担。

律师专线

本案例中，法院之所以判处刘某某擅自出卖房屋的买卖合同无效，而不采取第一种意见——认定合同有效，刘某某应当交付房屋给善意的买受人叶某某，主要是因为本案例中，卖方刘某某难以证明其属于表见代理，而且买受人叶某某对争议的房屋也不适用善意取得制度。

因为卖方刘某某无权出卖该房屋，这是赵某某和刘某某之间的夫妻共同财产，夫妻双方具有平等的所有权和处分权。本案例中，刘某某瞒着分居的妻子赵某某擅自出卖该房屋，系无权处分。但是刘某某的行为难以依据最高人民法院《关于适用〈中华人民共和国婚姻法〉若干问题的解释（一）》第 17 条第 2 项的规定，成立表见代理。所谓表见代理是无权代理表现形式之一，是指无权代理人的代理行为客观上存在使相对人相信其有代理权的情况，且相对人主观上为善意且无过失，因而可以向被代理人主张代理的效力。其构成要件是：（1）行为人没有获得本人的授权就以本人的名义进行民事行为；（2）表见代理在客观上、外表上具有足以使人相信行为人具有代理权的理由；（3）合同的相对人在主观上必须是善意的、无过失的，不知道或者不应当知道行为人实际上无代理权；（4）合同内容不具有无效和应被撤销的内容。从其构成要件上，可以看出表见代理涉及的是债权契约（合同）的效力问题。我国《合同法》第 49 条对表见代理作了规定：行为人没有代理权、超越代理权或者代理权终止后以被代理人名义订立合同，相对人有理由相信行为人有代理权的，该代理行为有效。在婚姻法方面的法律依据是最高人民法院《关于适用〈中华人民共和国婚姻法〉若干问题的解释（一）》第 17 条第 2 项的规定。因为刘某某和赵某某处于分居闹离婚的状态，难以使刘某某自己依据自己的行为证明自己能代表分居的妻子赵某某作出卖方的意思表示。因此，该买卖合同无效。

另外，即使该房屋的买卖合同有效，叶某某也难以获得该房屋的所有权，他不能依据善意取得制度获得房屋的所有权，因为他不属于善意第三人。依据相关物权法原理以及最高人民法院《关于适用〈中华人民共和国婚姻法〉若干问题的解释（一）》第 17 条可知，无权处分并不会当然无效，它不可以对抗善意第三人。该条第 2 项规定："夫或妻非因日常生活需要对夫妻共同财产做重要处理决定，夫妻双方应当平等协商，取得一致意见。他人有理由相信其为夫妻双方共同意思表示的，另一方不得以不同意或不知道为由对抗善意第三人。"因此，要判断叶某某是否有权获得该房屋的所有权，就需要判断叶某某是否属于善意第三人，如果是善意第三人，则构成善意取得，即不仅该购房合同有效，而且叶某某有权取得该房屋；反之，如果叶某某不是善意第三人，则他对该房屋不能成立善意取得，即叶某某不能取得该房屋的所有权。

本案例中，不论刘某某擅自出卖房屋的动机如何，他都属于无权处分，属于占有夫妻共同财产，而不是为了日常生活的需要处置财产，而叶某某作为买受人，而且是租住在同一个村庄的租房客，无论位于市郊的村庄有多大，只要他善意的审慎的观察和打听，尽到一般的善意买受人在正常情况下应尽的审慎义务，叶某某就有充分的可能得知刘某某正与妻子分居闹离婚的事实，从而能判断出刘某某并不能代表其妻子作出意思表示，刘某某是无权处分人。

法律规范

中华人民共和国婚姻法

（1980 年 9 月 10 日第四届全国人民代表大会第三次会议通过　根据 2001 年 4 月 28 日第九届全国人民代表大会常务委员会第二十一次会议修正　同日公布并实施）

第十七条　夫妻在婚姻关系存续期间所得的下列财产，归夫妻共同所有：

（一）工资、奖金；

（二）生产、经营的收益；

（三）知识产权的收益；

（四）继承或赠与所得的财产，但本法第十八条第三项规定的除外；

（五）其他应当归共同所有的财产。

夫妻对共同所有的财产，有平等的处理权。

第十八条　有下列情形之一的，为夫妻一方的财产：

（一）一方的婚前财产；

（二）一方因身体受到伤害获得的医疗费、残疾人生活补助费等费用；

（三）遗嘱或赠与合同中确定只归夫或妻一方的财产；

（四）一方专用的生活用品；

（五）其他应当归一方的财产。

第十九条　夫妻可以约定婚姻关系存续期间所得的财产以及婚前财产归各自所有、共同所有或部分各自所有、部分共同所有。约定应当采用书面形式。

没有约定或约定不明确的，适用本法第十七条、第十八条的规定。

夫妻对婚姻关系存续期间所得的财产以及婚前财产的约定，对双方具有约束力。

夫妻对婚姻关系存续期间所得的财产约定归各自所有的，夫或妻一方对外所负的债务，第三人知道该约定的，以夫或妻一方所有的财产清偿。

最高人民法院关于适用《中华人民共和国婚姻法》若干问题的解释（一）

（2001 年 12 月 24 日最高人民法院审判委员会第 1202 次会议通过　自 2001 年 12 月 27 日起施行）

第十七条　婚姻法第十七条关于“夫或妻对夫妻共同所有的财产，有平等的处理权”的规定，应当理解为：

（一）夫或妻在处理夫妻共同财产上的权利是平等的。因日常生活需要而处理夫妻共同财产的，任何一方均有权决定。

（二）夫或妻非因日常生活需要对夫妻共同财产做重要处理决定，夫妻双方应当平等协商，取得一致意见。他人有理由相信其为夫妻双方共同意思表示的，另一方不得以不同意或不知道为由对抗善意第三人。

专家释惑

本案例涉及的是夫妻共同财产的单方面处分问题。

对于夫妻共同财产，我国法律规定夫妻双方都具有平等的所有权和处分权。但这并不是说有关财产的决策都必须由夫妻共同作出，而是有所区分，区分的标准是财产的处理是否基于日常生活的需要。根据 2001 年最高人民法院《关于适用〈中华人民共和国婚姻法〉若干问题的解释（一）》第 17 条可知，对于日常生活需要而处理夫妻共同财产的，我国法律规定夫妻任何一方都有权处理；而对于不属于日常生活的处理，法律规定那是无权处分，除非是面对善意第三人，否则该处理行为无效。

最高人民法院的司法解释规定夫妻任何一方有权为日常生活需要而处理共同财产，这实际上承认了日常家事代理权，夫妻双方互为代理人。由于夫妻在家庭生活中关系密切，日常事务又非常繁琐，赋予夫妻相互日常家事代理权可以扩张夫妻双方意思自治能力，方便经济交往。同时由于夫妻对一方作出的处理负连带责任，对第三人来说也是公平的。这也是商品经济时代保护交易安全的需要。

对于重要的财产事务的处理，夫妻双方应当协商一致，如果是单方擅自作出的决定，另一方可以否认。但是考虑到保护善意第三人也很重要，因此，在婚姻权利与交易安全中，司法解释作出权衡，隐含的意思是保护善意第三人的程度要高于保护夫妻对共同财产的处理权。这样的规定也是与国际接轨的。

注意

依据2007年10月1日开始施行的《中华人民共和国物权法》第106条可知，不动产也可以适用善意取得制度，即善意取得不仅仅限于动产的善意取得。不动产的善意取得要符合以下要件：第一，让与人对让与的不动产无处分权。第二，受让人取得不动产须基于有偿的法律行为。这是善意取得制度保护交易安全基本理念的必然要求。要适用不动产的善意取得，受让人取得不动产必须是通过买卖、互易等具有交换性的行为。如果是基于非法律行为取得不动产，则不符合适用善意取得的条件。第三，受让人须为善意。此处的善意，我们可以理解为受让人非基于故意和重大过失，而对转让人无处分权的情形不知情。第四，已作权利的变更登记。登记是不动产物权存在的主要表征方式，如果受让人没有及时作权利的变更登记，也没有善意取得适用的余地。

符合以上条件即可适用不动产的善意取得，原权利人只能向无权处分人要求赔偿，而不能向受让人行使物权请求权。

案例6　这5万元是否属于朱某某的夫妻共同财产？

事情是这样的

朱某某于1995年上大学的时候，其父母由于做生意，手头暂时还比较富余，而且也懒得每个月邮寄生活费给刚上大学的朱某某，于是就一次性给了朱某某6万元做生活费。这样一来朱某某的父母觉得方便，二来也顺便锻炼一下儿子，看看他是否知道开源节流，统筹自己的生活费。

朱某某在学校的时候比较朴实，不张扬。日常生活事项上，朱某某还像以前那样勤俭节约。因此，朱某某将父母给的6万块钱一分为二，拿出1万元，计划做四年的日常生活开销；而另外5万元存为了定期，期限三年，自动转存。这样万一大四找工作要用钱的时候还有5万元存款的到期利息，实在不够还有5万元本金。

由于朱某某在学校的时候一来比较低调朴实，二来他学习用功，专业课成绩都挺好，还拿过奖学金，因此，到朱某某大学毕业的时候，那5万元定期都没有动用过，而是继续自动转存。

2000年的时候，朱某某和自己相恋的女朋友魏某某登记结婚。朱某某还是没有动用那笔5万元的定期存款。2001年，朱某某在一次交通事故中受伤不治而亡。当时朱某某和魏某某还没有孩子。朱某某的父母和朱某某的妻子魏某某处理后事时，为了朱某某的财产，双方发生了争议。其中，针对署名为朱某某的那张定期存单，朱某某的妻子魏某某认为这是夫妻共同财产，而朱某某的父母认为这是朱某某的婚前财产。那这笔钱到底是朱某某的个人婚前财产呢，还是夫妻共同财产？

律师专线

依据我国《婚姻法》第17条和第18条可知，在朱某某和魏某某婚姻存续期间没有对这笔钱进行约定的情况下，这笔钱应当是朱某某的个人婚前财产。当然，至于是否存在关于这5万元存款归属的约定，是适用“谁主张，谁举证”的规则。如果没有人举证证明存在约定财产归属的证据，则这笔5万元的存款依据存单本身的内容被认定为朱某某的婚前个人财产。

这5万元被认定为婚前个人财产还是夫妻共同财产，对朱某某的妻子魏某某而言，存在什么样的利害关系呢？

首先，无论是认定为朱某某的婚前个人财产还是夫妻共同财产，朱某某的妻子魏某某都有权参与继承。其中的区别就在于，魏某某能继承到的财产份额存在区别。如果被认为是夫妻共同财产，则这5万元的一半，即2.5万应当先归魏某某，另一半2.5万元作为朱某某的遗产，由朱某某的第一顺序继承人，即朱某某的父母和妻子进行法定继承的财产分割。这样魏某某还可以得到另一个2.5万的三分之一，即这5万元中，魏某某可以得到3万多元。

但是，如果这笔财产被认定为朱某某的婚前个人财产，则首先就是进行法定继承，这样朱某某的妻子魏某某只能得到这5万元中的三分之一。

法律规范

中华人民共和国婚姻法

（1980年9月10日第五届全国人民代表大会第三次会议通过　根据2001年4月28日第九届全国人民代表大会常务委员会第二十一次会议修正　同日公布并实施）

第十七条　夫妻在婚姻关系存续期间所得的下列财产，归夫妻共同所有：

（一）工资、奖金；

（二）生产、经营的收益；

（三）知识产权的收益；

（四）继承或赠与所得的财产，但本法第十八条第三项规定的除外；

（五）其他应当归共同所有的财产。

夫妻对共同所有的财产，有平等的处理权。

第十八条　有下列情形之一的，为夫妻一方的财产：

（一）一方的婚前财产；

（二）一方因身体受到伤害获得的医疗费、残疾人生活补助费等费用；

（三）遗嘱或赠与合同中确定只归夫或妻一方的财产；

（四）一方专用的生活用品；

（五）其他应当归一方的财产。

第十九条　夫妻可以约定婚姻关系存续期间所得的财产以及婚前财产归各自所有、共同所有或部分各自所有、部分共同所有。约定应当采用书面形式。没有约定或约定不明确的，适用本法第十七条、第十八条的规定。

夫妻对婚姻关系存续期间所得的财产以及婚前财产的约定，对双方具有约束力。

夫妻对婚姻关系存续期间所得的财产约定归各自所有的，夫或妻一方对外所负的债务，第三人知道该约定的，以夫或妻一方所有的财产清偿。

第二十四条　夫妻有相互继承遗产的权利。

父母和子女有相互继承遗产的权利。

专家释惑

这个案例涉及的主要问题是夫妻共同财产和夫妻一方个人财产的认定及其法律后果。

依据我国《婚姻法》第 17 条、第 18 条和第 19 条可知，在我国，如果夫妻结婚后没有对夫妻共同财产或者夫妻个人财产进行约定，在夫妻婚姻存续期间所得的财产原则上属于夫妻共同财产，双方具有平等的处分权。法律也规定夫妻可以通过书面协议约定夫妻财产的归属适用个人所有。口头协议规定夫妻各自财产归各自所有的无效，而是默示推定为共同财产所有制。

但是夫妻任何一方婚前的个人财产不会因为结婚，也不会因为婚姻关系的存续期间而改变为夫妻共同财产。这是 2001 年修改的《婚姻法》的一个重要改变，它否定了以前最高人民法院作出的关于夫妻财产认定的司法解释。过去的司法解释规定生活资料经过 4 年、房屋和其他生产资料经过 8 年转化为夫妻共同财产。

与夫妻财产有关的一个问题是夫妻关系存续期间的债务的认定。法律规定夫妻财产可以采用约定财产制。夫妻约定财产归各自所有，并各自承担所负债务，第三人知道该约定的，以夫或妻一方所有的财产清偿。如果发生纠纷，举证责任由夫妻一方负担。

二、父母子女关系

内容提要

父母子女关系是家庭关系的重要组成部分。根据我国的法律，亲子关系分为两类，一类是自然血亲的亲子关系，另一类是拟制血亲的亲子关系；后者又分为养父母子女关系与继父母子女关系。

我国法律规定的父母与子女的关系主要有四个方面的内容：一是父母对子女有抚养教育的义务，抚养是指父母从物质上、经济上对子女的养育和照料，教育是指父母在思想、品德、学业等方面对子女的全面培养；二是父母有管教和保护未成年子女的权利和义务，当未成年子女对国家、集体或他人造成损害时，父母有赔偿经济损失的义务；三是子女对父母有赡养扶助的义务；四是父母与子女有相互继承遗产的权利。

父母与子女之间的关系不因父母离婚而消除。离婚后，子女无论由父方或母方抚养，仍是父母双方的子女。父母子女关系是一种血亲关系，是不能通过法律程序人为地加以终止的。因收养而形成的养父母与养子女关系除非依法解除收养关系，也不能因为养父母离婚而消除。离婚后，养父母对养子女仍有抚养教育的权利和义务。父母虐待或遗弃子女，是法律所不许可的。溺婴或其他残害婴儿的犯罪行为，更为法律所不容。

子女对父母的权利和义务主要体现为子女对父母有赡养扶助的义务。这是指父母年老丧失劳动能力，或者父母因为健康原因需要子女在生活上加以照顾等情况而言。子女对父母的赡养扶助既是基本道德要求，也是法律明文规定的义务。成年的有负担能力的子女不履行赡养义务时，无劳动能力的或生活有困难的父母，有要求子女付给赡养费的权利。子女虐待或遗弃父母的行为，是法律所不容许的。父母双亡后，子女有平等的继承遗产的权利，但是子女不能以放弃继承权为由拒绝赡养父母。

案例7　断绝父子关系的声明是否有效?将来能否以此不承担赡养义务?

事情是这样的

小刘与家里那个应当称作“父亲”的人之间的关系非常糟糕。小刘的父亲是一家工厂的普通工人。他的父亲朋友不多，爱唠叨（唠叨一些社会对他不公的话），只要有机会就会说社会怎么怎么黑，他为人小气，心眼气度相当小。他口口声声谩骂那些有钱的人，可是到了那些人面前却一副低声下气的奴隶样。他思想陈腐，观念保守，要求小刘母亲做到“嫁鸡随鸡，嫁狗随狗”，培养儿子也是为了“养儿防老”。在小刘还小的时候，父亲总是用拳脚或者棍棒教训小刘。现在小刘大了，打不过小刘了，父亲则采用尖酸刻薄的讽刺，经常当着别人的面骂小刘笨。

小刘从高中到大学毕业，成绩不怎么理想但也属于中等水平。小刘性格内向，很少说话，为人比较老实厚道，不吸烟、不喝酒、不打架、不乱来，就是喜欢上网。大学毕业后，小刘有了稳定的工作。但是和父母还住在一起的小刘几乎每天都要听一些“这孩子不争气，没出息”之类的话，他觉得很难受。

有一次，当父亲再次说道“你这孩子没用，靠不住”的时候，小刘想确定父亲是否觉得自己不配做他儿子，于是就说了句：“那么你就写个声明，断绝父子关系。”没想到这一句话让小刘父亲有非常强烈的反应，说小刘翅膀硬了就想忘本了，当场写下了与小刘断绝父子关系、要求小刘搬离家里的书面声明。小刘的父亲还拉来周围的邻居作证。

伤心透顶的小刘决定去咨询律师，自己是否可以和父亲断绝父子关系？已经写下的这份断绝父子关系的声明是否有效？是不是自己以后不用赡养这个父亲了？

律师专线

接受咨询的律师告诉小刘，虽然小刘和父亲的关系非常糟糕，但是在法律上父亲和小刘之间的自然直系血亲关系是不能解除的。依据我国《婚姻法》《收养法》等法律可知，亲生的父母子女关系是基于血缘而成立的，除非经过法定的收养程序，否则父母子女关系是不能解除的。

基于血缘的父母子女之间的关系不能解除（除非特定条件下的收养关系成立），这就决定了父母有抚养和教育子女的义务。子女在未成年时，父亲没有尽到抚养责任的，子女可以要求父亲履行其抚养义务，当后者不履行时，其子女可向人民法院提起诉讼，由人民法院强制其履行。这种关系还表现在，子女成年后，有义务赡养年老没有劳动能力或生活困难的父母，无论父母子女之间关系多么糟糕，赡养义务都不能免除。

虽然我国的法律没有明确规定断绝父母子女关系的声明是否有效，但是依据《婚姻法》的规定可知，声明断绝父母子女关系没有法律依据，不受法律保护。因此，小刘和他父亲在矛盾激烈的时候签署的断绝父子关系的声明无效。小刘现在已经成年了，等他父亲年老、丧失劳动能力时，小刘依然具有法定的赡养其父亲的义务。如果小刘以后以这份断绝父子关系的声明为依据拒绝赡养的话，他父亲可以请求人民法院强制其履行赡养义务，情节严重，构成遗弃罪的，还可以提请刑事自诉。

法律规范

中华人民共和国婚姻法

（1980 年 9 月 10 日第五届全国人民代表大会第三次会议通过　根据 2001 年 4 月 28 日第九届全国人民代表大会常务委员会第二十一次会议修正　同日公布并实施）

第四条　夫妻应当互相忠实，互相尊重；家庭成员间应当敬老爱幼，互相帮助，维护平等、和睦、文明的婚姻家庭关系。

第二十一条　父母对子女有抚养教育的义务；子女对父母有赡养扶助的义务。

父母不履行抚养义务时，未成年的或不能独立生活的子女，有要求父母付给抚养费的权利。

子女不履行赡养义务时，无劳动能力的或生活困难的父母，有要求子女付给赡养费的权利。

禁止溺婴、弃婴和其他残害婴儿的行为。

第二十三条　父母有保护和教育未成年子女的权利和义务。在未成年子女对国家、集体或他人造成损害时，父母有承担民事责任的义务。

第三十六条　父母与子女间的关系，不因父母离婚而消除。离婚后，子女无论由父或母直接抚养，仍是父母双方的子女。

离婚后，父母对于子女仍有抚养和教育的权利和义务。

离婚后，哺乳期内的子女，以随哺乳的母亲抚养为原则。哺乳期后的子女，如双方因抚养问题发生争执不能达成协议时，由人民法院根据子女的权益和双方的具体情况判决。

专家释惑

这个案例涉及的主要法律问题是父母子女关系问题——直系血亲的权利义务关系不因声明断绝关系而解除。

父母子女关系有两种：一种是有血缘关系的直系血亲父母子女关系，另一种是没有血缘关系的拟制血亲父母子女关系。对于没有血缘关系的拟制血亲的父母子女关系，可以依法解除（比如依法解除收养关系，导致了收养人与被收养人的法律拟制的血亲关系消灭）。

但是，具有血缘关系的直系血亲父母子女关系，是不得解除的（除非特定情形下，生父母送养子女而解除了子女与生父母的关系）。《宪法》和《婚姻法》以及其他的法律、行政法规没有对声明断绝父母子女关系作出具体的规定，因此，声明断绝父母子女关系没有法律依据，依法不受法律保护。我国《婚姻法》第 36 条第 1 款规定："父母与子女间的关系，不因父母离婚而消除，离婚后，子女无论由父或母直接抚养，仍是父母双方的子女。"该条规定夫妻依法解除婚姻关系，亦不能消除其父母子女关系。

案例 8　未成年人吴某某致人伤害，该如何承担赔偿责任?

事情是这样的

原告方某某是本案第一被告某市第二小学的一名 10 岁的学生。她与本案第二被告吴某某同在该小学读书。吴某某是一名 11 岁的五年级男生。这个小学有南、北两个操场。原告方某某所在的教室介于两操场之间。2001 年 11 月 10 日上午 10 时 30 分左右，原告方某某在教室内上课，第二被告吴某某在南操场上体育课。上课后，刚做完热身运动不久，体育教师叫吴某某所在班级的体育委员去北操场拿篮球，吴某某与其他几名男学生随同前往。活泼好动的吴某某拿到篮球后，一脚将球踢飞，当即球就飞入了原告方某某所在的教室，砸碎了这个教室的北窗玻璃，玻璃碎屑溅入了正在教室内认真听讲的方某某的右眼内。事发当天，第二小学的有关人员当即陪原告去学校所在地的地段医院就诊。当天学校先后两次带原告方某某去医院检查。当时的检查结果并没有发现什么异常现象。但是，原告方某某觉得自己的右眼很不舒服。第二天，方某某更觉得眼睛很难受，就请假回家休息。方某某的父母下班回家后，听到女儿说右眼很难受，睁不开眼睛，顿时觉得事情严重，当即带方某某去本市比较有名气的一家医院——长征医院检查。医院检查后，方某某在这家医院先后进行了两次手术治疗。此后，原告的父母又带原告复诊于本省的其他几家大型医院。

与此同时，方某某的父母以方某某的名义向人民法院提起损害赔偿诉讼，请求法院判决第二小学和吴某某共同赔偿医疗费、交通费、营养费、误工费、伤残补助及后续治疗费用共计102829.85元。

诉讼中，原告方某某的法定代理人（方某某的父母）认为吴某某的行为直接造成了方某某的右眼损伤，应当赔偿方某某及其父母因此造成的损失；还认为第二小学作为负有教育监督职责的单位，对本校学生负有保护和照管职责，因此，学校应当与吴某某一起对方某某的损伤负连带责任。

第二被告（吴某某）的法定代理人提出，吴某某只有11岁，是无民事行为能力人。事发当日，第二被告已入学校就读，自己对第二被告的监护责任已临时转移至学校。事故发生在正常的上课时间，而且是在学校内，这说明学校在教学管理中存在一定疏漏，没有尽到监护的责任。因此，本案的责任在第一被告（第二小学），其应承担赔偿的主要责任。自己作为第二被告的法定监护人，对于原告方某某的损害只能作适当赔偿。

第一被告（第二小学）认为，学校作为教育机构，并不是监护人，而是照管人。照管人和监护人对被监护人所造成的侵权损害承担的责任是不同的。监护人承担的是无过错责任。学校对此承担的是过错责任。学校一直在教育学生不可以踢篮球，原告受到伤害系第二被告不守纪律，擅自踢篮球所致，因此，校方对此不应承担赔偿责任。

法院经过审理查明：方某某的受伤情况经过本省高级人民法院法医鉴定，为右眼巩膜受伤，目前右眼视觉丧失（光感）。需护理两个月，营养三至四个月左右。这一事故对左眼无影响。方某某的右眼在本市长征医院做过两次手术，还到本省其他几家大医院进行了复诊。

依据上述事实和当事人之间的举证，按照我国《民法通则》、最高人民法院《关于贯彻执行〈中华人民共和国民法通则〉若干问题的意见（试行）》等相关法律规定，法院认定：本案第二被告（吴某某）对方某某的损害负直接责任，因此，吴某某的法定监护人对此负主要的赔偿责任；本案的第一被告（第二小学）对事故的发生存在一定的过错，因此，应承担与过错程度相应的赔偿责任。

最后，人民法院作出如下判决：第二被告吴某某的法定代理人与第一被告共同赔偿原告因伤害而造成的医疗费、交通费、营养费、今后治疗费、伤残生活补助费，以及方某某父母因此而造成的误工费共计人民币23306.15元。其中，第二被告的法定代理人承担13983.69元，第一被告承担9322.46元。

一审判决后，双方当事人均未上诉。

律师专线

本案是一起因未成年人致人伤害而引起的损害赔偿案件。案件争议的问题就是未成年人吴某某致人伤害时赔偿责任由谁承担——是由吴某某的父母（法定监护人）承担，还是由学校承担，如果两者都有责任，应当怎样处理。

本案中，由于第二被告吴某某上课不遵守学校纪律，擅自踢篮球，因而导致原告方某某受到伤害，吴某某对本案事故的发生负主要责任。由于第二被告吴某某为未成年人，依据《民法通则》第133条第1款的规定，吴某某的父母，作为吴某某的法定监护人，对吴某某的侵权损害应当承担民事责任。在本案中，由于吴某某承担的是主要责任，因此，吴某某的父母即使对此没有过错，对于原告的损害也应承担主要的民事赔偿责任。

本案中，第一被告作为照管单位，尽管在其日常教育管理活动中曾多次教育学生遵守校纪校规，注意安全，不可踢篮球，但本案侵害事实的发生，第一被告存在一定程度的过错。首先，体育课时，体育老师应做好上课前的必要准备工作。本案中体育教师并没有把第二被告所在班级上体育课所需要的篮球拿到上课地点。其次，体育教师在让包括第二被告在内的几名学生去拿篮球时，应及时告诫学生不可踢篮球，并应随同去拿回篮球，但该体育教师疏于履行此义务。因此，学校对本案事故的发生也是存在一定程度的过错的。也就是说，第二小学承担责任的性质依据规定为过错责任，其承担责任的比例按其过错程度来确定。

由于监护人承担的是无过错责任，而照管人对被照管人所造成的侵权损害承担的责任，应当是一般侵权的过错责任。依据最高人民法院《关于贯彻执行〈中华人民共和国民法通则〉若干问题的意见（试行）》第160条的规定可知，照管人对其应承担的责任应当根据自身的义务范围及过错大小来确定。因此，法院判决第一被告承担一定责任，其余责任由第二被告法定代理人承担，是正确的。

法律规范

中华人民共和国民法通则

（1986年4月12日第六届全国人民代表大会第四次会议通过　自1987年1月1日起施行）

第一百三十三条　无民事行为能力人、限制民事行为能力人造成他人损害的，由监护人承担民事责任。监护人尽了监护责任的，可以适当减轻他的民事责任。

有财产的无民事行为能力人、限制民事行为能力人造成他人损害的，从本人财产中支付赔偿费用。不足部分，由监护人适当赔偿，但单位担任监护人的除外。

最高人民法院关于贯彻执行《中华人民共和国民法通则》若干问题的意见（试行）

（1988 年 1 月 26 日最高人民法院审判委员会讨论通过　法（办）发〔1988〕6 号）

160. 在幼儿园、学校生活、学习的无民事行为能力人或者在精神病院治疗的精神病人，受到伤害或者给他人造成损害，单位有过错的，可以责令这些单位适当给予赔偿。

中华人民共和国婚姻法

（1980 年 9 月 10 日第五届全国人民代表大会第三次会议通过　根据 2001 年 4 月 28 日第九届全国人民代表大会常务委员会第二十一次会议修正　同日公布并实施）

第二十三条　父母有保护和教育未成年子女的权利和义务。在未成年子女对国家、集体或他人造成损害时，父母有承担民事责任的义务。

专家释惑

本案涉及的法律问题是未成年人致人损害责任的承担。

我国《民法通则》第 133 条规定："无民事行为能力人、限制民事行为能力人造成他人损害的，由监护人承担民事责任。监护人尽了监护责任的，可以适当减轻他的民事责任。有财产的无民事行为能力人、限制民事行为能力人造成他人损害的，从本人财产中支付赔偿费用。不足部分，由监护人适当赔偿，但单位担任监护人的除外。"同时，最高人民法院《关于贯彻执行〈中华人民共和国民法通则〉若干问题的意见（试行）》第 160 条规定，在幼儿园、学校生活、学习的无民事行为能力的人给他人造成损害，单位有过错的，可以责令这些单位适当给予赔偿。

这些规定确定了法定代理人的侵权责任制度。法定代理人承担责任一般应具备以下条件：

1. 须是无民事行为能力人或限制民事行为能力人对他人造成损

害。并不是被监护人造成的所有损害都由法定代理人承担责任，只有当被监护人在没有识别能力时，侵犯他人权益，且给他人造成实际损失的，法定代理人才承担责任。无民事行为能力人指不满10周岁的未成年人或者不能辨认自己行为的精神病人。限制民事行为能力人指10周岁以上的未成年人或者不能完全辨认自己行为的精神病人，他们只能进行与自己的年龄、智力或者精神健康状况相适应的民事活动。被监护人在有识别能力下造成的损害，如间歇性精神病人在精神正常的状态下致损，应由法定代理人与被监护人承担连带责任。

2. 须无民事行为能力人或限制民事行为能力人自己独立的行为给他人造成损害。所谓自己独立的行为，是指不受他人（含监护人）的故意教唆、指使、操纵而由自己独立实施的行为。否则，由他人直接承担侵权的责任。

3. 须无民事行为能力人或限制民事行为能力人的致损行为在客观上具有违法性。被监护人由于民事行为能力的欠缺，在主观上不能意识到自己行为的法律后果，但就其客观行为而言，必为法律所不容。若其行为属合法行为，就不会发生民事责任问题。

法定代理人责任适用时应注意以下问题：

1. 未成年子女给他人造成损害，如果同一顺序法定代理人有数人而又无法明确具体的责任主体，应由顺序在前的有监护能力的人承担责任。

2. 夫妻离婚后，未成年子女致人损害的，同子女共同生活的一方承担责任；单独承担责任确有困难的，可责令未与该子女共同生活的一方承担责任。

3. 对《民法通则》第133条第2款中“单位担任监护人的除外”的理解。学术界存在以下观点：第一，被监护人的财产不足支付赔偿费用时，单位对于不足部分应全部赔偿而不是适当赔偿。第二，无论被监护人是否有财产，是否足够支付赔偿费用，均由单位负责全部赔偿。第三，被监护人有财产的，单位不负赔偿责任。我们认为，从保护受害人的角度出发，第二种观点是可取的，但如果考察立法本意似乎应当是第三种观点，但这显然不利于加强单位监护人的责任，而且也不符合对监护人的职责要求。因此，对于这一条的执行实践中应依具体情况而定，即单位为监护人的，如果能为被监护人承担赔偿责任即应全部或部分赔偿；如果无力为被监护人承担赔偿责任，可以免除或减轻其责任。但是，若被监护人确有足够财产进行赔偿的，也可适当减轻或免除单位的责任。

依据《民法通则》第133条第1款的规定，监护人承担的是无过错责任，而照管人对被照管人所造成的侵权损害承担的责任，应当是一般侵权的过错责任。也就是说监护人虽然尽到了监护责任，但被监护人的行为仍然造成他人损害后果发生的，监护人亦应承担责任。监护人无过错的事实，不能构成其免责的理由。对《民法通则》这一条款中“监护人尽了监护责任的，可以适当减轻他的民事责任”如何理解，如何判断监护人尽了监护责任，在何种情况下可以减轻监护人民事责任？我们认为，减轻监护人的民事责任不能以损害受害人的利益为前提。从某种角度说，受害人之损失是一个相对固定的量，减轻监护人民事责任可以理解为在量上承担数额减少，但监护人民事责任的减轻，应以有其他责任人代为承担为基础，否则受害人的损失得不到充分赔偿，也就侵害了受害人的利益。

在审判实践中，有以下两种情况可以判断为监护人尽了监护职责，可以适当减轻、甚至免除其责任。其一，无民事行为能力或限制民事行为能力人的致害行为是由于受害人自身行为所引起，即受害人本身亦有过错，如无端挑逗等而致受害人伤害的。其二，负有照管义务或受监护人委托，却未对无民事行为能力人或限制民事行为能力人尽必要照管、监督义务的人，可视其过错大小，对受害人承担相应的赔偿责任。以上两种情况则是监护人无过错责任的例外。

提醒

不满10周岁的儿童、精神病患者，是无民事行为能力人。已满10周岁、不满18岁的未成年人，间歇性精神病人是限制民事行为能力人。

案例9　成年子女致人损害，父母有责任赔偿吗？

事情是这样的

赖某是某高校一名19周岁的大学一年级学生，2000年9月入校读书，他的生活及学习费用都由父母提供。2001年4月的一天傍晚，赖某去参加一个学习辅导班的时候，由于出门时间比较晚，他担心会迟到，本来应当转过一个十字路口在顺车道行驶，可他没有这样做，而是逆车道继续快速蹬自行车。在一个拐弯处，赖某不小心撞上了正在饭后散步的李某。李某一下被撞倒在地，由于赖某的骑车速度比较快，他也栽下来摔到了李某的身上，结果，李某半天都爬不起来。惊慌失措的赖某赶紧打了医疗急救电话120。李某在医院做了全身检查，在医院住院观察了一星期后出院。出院后在家休息的李某向赖某要求赔偿损失，包括自己的医疗费和误工费共计4000元。赖某声称自己还是学生，没有收入，自己无力支付这些赔偿。李某得知赖某的学习和生活费用都是由父母提供后，便向赖某的父母提出索赔要求，遭到赖某的父母拒绝。因此，2001年5月8日，李某以赖某和他的父母为被告，向当地法院提起诉讼，要求他们赔偿自己的损失4000元。

在审理过程中，李某认为，自己是在正常散步，而被告赖某是违章行车。因此，李某所受的损失，包括医药费、误工费和家人的护理费都应当由赖某赔偿。又因为赖某还是学生，一切费用都是由其父母提供，属于我国《婚姻法》上的“不能独立生活的子女”，因此，对于赖某给其造成的损害，他的父母应当承担民事损害赔偿责任。

被告赖某辩称：自己骑自行车逆行确实违章了，对于李某的摔倒，自己确实有责任。但是自己当时立即带原告去医院检查了，医药费前后总计花了900元。医生说只要在家休息四五天就可以。因此根本不需要花费原告声称的那么多误工费和医疗费。

被告赖某的父母则声称他们不应当承当损害赔偿责任，也不是被告，拒绝承担原告的损失。

法院在分析了双方当事人的主张和举证后，认定赖某已经19周岁，是成年人，应当自己承担对李某的民事责任，而不是赖某的父母。但是，由于赖某是一名在校学生，没有经济收入，赖某的父母都有工作，经济条件不错，因此，依据最高人民法院《关于贯彻执行〈中华人民共和国民法通则〉若干问题的意见（试行）》第161条第2款的规定，赖某的父母应当尽可能的垫付。李某的实际医药费和误工费远远少于李某要求的数目。因此，法院主持调解，原告李某与被告赖某最后达成一致：赖某承担李某的损害赔偿1400元，其中医药费900元，误工费等损失500元。赖某的父母帮忙垫付这笔数目。

律师专线

本案是一个没有生活来源的成年人致人损害的民事案件。本案的争议在于被告赖某的父母是否有义务替赖某赔偿李某的损失。

本案原告李某认为，赖某属于我国《婚姻法》上的“不能独立生活的子女”，因此，对于赖某给自己的损害，他的父母应当承担民事损害赔偿责任，李某的这种看法是没有法律依据的。因为我国法律规定，未成年人致人损害的，其父母应当承担损害赔偿责任。但是对于神智正常的成年人，其致人损害的侵权责任，应当由行为人自己承担。法律没有规定具有民事行为能力的“不能独立生活的子女”的损害赔偿责任应当由自己的父母承担，只规定父母不履行抚养义务时，未成年子女或者不能独立生活的子女有权利要求父母给付抚养费。本案中，尽管赖某属于不能独立生活的子女，但他已经19周岁，由于他自己的过错（违章行车）导致了原告李某的损害，依据最高人民法院《关于贯彻执行

〈中华人民共和国民法通则〉若干问题的意见（试行）》第 161 条第 2 款的规定可知，这个赔偿责任应当由赖某自己承担。

法院主持调解中，赖某的父母愿意替赖某先支付这些损害赔偿费用给原告李某，只不过因为赖某的父母经济条件不错，有能力先行替赖某支付这些费用。但是，在法律上，赖某的父母并没有义务先行支付这笔费用。因此，本案原告李某将赖某的父母作为被告之一，这是错误的。法院的认定是正确的。

注意

依据《民法通则》第 119 条的规定可知，赔偿的范围是医疗费和误工费等。本案中，如果赖某的父母经济条件困难，没有能力垫付这些费用，那他们可以不先替赖某支付这笔费用，在法院主持调解没有成功的情况下，法院可以判决由赖某延期给付李某这些费用。但是如果赖某在撞人的时候，还不到 18 周岁，但是在李某起诉时已经年满 18 周岁，那赖某的父母就应当对李某的损害承担民事赔偿责任。

法律规范

中华人民共和国民法通则

（1986 年 4 月 12 日第六届全国人民代表大会第四次会议通过　自 1987 年 1 月 1 日起施行）

第一百一十九条　侵害公民身体造成伤害的，应当赔偿医疗费、因误工减少的收入、残疾者生活补助费等费用；造成死亡的，并应当支付丧葬费、死者生前扶养的人必要的生活费等费用。

最高人民法院关于贯彻执行《中华人民共和国民法通则》若干问题的意见（试行）

（1988 年 1 月 26 日最高人民法院审判委员会讨论通过　法（办）发〔1988〕6 号）

161. 侵权行为发生时行为人不满十八周岁，在诉讼时已满十八周岁，并有经济能力的，应当承担民事责任；行为人没有经济能力的，应当由原监护人承担民事责任。

行为人致人损害时年满十八周岁的，应当由本人承担民事责任；没有经济收入的，由扶养人垫付，垫付有困难的，也可以判决或者调解延期给付。

中华人民共和国婚姻法

（1980 年 9 月 10 日第五届全国人民代表大会第三次会议通过　根据 2001 年 4 月 28 日第九届全国人民代表大会常务委员会第二十一次会议修正　同日公布并实施）

第二十三条　父母有保护和教育未成年子女的权利和义务。在未成年子女对国家、集体或他人造成损害时，父母有承担民事责任的义务。

专家释惑

本案涉及的法律问题是成年但没有经济收入的子女致人损害的赔偿责任的承担问题。

我国《民法通则》第 11 条明确规定：凡是年满 18 周岁、智力正常的人都具有民事行为能力，是完全民事行为能力人。凡是年满 16 周岁不满 18 周岁的人，以自己的劳动收入为主要生活来源的，也是完全民事行为能力人。可见，凡是智力正常的成年人都具有民事行为能力，应对自己的行为后果负责。

同时我国法律规定：父母对子女有教育和抚养的义务，对子女负有法定的监护职责，但只限于未成年子女和属于限制民事行为能力或者无民事行为能力的成年子女。依据最高人民法院《关于适用〈中华人民共和国婚姻法〉若干问题的解释（一）》第 20 条的规定，有权要求父母给付抚养费的不能独立生活的子女，是指尚在学校接受高中及其以下学历教育，或者丧失或未完全丧失劳动能力等非因主观原因而无法正常生活的成年子女。

因此，对于已经成年、有劳动能力而且智力正常的子女而言，父母没有抚养义务，更谈不上有替该成年子女赔偿损失的民事责任。这种情况下，损害赔偿的民事责任应当由该成年子女自己承担，其父母自愿替其垫付的不受限制。

案例 10 不能独立生活的曲云峰能要求继父鲁某某抚养自己吗?

事情是这样的

鲁某某是某市第二汽车运输公司的一名会计。在“文化大革命”期间，因所谓的“严重历史问题”被关押审查。1972 年，他的妻子出于当时的政治压力与鲁某某离婚。1977 年秋天，鲁某某的所谓历史问题得到了平反，恢复了原来的工作。

1979 年春天，在单位同事的介绍下，鲁某某认识了在纺织厂工作的中年女子巫某某。当时，巫某某是一个人带着孩子生活。她的丈夫曲某某几年前因车祸身亡，留下一个儿子，名叫曲云峰（即原告）。鲁某某和巫某某相识、交往一段时间后，彼此觉得合适，就登记结了婚。婚后，巫某某将 9 岁的儿子曲云峰带来一起生活。1988 年 7 月，曲云峰高中毕业。之后，在家庭的资助下，曲云峰买了一辆三轮车搞个体运输，主要为几家商店运输商品，收入颇丰。一家三口都有收入，生活比较富裕，也非常和睦。

1989 年 8 月，巫某某因心脏病突发而死亡。祸不单行，1990 年 5 月的某一天，曲云峰在运送商品的途中不慎跌伤，右腿骨折，伤势比较严重，在医院治疗一段时间后出院。医生嘱咐曲云峰在家里疗养三年。曲云峰出院回家后，由于他没有结婚，只有依靠他的继父鲁某某照料必要的生活起居。鲁某某对于出院后的曲云峰态度冷淡，有时因经济问题和家庭等问题与由云峰争吵。有一次，曲云峰要买无线电零件，向鲁某某要 13 元钱。鲁某某说，我管饭给你吃，你还要这个要那个的。曲云峰说，我过去赚的钱都放在家里，现在我要 13 元钱都不给。于是双方发生争吵，越吵越激烈。接着，鲁某某将东西搬到单位集体宿舍，单独生活。曲云峰因伤势未愈，没有工作，生活困难，多次要求鲁某某抚养。鲁某某单位的领导也找鲁某某谈话，要求他承担起照料曲云峰的义务，都遭到鲁某某的拒绝。在这种情况下，曲云峰于 1991 年 3 月向当地人民法院起诉，要求鲁某某每月给付抚养费 60 元。

在案件的审理过程中，被告鲁某某辩称："曲云峰的母亲巫某某已去世，我现在与他没有多大关系，况且曲云峰已经21岁了，应该设法独立生活，我没有义务再管他吃饭。"原告曲云峰说："尽管我已经21岁，成年了，但是我现在腿伤还没有好，没办法工作。我以前赚的钱都交给了家里，现在没有任何经济来源，因而需要亲人的照料和资助。等我的伤好了，我可以工作了，那时就不需要抚养了。"

法庭经过审理认为，根据我国法律规定，继父或继母一旦与继子女形成权利义务关系后，就相当于亲生的父母子女之间的权利义务关系，这种关系不会因为生父母先于继父母的死亡而消除，除非通过法定程序解除这种关系，否则这种彼此之间的权利义务关系在任何情况下都是存在的，一直到一方生命结束时为止。也就是说，鲁某某不能仅仅因为曲云峰的母亲巫某某已去世，就认为自己与曲云峰没有多大关系了。这种观点是错误的。

同时，依据《婚姻法》的相关规定：父母对子女有抚养教育的义务。父母不履行抚养义务的，未成年子女或不能独立生活的子女，有要求父母付给抚养费的权利。鲁某某作为曲云峰法律意义上的父亲，有义务对暂时不能独立生活的继子进行抚养。

据此人民法院判决：被告鲁某某每月付给原告曲云峰抚养费50元。

一审判决后，原告和被告都未上诉。

律师专线

本案中，鲁某某和曲云峰之间因抚养问题发生纠纷，鲁某某以自己的妻子巫某某死后，自己与继子曲云峰没有多大关系以及曲云峰已经成年这两条理由作为借口拒绝履行抚养义务。这两条理由都是不能成立的。

首先，尽管不是所有的继子女与继父母之间的关系都适用《婚姻法》中父母子女之间的关系，但是本案中鲁某某与曲云峰之间的关系适用《婚姻法》中父母子女之间的关系。因为他们是共同生活形成了抚养教育关系的继父与继子的关系。曲云峰9岁以后就一直和生母巫某某、继父鲁某某一起生活。曲云峰高中毕业后，在家庭的资助下自谋职业，所赚的钱也都一直是交给家里的，一直到他跌伤之前都是这样。这些都说明鲁某某与曲云峰之间构成了共同生活的抚养教育关系。因此，鲁某某和曲云峰之间的关系应当适用我国《婚姻法》中关于“父母子女之间的关系”的规定。而且依据我国法律的规定，继父或者继母一旦与继子女形成了权利义务关系以后，不因生父母先于继父母的死亡而消除。本案中，曲云峰与鲁某某之间的权利义务关系，不因为巫某某的去世而消除，他们之间在巫某某去世后仍然适用我国《婚姻法》中有关父母子女间权利义务的有关规定。除非双方通过某种法定程序，例如继父把继子女送养他人等来解除这种关系，否则这种彼此之间的权利义务关系在任何情况下都是存在的，直到继父鲁某某或继子曲云峰的一方死亡，这种相互之间的权利义务关系才告以结束。鲁某某认为其妻巫某某已去世，因此他和曲云峰之间也就没有什么关系了，这种观点是不正确的，他们之间仍存在父母子女间的权利义务关系，而不是没有多大关系了。

其次，子女已成年，父母是否有抚养义务，这要分具体情况来看待。如果子女具有独立生活能力，父母在子女成年后即不再负有抚养义务。比如，本案中，曲云峰高中毕业后，凭自己的劳动吃饭，具有独立的生活能力。这时候，父母（包括继父鲁某某）可以免除对他的经济上的抚养义务。但是，如果子女无独立生活能力。尽管子女已成年，父母的抚养义务也不能免除。曲云峰因为事故而摔伤了腿，不能工作，暂时失去了独立生活能力，在这种情况下，曲云峰虽已 21 岁，已成年，但根据我国《婚姻法》第 21 条和第 27 条第 2 款的规定可知，鲁某某对于因摔伤而暂时不能独立生活的继子曲云峰仍旧有抚养义务。

由于曲云峰要求抚养的要求一再遭到拒绝，单位领导与鲁某某的谈话也未能使鲁某某改变主意对曲云峰尽抚养义务，曲云峰遂诉请人民法院解决，人民法院在对双方当事人进行调解无效后，判决鲁某某每月支付曲云峰抚养费 50 元人民币。

注意

不能独立生活的子女指尚在校接受高中及其以下学历教育，或者丧失或未完全丧失劳动能力等非因主观原因而无法维持正常生活的成年子女。

抚养费，包括子女生活费、教育费、医疗费等费用。

法律规范

中华人民共和国婚姻法

（1980年9月10日第五届全国人民代表大会第三次会议通过 根据2001年4月28日第九届全国人民代表大会常务委员会第二十一次会议修正 同日公布并实施）

第二十一条 父母对子女有抚养教育的义务；子女对父母有赡养扶助的义务。

父母不履行抚养义务的，未成年的或不能独立生活的子女，有要求父母付给抚养费的权利。

子女不履行赡养义务时，无劳动能力的或生活困难的父母，有要求子女付给赡养费的权利。

禁止溺婴、弃婴和其他残害婴儿的行为。

第二十七条 继父母与继子女间，不得虐待或歧视。

继父或继母和受其抚养教育的继子女间的权利和义务，适用本法对父母子女关系的有关规定。

专家释惑

这个案件涉及的是父母子女间的权利义务关系问题。其中主要是两个问题：其一，继父母与继子女的关系的形成；其二，父母子女（继父母与继子女）之间的权利义务关系。

一、继父母与继子女的关系的形成

继父母俗称后父、后母。继父母继子女关系是因子女的生父或者生母的再婚而形成的。子女对母或父的再婚配偶，称继父或继母。丈夫对其妻与前夫所生的子女，或妻子对其丈夫与前妻所生的子女，都称为继子女。在过去，由于封建宗法制的影响，继子女的权益得不到应有的保护。针对这种情况，我国《婚姻法》专门规定："继父母与继子女间，不得虐待或歧视。"否则，应承担相应的法律责任。《婚姻法》还规定："继父或继母和受其抚养教育的继子女间的权利和义务，适用本法对父母子女关系的有关规定。”由此可见，具有抚养教育关系的继父母与继子女之间才发生父母子女的权利义务关系，无抚养教育关系的继父母与继子女之间不发生这种权利义务关系。有抚养教育关系的继父母与继子女之间的权利义务，与生父母和生子女间的权利义务相同。这就是说，有抚养教育关系的继父母与继子女为法律规定的亲属关系，称为法律拟制血亲。

本案中，继子曲云峰和继父鲁某某之间的权利义务关系就应该适用我国《婚姻法》有关父母子女间关系的有关规定，他们之间是我国法律所保护的拟制父子关系。

既然曲云峰与鲁某某之间是有抚养教育关系的继父继子关系，他们之间的权利义务就应当适用我国《婚姻法》有关父母子女间权利义务的有关规定。

二、父母子女（继父母与继子女）之间的权利义务关系

1. 抚养教育子女的义务（《婚姻法》第21条）

《婚姻法》在21条第1款规定，父母对子女有抚养教育的义务。

抚养是指父母从物质上、经济上对子女的养育和照料，如负担子女的生活费、教育费，在生活上照管子女等。这是子女健康成长的物质基础。教育是指父母在思想、品德、学业等方面对子女的全面培养。家庭是儿童的最初学校，父母是子女的第一任教师，子女从小就受着父母的思想和行为的影响。

父母的抚养教育义务，对未成年子女来说是无条件的，不得任意推卸责任；对成年子女的抚养教育则是有条件的。一般来说，子女成年独立生活后，父母除对子女继续进行帮助、教育外，在物质上、经济上不再有抚养义务。但是，对不能独立生活的成年子女，如身有残疾等，父母仍需尽抚养义务，不得推诿。最高人民法院《关于适用〈中华人民共和国婚姻法〉若干问题的解释（一）》第20

条规定："婚姻法第二十一条规定的'不能独立生活的子女'，是指尚在校接受高中及其以下学历教育，或者丧失或未完全丧失劳动能力等非因主观原因而无法维持正常生活的成年子女。"

本案中，继父鲁某某和继子曲云峰之间具有抚养教育关系，他们之间的权利义务关系适用父母与亲生子女间的权利义务的有关规定。鲁某某对曲云峰有抚养教育的义务，虽然曲云峰已经成年，但其由于事故而摔伤了腿，无法工作，不能独立生活，在这种情况下，鲁某某仍负有对成年的曲云峰抚养的义务。

《婚姻法》第21条第2款规定："父母不履行抚养义务时，未成年的或者不能独立生活的子女，有要求父母付给抚养费的权利。"未成年子女和不能独立生活的成年子女的受抚养权受到侵犯不能实现时，有向父母追索抚养费之权；已独立生活的子女则不再享有此项权利。根据最高人民法院《关于适用〈中华人民共和国婚姻法〉若干问题的解释（一）》第21条的规定，这里的"抚养费"，包括子女生活费、教育费、医疗费等费用。关于因追索抚养费而发生的纠纷，可由有关部门进行调解，也可经人民法院以诉讼程序处理。人民法院处理此类纠纷，首先进行调解，调解不成时依法判决。在调解书或判决书中，要确定抚养费的数额、给付的期限和方法。

2. 保护和教育子女的权利义务（《婚姻法》第23条）

该条规定："父母有保护和教育未成年子女的权利和义务。在未成年子女对国家、集体或他人造成损害时，父母有承担民事责任的义务。"

父母对未成年子女的保护和教育，既是权利也是义务。基于父母对未成年子女的特殊责任，保护和教育权不得任意抛弃。不行使权利，实际上也就是不履行义务。在保护和教育问题上，权利和义务是很难区分的。教育是指依照法律和道德的要求，采用正确的方式对未成年子女进行管理和引导，对其行为加以必要的约束。未成年子女在法律上为无民事行为能力人和限制民事行为能力人，他们缺乏对事物的理解和正确的处理能力，法律责成父母对未成年子女负管教责任，一方面是为了保障子女的安全和健康，另一方面是为了防止未成年子女损害他人或社会。保护是指为了未成年子女的安全和利益，防止和排除来自外力的各种侵害。所以，父母是未成子女的法定监护人。当未成年子女的人身和财产受到侵害时，父母可以以法定代理人的身份提出诉讼。未成年子女对国家、集体和他人造成损害时，父母应承担赔偿责任。这一规定不仅可以保护受害一方的合法权益，也有利于加强父母管教未成年子女的责任感。已独立生活的成年子女造成上述损害时，父母不再承担赔偿责任。而且，父母的责任以民事责任为限，如未成年子女的不法行为引起刑法上的后果时，父母是不承担刑事责任的。

3. 子女的赡养义务（《婚姻法》第 21 条第 1 款）

该款规定：“子女对父母有赡养扶助的义务。”

这里的子女是指成年子女。赡养是子女对父母的供养，即物质上和精神上为父母提供必要的生活条件。扶助是指子女对父母在物质上为父母提供必要的生活条件，以及在精神上和生活上的关心、帮助和照料。子女对年老体弱、丧失劳动能力、生活有困难的父母，必须自觉地履行赡养义务，使老人能够安度晚年。赡养老人的方式，或共同生活直接履行义务，或提供老人的生活费用，可由老人和子女根据情况商定。子女不止一人时，应根据“条件好的多负担，条件差的少负担”的原则，共同履行这一义务。

本案中，曲云峰作为鲁某某的有抚养教育关系的继子，在鲁某某年老、体弱、丧失劳动能力或生活困难时也有赡养鲁某某的义务。

为了保证父母受赡养的权利，第 3 款还规定：“子女不履行赡养义务时，无劳动能力的或生活困难的父母，有要求子女付给赡养费的权利。”

关于追索赡养费而发生的纠纷和追索抚养费而发生的纠纷，其处理程序是相同的，可以由有关部门进行调解，也可经人民法院依诉讼程序处理。在确定赡养费数额时，应考虑父母的实际需要和子女的经济负担能力。

4. 父母子女相互继承遗产的权利（《婚姻法》第24条第2款）

该款规定：“父母和子女有相互继承遗产的权利。”

这一权利是基于双方之间的特定身份而产生的。根据我国《继承法》的规定，子女和父母均为第一顺序继承人，子女包括婚生子女、非婚生子女、养子女和有扶养关系的继子女；父母包括生父母、养父母和有扶养关系的继父母。父母和子女的继承权是平等的，他们都是独立的继承法上的主体。被继承人死亡时尚未出生的胎儿，也依法保留其继承份额。胎儿出生时是死体的，保留的份额由其他法定继承人继承。婴儿出生后死亡的，则由死亡婴儿的法定继承人继承。子女先于父母死亡的，其晚辈直系血亲依法享有代位继承权。此外，丧偶儿媳对公婆，丧偶女婿对岳父、岳母尽了主要赡养义务的，也作为第一顺序法定继承人。

本案中，有抚养教育关系的鲁某某和曲云峰之间，如果他们其中一方死亡的话，另一方是对方第一顺序法定继承人，是享有对对方遗产的继承权的。

总之，本案中的曲云峰和鲁某某之间是拟制的父子关系。由于曲云峰自幼跟母亲与鲁某某一块生活，因此双方之间形成了抚养教育的关系，继父鲁某某和继子曲云峰之间的权利义务关系适用父母与亲生子女相同的权利义务关系的规定。鲁某某与曲云峰之间的权利义务关系在鲁某某对曲云峰的抚养教育过程中形成。后来曲云峰的生母巫某某的死亡，并不终止他与鲁某某之间的权利义务关系。他们之间的权利义务一直存在，除非双方用法定程序解除这种关系，或者一方死亡，他们之间的权利义务关系才得以终止。由于他们之间仍然存在父母子女间的权利义务关系，所以当曲云峰由于事故摔伤而丧失劳动能力，不能独立生活时，鲁某某即有承担起抚养曲云峰的义务。由于鲁某某不履行其应尽义务，人民法院以判决形式强制其履行义务，保护曲云峰的利益的处理是正确的。

提醒

有抚养教育关系的继父母与继子女之间的权利义务关系与亲生父母子女之间的权利义务关系是相同的。不能借口是继父母子女关系而不履行法律规定的义务或者剥夺其应当享有的权利，否则，情节严重的，应当受到法律的处罚。

案例 11　离婚后，儿子到底随哪方？丁某某有权单方面变更儿子姓氏吗？

事情是这样的

1989 年 8 月，原告张某某与被告丁某某经人介绍结婚。1991 年 5 月，丁某某生下一个儿子，取名为张某林。婚后，两个人由于性格不和，夫妻感情不是很好，经常为了一些日常生活的小事，各持己见，互不相让，最后导致诉诸法院来解除婚姻。诉讼离婚过程中，张某某和丁某某争议的一个焦点就是，儿子到底归谁？

1994 年 4 月，张某某和丁某某经某某区人民法院调解离婚，儿子张某林随母亲丁某某生活。张某某一次性给付丁某某 5000 元，作为儿子张某林的生活费和教育费。

张某某离婚后，一直在从事个体工商经营活动，而且一直都没有再婚。丁某某离婚后，与该市某中学的一名老师再婚。张某林与母亲丁某某和继父黄某某共同生活。丁某某处的学习和生活条件都比张某某那里的好，黄某某同丁某某及其儿子相处也很愉快。丁某某在 1996 年 1 月将儿子张某林的姓氏改成了自己再婚丈夫的姓氏，将张某林改名为黄忆丁。后来，一次偶然的机会，张某某知悉丁某某将儿子的姓名都改了，他找到丁某某，告诉她自己不同意更改儿子的姓名，认为她这样做侵犯了自己的合法权利。丁某某认为她和张某某已经离婚了，儿子归她抚养，她有权利变更孩子的姓名；并且正式告诉张某某，儿子不需要他探望，现在儿子生活得很好，更不需要到他那里去过暑假。因此，张某某正式向法院起诉丁某某和黄某某夫妇，请求法院确认丁某某、黄某某擅自更改儿子姓名的行为无效，恢复儿子原来的姓名。

在审理过程中，原告张某某诉称：原告与被告丁某某于1994年4月离婚，婚生儿子跟随丁某某生活。丁某某与黄某某结婚后，未经原告允许，擅自将儿子姓名改为黄忆丁。原告得知后，要求被告恢复儿子姓名，遭拒绝，故请求法院判令二被告恢复其儿子的姓名。被告丁某某辩称：我是母亲，有权决定儿子的姓名，儿子与继父黄某某共同生活，已形成抚养关系，为不伤害儿子自尊心，从有利于其健康成长的角度考虑，才将其姓名改为黄忆丁，故不同意原告关于恢复儿子姓名的诉讼主张。

一审法院经审理查明事实后认为：依据《婚姻法》第22条的规定："子女可以随父姓，可以随母姓。"子女姓名应由父母双方共同确定。因此，离婚后抚养子女的一方，亦不能擅自将子女姓氏改为继父或继母姓氏。最高人民法院1993年11月3日通过的《关于人民法院审理离婚案件处理子女抚养问题若干具体意见》第19条明确规定："……父或母一方擅自将子女姓氏改为继母或继父姓氏引起纠纷的，应责令恢复原姓氏。"故丁某某未征得原告同意而与黄某某更改张某林姓名是不当的。但依《婚姻法》第22条关于"子女可以随父姓，可以随母姓"的规定，二被告恢复张某林姓氏后，其随父姓还是随母姓，应由原告与丁某某共同商定。据此，一审法院作出如下判决：责令被告丁某某恢复黄忆丁原姓氏，该子女随父姓或随母姓，可协商确定；案件受理费100元，原告和被告各负担一半。

一审法院判决宣告后，原告不服，依法向上一级法院提起上诉。张某某在上诉中声称：法院只能判决被告恢复其儿子原姓名，不能判令其与丁某某协商子女姓氏。同时，本案诉讼费用应当由被告负担。故要求撤销一审判决中错误的部分，并重新确定案件受理费的负担。被上诉人未作答辩。

二审法院经审理查明的事实与一审法院查明的事实相同。

二审法院经审理查明事实后认为：子女姓名经父母双方共同需要更改时，除了子女具备识别能力，并能以自己的意志更改姓名外，仍应由父母双方协商，父亲或母亲单方不得擅自更改。原审法院判决恢复黄忆丁的原姓氏是正确的。但是，一审法院在判决中由于部分判决无法强制执行，因而属于不妥当，应予以改正。因此原告的诉讼请求已获得法院支持，令其负担一半案件受理费不当，也应予纠正。据此，二审法院作出终审判决：维持一审法院判决中"责令被告丁某某恢复黄忆丁原姓氏"的内容，撤销该判决中"该子女随父姓或随母姓，可协商确定"的内容。一审、二审案件受理费各100元，均由被告负担。

律师专线

本案中，丁某某与张某某维持婚姻关系的时候，生下了儿子张某林。儿子的姓名经过丁某某和张某某的协商确定下来了。尽管后来丁某某与张某某离婚了，但是依据我国《婚姻法》第36条的规定可知，孩子与父母的关系并没有因为父母的离婚而发生改变。张某某依然是张某林的父亲。从最高人民法院《关于人民法院审理离婚案件处理子女抚养问题的若干具体意见》第19条的规定可知，在没有获得儿子的父亲张某某的同意下，丁某某无权变更儿子的姓名。单方擅自变更了孩子姓名的，应当为孩子恢复原来的姓名。

因此，一审法院在判决中责令丁某某恢复黄忆丁原来的姓氏，同时又判决由原告和被告共同协商儿子的姓氏，不恰当。因为孩子的姓名一旦确定了，在孩子未成年的情况下，就必须由夫妻双方共同同意才能更改姓名。在本案中，原告张某某和被告丁某某在儿子的姓名问题上存在重大分歧，难以适用判决中的再次协商确定姓名，也就是说这个内容完全不具有现实可能性。因此，二审法院在上诉人张某某的请求下，作出判决撤销这一内容是正确的。

法律规范

中华人民共和国婚姻法

（1980年9月10日第五届全国人民代表大会第三次会议通过　根据2001年4月28日第九届全国人民代表大会常务委员会第二十一次会议修正　同日公布并实施）

第二十二条　子女可以随父姓，可以随母姓。

第三十六条　父母与子女间的关系，不因父母离婚而消除。离婚后，子女无论由父或母直接抚养，仍是父母双方的子女。

离婚后，父母对于子女仍有抚养和教育的权利和义务。

离婚后，哺乳期内的子女，以随哺乳的母亲抚养为原则。哺乳期后的子女，如双方因抚养问题发生争执不能达成协议时，由人民法院根据子女的权益和双方的具体情况判决。

最高人民法院关于人民法院审理离婚案件处理子女抚养问题的若干具体意见

（1993年11月3日最高人民法院通过）

19. 父母不得因子女变更姓氏而拒付子女抚育费。父或母一方擅自将子女姓氏改为继母或继父姓氏而引起纠纷的，应责令恢复原姓氏。

专家释惑

本案涉及的法律问题是离婚后子女到底跟谁共同生活，以及子女姓氏的变更问题。

一、离婚后子女到底跟哪方共同生活？

在离婚过程中，关于孩子的归属通常是夫妻双方争议的一个重要问题，有时候是双方都争着要孩子与自己生活，有时候是谁都不想孩子和自己生活。对于这样的现实问题，一般有如下解决办法：

1. 协议处理。由双方在离婚时协商决定孩子最终归谁生活，这在协议离婚中比较普遍。因为如果双方是协议离婚，双方应当就财产、债务和孩子的抚养等各方面的问题达成一致，这就包括应在离婚协议书上写明关于子女随哪方生活。在离婚诉讼中，如果双方就子女抚养问题达成协议，受理案件的法院一般会尊重该协议，除非由一方抚养子女对子女正常健康成长有严重不利的情形。

2. 子女2周岁以下时，考虑到子女较小，更加需要母亲的照顾，有的可能尚处于哺乳期，所以最高人民法院的司法解释规定子女一般随母亲生活。但是如果母方有特殊原因，比如患有久治不愈的传染病或其他严重疾病、母方有抚养条件不尽抚养义务等，则孩子不随女方共同生活。

3. 子女在2周岁以上时，父母双方都有抚养条件的，法院应考虑子女随哪方生活更有利于其健康成长。子女随父母中一方时间较长，或随祖父母或者外祖父母一方生活时间较长，与之感情较深，都可以作为决定子女随哪方生活的理由。另外，还要考虑哪方更需要孩子，例如，其中一方已丧失生育能力，可以优先考虑这一特殊情形。

4. 子女在10周岁以上时，根据《民法通则》规定，子女已属于限制民事行为能力人，有一定辨别是非的能力，所以受理案件的法院在处理此问题时，一般应考虑子女个人的意愿。但是这并不是说孩子可以随意选择，只有父母双方都具有直接抚养的条件时，才考虑子女个人的意愿。

二、子女的姓氏变更怎么办?

在历史上，子女姓氏反映了子女与父方的血缘关系，是父系社会确立后的产物。由于历史文化原因，子女冠以父姓，在一定范围内、在某种程度上，已成为广大民众的一种文化习俗。我国《婚姻法》第22条规定，子女可以随父姓，可以随母姓。这一规定体现了社会主义男女平等的原则。子女是父母双方的子女，出生后随父姓还是随母姓，应当由父母双方协商确定。现实生活中，大多数子女还是随父姓，不过子女随母姓的情况也日益增多。父母协商确定子女姓名，并不妨碍子女成年后更改自己的姓名。但子女的姓氏确定后，一般不得由父母一方擅自改变。

近几年来，夫妻离婚后，抚养子女的一方未经对方同意变更未成年子女姓氏的情况不断增多。我们认为，夫妻离婚后，抚养子女的一方未经对方同意变更未成年子女的姓氏，侵害了对方享有的子女随其姓的权利。根据我国《婚姻法》的规定，子女出生后，与父母间产生的一系列民事法律关系，除相互继承遗产等财产关系外，还产生特定的人身关系，即我国《婚姻法》第22条规定的“子女可以随父姓，可以随母姓”，也就是说，父母均享有子女随其姓的权利。基于我国《婚姻法》的规定，夫妻双方经协商后，一旦确定子女随一方姓，该方就实际取得了子女随其姓的权利。因此，一经确定子女随一方姓，即使夫妻离婚，抚养子女的一方未经对方同意就改变未成年子女的姓氏，这样把本来父母双方均享有的子女随其姓的权利，变为自己一人独有，实际上侵害了对方享有的子女随其姓的权利。

最高人民法院《关于人民法院审理离婚案件处理子女抚养问题的若干具体意见》第19条规定：“父母不得因子女变更姓氏而拒付子女抚育费。父或母一方擅自将子女姓氏改为继母或继父姓氏而引起纠纷的，应责令恢复原姓氏。”

对于这样的现实问题，一般有如下解决办法：

1. 子女为限制民事行为能力人的，应考虑该子女的意见。征求有限制民事行为能力的子女对自己姓氏的意见，是保护儿童合法权益的重要内容。子女有限制民事行为能力，就有了一定的识别能力，人民法院在处理该类纠纷时，应征求其意见，然后根据该子女的意见来确定其姓氏。最高人民法院《关于人民法院审理离婚案件处理子女抚养问题的若干具体意见》第5条规定："父母双方对10周岁以上的未成年子女随父或随母生活发生争执的，应考虑该子女的意见。"

2. 对于不满10周岁的人或虽然已成年但不能辨认自己行为的患精神病的子女，由于他们无识别能力，可不征求其意见。一般情况下，给子女命名时，是夫妻双方经过协商确定。离婚后，抚养子女的一方因该子女未随其姓，不经对方同意单方面将子女的姓氏变为随自己姓，既违反了《婚姻法》规定的平等原则，又侵害了对方对子女享有的随其姓的权利，抚养子女的一方应承担民事责任。人民法院可以根据另一方的请求，裁决抚养子女的一方停止侵害，恢复子女原来的姓氏。

抚养子女的一方单方面将子女的姓氏变为继父或继母姓氏的，这种变更，同样既违反了《婚姻法》规定的平等原则，又侵害了对方对子女享有的随其姓的权利，抚养子女的一方应承担民事责任，恢复子女原姓氏。

案例12　离婚后，邹某某有权不让前夫孙某某探视儿子吗？

事情是这样的

孙某某是一个出租车司机，1993年初，他与某私立幼儿园的老师邹某某在一个偶然的机会相识，并开始了自由恋爱。1993年底，孙某某和邹某某登记结婚。婚后第二年，也就是1995底，邹某某生下一个儿子，取名为孙建豪。婚后的一段日子，孙某某和邹某某的生活比较甜蜜，两人相处和睦。随着孩子的出生，夫妻俩既高兴又发愁，高兴的是有了这么一个活泼可爱的儿子；发愁的是，随着孩子的出生，家务事也渐渐变多了。比如，以前夫妻俩随便怎么就可以应付一餐饭，但是有了小宝宝，孙某某和邹某某事事都不敢马虎，天天买菜做饭、洗衣服、喂孩子、带孩子，似乎再也没有以前那种浪漫的空闲气氛了。邹某某辞职在家带孩子，孙某某则天天加班开出租，尽量多赚钱养家糊口。往日的情调渐渐淹没在柴米油盐的平常日子中，夫妻间因为家庭琐事产生矛盾的时候就多了起来，开始，双方还能够相互容忍一下，到后来两个人都失去了耐心，都觉得自己怎么付出越来越多，得到的却是越来越少了。邹某某认为，为了孩子、为了这个家，她连工作都辞掉了，天天在家做家庭主妇，洗洗刷刷，忙个不停，做了这么大的牺牲，孙某某不仅不帮忙，还表示不满意。孙某某却认为自己一天到晚在外面辛苦地跑出租，天天累得半死就是为了让这个家的日子过得更滋润。为了不让邹某某太累，还劝她辞职了，自己一个人赚钱养活全家，可是邹某某有时候还不停地发牢骚。孙某某和邹某某的这种误会和矛盾越积越多，矛盾日益加深。

最后，邹某某向人民法院起诉要求离婚。1997年，邹某某和孙某某在法院的调解下离婚，儿子孙建豪归母亲邹某某抚养，孙某某每个月支付生活费、抚养费100元。1997年底，邹某某与本市某师范附中的老师周某某再婚。周某某单身离异，因此孙建豪和母亲邹某某、继父周某某共同生活，周某某也很喜欢虎头虎脑的小建豪。

自从离婚后，邹某某就处处躲着孙某某，不让他见自己的儿子。当儿子开始上学后，邹某某更是对其活动控制很严格，上下学的时候进行护送、护接，严禁孙某某与儿子有任何往来。由于孙某某看望儿子受到阻碍，双方为此发生纠纷。2000年5月，孙某某正式书面向邹某某提出，从5月中旬开始，他每两个星期要看望儿子孙建豪一次，要和儿子共度周六一天，周日上午再送他回到邹某某处；暑假期间要和儿子共度一个月。邹某某对此一直都不予理睬，到了5月的中旬，邹某某故意提前将儿子接走。

在与邹某某正式协商未果的情况下，2000年6月，孙某某向人民法院起诉，请求法院变更儿子孙建豪的抚养关系，让儿子同自己共同生活。如果儿子不同意与自己共同生活或者邹某某还阻碍其实现探望权，则请求法院依法保护自己对儿子的探望权。在审理过程中，孙某某诉称：自从与邹某某离婚后，自己探望儿子的权利经常由于邹某某的故意阻拦而无法实现，这严重侵犯了自己的合法权益。他要求每两个星期探望一次儿子，并与儿子共度周六一天，暑假与儿子共同生活一个月。邹某某辩称，自己有较好的抚养条件和抚养能力，自己和现在的丈夫都很疼儿子，而且自己这里的生活、学习条件更好，孙某某天天开出租车，在他那儿不利于儿子的学习和生活，况且孙某某再婚了。因此，让孩子尽量少见孙某某有利于儿子的身心健康与成长。如果儿子孙建豪继续由自己抚养的话，将来他可以免试进入师范附中学习（这是该市的重点中学，因为周某某是这个学校的老师）。因此，不同意孙某某关于变更儿子抚养权的诉讼请求。

法院在审理过程中查明：原告孙某某和被告邹某某于1993年底结婚，1995年生下儿子孙建豪，1997年离婚。被告邹某某于1997年底与师范附中的老师周某某再婚，孙建豪随邹某某和周某某共同生活。原告孙某某离婚后，1999年再婚，尚未生小孩。

法院在查清上述事实后，依据我国《婚姻法》等相关法律，认定原告孙某某有权利依法探视自己的儿子。依据我国《婚姻法》第38条的规定，虽然孙某在学习、生活条件上比不上本案被告邹某某，但是孙某某真心探望儿子，不会出现第38条第3款的情形，因此，邹某某作为抚养孩子的一方有义务协助孙某某实现探望儿子的权利，而不是中止孙某某的探望权。但是因为邹某某的工作更加稳定，由邹某某和周某某抚养孙建豪，更有利于孩子的学习和生活，因此不宜变更孩子的抚养关系。最后法院判决：确认原告具有探望儿子孙建豪的权利，孙某某每两个星期探望一次儿子，并与儿子共同度过周六一天，暑假与儿子共同生活一个月，邹某某负责协助孙某某实现定期探望儿子的权利；对于原告变更孙建豪抚养关系的诉讼请求不予支持。

律师专线

依据我国《婚姻法》第36条的规定可知，尽管本案中原告孙某某和被告邹某某离婚了，但是他们依然是儿子孙建豪的父母，他们对这个婚生儿子依然具有父母的抚养教育义务和探望、教育、监护等权利。这些权利义务并不因为他们夫妻的离婚而丧失。因此，被告邹某某不能因为自己的抚养条件比原告孙某某要好，就阻止孙某某探望自己的儿子。这种做法是不合理，也是不合法的，违反了《婚姻法》第38条第1款和第2款的规定。

我国《婚姻法》对于父亲或者母亲探望自己的孩子的权利也作了例外规定，那就是第38条第3款，如果父亲或母亲探望子女，将不利于子女身心健康，相关当事人可以依据最高人民法院《关于适用〈中华人民共和国婚姻法〉若干问题的解释（一）》第35条、第36条，请求法院作出中止或者恢复探望权的裁定。本案中，孙某某并无任何可能影响孩子身心健康的情形（没有第38条第3款的情形），并不能因为他开出租车，生活没有邹某某那么稳定、有规律，就认为探望儿子会不利于儿子的身心健康。相反，由于孙某某真心关心和探望儿子，邹某某作为抚养孩子的一方，有义务协助孙某某实现他的探望权。因此，法院作出判决，确认原告具有探望儿子孙建豪的权利，孙某某每两个星期探望一次儿子，并与儿子共同度过周六一天，暑假与儿子共同生活一个月。这是合情合理的。

不过，本案的受案法院考虑到邹某某的生活条件更好，对孙建豪的生活和成长更有利。为了更好地维护未成年人孙建豪的合法权益，法院没有维持原告孙某某提出的变更儿子抚养权的诉讼请求。法院这样的处理结果是合法适当的。

注意

我国法律规定的探视权，既包括探望性探视，也包括逗留性探视。因此，审判庭依据实际情况作出判决，孙某某每两个星期探望一次儿子，并与儿子共同度过周六一天，暑假与儿子共同生活一个月，这是合法的。

法律规范

中华人民共和国婚姻法

（1980 年 9 月 10 日第五届全国人民代表大会第三次会议通过　根据 2001 年 4 月 28 日第九届全国人民代表大会常务委员会第二十一次会议修正　同日公布并实施）

第三十六条　父母与子女间的关系，不因父母离婚而消除。离婚后，子女无论由父或母直接抚养，仍是父母双方的子女。

离婚后，父母对于子女仍有抚养和教育的权利和义务。

离婚后，哺乳期内的子女，以随哺乳的母亲抚养为原则。哺乳期后的子女，如双方因抚养问题发生争执不能达成协议时，由人民法院根据子女的权益和双方的具体情况判决。

第三十八条　离婚后，不直接抚养子女的父或母，有探望子女的权利，另一方有协助的义务。

行使探望权利的方式、时间由当事人协议；协议不成时，由人民法院判决。

父或母探望子女，不利于子女身心健康的，由人民法院依法中止探望的权利；中止的事由消失后，应当恢复探望的权利。

最高人民法院关于适用《中华人民共和国婚姻法》若干问题的解释（一）

（2001 年 12 月 24 日最高人民法院审判委员会第 1202 次会议通过　自 2001 年 12 月 27 日起施行）

第二十四条　人民法院作出的生效的离婚判决中未涉及探望权，当事人就探望权问题单独提起诉讼的，人民法院应予受理。

第二十五条　当事人在履行生效判决、裁定或者调解书的过程中，请求中止行使探望权的，人民法院在征询双方当事人意见后，认为需要中止行使探望权的，依法作出裁定。中止探望的情形消失后，人民法院应当根据当事人的申请通知其恢复探望权的行使。

第二十六条　未成年子女、直接抚养子女的父或母及其他对未成年子女负担抚养、教育义务的法定监护人，有权向人民法院提出中止探望权的请求。

专家释惑

本案涉及的法律问题是离婚后父亲或者母亲对自己孩子探望权的行使。

因为父母子女关系是一种血缘关系，不能因为父母离婚而消除。我国《婚姻法》第36条也规定，父母与子女的关系，不因父母离婚而消除。离婚后，子女无论由父亲或母亲直接抚养，仍是父母双方的子女。可见，离婚消除的只是夫妻关系，父母子女关系依然存在。有关婚姻存续期间父母和子女间的权利义务关系的法律规定，完全适用于离婚后的父母子女关系。与子女共同生活的一方无权取消对方对子女的抚养教育义务和受赡养的权利，也不能阻碍或者剥夺另一方探望子女的权利。当一方行使对子女的探望权的时候，另一方应当协助其实现这种探望权。千万注意，不能把孩子作为报复另外一方的工具或砝码。

离婚后，孩子父亲或者母亲行使探望权的时候，关于探望权利行使的方式、时间由离婚的双方当事人协商；协商不成的，由人民法院判决。

依据法律规定，出现了不利于子女身心健康的特殊情形，与子女共同生活的一方可以向法院请求中止另一方对子女的探视权，等到这种妨碍子女身心健康的情形消失后，法院依据当事人的申请，恢复其探望子女的权利。

另外，依据最高人民法院《关于人民法院审理离婚案件处理子女抚养问题的若干具体意见》第15条的规定，当与子女共同生活的一方出现了法律规定的以下情形的时候，没有与子女共同生活的一方可以请求法院变更孩子的抚养关系，法院应当予以支持。这些情形是：

（1）与子女共同生活的一方，因为患严重疾病或因为伤残无力继续抚养子女的；

(2) 与子女共同生活的一方不尽抚养义务或有虐待子女行为，或其与子女共同生活对子女身心健康确有不利影响的；

(3) 10 周岁以上未成年子女，愿意随另一方生活，该方又有抚养能力的；

(4) 有其他正当理由需要变更的。

案例 13 宁某某能要求变更继子女由其生母抚养吗?

事情是这样的

郝某某是上海市某服装厂的一名普通工人，葛某某是上海某汽车配件厂的供销员。郝某某和葛某某在一个朋友的生日聚会上相识并相恋。1989 年春天，两人在亲戚朋友的祝福下结婚。1990 年，郝某某与葛某某生下一个女儿，取名为葛某姝。

婚后的生活远远不如恋爱中的日子，特别是随着孩子的出生，两人逐步发现彼此存在一些对方无法容忍的缺点。双方也曾努力尝试沟通和改变，但夫妻俩还是无法接受对方的缺点，时不时地发生“冷战”。经过郝某某与葛某某长时间的慎重考虑后，两人决定好和好散，协议离婚。就孩子的抚养问题和夫妻财产的分割问题协商取得一致后，1997 年 3 月，郝某某与丈夫葛某某来到户籍所在的区民政局协议离婚，明确约定女儿葛某姝随父亲葛某某共同生活。

郝某某于 1997 年 7 月 10 日与一名离异的中年男子再婚，现夫妇二人都已经下岗，居住在公婆租赁的 28 平方米公房内。这个房子里有 6 个人居住，在册户籍的有 5 个人，住得十分拥挤。

1997 年 10 月，离婚后的葛某某与宁某某再婚，葛某姝则随祖母在外省市生活。1998 年 8 月，葛某某和宁某某考虑到外省市教学质量可能不如上海，将葛某姝领回上海共同生活。葛某姝回到上海后，在日常生活中，葛某姝和宁某某都很快接纳了彼此，一家三口生活得挺和谐。

2000年6月9日，葛某某在一场交通事故中发生意外，经抢救无效死亡。之后，宁某某没有再结婚，与葛某姝共同居住于两室一厅的住房。

2000年9月，宁某某要求郝某某将葛某姝（10岁）领回去共同生活。郝某某不同意，认为自己没有合适的住房，公公婆婆租住的房子太挤，没有办法接女儿过去共同生活。在双方协商不成的情况下，宁某某向人民法院起诉，要求变更抚养关系，由郝某某将葛某姝领回去。

在法庭审理过程中，原告宁某某诉称：原告与葛某姝之间没有血亲关系，故要求变更抚养关系，葛某姝改随生母（即被告）共同生活。被告郝某某辩称：原告与葛某某结婚后，与葛某姝形成了抚养关系，该抚养关系不因葛某某死亡而消灭，自己现在居住困难，收入不稳定，故不同意原告的诉讼请求。

另外，法庭查明，被抚养人葛某姝表示愿意与原告宁某某共同生活。

一审法院经审理认为：被告与丈夫葛某某协议离婚时，双方约定女儿葛某姝随葛某某生活。原告与葛某某再婚后，葛某姝长期与原告共同生活，且葛某姝尚未成年，故原告与葛某姝形成了抚养与被抚养关系。我国《婚姻法》规定，继父母与受其抚养教育的继子女之间的权利义务关系，适用父母子女之间的有关规定，原告与葛某姝权利义务关系并不因葛某某的死亡而自然终止。原告称其与被抚养人无血亲关系而要求变更抚养的意见不予采纳。鉴于葛某姝长期与原告共同生活，其也表示愿同原告共同生活，原告实际生活和住房条件亦优于被告，为稳定抚养关系，有利于被抚养人健康成长，根据《婚姻法》第21条第1款、第27条第2款，作出如下判决：原告要求变更抚养之诉不予支持。案件受理费人民币50元由原告负担。

一审判决后原告不服，在法定期间内提起上诉。

二审法院经审理认为：宁某某与葛某某再婚时，葛某姝尚年幼。1998年8月起，葛某姝与宁某某夫妇共同生活，故宁某某与葛某姝继母女之间已形成抚养关系。该抚养关系不因葛某某的死亡而自然消失。一审法院根据实际情况，为有利于未成年子女的健康成长，依法作出判决并无不当。宁某某上诉请求理由不足，难以支持。根据《民事诉讼法》第153条第1款第1项的规定，判决驳回上诉，维持原判。二审案件受理费人民币50元，由上诉人负担。

律师专线

本案中，葛某姝是一个未成年的孩子，其父母离婚时约定她随父亲生活。自从她与宁某某一起共同生活后，葛某姝与继母宁某某在日常生活中很快相互接纳了对方。葛某姝与宁某某就形成了《婚姻法》上的继父母子女关系。宁某某与葛某姝的这种继父母子女关系不会因为葛某某的死亡而消灭。也就是说，依据我国《婚姻法》第27条规定，宁某某有义务像亲生母亲那样对葛某姝承担抚养教育的义务。

当然，如果本案中葛某姝的亲生母亲郝某某经济条件允许，而且郝某某和宁某某双方能够取得一致，葛某姝也愿意随生母共同生活的话，宁某某可以请求人民法院变更继女葛某姝的抚养关系或者要求郝某某承担葛某姝的一部分抚养费。

法律规范

中华人民共和国婚姻法

（1980年9月10日第五届全国人民代表大会第三次会议通过　根据2001年4月28日第九届全国人民代表大会常务委员会第二十一次会议修正　同日公布并实施）

第二十一条　父母对子女有抚养教育的义务；子女对父母有赡养扶助的义务。

父母不履行抚养义务时，未成年的或不能独立生活的子女，有要求父母付给抚养费的权利。

子女不履行赡养义务时，无劳动能力的或生活困难的父母，有要求子女付给赡养费的权利。

禁止溺婴、弃婴和其他残害婴儿的行为。

第二十七条　继父母与继子女间，不得虐待或歧视。

继父或继母和受其抚养教育的继子女间的权利和义务，适用本法对父母子女关系的有关规定。

第三十六条　父母与子女间的关系，不因父母离婚而消除。离婚后，子女无论由父或母直接抚养，仍是父母双方的子女。

离婚后，父母对于子女仍有抚养和教育的权利和义务。

离婚后，哺乳期内的子女，以随哺乳的母亲抚养为原则。哺乳期后的子女，如双方因抚养问题发生争执不能达成协议时，由人民法院根据子女的权益和双方的具体情况判决。

专家释惑

本案涉及的法律问题是继父母与继子女的关系。

继父母和继子女的关系，是因子女的生父或生母再婚而形成的。子女称母或父的再婚配偶为继父或继母。夫称其妻与前夫所生子女或妻称其夫与前妻所生子女为继子女。继父母与继子女不是真正有血缘关系的亲属，但在符合法律规定的条件下，形成拟制血亲关系。

在实际生活中，继父母与继子女的关系大体有三种情况：(1)名分型，即生父（母）与继母（父）再婚时，继子女已经成年独立生活；或虽未成年但仍由其生父母提供生活教育费，没有受继父或继母的抚养教育，也没有对继父或继母尽赡养义务。此类继父母子女关系为纯粹的直系姻亲关系。(2) 共同生活型，即生父（母）与继母（父）再婚时，继子女尚未成年，他们随生父（母）一方与继母或继父共同生活时，继母或继父对其承担了部分或全部生活教育费；或者成年继子女在事实上对继父母长期进行了赡养扶助，应视为形成了抚养关系。(3) 收养型，即继父或继母经继子女的生父母同意，已正式收养该继子女为其养子女。同时，该子女与共同生活的生母（父）一方仍为直系血亲关系，而与不在一起共同生活的生父（母）一方的权利义务则随之消灭。本案中，宁某某与葛某某再婚时，葛某姝尚未成年，随宁某某夫妇共同生活，已形成抚养关系，属于上述共同生活型的继父母子女关系。

由于继父母与继子女之间不存在血缘联系，他们之间的民事责任不是天然而生，应视具体情况而定。我国《婚姻法》明确规定："继父或继母和受其抚养教育的继子女间的权利和义务，适用本法对父母子女关系的有关规定。"可见，由于继父母与继子女的生活关系不同，继父母与继子女的法律地位不同。受继父或继母抚养教育的继子女（一般是上述第二种继父母子女类型），其与继父母在法律上产生父母子女间的权利义务关系，同时与生父母间的权利义务关系仍然存在。没有与继父或继母发生抚养教育关系的继子女，与继父母不发生相互间的权利义务关系（即上述第一种继父母子女关系）。继父母收养继子女的，双方形成养父母子女关系，该子女与不共同生活在一起的生父或生母相互间的权利义务关系消除。

在现实生活中，许多继父母主动承担起了抚养教育继子女的义务，他们视继子女为自己的亲骨肉，像生父母一样关心、体贴继子女。而继子女长大以后，也像对待自己的亲生父母一样尽赡养扶助的义务，他们之间事实上已形成了相当于生父母子女间的权利义务关系，对此，法律也确认他们之间产生的父母子女身份关系。

根据我国《婚姻法》关于父母子女关系的规定，继父母与受其抚养教育的继子女之间产生以下权利义务关系，主要有：（1）继父母有抚养教育继子女的义务。（2）继父母有管教保护未成年继子女的权利义务。（3）继子女有赡养扶助继父母的义务。（4）继父母与继子女有相互继承遗产的权利。

提醒

法律规定继父母与继子女之间是否产生父母子女的权利义务关系，以他们之间是否已经形成抚养教育的权利义务关系为条件。但是，如何认定他们之间是否形成抚养教育的权利义务关系，我国立法中没有具体的规定，在实践中也缺乏统一的操作标准。在审判实践中，一般是采取具体案件进行具体分析、判断的方法。不过，我国《收养法》的规定在一定意义上起到了预防或减少实践纠纷的作用。该法第14条规定：“继父或者继母经继子女的生父母同意，可以收养继子女……”继父母通过收养继子女的方式，可以使继父母子女间的法律地位得以确定，继父母对继子女的抚养便成了其应尽的法律义务。继父母把对继子女的抚养教育当成自己的职责而自觉履行，有利于继子女的健康成长。同时，也可以避免在继父母子女间是否形成抚养关系而发生分歧。

案例14　离婚后，一方可以要求增加孩子的抚养费吗？抚养费该如何计算？

事情是这样的

小飞自从7岁那年父母离婚后，就一直随妈妈共同生活。可是前两年小飞的妈妈朱某某的单位经济效益不景气，朱某某被单位裁员了。尽管小飞的妈妈很努力地找工作，以便让自己和小飞能有稳定的生活。但是在经济整体不景气的大气候下，没有特长和专门技术的朱某某很难找到薪水不错的工作，而只找到勉强能解决母子俩温饱的那种辛苦的工作。随着小飞日益长大，现在读初中的小飞马上要面临中考了，进入高中以后各种学习上的开销将越来越大，这让小飞和小飞的妈妈都有些担心。在万般无奈的情况下，朱某某想到了小飞的亲生父亲田某某（朱某某的前夫）。田某某现在在一家公司任职，属于技术人员，工作稳定，工资待遇肯定比朱某某要好多了。朱某某想到这一点觉得问题总算有些解决办法了，可是田某某早已再婚，而且与再婚妻子又生了小孩，如果让小飞找田某某要求增加抚养费，田某某会答应吗？如果田某某拒绝了儿子小飞的增加抚养费的要求，该怎么办呢？

为此，朱某某特意咨询了律师。

律师专线

受理咨询的人员告诉朱某某，依据我国《婚姻法》，在夫妻离婚后的任何时间内，一方或双方的情况或抚养能力发生较大变化，均可提出变更子女抚养权的要求。因为离婚后父母依然是孩子的法定监护人，只是抚养权由谁行使的问题。其法律依据在于我国《婚姻法》第36条：“父母与子女间的关系，不因父母离婚而消除。离婚后，子女无论由父或母直接抚养，仍是父母双方的子女。离婚后，父母对于子女仍有抚养和教育的权利和义务。离婚后，哺乳期内的子女，以随哺乳的母亲抚养为原则。哺乳期后的子女，如双方因抚养问题发生争执不能达成协议时，由人民法院根据子女的权益和双方的具体情况判决。”

因此，当朱某某自身的经济条件出现了较大变化，而且小飞的开销也出现较大变化的时候，小飞有权自己或者朱某某有权代理小飞向田某某提出变更小飞抚养费的请求。

小飞的父亲田某某如果答应依据情况增加小飞的抚养费，这当然好。不过，如果田某某拒绝依据实际情况增加抚养费，则小飞有权（或者由朱某某代理小飞）向法院提起变更抚养费的民事诉讼，请求法院依法裁判予以变更。依据最高人民法院《关于人民法院审理离婚案件处理子女抚养问题的若干具体意见》第18条可知，小飞的学习生活开销已经大大超过了原来田某某离婚时确定的数额，抚养小飞的一方朱某某经济条件恶化，而小飞的亲生父亲田某某的经济条件比较好，法院会判决支持原告的合理请求，变更抚养费。当然，这并不是说，小飞需要多少抚养费，田某某就应该给多少，法院会依据当地的生活水平、小飞家的实际经济情况和小飞的年龄等多方面的因素予以综合考虑。

如果法院判决田某某变更付给小飞的抚养费数目，而田某某拒绝按照法院判决履行，则小飞有权请求法院予以强制执行。

法律规范

最高人民法院关于人民法院审理
离婚案件处理子女抚养问题的若干具体意见

（1993年11月3日最高人民法院通过）

15. 离婚后，一方要求变更子女抚养关系的，或者子女要求增加抚育费的，应另行起诉。

18. 子女要求增加抚育费有下列情形之一，父或母有给付能力的，应予支持：

（1）原定抚育费数额不足以维持当地实际生活水平的；

（2）因子女患病、上学，实际需要已超过原定数额的；

（3）有其他正当理由应当增加的。

19. 父母不得因子女变更姓氏而拒付子女抚育费。父或母一方擅自将子女姓氏改为继母或继父姓氏而引起纠纷的，应责令恢复原姓氏。

20. 在离婚诉讼期间，双方均拒绝抚养子女的，可先行裁定暂由一方抚养。

21. 对拒不履行或妨害他人履行生效判决、裁定、调解中有关子女抚养义务的当事人或者其他人，人民法院可依照《中华人民共和国民事诉讼法》第一百零二条的规定采取强制措施。

中华人民共和国婚姻法

（1980 年 9 月 10 日第五届全国人民代表大会第三次会议通过　根据 2001 年 4 月 28 日第九届全国人民代表大会常务委员会第二十一次会议修正　同日公布并实施）

第三十六条　父母与子女间的关系，不因父母离婚而消除。离婚后，子女无论由父或母直接抚养，仍是父母双方的子女。

离婚后，父母对于子女仍有抚养和教育的权利和义务。

离婚后，哺乳期内的子女，以随哺乳的母亲抚养为原则。哺乳期后的子女，如双方因抚养问题发生争执不能达成协议时，由人民法院根据子女的权益和双方的具体情况判决。

第三十七条　离婚后，一方抚养的子女，另一方应负担必要的生活费和教育费的一部或全部，负担费用的多少和期限的长短，由双方协议；协议不成时，由人民法院判决。

关于子女生活费和教育费的协议或判决，不妨碍子女在必要时向父母任何一方提出超过协议或判决原定数额的合理要求。

专家释惑

按《婚姻法》的规定，父母对子女有抚养教育的义务，子女对父母有赡养扶助的义务。父母不履行抚养义务时，未成年的或不能独立生活的子女，有要求父母付给抚养费的权利。在现实生活中经常涉及给子女抚养费及给多少抚养费、在什么时候应给抚养费等常见的问题，这里做一下简单介绍。

1. 要给子女多少抚养费，怎么计算呢？

对这个问题最高人民法院有规定，分两种情况：

第一种情况，“有固定收入的，抚育费一般可按其月总收入的百分之二十至三十的比例给付。负担两个以上子女抚育费的，比例可适当提高，但一般不得超过月总收入的百分之五十”。按这个规定，如果有一位张先生，已与太太离婚，有一女由太太抚养，他是公司职员，每月工资为2000元，在子女抚养费诉讼中可以判决由他支付的抚养费在每月400—600元间。

另一种情况，“无固定收入的，抚育费的数额可依据当年总收入或同行业平均收入，参照上述比例确定”。按这个规定，如果有一位王小姐，她是娱乐业从业人员，收入不固定，已与先生离婚，有一女由先生抚养，在子女抚养费诉讼中可以依据同行业平均收入来确定，如该省高级人民法院文件公布“2005年度文化体育娱乐行业年收入为24000元”，那么她平均月收入可定为2000元，可以判决由她支付的抚养费在每月400—600元间。

2. 在什么时候给付抚养费？

按有关规定，抚养费应定期给付，有条件的可一次性给付。就是说可以按月或按年给，当然在手中掌握大量的财产的情况下，按标准一次性给付，也是可以的。

3. 在什么条件下，可能会遇到要求给付子女抚养费的情况？

根据实际情况可能会有以下情况要给子女抚养费：

(1) 离婚后，不直接抚养子女的一方。

(2) 虽未离婚，但夫妻因感情不和已分居，不直接抚养子女的一方。

(3) 未结婚，有非婚生子女，不直接抚养子女的一方。

(4) 其他情况。如成年但仍在上高中的子女的父母，应给子女抚养费。

4. 可通过什么方式要求给付抚养费？

当然可以采取诉讼的方式，也可以采取协商的方式要求义务人履行给付抚养费的义务。

5. 抚养费要给到什么时候？

当然是给付到子女 18 周岁或是可以独立生活为止。子女 16 周岁以上不满 18 周岁，以其劳动收入为主要生活来源，并能维持当地一般生活水平的，父母可停止给付抚养费。

在有些情况下，子女虽成年但非因主观原因仍无法维持正常生活，则父母仍要给付抚养费，例如：

(1) 丧失劳动能力或虽未完全丧失劳动能力，但其收入不足以维持生活的；

(2) 尚在校就读的（指接受高中及其以下学历教育）。

6. 抚养费诉讼有时效限制吗？

这个问题比较复杂些，从理论上讲，人身权的保护是不受时效限制的，但是对侵害抚养人权益，要求对方给付抚养费的诉讼应在 2 年内提出。

7. 变更抚养费的情形有哪些？

子女要求增加抚养费有下列情形之一，父或母有给付能力的，应予支持：

(1) 原定抚养费数额不足以维持当地实际生活水平的；

(2) 因子女患病、上学，实际需要已超过原定数额的；

(3) 有其他正当理由应当增加的。

案例15　蒋阿敏等不要遗产就可以不对父亲蒋三宝尽赡养义务吗?

事情是这样的

蒋三宝是河南省某市上阳区北方村的一个老实巴交的农民。由于家里经济比较困难，27岁才经人介绍认识了妻子陈某某。结婚后，小两口单独组织小家庭。婚后两年里，陈某某陆续生下一男一女两个孩子，儿子取名为蒋阿贵，女儿名叫蒋阿敏。一家四口的生活虽然比较清苦，但是夫妻双方都勤劳肯干，田地里的活忙个不停，婚后的日子过得也和睦顺心。

可是，真是应了一句俗话：人生不如意之事十之八九。当蒋三宝37岁的时候，妻子陈某某身体越来越差。因为家里没有什么钱，孩子又小，陈某某一直熬着，只是偶尔去药店抓几副中药来缓解疼痛。后来熬不住了，她才在丈夫蒋三宝的陪同下来到医院做检查，结果是肝癌晚期。半年后，妻子陈某某就去世了。从此，蒋三宝只有咬紧牙关，起早贪黑地干活，既当爹又当妈。本来，还有热心的村民劝他再娶一个，好让家里有个料理家务、知冷知热的人。但蒋三宝担心再婚的媳妇会对两个孩子不好，就拒绝了。就这样，他含辛茹苦地把一双儿女慢慢拉扯长大。儿子蒋阿贵16岁初中毕业后，为了稍微减轻一下家里的负担，也为了儿子将来有一门可以吃饭的手艺，蒋三宝将儿子送去学修理自行车。后来，女儿蒋阿敏初中毕业后，蒋三宝也安排女儿去学了在农村比较实用的一门手艺，去学做裁缝。1996年2月，蒋三宝张罗着给儿子蒋阿贵娶了媳妇。1997年5月，女儿蒋阿敏也结婚成家了。儿子蒋阿贵在镇里摆了一个修理自行车的小铺子。蒋阿敏结婚后，就在家里做缝纫，一双儿女开始了自己幸福美满的小日子。

就这样，蒋三宝心里的一块大石头终于落了地，心想两个孩子都成人了，有了自己的小家庭，这总算可以对早逝的妻子有一个交代了。本该安度晚年的蒋三宝老人却因儿女们不孝，过着孤苦伶仃的日子。2000

年4月上旬，蒋三宝因为生病需要钱去医院看病，他去镇里向儿子蒋阿贵要一点钱，却遭到儿子的拒绝。于是，老人家只有向女儿蒋阿敏伸手，不料蒋阿敏却说“将来你的四间房子的遗产我不要，你以后也别向我要钱”，她以此为理由拒绝给父亲上医院看病的钱。听到自己辛辛苦苦拉扯大的一对儿女竟然讲出这样的话，老人家十分痛心。无奈之下，2000年6月10日，年老体弱的蒋三宝将儿子蒋阿贵和女儿蒋阿敏告上法庭，要求子女履行赡养义务。

法庭经审理查明，原告与被告是父子、父女关系。原告蒋三宝确系年老体弱丧失劳动能力，又无生活来源。两个被告蒋阿贵、蒋阿敏经原告的辛勤抚养，都已经成家立业，他们应当尽赡养义务。法庭在查明事实后，对两个被告宣传、解释了我国《婚姻法》《老年人权益保障法》和《继承法》等法律的规定，指出被告蒋阿贵拒绝赡养自己年老、没有劳动能力的父亲是不对的，这种行为不仅违法，而且要受到良心和道德的谴责；指出被告蒋阿敏的“不要遗产就可以不尽赡养义务”的思想也是错误的。在案件的审理过程中，法庭针对两被告蒋阿贵、蒋阿敏的错误行为进行了严肃的批评教育。后来两被告在事实和法律面前承认了自己的错误。因此，法庭作出判决：（一）两被告蒋阿贵、蒋阿敏每个月各给付原告蒋三宝生活费90元；（二）原告蒋三宝的口粮田由被告蒋阿贵耕种，每年给付原告1000斤小麦，每年的7月底给付；（三）原告的医疗费凭医疗单据由两被告平均承担。

律师专线

我国《婚姻法》第21条规定：“子女对父母有赡养扶助的义务。”“子女不履行赡养义务时，无劳动能力的或生活困难的父母，有要求子女付给赡养费的权利。”因此，本案两被告开始的做法是错误的。他们作为子女，有义务给父亲上医院看病的钱，有义务赡养父亲蒋三宝，并且还应当在生活上尽量的多关心、照顾父亲。赡养义务是子女的法定义务，只要存在父母子女关系，这种义务就不能随便解除。因此，本案中，蒋三宝的女儿认为只要她将来不继承父亲的遗产，她就可以不承担赡养父亲的义务，这种想法是错误的。她可以放弃继承权，但赡养义务却不能放弃。

另外，本案的另一个被告，蒋三宝的儿子蒋阿贵的做法也是极其错误的。如果说他的妹妹蒋阿敏的错误行为是因为存在一种错误的想法，以为只要将来不要遗产，她就可以不承担赡养义务，那蒋阿贵这种行为则是明显的、故意不赡养自己的父亲。他这种拒绝赡养老人的行为，如果情节严重，将构成遗弃，要承担法律责任。

注意

赡养父母、关心和尊敬父母，这是中华民族的传统美德，也是为人子女应尽的法定义务。除了法律规定的情形外，成年子女对父母的赡养扶助义务是无条件的。这种义务源自于父母子女之间的这种血缘关系（或者法律拟制血亲关系）。以为只要不继承财产就可以不承担赡养义务的想法是绝对错误的。

另外赡养、抚养、扶养，这是婚姻家庭法中经常见到的三个词。它们之间既有联系又有区别。联系在于它们行为的实际内容差不多，都是指在精神上和物质上的关心和资助，区别主要在于它们适用的场合不同。赡养，主要是指负有法律义务的人对自己的长辈，一般是对直系血亲的照顾，包括精神上的和物质生活上的关心和资助。比如，子女对父母的赡养。抚养，主要与赡养相对应，它适用于长辈对晚辈。比如，父母对子女的抚养义务。扶养则适用于平辈之间。比如有负担能力的兄、姐对未成年的弟弟、妹妹的资助等。

法律规范

中华人民共和国老年人权益保障法

（1996 年 8 月 29 日第八届全国人民代表大会常务委员会第二十一次会议通过　自 1996 年 10 月 1 日起施行）

第十五条　赡养人不得以放弃继承权或者其他理由，拒绝履行赡养义务。

赡养人不履行赡养义务，老年人有要求赡养人付给赡养费的权利。

赡养人不得要求老年人承担力不能及的劳动。

中华人民共和国婚姻法

（1980 年 9 月 10 日第五届全国人民代表大会第三次会议通过　根据 2001 年 4 月 28 日第九届全国人民代表大会常务委员会第二十一次会议修正　同日公布并实施）

第二十一条　父母对子女有抚养教育的义务；子女对父母有赡养扶助的义务。

父母不履行抚养义务时，未成年的或不能独立生活的子女，有要求父母付给抚养费的权利。

子女不履行赡养义务时，无劳动能力的或生活困难的父母，有要求子女付给赡养费的权利。

禁止溺婴、弃婴和其他残害婴儿的行为。

第四十八条　对拒不执行有关扶养费、抚养费、赡养费、财产分割、遗产继承、探望子女等判决或裁定的，由人民法院依法强制执行。有关个人和单位应负协助执行的责任。

最高人民法院关于贯彻执行《中华人民共和国继承法》若干问题的意见

（1985 年最高人民法院审判委员会讨论通过　法（民）发〔1985〕22 号）

46. 继承人因放弃继承权，致其不能履行法定义务的，放弃继承权的行为无效。

专家释惑

本案涉及的法律问题是子女对父母的赡养义务。

我国《宪法》第 45 条规定："公民在年老、疾病或丧失劳动能力的情况下，有从国家和社会获得物质帮助的权利。"这一规定，体现了我国社会主义制度下对老年人生活的关心与保护。但由于目前我国正处于社会主义的初级阶段，将老年人的生活完全交给国家或社会来承担是有一定困难的。因此，《老年人权益保障法》专门规定老年人养老主要靠家庭。也就是说，子女应承担对老人赡养扶助的主要责任。我国《婚姻法》21 条规定："子女对父母有赡养扶助的义务。”“子女不履行赡养义务时，无劳动能力的或生活困难的父母，有要求子女付给赡养费的权利。”依我国《婚姻法》第21条所规定的精神，子女对父母的赡养扶助义务，应从两个方面来理解：

1. 对父母的赡养。所谓赡养，主要是指子女在经济上为父母提供必须的生活用品和费用的行为，即承担一定的经济责任，提供必要的经济来源，给予物质上的帮助。具体来讲，有经济负担能力的子女，对丧失劳动能力、年老体弱或生活困难的父母，应承担必要的赡养费用。不与父母在一起生活的子女，应根据父母生活的实际需要，在自己经济条件许可的情况下，负担其赡养费用。一般应不低于子女本人或当地的普通生活水平。有两个以上子女的，可根据各自不同的经济条件，合理分担费用，子女应对无劳动能力或生活困难的父母的衣食住行提供保障，使其老有所养。成年子女对父母的赡养扶助是无期的，直到父母死亡为止。支付赡养费的方式，可以根据不同的情况，采取按期或定期支付现金；无固定收入的，可以按收益季节支付现金或实物，赡养费数额的多少，既要根据赡养扶助一方的经济负担能力，又要照顾被赡养扶助一方的实际生活需要。一般来讲，应不低于子女本人或当地群众的平均生活水平，以保障老人生活的需要。

2. 对父母的扶助。所谓扶助，是指子女对父母应在日常生活上给予照料侍奉，尤其对年老、体弱、生病等生活不能自理的父母，应给予精心的照顾，使他们在精神上有所慰藉，能够享受天伦之乐，幸福、愉快地度过晚年，这是子女应对父母所尽义务的主要内容。因此，凡有赡养能力的子女，无论婚生或非婚生、养子女或受继父母抚养的继子女，都应对父母尽赡养、扶助的义务。那种片面认为父母的赡养仅是指按时给付父母生活费，其他的什么也不用管，甚至虐待、遗弃父母的行为，都是法律所不允许的。

我国《婚姻法》第21条第3款规定："子女不履行赡养义务时，无劳动能力的或生活困难的父母，有要求子女付给赡养费的权利。"父母可以直接向子女索要赡养费，也可以请求有关组织调解，说服子女给付。父母还可以直接通过诉讼程序，向人民法院提起诉讼追索赡养费。人民法院应当根据父母的实际需要和子女的经济负担能力，通过调解或判决方式，确定赡养费数额和给付办法。义务人有能力赡养而拒绝赡养，情节恶劣的，应依法追究其刑事责任。根据《刑法》的有关规定，子女对年老、患病、不能独立生活的父母，负有赡养义务而拒绝赡养，情节恶劣的，即构成遗弃罪，可以对其判处五年以下有期徒刑、拘役或者管制。另据《刑事诉讼法》的规定，对这类案件通常可由被害人自己（在此指被遗弃的父母）直接向法院起诉，并由法院受理和审判。这种诉讼方式被称为"自诉"，其特点是：原告人（父母）可以同被告人（子女）自行和解或者撤回起诉，终止审判程序。当然，子女遗弃父母造成后果严重的，如致使其父母死亡、自杀等，则应当由司法机关依"公诉"程序主动追究该子女的犯罪行为，并予以刑罚制裁。

对于被赡养人有生活来源，但因丧失劳动能力、生活不能自理而需要劳务扶助，起诉至人民法院的，法院也应当受理，从而促使赡养义务人全面履行义务。

对于借口父母分家不公，或者以放弃继承权为条件而拒绝履行赡养义务的人，应进行批评教育，通过调解或判决使其依法履行赡养义务。

提醒

赡养父母是一种法定义务，子女不能找借口拒绝承担。继承权和赡养父母是两个不同的法律关系，彼此没有必然的联系。子女对父母的赡养义务是无条件的，这种法定义务的履行不能附带其他的条件，不能以放弃对父母财产的继承权为理由，拒绝承担赡养义务。因此，成年子女以放弃继承权等为条件而拒绝履行赡养义务的想法和做法都是违法的，而且应当受到良心和道德的谴责。

联系本案

原告的女儿认为她将来不要原告的那四间房子的遗产，她就可以拒绝承担对原告的法定的赡养义务。事实上，她是将赡养义务当成了有条件的、可以放弃和选择的。她这种想法是错误的。在现实生活中，特别是随着我国老年人口越来越多、社会老龄化加快，赡养扶助父母和重视对老年人权利的保护是我们不容回避的重要问题。做子女的，不能图自身的轻松快活，将年老的、缺乏劳动能力、行动不便的父母当成累赘，而应当秉承尊老爱幼、赡养父母的传统美德，履行法定义务。

案例 16　郑某方等能否因为父亲当年未尽责任而免除对他的赡养义务?

事情是这样的

郑某某现在是一个风烛残年的老人。年轻的时候，郑某某是家乡县城一带一个颇有名气的裁缝。1935 年，郑某某与李某某结婚。婚后，陆续生下五个孩子，三男两女。郑某某开了一家裁缝铺，还带了两个徒弟，在当时收入挺不错，足够维持妻子和五个子女的生活。但是郑某某缺乏家庭责任心，吃、喝、嫖、赌样样都俱，挣的钱多用于自己的吃喝玩乐，很少拿回家里，对老婆孩子不闻不问，就像对待陌生人一样。

郑某某的妻子、五个孩子的母亲李某某为了维持家庭和子女的基本生活，不得不想方设法挣钱补贴家用，为别人洗衣服、给别人家做保姆、带孩子，日夜操劳，勉强维持生活。实在没办法维持家用的时候，她叫孩子去向郑某某要一些钱也往往遭到拒绝。后来大概在 1943 年的时候，郑某某索性一人住在店里，不再回家，那个时候他们最小的女儿郑某玲才一岁半。郑某方和郑某福现在都还记得清清楚楚，有一年冬天，下很大的雪，天寒地冻，家里根本没有钱买柴火，他们兄妹五个偎依在一起还冷得不停地打哆嗦。在这么冷的天，更糟糕的是家里没有米了，他们没有钱买米。因为他们的母亲由于在冬天也要给好些户人家洗衣服，双手已经冻得比包子还大，而且已经溃烂了，那些天没有办法接衣服洗。一家人又冷又饿。李某某实在没有办法了，就让两个大一点的孩子郑某方和郑某福去向他们的父亲郑某某要一点钱回来买米。到了裁缝铺，衣着单薄、冷得不停打哆嗦的郑某方和郑某福看见郑某某穿着舒适的棉袍子，指使徒弟们干活。他们刚开口向郑某某要钱回家买米，就被郑某某无情地拒绝了。结果，郑某方和郑某福白走了一遭。回到家后，一家人在饥寒交迫中抱头痛哭。

李某某和五个孩子的这种非常困难的生活状况，直到新中国成立后才稍微有所改善。但此时五个孩子的母亲李某某因长期过度操劳，身体遭到很大损害，不到50岁就病逝了。正因如此，五兄妹对父亲不仅没有亲情，甚至还有仇视心理，成人后与郑某某从不来往。郑某某在新中国成立后仍以裁缝手艺为生，但因为他在新中国成立前嫖赌逍遥无度，身体也受到了损害，加上年龄不饶人，身体状况大不如前，渐渐不能再接活做，只能靠以前的一点积蓄生活。积蓄用光后，郑某某再也没有什么生活来源了。因为郑某某有子女，又不属于国家福利照顾对象，只能偶尔靠亲朋近邻接济度日。身体好的时候，上街捡捡破烂，换些钱过日子，生活无法保障，60多岁以后的日子过得很凄凉。而此时，郑某某的五个子女（被告）均已成家立业，生活安定。郑某某向子女们提出要求赡养，遭到五个子女愤怒的异口同声的拒绝，并责问他早知今日，又何必当初，现在怎么还有脸面来要钱。实在没有任何生活来源的郑某某（原告）于1987年向法院起诉，要求五个子女每个月付给他45块钱生活费。

在审理过程中，郑某方、郑某福、郑某彩等五兄妹表示，郑某某在他们兄妹年幼的时候，只知道图自己享乐，不尽抚养义务，根本就没有尽到做父亲的一点点职责。郑某某这种自私自利的行为不仅使他们兄妹在心灵上饱受创伤，生活困顿，而且使他们的母亲因操劳过度而早逝。从那时起，他们就不再认郑某某这个父亲。郑某某不尽做父亲的义务，自然也不享有权利。现在他陷入困境，是罪有应得，不能要求子女负担生活费。

法庭在了解了上述情况后，对郑某某早年的错误行为郑重地加以批评，郑某某对此也很有愧疚之心。在此情况下，法庭又说服郑某方、郑某福、郑某彩等五兄妹，看在血缘关系的分上谅解郑某某，谅解他已经是风烛残年的老人。最终调解成功，郑某方、郑某福、郑某彩等五兄妹每人每月负担郑某某 45 元生活费。

律师专线

本案中，郑某某在年轻的时候，因为自己的过错，对他年幼的子女没有承担抚养义务，几乎全部都是由他的妻子李某某承担的。但这并不能作为郑某方、郑某福、郑某彩等五兄妹拒绝赡养郑某某的理由。因为我国《婚姻法》第 21 条明确规定了父母子女之间的抚养与赡养义务。父母对子女的抚养义务和成年子女对父母的赡养义务，是基于一定的血缘关系成立的，不能由当事人协议解除，因为彼此之间的这种身份关系是不能协议解除的。只要父母子女之间基于血缘的这种名分还存在，这种赡养与抚养的义务就不会解除。

另外，父母抚养子女与子女赡养父母并不是权利义务对等的关系，父母子女间的权利义务是以特定身份关系为前提的，是基于特定的血缘关系并由法律直接规定的。只要父母子女关系存在，抚养或赡养的权利义务也就当然存在，即使父母因种种原因没有尽抚养子女的义务，也不影响其要求子女赡养的权利。比如，本案中原告郑某某缺乏家庭责任心，由于自己的过错，没有抚养子女。但是，当他年老、丧失劳动能力的时候，他并不因为没有尽抚养义务而丧失要求成年子女赡养的权利。

因父母的错误行为给子女造成伤害，导致子女不愿赡养父母的，在处理时应指出父母的错误，同时向子女说明父母的过错不能成为免除赡养责任的理由。本案中，受案法院的做法非常正确。一方面严肃批评郑某某年轻时对子女不尽抚养义务的错误做法，另一方面尽力说服郑某方、郑某福、郑某彩等五兄妹看在血缘关系的分上谅解郑某某，承担起赡养郑某某的义务。

注意

成年子女对父母的赡养和扶助不能适用民法中的权利义务相一致原则，它与父母对子女的抚养义务也不是权利义务对等的关系，因此，子女不能以父母没有尽抚养义务为理由，拒绝赡养父母；也不能借口父母分家不公、不要父母的遗产或者自己是出嫁的女儿为理由，不承担赡养扶助父母的义务。这既不符合法律的规定，在情理上也说不通。

当然，父母也不能以自己老了以后不要儿女赡养为理由，在子女年幼的时候不尽为人父母应尽的抚养义务，更不能遗弃子女，否则，情节严重的，将受到刑法处罚。

法律规范

中华人民共和国婚姻法

（1980 年 9 月 10 日第五届全国人民代表大会第三次会议通过　根据 2001 年 4 月 28 日第九届全国人民代表大会常务委员会第二十一次会议修正　同日公布并实施）

第二十一条　父母对子女有抚养教育的义务；子女对父母有赡养扶助的义务。

父母不履行抚养义务时，未成年的或不能独立生活的子女，有要求父母付给抚养费的权利。

子女不履行赡养义务时，无劳动能力的或生活困难的父母，有要求子女付给赡养费的权利。

禁止溺婴、弃婴和其他残害婴儿的行为。

第四十八条　对拒不执行有关扶养费、扶养费、赡养费、财产分割、遗产继承、探望子女等判决或裁定的，由人民法院依法强制执行。有关个人和单位应负协助执行的责任。

中华人民共和国老年人权益保障法

（1996 年 8 月 29 日第八届全国人民代表大会常务委员会第二十一次会议通

过 自1996年10月1日起施行)

第十条 老年人养老主要依靠家庭，家庭成员应当关心和照料老年人。

第十一条 赡养人应当履行对老年人经济上供养、生活上照料和精神上慰藉的义务，照顾老年人的特殊需要。

赡养人是指老年人的子女以及其他依法负有赡养义务的人。

赡养人的配偶应当协助赡养人履行赡养义务。

第十五条 赡养人不得以放弃继承权或者其他理由，拒绝履行赡养义务。

赡养人不履行赡养义务，老年人有要求赡养人付给赡养费的权利。

赡养人不得要求老年人承担力不能及的劳动。

专家释惑

本案涉及的主要法律问题是子女对父母的赡养义务。通过这个案例，我们主要是要明确子女（成年子女）对父母赡养义务的属性，也就是说子女是否可以拒绝赡养父母。如果能，那究竟在什么情况下可以拒绝赡养。

我国《婚姻法》第21条明确规定了子女对父母有赡养扶助的义务，它包含赡养和扶助两个方面的内容。子女（指成年子女）对父母的赡养扶助义务是基于一定的血缘关系或法律拟制成立的，前者主要适用于亲生父母子女之间的关系，后者适用于养子女对养父母以及继子女对与之形成了抚养教育关系的继父母之间的关系。只要存在这样一种父母子女关系，子女就不能拒绝赡养父母，这是一种法律规定的义务。子女的这种法定义务包括赡养和扶助两个方面。这种法定义务的重要特征是：它与父母对子女的抚养义务并不对等，而且它不适用法理学上的权利义务对等原则。也就是说，成年子女不能以父母在自己年幼的时候没有尽抚养义务为理由，拒绝赡养年老的、没有劳动能力或者生活困难的父母。同时，成年子女也不能以父母对自己没有尽到充分的抚养义务，对自己照顾不多、爱护得少，或者分给自己的家产不多等理由，拒绝对父母承担赡养扶助义务。

下面是关于成年子女是否可以不承担赡养扶助父母义务的几种常见疑问。

1. 如果父母无力抚养或因客观原因不能抚养的子女是否可以不承担赡养父母的责任?

如果父母主观上不存在故意遗弃子女，没有被父母抚养的子女独立生活之后，对父母仍具有不可推卸的赡养义务。比如，父母因为生活困难，或其他客观原因，没有对子女进行过抚养教育（或没有供子女上大学），子女独立生活后，仍然应当尽赡养扶助父母的义务。因为在子女年幼的时候，父母没有尽到足够的抚养教育责任，那是由于经济条件的限制或者其他环境的限制，父母主观上还是希望能尽责任的。因此，这不是父母自身的过错，这同父母故意虐待、遗弃子女是性质不同的两个问题。

2. 出嫁的女儿是否可以不赡养父母?

以前，人们经常存在这样的观念，嫁出去的女儿，就是别人家的人，出嫁的女儿不能像儿子那样继承父母的财产，当然也不能要求其承担赡养父母的义务。这种观点在农村尤为普遍，这是重男轻女思想的一种体现，与“养儿防老”的想法密切联系。至今在审判实践中，仍有许多要求赡养、给付赡养费的案件，原告只起诉儿子，不告女儿，这是原告重男轻女思想的表现，同时导致了原告不能及时有效地维护自己的合法权益。

事实上，子女对父母的赡养扶助义务不因性别不同而有所差别。在法律意义上，儿子和女儿对父母负有相同的赡养扶助义务。我国《婚姻法》第 21 条规定的子女包括未婚和已婚的成年儿子和女儿。因此，不能因为自己是女儿，就可以不承担对父母的赡养扶助义务。

3. 没有“分家产”或“分家不公”是否可以作为子女不赡养

老人的理由?

子女对父母的赡养扶助义务，是一种基于血缘关系而产生的法定义务。这种基于身份关系的义务不适用“权利与义务相一致的原则”。

而且，分家产与赡养老人是两个性质截然不同又无内在联系的法律关系。可以肯定地说，子女对父母的赡养是无条件的，不是以子女能从父母那里获得多少财产为条件的。这种法定义务不能附带其他任何非法条件，更不能讨价还价。即使父母在年老的时候，没有留下家产或者有家产、却没有分家产，再或者是将家产捐赠给国家、集体甚至是个人，成年子女都不能拒绝承担赡养扶助父母的义务。

因此，将“未分家产”或“分家不公”作为不赡养父母的理由，不仅违法，且有悖于道德。

4. 不要父母的遗产是否可以作为不尽赡养父母义务的理由?

继承权和赡养父母也是两个不同的法律关系，彼此没有必然的联系。同上第三点一样，子女对父母的赡养义务是无条件的，这种法定义务的履行不能附带其他的条件，不能以放弃对父母财产的继承权为理由，拒绝承担赡养义务。因此，成年子女以放弃继承权等为条件而拒绝履行赡养义务的想法和做法都是违法的，而且应当受到良心和道德的谴责。

5. 子女可否拒绝赡养犯有杀害、遗弃、虐待子女罪的父母?

根据我国《婚姻法》第21条至第23条的规定，父母有保护、抚养、教育子女的义务。根据《继承法》第7条的规定，故意杀害被继承人的、遗弃被继承人的，或者是虐待被继承人的情节严重的，丧失继承权。虽然我国《婚姻法》对此未明确规定，但我们可以按有关法律规定推定凡是犯有杀害子女，遗弃、虐待子女罪的父母，他原则上不再享有该子女对其赡养的权利。因为让身心受到严重摧残的受害者去赡养加害人，无论于法、于情、于理均不妥当。当然如果子女自愿赡养侵害过自己的父母，法律不予干涉。但应强调的是，如果父母实施的是一般性虐待行为，不构成犯罪，子女仍应履行自己的赡养义务。

案例 17　严立冬、严立秋能否因为母亲再婚而拒绝赡养她？

事情是这样的

黄某某是一名普通的农村妇女。1966 年冬天，经亲戚介绍，她与正在部队服役的飞行员严某某认识并结婚。婚后他们生下了两个儿子，严立冬和严立秋。然而婚后幸福的日子没有过多久，不幸便来到了这个小家庭。1974 年夏天，严某某不幸被查出了晚期胃癌，不久便离开了人世。为了孩子不受更多的苦，黄某某决定先不考虑再婚的事情。此后，她既当妈又当爹，一个人将两个孩子慢慢抚养成人。

1987 年 8 月，严立冬和严立秋双双考取了重点大学。为了让两兄弟在大学继续安心读书，1988 年春节过后，黄某某贷款 1000 元，在村小学门口支起了一个卖学生用品的小摊点。她将赚来的三角、两角的钱全部积攒起来，寄给两个儿子，自己一个人在家却省吃俭用，好东西舍不得吃，新衣服舍不得买。1990 年春天，村小学新调来了一位 50 多岁的民办教师佟某某。佟老师性情温和，对勤劳善良的黄某某颇有好感，有意与黄某某结为夫妻，互相有个伴。黄某某对佟老师的人品、性格也很满意，孤单大半辈子的她想到孩子都大了，也马上参加工作了，现在可以考虑一下自己下半辈子的事情了。但是当她将结婚的想法告诉两个儿子时，却遭到儿子的坚决反对，无奈之下，黄某某只能打消了结婚的念头。

1991 年，严立冬和严立秋大学毕业，返回家乡。严立冬被分配在地委秘书科工作，严立秋则到一所县级中学任教。他们对母亲曾经要再婚的想法仍然无法释怀。两人对仍在农村生活的母亲并不过问，也不给付赡养费。黄某某也从未向儿子要过一分钱。

1994年5月，严立冬有了儿子，但他并未告诉母亲。当黄某某从他人那里得知自己当了奶奶的消息后，兴奋不已，她把家里仅有的两只母鸡提上，匆匆赶到城里。找不到地址的黄某某只好坐在地委大院门口的台阶上等严立冬下班。当下班回家的严立冬看见一身尘土的母亲时，竟然装作不认识似的从黄某某面前走了过去。他的同事们对他说："有人在叫你！"严立冬却压低声音说："是来上访的，烦死人了。"黄某某见儿子如此冷漠无情，当即把两只鸡扔在大街上，抑郁地回到了乡下。

1995年秋天，佟某某得知黄某某被儿子遗弃了，便再一次向她求婚。这一次黄某某毫不犹豫地答应了。母亲再嫁的消息传到严家兄弟那里，几年没有回家看望母亲的严家兄弟立即开车回到乡下兴师问罪，将母亲赶出家门。不久，严立秋要集资建房，两兄弟不顾母亲的劝说，将老房子作价4000元卖了，彻底断绝了母子之情。

1997年7月的一天，佟某某因患急性肝炎住进了医院，昂贵的住院费使黄某某耗尽了多年的积蓄。面对空空如也的家庭，黄某某决定去外地打工。在西安，她先找到一份饭店洗碗的工作，但不久因饭店停业而失去了这份糊口的工作。走投无路的情况下，黄某某找到两个儿子，要求他们帮一帮自己。但两个儿子断然拒绝，并表明从她再婚那一天起，她就不是他们的母亲了。村里乡亲们纷纷指责严家兄弟的行为，但严立冬对前来说理的亲友大言不惭地说："这是我们的家务事，任何人也无权干涉。"黄某某一气之下将两个儿子告上了法庭，要求两个儿子归还部分房款，并支付赡养费每月150元。

法院受理案件后进行了调查，确认黄某某的陈述属实，认定严立冬、严立秋无权单方面卖掉黄某某居住的老房子，判决严立冬、严立秋返还黄某某房款2700元，并每月各支付黄某某赡养费75元。判决后，原、被告均未上诉。

律师专线

本案中，严立冬、严立秋不仅应受到道德的谴责，也应受到法律的制裁。他们在成年后，对无生活来源的母亲不履行赡养义务，已构成遗弃。他们的行为违反了我国《婚姻法》关于保护老年人的合法权益的规定。依据我国《婚姻法》可知，成年子女对父母具有赡养扶助义务，要从生活上、精神上进行关心照顾。如果成年子女，特别是有生活自理能力的成年子女对父母，特别是无劳动能力或生活困难的父母不尽赡养义务，不在物质生活上进行金钱资助，父母有权向子女所在单位反映，或直接向人民法院提起诉讼，要求有生活能力的成年子女给付赡养费。如果成年子女对父母不在精神上进行关心和安慰，而是不尊重、不理睬甚至是辱骂，情节严重的，父母有权向人民法院起诉这样的成年子女。

严立冬、严立秋以母亲再婚为由，侵占母亲的房屋，擅自变卖与母亲共有的房屋，侵犯了黄某某的财产所有权。因为自从黄某某和严某某结婚以后就一直住着家里的老房子，这座房子属于黄某某和严某某的夫妻共有财产。丈夫严某某去世后，黄某某家里没有进行财产分割，事实上也没有必要进行财产分割，因为严立冬、严立秋都是未成年人。黄某某是他们的法定监护人，作为母亲，她既负责抚养自己的这两个儿子，也理所当然的是两个儿子的财产的监护人。此时，这座房子就成为黄某某和严立冬、严立秋三人的共有财产。依据民法的基本原理可知，对于共有财产的处分，必须首先征得所有共有人的一致同意。在财产的共有人都同意的情况下，才可以处分（变卖、抵押或出租）财产。在出卖共有财产时，共有人有权优先购买该共有财产。也就是说，当黄某某不同意出卖这座老房子时，作为老房子产权共有人的严立冬、严立秋无权出卖这座房子，否则便侵犯了黄某某对老房子享有的合法权益。即使黄某某同意严立冬、严立秋的卖房意见，那黄某某对这座房子也有优先的购买权。

如果要清楚的界定黄某某和严立冬、严立秋各自对这座老房子的财产权的话，应当是这样的。黄某某作为严某某的妻子对老房子有一半的财产所有权。因为不论当初这座房子是结婚后买的，还是严某某祖传的，只要结婚前或者结婚以后他们对这座房子具有所有权（产权），那这座房子就是黄某某和严某某的夫妻共同财产，丈夫和妻子对这座房子各有一半的财产所有权。在丈夫严某某去世后，大家对老房子的所有权份额又发生了变化。此时，老房子的一半所有权（严某某对老房子的所有权的份额）变成了严某某的遗产。黄某某和严立冬、严立秋都是严某某遗产的第一顺序法定继承人，依据我国《继承法》的规定可知，他们三人都对严某某的遗产（老房子所有权的一半）具有均等份额的继承权。也就是他们三人各自继承老房子六分之一的产权（1/2 × 1/3 = 1/6）。因此，自从严某某去世后，黄某某和严立冬、严立秋三人对老房子的所有权（房产权）的份额分别为：黄某某享有 2/3 的房产权；严立冬和严立秋各自享有1/6 的房产权。

所以，严立秋、严立冬擅自变卖与黄某某共有的房屋，侵犯了黄某某的财产所有权。

注意

遗弃罪，是指在法律上负有扶养义务的人拒绝扶养年老、年幼、患病或者其他没有独立生活能力的人，情节恶劣的行为。

法律规范

中华人民共和国婚姻法

（1980 年 9 月 10 日第五届全国人民代表大会第三次会议通过　根据 2001 年 4 月 28 日第九届全国人民代表大会常务委员会第二十一次会议修正　同日公布并实施）

第二条　保护妇女、儿童和老人的合法权益。

第三条　禁止重婚。禁止有配偶者与他人同居。禁止家庭暴力。禁止家庭成员间的虐待和遗弃。

第四条　夫妻应当互相忠实，互相尊重；家庭成员间应当敬老爱幼，互相帮助，维护平等、和睦、文明的婚姻家庭关系。

第二十一条　子女不履行赡养义务时，无劳动能力的或生活困难的父母，有要求子女付给赡养费的权利。

第三十条　子女应当尊重父母的婚姻权利，不得干涉父母再婚以及婚后的生活。子女对父母的赡养义务，不因父母的婚姻关系变化而终止。

第四十四条　对遗弃家庭成员，受害人有权提出请求，居民委员会、村民委员会以及所在单位应当予以劝阻、调解。

对遗弃家庭成员，受害人提出请求的，人民法院应当依法作出支付扶养费、抚养费、赡养费的判决。

第四十八条　对拒不执行有关扶养费、抚养费、赡养费、财产分割、遗产继承、探望子女等判决或裁定的，由人民法院依法强制执行。有关个人和单位应负协助执行的责任。

中华人民共和国继承法

（1985 年 4 月 10 日第六届全国人民代表大会第三次会议通过　同日中华人民共和国主席令第 24 号公布　自 1985 年 10 月 1 日起施行）

第十条　遗产按照下列顺序继承：

第一顺序：配偶、子女、父母。

第二顺序：兄弟姐妹、祖父母、外祖父母。

继承开始后，由第一顺序继承人继承，第二顺序继承人不继承。没有第一顺序继承人继承的，由第二顺序继承人继承。

本法所说的子女，包括婚生子女、非婚生子女、养子女和有扶养关系的继子女。

本法所说的父母，包括生父母、养父母和有扶养关系的继父母。

本法所说的兄弟姐妹，包括同父母的兄弟姐妹、同父异母或者同母异父的兄弟姐妹、养兄弟姐妹、有扶养关系的继兄弟姐妹。

中华人民共和国老年人权益保障法

（1996 年 8 月 29 日第八届全国人民代表大会常务委员会第二十一次会议通过　自 1996 年 10 月 1 日起施行）

第十条　老年人养老主要依靠家庭，家庭成员应当关心和照料老年人。

第十一条　赡养人应当履行对老年人经济上供养、生活上照料和精神上慰藉的义务，照顾老年人的特殊需要。

赡养人是指老年人的子女以及其他依法负有赡养义务的人。

赡养人的配偶应当协助赡养人履行赡养义务。

专家释惑

本案涉及的是对老人合法权益的保护问题。保护老人的合法权益的原则是我国《婚姻法》的基本原则之一。

尊重、赡养和爱护老人是中华民族的传统美德，老人为国家、民族和家庭贡献了毕生精力，创造出巨大财富。当他们年老体衰、丧失劳动能力的时候，有权获得来自社会和家庭的尊敬和照顾。子女要在经济上给予帮助，生活上给予关心，精神上给予安慰，这不仅是法律义务，也是道德规范。我国《宪法》第45条第1款规定："中华人民共和国公民在年老、疾病或者丧失劳动能力的情况下，有从国家和社会获得物质帮助的权利。国家发展为公民享受这些权利所需要的社会保险、社会救济和医疗卫生事业。"《老年人权益保障法》还规定了城镇老年人退离休后的养老办法。现在国家又对老人问题提出了"五有"，即老有所养、老有所学、老有所为（用）、老有所医、老有所乐。对于农村无劳动能力、没有生活来源的老年人，普遍实行了"五保"制度，即保吃、保穿、保烧（指燃料）、保教（指其家中子女的教育）、保葬，为他们在生活上提供了可靠的保障。但是，在社会主义初级阶段，社会保障并不能取代家庭赡养，绝大多数的老人还需要由子女承担赡养责任。

目前，随着中国人口老龄化进程的加速，老有所养日益成为社会问题。针对社会上个别对老人虐待、遗弃的现象，我国《婚姻法》明确规定了保护老人合法权益的原则，加强对老人合法权益的保护。

对老人合法权益的保护包括对人身权利与财产权利保护两个方面。我国《婚姻法》及其他有关法律对老人合法权益的保护主要体现在两个方面：一是从肯定的角度规定子女对父母的赡养义务。如果子女不履行，父母有权要求子女给付赡养费用。另外，在一定条件下，孙子女、外孙子女有赡养祖父母、外祖父母的义务。二是从否定的角度规定了禁止遗弃和虐待老人。《婚姻法》第3条明确规定“……禁止家庭成员之间的遗弃和虐待”。在家庭成员中受遗弃和虐待的主要是老弱病残和缺乏独立生活能力的人，法律为此作了禁止性的规定。为了更好地保护老人的合法权益，1996年8月29日全国人大常委会通过了《中华人民共和国老年人权益保障法》，其中明确规定“老年人养老主要依靠家庭，家庭成员应当关心和照料老人”，规定了对老年人的赡养和扶助包括经济上的供养、生活上的照料、精神上慰藉，对患病的老人应当提供医疗费用和护理，并规定了赡养人的配偶有协助赡养的义务，使家庭赡养的内容更为具体、明确。

案例18　孩子顽皮挨打并几餐没饭吃，这构成家庭暴力或虐待吗？

事情是这样的

小明是一名11岁的初一学生，从小活泼好动，到了学校读书后，也是十分顽皮，经常上课不听讲，不是讲话，就是看闲书，老师经常向小明的爸妈报告，要求家长予以管教。小明的爸爸妈妈也曾经多次苦口婆心地教育小明，可是每次都收效甚微或者根本没有效果。小明这孩子实在是太顽皮了。

这次期末考试之前两星期，小明的爸爸妈妈和小明签订了口头协议，就是小明认真准备期末考试，不要再捣蛋，本次成绩只要不是全班最后十名，那么这学期小明所犯的错误就一笔勾销，而且寒假还可以让小明高高兴兴地玩。小明口头上答应，可是刚承诺完没几天，小明就因为周五逃课被班主任老师发现，老师照例把这件事情告诉了小明的爸爸妈妈。于是，小明的爸爸妈妈商量这次无论如何也要狠狠修理一下小明这个顽皮小子。当天晚上（周五），回家后的小明就被恼羞成怒的爸爸狠狠地在屁股上打了几个巴掌，小明爸爸甚至想解下皮带来抽小明一顿。之后，小明的爸爸把小明锁在房间反省，也没有给他饭吃。小明爸爸说，一定要让小明深刻反省，直到作出深刻检讨，才能有饭吃。可是第二天（星期六）小明还是没有写检讨，小明的爸爸妈妈坚持没有让小明吃东西。直到周六晚上，小明的妈妈忍不住进入房间看小明，看见小明穿着衣服趴在书桌上，迷迷糊糊的，用手一摸，才发现小明在发高烧。小明的爸爸妈妈赶紧把小明送到医院。

可是，后来小明不知道从哪里学来一些词汇，竟然说自己的爸妈是在进行家庭暴力，在虐待他，他要报警。对此，小明的爸爸不敢掉以轻心，特意向律师进行了相关法律咨询——什么是家庭成员之间的虐待，怎样构成家庭暴力？

律师专线

受理咨询的律师告诉小明的爸爸，他这次对小明的管教可能有些严厉，但是尚不够成家庭暴力或者是虐待。

禁止家庭暴力是2001年修正的我国《婚姻法》新增的规定。所谓家庭暴力是指家庭成员之间，采用毒打、捆绑、残害、强行限制其人身自由和伤害其身心健康及采用其他手段，造成家庭成员在身体、心理、精神等方面严重后果的行为。家庭成员之间偶尔的打闹、争吵，且未对对方造成人身自由、身心健康等方面的侵害，则不构成家庭暴力。所谓虐待是指持续性地或者经常性地以作为或不作为的形式，对家庭成员歧视、折磨、摧残，使其在精神上、肉体上遭受损害的违法行为，如打骂、恐吓、冻饿、患病不予治疗、限制人身自由等。虐待强调的也是要持续的经常多次的行为。

本案例中，小明的爸爸对顽皮的小明进行管教，先是用打屁股甚至是威胁用皮带抽的方式进行管教，后来是采取要求反省，以反省为给饭吃的条件。这些行为的出发点都是为了教育小明听话，而不是故意的要折磨或者摧残小明。虽然小明因为被关在房间反省时可能没有脱衣服睡觉等原因导致了感冒发烧，但是感冒和发烧都不是小明的爸爸妈妈所愿意的，所以不能将感冒和发烧作为损害小明身心健康的后果。由此可以认定，小明的爸爸妈妈对小明是在进行管教，而不是实施家庭暴力或者虐待行为。

提醒

虽然目前教育界并不提倡采取殴打的方式教育子女，但是在中国，父母管教子女的时候偶尔采用殴打的方式，这是合法的。然而在美国等国家，父母哪怕是为了教育顽皮的子女而殴打孩子也是非法的。

法律规范

中华人民共和国婚姻法

（1980 年 9 月 10 日第五届全国人民代表大会第三次会议通过　根据 2001 年 4 月 28 日第九届全国人民代表大会常务委员会第二十一次会议修正　同日公布并实施）

第三条　禁止包办、买卖婚姻和其他干涉婚姻自由的行为。禁止借婚姻索取财物。

禁止重婚。禁止有配偶者与他人同居。禁止家庭暴力。禁止家庭成员间的虐待和遗弃。

第二十三条　父母有保护和教育未成年子女的权利和义务。在未成年子女对国家、集体或他人造成损害时，父母有承担民事责任的义务。

第三十二条　男女一方要求离婚的，可由有关部门进行调解或直接向人民法院提出离婚诉讼。

人民法院审理离婚案件，应当进行调解；如感情确已破裂，调解无效，应准予离婚。

有下列情形之一，调解无效的，应准予离婚：

（一）重婚或有配偶者与他人同居的；

（二）实施家庭暴力或虐待、遗弃家庭成员的；

（三）有赌博、吸毒等恶习屡教不改的；

（四）因感情不和分居满二年的；

（五）其他导致夫妻感情破裂的情形。

一方被宣告失踪，另一方提出离婚诉讼的，应准予离婚。

第四十三条　实施家庭暴力或虐待家庭成员，受害人有权提出请求，居民委员会、村民委员会以及所在单位应当予以劝阻、调解。

对正在实施的家庭暴力，受害人有权提出请求，居民委员会、村民委员会应当予以劝阻；公安机关应当予以制止。

实施家庭暴力或虐待家庭成员，受害人提出请求的，公安机关应当依照治安管理处罚的法律规定予以行政处罚。

第四十四条　对遗弃家庭成员，受害人有权提出请求，居民委员会、村民委员会以及所在单位应当予以劝阻、调解。

对遗弃家庭成员，受害人提出请求的，人民法院应当依法作出支付扶养费、抚养费、赡养费的判决。

第四十五条　对重婚的，对实施家庭暴力或虐待、遗弃家庭成员构成犯罪的，依法追究刑事责任。受害人可以依照刑事诉讼法的有关规定，向人民法院自诉；公安机关应当依法侦查，人民检察院应当依法提起公诉。

第四十六条　有下列情形之一，导致离婚的，无过错方有权请求损害赔偿：

（一）重婚的；

（二）有配偶者与他人同居的；

（三）实施家庭暴力的；

（四）虐待、遗弃家庭成员的。

最高人民法院关于适用《中华人民共和国婚姻法》若干问题的解释（一）

（2001 年 12 月 24 日最高人民法院审判委员会第 1202 次会议通过　自 2001 年 12 月 27 起施行）

第一条　婚姻法第三条、第三十二条、第四十三条、第四十五条、第四十六条所称的“家庭暴力”，是指行为人以殴打、捆绑、残害、强行限制人身自由或者其他手段，给其家庭成员的身体、精神等方面造成一定伤害后果的行为。持续性、经常性的家庭暴力，构成虐待。

中华人民共和国刑法

（1979 年 7 月 1 日第五届全国人民代表大会第二次会议通过　1997 年 3 月 14 日第八届全国人民代表大会第五次会议修订　自 1997 年 10 月 1 日起施行）

第二百六十条　虐待家庭成员，情节恶劣的，处二年以下有期徒刑、拘役或者管制。

犯前款罪，致使被害人重伤、死亡的，处二年以上七年以下有期徒刑。

第一款罪，告诉的才处理。

第二百六十一条　对于年老、年幼、患病或者其他没有独立生活能力的人，负有扶养义务而拒绝扶养，情节恶劣的，处五年以下有期徒刑、拘役或者管制。

专家释惑

这个案例涉及的主要问题是对我国现行婚姻家庭法律规定的“家庭暴力”这一术语的理解，以及对与家庭暴力相关联的虐待和遗弃等规定的理解。

一、我国婚姻家庭法律关于家庭暴力的法律规定

中国立法机关在法学、社会学、妇女学界和女权运动的推动下，在2001年修正的《婚姻法》总则中增加了关于“家庭暴力”的条款。这是“家庭暴力”一词在中国法律史上第一次成为法律术语，并应用到法律条文中。

1.《婚姻法》中关于家庭暴力的规定

2001年修正后的《婚姻法》第3条规定：“禁止重婚。禁止有配偶者与他人同居。禁止家庭暴力。禁止家庭成员间的虐待和遗弃。”增加了“禁止家庭暴力”的规定。

根据《婚姻法》第32条规定，实施家庭暴力或虐待、遗弃家庭成员的，可直接向人民法院提出离婚诉讼。感情确已破裂，法院应准予离婚。

《婚姻法》第43条第2款规定：“对正在实施的家庭暴力，受害人有权提出请求，居民委员会、村民委员会应当予以劝阻；公安机关应当予以制止。”第3款规定：“实施家庭暴力或虐待家庭成员，受害人提出请求的，公安机关应当依照治安管理处罚的法律规定予以行政处罚。”

《婚姻法》第45条规定：“对重婚的，对实施家庭暴力或虐待、遗弃家庭成员构成犯罪的，依法追究刑事责任。受害人可以依照刑事诉讼法的有关规定，向人民法院自诉；公安机关应当依法侦查，

人民检察院应当依法提起公诉”。

《婚姻法》第46条规定：“有下列情形之一，导致离婚的，无过错方有权请求损害赔偿：……（三）实施家庭暴力的；（四）虐待、遗弃家庭成员的。”

2. 司法解释的相关规定

为了贯彻执行上述规定，最高人民法院于2001年12月出台了《关于适用〈中华人民共和国婚姻法〉若干问题的解释（一）》，对于家庭暴力的定义做了解释，认为《婚姻法》有关条文所称的“家庭暴力”是指“行为人以殴打、捆绑、残害、强行限制人身自由或者其他手段，给其家庭成员的身体、精神等方面造成一定伤害后果的行为。持续性、经常性的家庭暴力，构成虐待”。

二、家庭暴力、虐待与遗弃的含义

2001年4月28日修正后的《婚姻法》第3条第2款规定：“禁止家庭暴力。禁止家庭成员间的虐待和遗弃。”《婚姻法》多次提到“家庭暴力”，但概念很模糊。司法解释做了一个界定，将“家庭暴力”限定为一种作为的方式，是指家庭成员之间，采用殴打、捆绑、残害、强行限制人身自由和伤害其身心健康及采用其他手段，造成家庭成员在身体、心理、精神等方面严重后果的行为。目前，我国法律对家庭暴力采用了狭义解释。家庭成员之间偶尔的打闹、争吵，且未对对方造成人身自由、身心健康等方面的侵害，则不构成家庭暴力。

家庭暴力和家庭虐待，其行为方式和后果在含义上是相同的，不同的是家庭暴力的持续性和经常性是区别于家庭虐待的实质要件。也就是说，经常性、持续性地以不作为形式伤害家庭成员不是家庭暴力，但却可能构成虐待。

虐待，是指以作为或不作为的形式，对家庭成员歧视、折磨、摧残，使其在精神上、肉体上遭受损害的违法行为，如打骂、恐吓、冻饿、患病不予治疗、限制人身自由等。虐待可能表现为积极的、作为的形式（比如打骂、恐吓、限制人身自由），也可能表现为消极的、不作为的形式（比如不给饭吃、不给衣穿、患病不给治疗等）。

遗弃，是指家庭成员中负有赡养、抚养、扶养义务的一方，对需要赡养、抚养和扶养的另一方，不履行其应尽义务的违法行为。如父母不抚养未成年子女；成年子女不赡养无劳动能力或生活困难的父母；配偶不履行扶养对方的义务等。遗弃以不作为的形式出现，该为而不为，致使被遗弃人的权益受到侵害。

三、遭受家庭暴力、虐待或遗弃的受害人如何寻求法律救济

我国《婚姻法》关于“禁止家庭暴力、禁止家庭成员间的虐待和遗弃”的规定是维护合法正常的家庭关系所必要的，是保障妇女、儿童和老人合法权益的必要措施。同一家庭的所有成员都是地位平等的主体，国家保障家庭成员的合法权益不受侵害。家庭暴力、虐待和遗弃都是家庭关系中的破坏性因素。被虐待和被遗弃者，往往是缺乏自卫能力或无独立生活能力的家庭成员，实际上多为妇女、儿童和老人。为了维护社会主义的婚姻家庭制度，保护受害人和社会的利益，一定要采取各种有效的手段同这些违法行为作斗争。

在家庭中实施家庭暴力和虐待是违法的，受害人有权提请村（居）民委员会或行为人所在单位进行调解、劝阻；对正在实施的家庭暴力，可请求公安机关制止，公安机关可以依受害人的请求对其实施家庭暴力的行为给予治安处罚；对造成严重后果、极坏影响的，可依法向人民法院提起民事诉讼，使加害人赔偿损失，承担相应的民事责任（例如，对拒付抚养费、赡养费等情况可到人民法院起诉，请求强制执行）；构成犯罪的，依法追究加害人刑事责任。其法律依据有《婚姻法》第43条和《刑法》第260条（关于虐待罪）以及

第 261 条（关于遗弃罪）。

为了预防和减少家庭暴力、虐待、遗弃行为的发生，首先，要加强法制宣传和道德教育，破除家长制封建残余的影响；其次，对于实施虐待和遗弃行为的人，要进行严肃的批评教育，责令其改正错误；最后，对虐待、遗弃情节恶劣，构成犯罪的，依法追究其刑事责任。

因此，对于遭受家庭暴力、受虐待或者被遗弃的受害人而言，其自身的维权意识十分重要，当自己的合法权益遭受侵害时，应及时向有关部门反映情况；在有关部门对施虐人进行教育、批评、行政处罚无效时，可向人民法院提起自诉。具体而言，受害人可以采取下列方式来保护自己的合法权益：

1. 遭受家庭暴力、虐待、遗弃的受害人，有权提出请求，居民委员会、村民委员会以及所在单位应当予以劝阻、调解。

2. 受害人提出请求的，公安机关应当依照治安管理处罚的法律规定予以行政处罚。

3. 对虐待家庭成员构成犯罪的，受害人可以依照《刑事诉讼法》的有关规定，请求公安司法机关追究其法律责任。《刑法》第 260 条规定，虐待家庭成员，情节恶劣的处二年以下有期徒刑、拘役或者管制，致被害人重伤、死亡的处二年以上七年以下有期徒刑。对于严重的遗弃行为，受害人有权提起刑事自诉。遗弃家庭成员，构成犯罪的，处五年以下有期徒刑。

提醒

虐待与家庭暴力既有联系，又有区别。二者关系表现为：持续性、经常性的家庭暴力，构成虐待；以不作为形式，比如不给饭吃、患病不给予治疗等，不构成家庭暴力，但可能构成虐待。

案例 19　怎样维权追讨赡养费？吴某某有权获得哪些帮助？

事情是这样的

吴某某今年 60 多岁，她所在的单位几年前因为经营不善早已经倒闭，现在吴某某的生活主要是靠政府提供的最低生活保障金。吴某某有两个儿子，工作都很稳定，而且各自已经成家。但是，自从几年前因为生活琐事吴某某与两个儿子闹了矛盾之后，吴某某的这两个儿子一直不对吴某某尽赡养义务，每个月不给相应的生活费，也不去看望或安慰孤独的老人吴某某。

前段时间，连续下雨，去买菜的吴某某因路滑而摔倒，严重骨折的吴某某被路人送进医院住院治疗，花去很大一笔医疗费。但是吴某某的两个儿子都没有拿钱来给吴某某，吴某某为此向亲戚朋友借了不少钱，生活陷入了困境。吴某某没有想到两个儿子如此绝情。伤心的吴某某想到了无论如何都要维护自己的权益，既然儿子不主动给付赡养费，那她就上法院，和两个儿子打官司，通过法律的途径讨要赡养费。

可是，吴某某还是面临一些实际困难，听说打官司要交费的，那她要准备多少钱来打官司呢？本来吴某某就已经因为骨折住院欠下不少债，生活困难的她要是交不起打官司的费用该怎么办呢？会不会因此而败诉？为此，吴某某特意进行相关的法律咨询。

律师专线

受理咨询的律师告诉吴某某，首先打官司确实需要交费。依据 2006 年通过、2007 年开始执行的《诉讼费用交纳办法》可知，打官司交纳的费用包括案件受理费、申请费，以及证人与鉴定人等诉讼参与人出庭日的交通、住宿、误工补贴等费用。这些费用的具体数额要依据案件当地的生活水平以及本案件需要出庭作证的证人、鉴定人等相关人员的多少来确定。只有依法交纳了相关费用之后，案件才会进入到相应的法定程序。

但是，我国法律同时也作了一些例外规定。对于某些特殊案件，只要符合法律规定的条件，当事人可以申请司法救助，从而免交相应的诉讼费用。追讨赡养费、扶养费、抚育费、抚恤金等案件都属于当事人可以申请免交诉讼费用的情形。也就是说，吴某某在向法院起诉的同时可以申请司法救助，也就是说申请免交诉讼费用。

对于目前已经生活困难的吴某某而言，通过打官司的方式向两个已经成年而且有负担能力的儿子追讨赡养费，虽然很好也很合适，但是打官司总是需要一定时间的，要完成一系列的程序，这对于目前生活困难的吴某某而言有点远水不解近渴，因此吴某某有权依法向法院申请先予执行。所谓先予执行，是指法院在受理案件后、终审判决前，根据一方当事人的申请，裁定对方当事人先行向申请一方当事人给付一定数额的金钱或其他财物，或者实施或停止某种行为，并立即付诸执行的一种程序。先予执行包括以下几个方面的内容：追索赡养费、扶养费、抚育费、抚恤金、医疗费用的；追索劳动报酬的；因情况紧急需要先予执行的。本案中，吴某某已经生活困难，需要相应的赡养费才能维持正常生活，因此她有权向法院申请先予执行。

受理咨询的律师还告诉吴某某，鉴于她的具体情形，她还可以申请免费的法律援助。所谓法律援助，是指在国家设立的法律援助机构的指导和协调下，律师、公证员、基层法律工作者等法律服务人员为经济困难或特殊案件的当事人给予减、免收费提供法律帮助的一项法律制度。

法律规范

诉讼费用交纳办法

（2006 年 12 月 8 日国务院第 159 次常务会议通过　自 2007 年 4 月 1 日起施行）

第六条　当事人应当向人民法院交纳的诉讼费用包括：

（一）案件受理费；

（二）申请费；

（三）证人、鉴定人、翻译人员、理算人员在人民法院指定日期出庭发生的交通费、住宿费、生活费和误工补贴。

第七条　案件受理费包括：

（一）第一审案件受理费；

（二）第二审案件受理费；

（三）再审案件中，依照本办法规定需要交纳的案件受理费。

第十五条　以调解方式结案或者当事人申请撤诉的，减半交纳案件受理费。

第十六条　适用简易程序审理的案件减半交纳案件受理费。

第四十四条　当事人交纳诉讼费用确有困难的，可以依照本办法向人民法院申请缓交、减交或者免交诉讼费用的司法救助。

诉讼费用的免交只适用于自然人。

第四十五条　当事人申请司法救助，符合下列情形之一的，人民法院应当准予免交诉讼费用：

（一）残疾人无固定生活来源的；

（二）追索赡养费、扶养费、抚育费、抚恤金的；

（三）最低生活保障对象、农村特困定期救济对象、农村五保供养对象或者领取失业保险金人员，无其他收入的；

（四）因见义勇为或者为保护社会公共利益致使自身合法权益受到损害，本人或者其近亲属请求赔偿或者补偿的；

（五）确实需要免交的其他情形。

法律援助条例

（2003年7月16日国务院第15次常务会议通过　自2003年9月1日起施行）

第二条　符合本条例规定的公民，可以依照本条例获得法律咨询、代理、刑事辩护等无偿法律服务。

第三条　法律援助是政府的责任，县级以上人民政府应当采取积极措施推动法律援助工作，为法律援助提供财政支持，保障法律援助事业与经济、社会协调发展。

法律援助经费应当专款专用，接受财政、审计部门的监督。

第五条　直辖市、设区的市或者县级人民政府司法行政部门根据需要确定本行政区域的法律援助机构。

法律援助机构负责受理、审查法律援助申请，指派或者安排人员为符合本条例规定的公民提供法律援助。

第十条　公民对下列需要代理的事项，因经济困难没有委托代理人的，可以向法律援助机构申请法律援助：

（一）依法请求国家赔偿的；

（二）请求给予社会保险待遇或者最低生活保障待遇的；

（三）请求发给抚恤金、救济金的；

（四）请求给付赡养费、抚养费、扶养费的；

（五）请求支付劳动报酬的；

（六）主张因见义勇为行为产生的民事权益的。

第十四条　公民就本条例第十条所列事项申请法律援助，应当按照下列规定提出：

（一）请求国家赔偿的，向赔偿义务机关所在地的法律援助机构提出申请；

（二）请求给予社会保险待遇、最低生活保障待遇或者请求发给抚恤金、救济金的，向提供社会保险待遇、最低生活保障待遇或者发给抚恤金、救济金的义务机关所在地的法律援助机构提出申请；

（三）请求给付赡养费、抚养费、扶养费的，向给付赡养费、抚养费、扶养费的义务人住所地的法律援助机构提出申请；

（四）请求支付劳动报酬的，向支付劳动报酬的义务人住所地的法律援助机构提出申请；

（五）主张因见义勇为行为产生的民事权益的，向被请求人住所地的法律援助机构提出申请。

第十五条　本条例第十一条所列人员申请法律援助的，应当向审理案件的人民法院所在地的法律援助机构提出申请。被羁押的犯罪嫌疑人的申请由看守所在24小时内转交法律援助机构，申请法律援助所需提交的有关证件、证明材料由看守所通知申请人的法定代理人或者近亲属协助提供。

专家释惑

这个咨询案例涉及的主要法律问题是追索赡养费、扶养费或抚育费等案件，原告方可以申请哪些司法救助，获得什么样的法律帮助，或者换句话而言，原告方该怎样通过法律途径追讨赡养费、扶养费或者抚育费？

首先，追索赡养费、扶养费或抚育费等案件，原告可以申请不交案件受理费，在案件审结时，由败诉方承担。或者说，原告在起诉时就可以申请缓、减、免交受理费这种司法救助。依据2007年开始施行的《诉讼费用交纳办法》第45条可知，对于追索赡养费、扶养费或抚育费这样的案件，一旦申请了免交诉讼费的司法救助，受理案件的法院应当作出裁定准予免交。

当然，并不是所有的案件都可以免交、缓交、少交相关的案件受理费。追讨赡养费、扶养费或者抚育费的原告方必须提供相应的证明、证据以证实他（她）确实需要相应的司法救助。除提供一般证明、证据外，原告还须按照诉讼请求内容提供以下必要证据：

1. 存在抚养、赡养关系的证明（户籍簿，单位、居委会、村委会的证明或有关法律文书）；

2. 每月经济收入及证明，有工作的由单位或雇主证明，无工作的由居委会、村委会证明；

3. 要求变更费用数额的，应提供原处理的调解书、判决书或其他证明材料。

其次，追讨赡养费、扶养费或者抚育费的原告方，如果有必要，还可以申请相应的法律援助。所谓法律援助，是指在国家设立的法律援助机构的指导和协调下，律师、公证员、基层法律工作者等法律服务人员为经济困难或特殊案件的当事人给予减、免收费提供法律帮助的一项法律制度。法律援助案件按下列原则管辖：

1. 已立案的刑事、民事、行政等诉讼案件，由有管辖权的人民法院所在地同级法律援助中心受理；

2. 非诉讼法律事务由申请人向住所地或工作单位所在地的法律援助机构提出申请；

3. 两个或两个以上法律援助中心对同一案件均有管辖权的，由最初收到法律援助申请的援助中心审查、决定。

法律援助的范围确定为：无能力为自己辩护的未成年人、残疾人、老年人犯罪案件和追索侵权赔偿的案件；请求给付赡养费、抚育费、扶养费的；因公受损害请求赔偿（责任事故除外）；请求给付劳动保险金、抚恤金的；赡养协议、扶养协议公证，有关领取抚恤金、救济金的公证；公民民主权利受到侵犯（如选举权、被选举权被非法剥夺）的案件；有可能被判处死刑、被告人没有委托辩护人的案件；其他确需提供法律援助的事项。

第二部分　有关继承法的案例

一、继承法的基础知识

内容提要

继承是指在公民自然死亡或被宣告死亡后，将其所遗留的个人合法财产依法分配给死者特定范围内的亲属的一种法律制度。财产继承过程中贯穿男女继承权平等、权利义务相一致等原则。继承权是自然人依据法律规定或者死者生前所立的合法有效的遗嘱而取得被继承人遗产的一种民事权利。遗产是公民死亡时遗留的、可以依法转移给继承人的个人合法财产，它只存在于继承开始后遗产被分割前的特定时间内。不是所有的财产都可以成为遗产，对于什么是遗产，我国《继承法》第 3 条有明确规定。

案例 20　父母健在，子女是否可以继承财产？

事情是这样的

刘大爷和老伴有三个儿子，夫妇俩辛苦劳作，终于将三个儿子拉扯大，并帮助他们各自娶了媳妇成了家。但是三个媳妇进门后，儿子、儿媳们都向刘大爷夫妇提出要求分家、分财产。

刘大爷和老伴辛辛苦苦几十年，平时辛勤地在田地里劳作，农闲时走紧种菜卖菜，最后好不容易让全家人有吃、喝、住、行的基本保障，然后又盖上了一栋两层小楼，现在手上有一张 8000 元的为期一年的存折。刘大爷和老伴认为儿子们的婚姻大事做爹娘的都给操持好了，剩下的就应该是儿子、儿媳们靠自己的努力去奋斗。因此，刘大爷和老伴虽然同意分家，并将家里的房子分配给每个儿子、儿媳住，但是不同意将自己攒下的备自己和老伴养老和不时之需的存折也均分给三个儿子、儿媳。为此，几个儿媳很不满意，认为分家当然包括分割父母的财产，要是不分割财产，以后就怪不得他们不孝顺。为了家人关系之间的和谐，刘大爷的老伴只好出来打圆场，说存折还没有到期，到年底到期的时候再说。

有一次，刘大爷上街赶集，正好遇见集市上来了法律工作者进行义务咨询。刘大爷赶紧过去咨询，自己是否应当将养老的钱也让儿子、儿媳继承？如果不让他们继承，是不是以后等他和老伴没法干活了，儿子、儿媳也没有照顾和赡养的义务？

律师专线

接受咨询的法律工作者告诉刘大爷，房子和存折都是他和老伴名下的财产，他和老伴有权利自由处置，可以分给儿子，也可以不分给儿子。如果不分给几个儿子，儿子、儿媳也没有权利主动要求，更没有权利以后不照顾和赡养父母。因为赡养父母是成年子女应尽的义务，不仅是一种道德上应尽的责任，还是一种法定的义务。如果不赡养父母、不履行法定义务，刘大爷和老伴有权找村委会，甚至到法院起诉儿子、儿媳遗弃老人。

此外，即使刘大爷和老伴将房子分割给几个儿子、儿媳居住，这也不是儿子、儿媳在继承父母的财产，因为法律规定“继承从被继承人死亡时开始”。如果父母健在，子女不能要求继承父母的财产。

不过，父母健在的子女虽不能继承父母的财产，但是可以通过其他方式得到财产，比如，父母把房子等财产赠送给子女，或者通过合同的方式把相应财产转让（卖）给子女等等。

法律规范

中华人民共和国继承法

（1985 年 4 月 10 日第六届全国人民代表大会第三次会议通过　自 1985 年 10 月 1 日起施行）

第二条　继承从被继承人死亡时开始。

第三条　遗产是公民死亡时遗留的个人合法财产，包括：

（一）公民的收入；

（二）公民的房屋、储蓄和生活用品；

（三）公民的林木、牲畜和家禽；

（四）公民的文物、图书资料；

（五）法律允许公民所有的生产资料；

（六）公民的著作权、专利权中的财产权利；

（七）公民的其他合法财产。

专家释惑

这个咨询案例涉及的是继承法上的一些基本常识，比如什么是被继承人？什么是继承权？继承从什么时候开始？

继承，也叫财产继承，是指公民自然死亡或被宣告死亡后，将死者遗留的个人合法财产，依法分配给有权享受其财产的人的一种法律制度。遗留财产的人（死者）是被继承人，依法接受他人遗产的人是继承人。

继承是一种法律制度，由法律规定，这决定了财产继承与继承人的性格、生理特征、习惯爱好等无关。

继承权是指继承人依法享有的继承被继承人财产的一种权利，它发生于具有一定身份关系的公民之间。其法律依据一般以继承人与被继承人之间具有血亲、婚姻等关系为基础。

继承开始于被继承人死亡之时。这就是说，如果被继承人的死亡没有经证实，或者失踪的人没有经法院判决宣告死亡，都不能视为继承的开始。所以，父母健在，子女不能要求继承财产。

不过，继承的开始与遗产分割的时间不是一回事。继承的开始只能以被继承人的死亡为标志，这不以人的意志为转移。而遗产的分割时间则是继承开始后，各继承人具体分割被继承人遗产份额的时间，这可以由继承人协商确定。

联系本案

律师建议老年人不要把财产作为遗产过早分给子女。

老人的房产、储蓄等一旦馈赠给子女，老人将由富有变成资源贫困户。老人生前不要把自己的房产等作为赡养条件馈赠给子女，不要过早写遗嘱，避免出现亲子之间遗产纠纷。

老人增强以下四种意识可以避免遗产纠纷：

一是财产意识。为避免一方去世后另一方不致陷入困境，老人最好提前做好个人财产的储备。

二是遗产意识。老人如果再婚，婚前要进行财产公证或办理遗嘱公证，对自己身后的财产分配作出书面说明。

三是维权意识。一些老人觉得跟晚辈争遗产不光彩，明知吃亏也不愿与晚辈争辩。

四是执行意识。老人订立遗嘱时要考虑到具体执行的公正性、合理性和可行性。老人若遇到继承权被侵犯或者被剥夺，要尽量在财产被事实分配之前向人民调解委员会申请调解，如果协商不成，可以向人民法院提起诉讼。

案例21 继承权男女平等——出嫁的女儿也有继承权

事情是这样的

王老先生和老伴李老太太一共生育了三个孩子——两个女儿一个儿子，其中儿子最小。在王老先生有生之年，他的三个孩子都已经成家。王老先生于2005年去世，留下了与老伴李老太太共有的两套商品房和五个临街店面。王老先生的丧事由老伴和儿女们风光操持完之后，因为李老太太现在居住的房子离儿子王某某的孩子读书的学校比较近，加上为了照顾失去老伴的母亲，李老太太的儿子、儿媳就搬来与老太太同住。李老太太把自己和王老先生名下的另外一套房子和五个店面继续出租，由儿子王某某负责收取出租收益。

但是，丧事过去大半年之后，李老太太似乎没有任何分割王老先生遗产的意思。因此，王某某的两个姐姐（王某甲和王某乙）开始有意见了，向自己的母亲李老太太提出要求分割父亲留下的遗产，声称父亲的遗产全由弟弟王某某获得，这不公平，因为她们都赡养和孝敬了父亲。这两个女儿的要求遭到了李老太太的断然拒绝。于是大女儿王某甲就将自己的母亲李老太太和弟弟王某某告上了法庭。二女儿王某乙面对姐姐提起的诉讼，既不表示参加，也不表示放弃财产的继承。因此，受案法院将王某乙追加为共同原告。

原告王某甲诉称：父母有两套商品房及五间店面房，父亲去世后，房产被母亲和弟弟用来出租收益，因此要求对房产依法进行分割，并要求分割母亲所得的租金。

原告的母亲，即被告李老太太辩称：丈夫王老先生生病期间，女儿没有尽到责任。房产是自己和丈夫多年奋斗的共有财产，子女没有份额。

被告王某某辩称：自己同意母亲的意见，自己确实去收取了房子和店面的租金，但是是替母亲去收取的，这些财产没有归自己名下。虽然自己居住在母亲的房子里，但是那不是自己的房子。

法院经审理查明：原告的父母王老先生和李老太太名下共有两套商品房和五个临街店面。2004 年 4 月，原告父亲王老先生生病住院期间，母亲李老太太与大女儿为了家庭琐事产生了矛盾。但是在王老先生生病住院的 10 个月内，三个子女都去医院护理和照看了生病的父亲。2005 年 1 月，原告的父亲去世后，原告的弟弟即被告王某某搬去与母亲同住。李老太太继续将一套商品房和五间店面以自己的名义出租，租金则由儿子王某某代为收取。2005 年 11 月，两个女儿（即本案原告）提出要求分割房产，母亲不同意。于是大女儿王某甲向法院起诉，二女儿王某乙被法院追加为共同原告后，也参与了诉讼活动。

法院经审理后认为，《继承法》第9条规定“继承权男女平等”，第10条规定“遗产按照下列顺序继承：第一顺序：配偶、子女、父母”，妇女享有与男子平等的继承权。本案中，女儿三个均有权继承其父亲的遗产，且其父亲生前未立下遗嘱对财产进行处理，被告李老太太未能举证证明其完全享有上述财产，故应按法定继承进行处理。后经承办法官召集双方多次调解，最终达成了调解意见：1.五间店面房中的两间归母亲李老太太所有，两个女儿和儿子平均分配其余三间店面，由他们共同到房产、土地管理部门办理房产证及土地使用权证。2.母亲李老太太和儿子王某某各分得一套住房，儿子王某某一次性补贴两个姐姐（本案原告）每人1万元人民币。3.母亲李老太太将王老先生去世后收取的房子和店面租金，除返还子女的部分外，还分给三个子女每人3000元的租金。

律师专线

这是一起很简单的继承纠纷案件，但却是目前社会一个典型的缩影，反映了男女继承权的现实行使问题。本案的受案法院通过调解结案是正确合理的。

《继承法》明确规定，继承权男女平等。本案中，原告王某甲和王某乙作为已经出嫁的女儿，对父亲的遗产具有平等的继承权。在自己的合法继承权受到损害时，原告主张权利也是合法的。因此，王某甲有权通过法律途径维护自己的合法权益。

本案中，被告李老太太的观点——这些财产是自己和老伴（被继承人王老先生）经过多年辛勤劳动和辛苦打拼才获得的，子女对这些财产没有份，这是不正确的。因为两套商品房和五间店面虽然属于王老先生和李老太太夫妇的共同财产，他们都健在的时候，他们的子女确实没有权利主张财产，但是王老先生过世后，这些共同财产就面临分割。因为王老先生份额下的财产现在属于遗产，在王老先生没有遗嘱规定该如何处置自己名下遗产的时候，这些遗产就属于法定继承财产。也就是说，王老先生的妻子、儿子和女儿都有法定的权利来继承和分割。

另外，本案的原告在父亲去世后一年内提起要求继承遗产的诉讼，也是正确合法的。因为我国法律规定，因行使继承权而引发继承纠纷的，诉讼期限为2年，自继承人知道或者应当知道其权利被侵犯之日起计算，但是，自继承开始之日起超过20年的，不得再提起诉讼。

法律规范

中华人民共和国继承法

（1985年4月10日第六届全国人民代表大会第三次会议通过　自1985年10月1日起施行）

第二条　继承从被继承人死亡时开始。

第三条　遗产是公民死亡时遗留的个人合法财产，包括：

（一）公民的收入；

（二）公民的房屋、储蓄和生活用品；

（三）公民的林木、牲畜和家禽；

（四）公民的文物、图书资料；

（五）法律允许公民所有的生产资料；

（六）公民的著作权、专利权中的财产权利；

（七）公民的其他合法财产。

第五条　继承开始后，按照法定继承办理；有遗嘱的，按照遗嘱继承或者遗赠办理；有遗赠扶养协议的，按照协议办理。

第八条　继承权纠纷提起诉讼的期限为二年，自继承人知道或者应当知道其权利被侵犯之日起计算。但是，自继承开始之日起超过二十年的，不得再提起诉讼。

第九条　继承权男女平等。

第十条　遗产按照下列顺序继承：

第一顺序：配偶、子女、父母。

第二顺序：兄弟姐妹、祖父母、外祖父母。

继承开始后，由第一顺序继承人继承，第二顺序继承人不继承。没有第一顺序继承人继承的，由第二顺序继承人继承。

本法所说的子女，包括婚生子女、非婚生子女、养子女和有扶养关系的继子女。

本法所说的父母，包括生父母、养父母和有扶养关系的继父母。

本法所说的兄弟姐妹，包括同父母的兄弟姐妹、同父异母或者同母异父的兄弟姐妹、养兄弟姐妹、有扶养关系的继兄弟姐妹。

第十三条　同一顺序继承人继承遗产的份额，一般应当均等。

对生活有特殊困难的缺乏劳动能力的继承人，分配遗产时，应当予以照顾。

对被继承人尽了主要扶养义务或者与被继承人共同生活的继承人，分配遗产时，可以多分。

有扶养能力和有扶养条件的继承人，不尽扶养义务的，分配遗产时，应当不分或者少分。

继承人协商同意的，也可以不均等。

中华人民共和国婚姻法

（1980 年 9 月 10 日第五届全国人民代表大会第三次会议通过　根据 2001 年 4 月 28 日第九届全国人民代表大会常务委员会第二十一次会议修正　同日公布并实施）

第十七条　夫妻在婚姻关系存续期间所得的下列财产，归夫妻共同所有：

（一）工资、奖金；

（二）生产、经营的收益；

（三）知识产权的收益；

（四）继承或赠与所得的财产，但本法第十八条第三项规定的除外；

（五）其他应当归共同所有的财产。

夫妻对共同所有的财产，有平等的处理权。

第十九条　夫妻可以约定婚姻关系存续期间所得的财产以及婚前财产归各自所有、共同所有或部分各自所有、部分共同所有。约定应当采用书面形式。没有约定或约定不明确的，适用本法第十七条、第十八条的规定。

夫妻对婚姻关系存续期间所得的财产以及婚前财产的约定，对双方具有约束力。

夫妻对婚姻关系存续期间所得的财产约定归各自所有的，夫或妻一方对外所负的债务，第三人知道该约定的，以夫或妻一方所有的财产清偿。

第二十四条　夫妻有相互继承遗产的权利。

父母和子女有相互继承遗产的权利。

专家释惑

本案例是一个简单的继承权纠纷，涉及的主要法律问题是继承权的男女平等问题。

继承权是指公民根据法律的直接规定或者被继承人生前立下的合法有效的遗嘱，接受被继承人遗产的权利。我国法律明确规定妇女享有与男子平等的继承权，否定了剥夺妇女（尤其是出嫁女儿）继承权的封建继承制度，这对保护妇女继承权、协调家庭关系、促进社会稳定起到了良好的作用。

男女平等，是确保男女有独立的人格权，使男女能在社会政治、经济和家庭生活中平等地行使法律赋予的权利和履行义务。《宪法》第48条规定："中华人民共和国的妇女在政治的、经济的、文化的、社会的和家庭的生活等各方面享有同男子平等的权利。"然而，在我们国家仍然存在着诸多男女不平等的现象。这种不平等现象在继承权的行使方面，由于历史的原因，表现得也较为突出，为消除这种不平等待遇，确保妇女的合法继承权，《继承法》第9条明确规定"继承权男女平等"。

《继承法》中男女平等主要体现在以下几个方面：

一、所有的继承人不分男女，一律平等地处于其应在的继承顺序之中。比如我国《继承法》第10条规定的第一顺序继承人是指配偶、子女、父母；第二顺序继承人是指兄弟姐妹、祖父母、外祖父母等。该顺序排列不因性别之异而区别对待。第12条规定，丧偶儿媳对公婆、丧偶女婿对岳父母，尽了赡养义务的，作为第一顺序继承人。

二、所有的继承人不分男女，一律平等地享有继承权。如《继承法》第13条规定，同一顺序继承人继承遗产的份额，一般应当均等。这里的“一般”是指有特殊困难、无生活来源、尽了主要赡养义务的可以多分和有能力而不尽扶养、赡养义务的继承人不分或少分的以外的继承人，应当均等。

三、代位继承的转继承男女平等。儿子先于父亲死亡，孙子女可代替其父亲继承祖父母的遗产；女儿先于父亲去世，外孙子女可以代替其母亲继承外祖父母的遗产。《继承法》的这些规定，都体现了所有继承人无论男女均有平等地享有继承遗产的权利。

在分割遗产时，各继承人应当严格按照我国《继承法》规定的男女平等、养老育幼、优先照顾缺乏劳动能力和没有生活来源的继承人的利益，提倡互谅互让、和睦团结的精神。

当然，男女平等不仅是说妇女在家庭与男子享有同样的地位，同样妇女也要尊敬和赡养自己的父母，不要以为嫁出去了，就可以不赡养父母。我国法律规定继承权男女平等，同样也规定了赡养老人是每个子女应尽的义务，赡养父母也同样男女平等。

案例 22　死亡赔偿金是否属于遗产？签署了离婚协议的妻子王某某是否有权继承遗产？

事情是这样的

赵某某于 2003 年 6 月 3 日在一次交通事故中被肇事车辆严重撞伤，送至医院后不治身亡。赵某某在出事前，与妻子王某某关系很不好，处于分居状态，妻子王某某自己另行租房居住。从 5 月份以来，赵某某和王某某二人一直在商谈离婚的一些具体问题，比如财产的分割。在赵某某出车祸的前一天，赵某某和妻子王某某刚各自在离婚协议书上签字，打算过几天去民政部门办理协议离婚手续。

赵某某作为交通事故的受害者，获得了肇事方赔偿的医疗费、丧葬费、儿子抚养费、精神抚慰金等共计 20 万人民币。赵某某的父母和妻子在共同清理赵某某的个人物品的时候，发现赵某某名下有存折两张，共计 4 万元；股票账户上还有市值约 3 万元的资金；一张以赵某某的儿子亮亮为受益人的10年期保险单，每年投保800元，现已投保5年，保险金额是5万元。此外，赵某某与王某某婚姻存续期间购买的房产市值约50万。赵某某去世前，他的父母老赵夫妇与他和亮亮居住在一起。

围绕赵某某遗产的分配，赵某某的父母（老赵夫妇）和赵某某的妻子王某某之间发生了争执。老赵夫妇认为，王某某和赵某某都离婚了，各自在离婚协议书上签字了，王某某没有资格继承赵某某的遗产。所以，赵某某名下的财产只能由父母（老赵夫妇）和赵某某的儿子亮亮来继承。但是王某某不同意，认为自己有继承权，而且赵某某名下的这些财产还不能都作为遗产。但是老赵夫妇就是拿着那20万元不肯分配，声称这是留给孙子亮亮和二老用的，也不肯搬出房子。为此，王某某将自己的公公、婆婆（老赵夫妇）告上了法庭，要求分割赵某某的遗产，请求人民法院依法维护其合法继承权。

受理案件的法院在审理案件时，面临的一个主要问题是到底哪些是赵某某的遗产？谁有权继承这些遗产？

律师专线

本案例涉及的关键问题是，哪些是赵某某的遗产？王某某是否有权继承遗产？

在遗产继承纠纷中，确定遗产的范围和数量，是首要的问题。本案例中，赵某某名下的财产存折4万元，股票账户金额3万，已交纳保险费5年的保险单，价值50万元的房产和赵某某的死亡赔偿金20万元。这些财产并不都是赵某某的遗产。

首先，价值50万元的房产一套，这是在赵某某与王某某结婚后购买的。由于赵某某与王某某之间没有书面约定财产归属的协议，按照我国现行《婚姻法》的规定就应当适用夫妻共同财产制度，也就是说这价值50万的房产是赵某某和王某某的共同财产。由于夫妻共同财产夫妻具有均等份额，因此，该房产的一半价值归王某某，另外一半价值是赵某某的遗产，由他的继承人加以继承。

同理，赵某某名下的存折4万元，基于与房产同样的理由，应当视为夫妻共同财产，2万元归王某某，2万元作为遗产予以继承。

赵某某名下的股票账户金额，如果没有明显证据证实，这是赵某某结婚前开户并持有的股票的话，基于与上述房产同样的理由，这应当视为夫妻共同财产，先分一半给王某某，然后再继承。

其次，保险金额为5万元的、保费为每年800元的为期10年的保险单的现金价值不属于赵某某的遗产。依据《保险法》的规定可知，保险单上的受益人是谁，保险金就归谁。即使投保人死亡，保险金也不能作为遗产，因为保险金归受益人享有。本案中，这个保险合同的受益人是赵某某的儿子亮亮，正常投保最后该保单的保险金当然归亮亮享有，而不是作为赵某某的遗产加以分割。

第三，20万元的死亡赔偿金，这也不是遗产。因为这笔死亡赔偿金包括的内容有医疗费、丧葬费、儿子的抚养费、精神抚慰金等。这20万元人民币应当在扣除医疗费、丧葬费和儿子亮亮的抚养费以后，剩下的精神抚慰金由老赵夫妇和王某某协商合理享有。所谓遗产，是死亡人生前遗留的个人的合法所有的财产，而赔偿费不是死亡人生前遗留的个人合法所有的财产，而是死亡后才发生的财产，不属死亡人所有，只能是死亡人亲属所得的赔偿费用。因此，赔偿金不能作为遗产继承。

因此，这个案件中，赵某某的一半房产价值（25万），一半存款（2万），一半股票金额（1.5万）是其合法遗产，由他的法定继承人继承，因为本案例中赵某某没有留下关于遗产分配的遗嘱。

接下来需要分析的问题是，谁是赵某某的法定继承人？我国《继承法》规定第一顺序法定继承人包括配偶、父母、子女，由此可知，老赵夫妇和赵某某的儿子亮亮肯定是第一顺序的继承人。问题的王某某是否算是赵某某的继承人呢？因为赵某某死亡前一天，赵某某与王某某达成了离婚协议，并在协议书上签了字，但是尚未去民政部门办理离婚手续。依据我国《婚姻法》可知，解除婚姻关系要么是通过诉讼解除，要么通过协议离婚。依据《婚姻法》第31条，协议解除婚姻以婚姻登记机关受理当事人申请，发给离婚证为准。而本案中，赵某某和王某某尚未去办理离婚登记手续，从法律上讲，王某某和赵某某在赵某某死亡之前依然是夫妻关系。当然王某某就能以配偶身份，获得法定继承的应有份额。

法律规范

中华人民共和国继承法

（1985 年 4 月 10 日第六届全国人民代表大会第三次会议通过 自 1985 年 10 月 1 日起施行）

第二条 继承从被继承人死亡时开始。

第三条 遗产是公民死亡时遗留的个人合法财产，包括：

（一）公民的收入；

（二）公民的房屋、储蓄和生活用品；

（三）公民的林木、牲畜和家禽；

（四）公民的文物、图书资料；

（五）法律允许公民所有的生产资料；

（六）公民的著作权、专利权中的财产权利；

（七）公民的其他合法财产。

第四条 个人承包应得的个人收益，依照本法规定继承。个人承包，依照法律允许由继承人继续承包的，按照承包合同办理。

第五条 继承开始后，按照法定继承办理；有遗嘱的，按照遗嘱继承或者遗赠办理；有遗赠扶养协议的，按照协议办理。

第八条 继承权纠纷提起诉讼的期限为二年，自继承人知道或者应当知道其权利被侵犯之日起计算。但是，自继承开始之日起超过二十年的，不得再提起诉讼。

第十条 遗产按照下列顺序继承：

第一顺序：配偶、子女、父母。

第二顺序：兄弟姐妹、祖父母、外祖父母。

继承开始后，由第一顺序继承人继承，第二顺序继承人不继承。没有第一顺序继承人继承的，由第二顺序继承人继承。

本法所说的子女，包括婚生子女、非婚生子女、养子女和有扶养关系的继子女。

本法所说的父母，包括生父母、养父母和有扶养关系的继父母。

本法所说的兄弟姐妹，包括同父母的兄弟姐妹、同父异母或者同母异父的兄弟姐妹、养兄弟姐妹、有扶养关系的继兄弟姐妹。

第十三条　同一顺序继承人继承遗产的份额，一般应当均等。

对生活有特殊困难的缺乏劳动能力的继承人，分配遗产时，应当予以照顾。

对被继承人尽了主要扶养义务或者与被继承人共同生活的继承人，分配遗产时，可以多分。

有扶养能力和有扶养条件的继承人，不尽扶养义务的，分配遗产时，应当不分或者少分。

继承人协商同意的，也可以不均等。

第二十六条　夫妻在婚姻关系存续期间所得的共同所有的财产，除有约定的以外，如果分割遗产，应当先将共同所有的财产的一半分出为配偶所有，其余的为被继承人的遗产。

遗产在家庭共有财产之中的，遗产分割时，应当先分出他人的财产。

中华人民共和国婚姻法

（1980 年 9 月 10 日第五届全国人民代表大会第三次会议通过　根据 2001 年 4 月 28 日第九届全国人民代表大会常务委员会第二十一次会议修正　同日公布并实施）

第十七条　夫妻在婚姻关系存续期间所得的下列财产，归夫妻共同所有：

（一）工资、奖金；

（二）生产、经营的收益；

（三）知识产权的收益；

（四）继承或赠与所得的财产，但本法第十八条第三项规定的除外；

（五）其他应当归共同所有的财产。

夫妻对共同所有的财产，有平等的处理权。

第十九条　夫妻可以约定婚姻关系存续期间所得的财产以及婚前财产归各自所有、共同所有或部分各自所有、部分共同所有。约定应当采用书面形式。没有约定或约定不明确的，适用本法第十七条、第十八条的规定。

夫妻对婚姻关系存续期间所得的财产以及婚前财产的约定，对双方具有约束力。

夫妻对婚姻关系存续期间所得的财产约定归各自所有的，夫或妻一方对外所负的债务，第三人知道该约定的，以夫或妻一方所有的财产清偿。

第二十四条　夫妻有相互继承遗产的权利。

父母和子女有相互继承遗产的权利。

最高人民法院关于贯彻执行《中华人民共和国继承法》若干问题的意见

（1985年最高人民法院审判委员会通过　法（民）发〔1985〕22号）

1．继承从被继承人生理死亡或被宣告死亡时开始。

3．公民可继承的其他合法财产包括有价证券和履行标的为财物的债权等。

4．承包人死亡时尚未取得承包收益的，可把死者生前对承包所投入的资金和所付出的劳动及其增值和孳息，由发包单位或者接续承包合同的人合理折价、补偿。其价额作为遗产。

54．由国家或集体组织供给生活费用的烈属和享受社会救济的城市居民，其遗产仍应准许合法继承人继承。

最高人民法院关于贯彻执行民事政策法律若干问题的意见

（1984年8月30日最高人民法院审判委员会讨论通过）

35．遗产只限于被继承人所有的财产。遗产与夫妻或家庭共有财产结合在一起的，处理时，应先将遗产从共有财产中划分出来，然后分割。

45．被继承人生前经营的山林、水利、养殖、种植等专业的合法收益，应准许合法继承人继承。

46．由国家或集体负责生活费用的烈属和享受社会救济的城市居民，其遗产仍应准许合法继承人继承。

专家释惑

这个案例涉及的主要法律问题是什么是遗产？遗产的范围有哪些？法定继承人如何确认？基于篇幅和上下文考虑，这里仅介绍一下遗产的含义和范围。

遗产是指公民死亡时遗留的个人合法财产，它是财产继承权的客体。我国《继承法》第3条明确规定了遗产的范围，包括以下七项：“（一）公民的收入；（二）公民的房屋、储蓄和生活用品；

(三) 公民的林木、牲畜和家禽; (四) 公民的文物、图书资料; (五) 法律允许公民所有的生产资料; (六) 公民的著作权、专利权中的财产权利; (七) 公民的其他合法财产。”概括起来，可以作为遗产的财产包括三个方面: 1. 公民个人所有的财产。比如被继承人的工资、奖金、从事合法经营活动的收入; 公民的房屋、储蓄、生活用品、林木、牲畜、家禽、文物和图书资料 (如个人收藏的书画、古玩、艺术品等); 还有诸如投资的企业设备等生产资料。2. 公民的知识产权中的财产权利和财产义务。公民的著作权、专利权、商标权中的财产权利和财产义务不会因为权利人的死亡而消灭，可以作为遗产加以继承。3. 其他的合法财产。

遗产，作为一种财产，继承人可依法继承，但这并不意味着所有的遗产都可以继承，除上述法律规定范围以内的遗产可依法继承外，下列遗产不能继承:

1. 与被继承人的人身密不可分的人身权不能继承。如公民的姓名权、名誉权、荣誉权、肖像权等。

2. 与公民的人身有关的债权、债务。这种债权、债务是以特定人的行为为客体，与债务人、债权人的人身有密切的联系，这种债权、债务不能作为遗产继承。

3. 国有资源使用权。如采矿权、狩猎权、渔业权、水资源使用权、空间使用权等，这是因为这些国有资产的使用权人的使用权都是经过特定程序授予特定人享有的，这些权利不能作为遗产，如果继承人要使用这些资源的使用权，必须另行申请，经审查批准后重新获得使用权。

4. 宅基地使用权。公民使用的宅基地，只能与房屋所有权一同转移，不能作为遗产继承，只能在继承房屋所有权时，取得宅基地的使用权。

综上所述，遗产是一种财产权利，但是基于特定身份所享有的财产权，在本人死亡后，其继承人不能继承这种权利，不能继续享有这种财产权。比如职工因为工伤而残废获得的伤残抚恤费，转业军人的转业费，这种财产权利只能由伤残的工人、转业军人个人所有，当他们死后，这种权利就不再存在了。但是被继承人生前已经领取的这些抚恤费和转业费等费用的剩余部分属于遗产，可以继承，因为这些剩余的财产是由这些伤残的工人、转业军人生前已经获得了。另外给予死者家属的抚恤金，这是对亡者家属的抚慰和经济补偿，由受抚慰者本人享有，这些财产不属于遗产。

提醒

确定遗产时，注意区分共同财产和遗产。

在实行夫妻共同财产制的情况下，确定被继承人遗产范围与数额时，务必要注意区分夫妻共同财产与被继承人的遗产。一般先要析产，区分出共同财产中哪些是被继承人的财产，再开始继承。

案例 23　冠华娇治中医院是被继承人华冠云的遗产吗？

事情是这样的

华冠云出生于行医世家。1983 年他从某医科大学毕业后，一直在某市第二人民医院工作。1986 年，华冠云取得了个人行医证。之后，他利用家里的私房在本市开设了一个个体气功骨伤诊所，他的父母在有空的时候也都会来帮他的忙。由于华冠云的医术不错，为人也很好，又有医学渊源，随着时间的推移，这家诊所的名气越来越大，前来就诊的病人越来越多。1988 年 5 月，华冠云又以个人名义向本市科委申请创办冠华创伤气功研究所，同年 7 月这个研究所被批准成立。该研究所的资金投入、人员聘用以及管理费等都由华冠云个人负责。1989 年，华冠云以研究所的名义申请用地，修建研究所，也被批准。1991 年 5 月，他再次以研究所的名义，申请成立冠华娇治中医院，同年年底，这个申请得到批准。医院营业执照的有关栏目注明这家医院为集体性质，院长为华冠云。这家医院的医务人员和管理人员都没有经过劳动管理部门或者上级管理部门调拨，而由华冠云自己聘请，对所聘请的人员都没有实行劳动保险和医疗保险等待遇。冠华矫治中医院成立的时候，也没有其他资金投入，全部都由华冠云个人负责。

1993年9月，新婚不久的华冠云夫妇遭遇车祸而双双死亡。该市医药管理局于同年10月恢复冠华矫治中医院，继续开业，并另行聘任代理院长。华冠云的父母华某某、胡某某认为冠华矫治中医院是自己儿子华冠云的财产，应当归他们继承。在与医院方面交涉没有结果之后，同年10月，华冠云的父母华某某、胡某某向法院起诉，请求法院确认冠华矫治中医院的所有财产属于华冠云个人所有。在这个案件的审理过程中，华冠云妻子的母亲王某某向法院起诉，请求法院确认冠华矫治中医院的所有财产属于华冠云夫妇的共有财产。

法院受理案件后，依据我国《民事诉讼法》的相关规定，决定将两个案件合并审理。在审理过程中，华某某、胡某某夫妇认为冠华矫治中医院是儿子华冠云用自己的个人财产建立起来的，医院的运作、经营、管理都一直是华冠云负责。因此，冠华矫治中医院是华冠云的个人财产。王某某则认为自己的女儿是华冠云的妻子，并且在冠华矫治中医院工作，因此，这家医院女儿也有份，应当看成是他们夫妻的共同财产。而被告冠华矫治中医院则辩称，医院的营业执照上填写的医院性质是集体，因此这家医院是集体所有的单位，并不属于华冠云个人所有，也不属于华冠云夫妻共同财产。

法庭经过调查得知，冠华矫治中医院在申请成立时，挂靠在一家医用集体企业下面，注明了医院属于集体所有。但是医院从筹备到建立、运营都是由华冠云负责，全部资金都是由华冠云个人投入。这家医院的医务人员和管理人员都没有经过劳动管理部门或者上级管理部门调拨，全部由华冠云自己聘请。冠华矫治中医院是在1992年初开业运作的，华冠云夫妇是1993年5月结婚的。因此，法庭认定冠华矫治中医院属于华冠云的个人财产，不是集体所有的医院。作为华冠云的财产，他的父母华某某、胡某某对这家医院具有继承权。华冠云的岳母王某某对这家医院不具有继承权，因为这家医院是华冠云的个人财产，不是他和王某某的女儿之间的夫妻共同财产。最后，法庭作出判决：支持华某某、胡某某夫妇的诉讼请求，确认冠华矫治中医院属于华冠云的个人财产，归他们继承。

律师专线

本案中，华冠云的冠华矫治中医院虽然在执照上注明是集体性质，但是他的医院并不具备集体所有制的实质条件。从原始资金的投入、实际经营管理、劳动用工等方面的法律特征来看，冠华矫治中医院都不具备集体所有制的条件。这家医院一直都是华冠云个人投资、个人经营管理，没有集体的投入和管理。依据最高人民法院《关于贯彻执行〈中华人民共和国民法通则〉若干问题的意见》第49条的规定，“个人合伙或者个体工商户，虽经工商行政管理部门错误地登记为集体所有制企业，但实际上为个人合伙或者个体工商户的，应当按照个人合伙或者个体工商户看待”。因此这家医院应该认定为个体性质。被告冠华矫治中医院的辩护理由不能成立。

同时，又因为这家医院是在华冠云的婚前已经设立并且执业的，华冠云夫妻双方对这家医院的归属没有协议，在双方没有约定的情况下，应当认定为个人所有。另外，他们夫妻双方的婚姻关系存续期间不长，不能适用可以转化为夫妻共同财产的情形。因此冠华矫治中医院属于华冠云的个人财产，既不是集体所有的财产，也不是夫妻共同财产。所以王某某的诉讼请求不能得到支持。最后法院支持华某某、胡某某夫妇的诉讼请求，认定冠华矫治中医院属于华冠云的个人财产，这是正确的。

法律规范

中华人民共和国继承法

（1985年4月10日第六届全国人民代表大会第三次会议通过　根据自1985年10月1日起施行）

第三条　遗产是公民死亡时遗留的个人合法财产，包括：

（一）公民的收入；

（二）公民的房屋、储蓄和生活用品；

（三）公民的林木、牲畜和家禽；

（四）公民的文物、图书资料；

（五）法律允许公民所有的生产资料；

（六）公民的著作权、专利权中的财产权利；

（七）公民的其他合法财产。

第十条　遗产按照下列顺序继承：

第一顺序：配偶、子女、父母。

第二顺序：兄弟姐妹、祖父母、外祖父母。

继承开始后，由第一顺序继承人继承，第二顺序继承人不继承。没有第一顺序继承人继承的，由第二顺序继承人继承。

本法所说的子女，包括婚生子女、非婚生子女、养子女和有扶养关系的继子女。

本法所说的父母，包括生父母、养父母和有扶养关系的继父母。

本法所说的兄弟姐妹，包括同父母的兄弟姐妹、同父异母或者同母异父的兄弟姐妹、养兄弟姐妹、有扶养关系的继兄弟姐妹。

中华人民共和国婚姻法

（1980 年 9 月 10 日第五届全国人民代表大会第三次会议通过　2001 年 4 月 28 日第九届全国人民代表大会常务委员会第二十一次会议修正　同日公布并实施）

第十七条　夫妻在婚姻关系存续期间所得的下列财产，归夫妻共同所有：

（一）工资、奖金；

（二）生产、经营的收益；

（三）知识产权的收益；

（四）继承或赠与所得的财产，但本法第十八条第三项规定的除外；

（五）其他应当归共同所有的财产。

夫妻对共同所有的财产，有平等的处理权。

第十八条　有下列情形之一的，为夫妻一方的财产：

（一）一方的婚前财产；

（二）一方因身体受到伤害获得的医疗费、残疾人生活补助费等费用；

（三）遗嘱或赠与合同中确定只归夫或妻一方的财产；

（四）一方专用的生活用品；

（五）其他应当归一方的财产。

第二十四条　夫妻有相互继承遗产的权利。

父母和子女有相互继承遗产的权利。

最高人民法院关于贯彻执行《中华人民共和国民法通则》若干问题的意见

（1988 年最高人民法院审判委员会讨论通过　法（办）发〔1988〕6 号）

49. 个人合伙或者个体工商户，虽经工商行政管理部门错误地登记为集体所有制企业，但实际为个人合伙或者个体工商户的，应当按个人合伙或者个体工商户对待。

专家释惑

本案涉及的法律问题是什么是遗产，也就是个人财产的认定，哪些财产可以作为遗产。

遗产是指公民死亡时遗留的个人合法财产，它是财产继承权的客体。我国《继承法》第 3 条明确规定了遗产的范围，包括以下七项：“（一）公民的收入；（二）公民的房屋、储蓄和生活用品；（三）公民的林木、牲畜和家禽；（四）公民的文物、图书资料；（五）法律允许公民所有的生产资料；（六）公民的著作权、专利权中的财产权利；（七）公民的其他合法财产。”这些财产可以概括为三个方面：1. 公民个人所有的财产，这包括公民的生活资料和某些生产资料。生活资料主要包括：个人的工资、奖金、从事合法经营活动的收入；公民的房屋、储蓄、生活用品、林木、牲畜、家禽、文物和图书资料（比如个人收藏的书画、古玩、艺术品等）。生产资料一般包括：个人拥有的汽车、拖拉机、养鸡场、私营企业里的大型生产设备和私营企业中的其他财产。2. 公民的知识产权中的财产权利和财产义务。公民的著作权、专利权、商标权中的财产权利和财产义务不会因为权利人的死亡而消灭，可以作为遗产加以继承。比如，专利权人许可他人实施其专利而收取一定的使用费的权利，这一财产权利可以作为遗产继承。3. 其他的合法财产。

遗产，不仅包括财产权利，也包括财产义务。公民生前享有的债权（财产权利）和承担的债务都应当作为遗产转移给继承人。但是作为遗产的债权、债务的标的一般只限于与财产有关的债权、债务，基于当事人之间的信任关系或者身份关系而产生的债权、债务就不能作为遗产来继承。第二个例外是基于特定身份所享有财产权，在当本人死亡后，其继承人不能继承这种权利，不能继续享有这些财产权。比如职工因为工伤而残废获得的伤残抚恤费，转业军人的转业费，这种财产权利只能由伤残工人、转业军人个人所有，当他们死后，这些权利就不再存在了。但是被继承人生前已经领取的这些抚恤费和转业费等费用的剩余部分属于遗产，可以继承，因为这些剩余的财产是由伤残工人、转业军人生前已经获得了。第三个例外就是革命军人牺牲、职工因工死亡，有关单位依照有关规定给予死者家属的抚恤金，这是对亡者家属的抚慰和经济补偿，由受抚慰者本人享有，这些财产不属于遗产。

案例 24　遗产该怎样分割？有什么程序与原则？

事情是这样的

万某某退休后不久他的妻子就过世了。万某某有六个孩子，都已经成年成家了。可是万某某不太愿意在儿女家轮流住，觉得没有归属感，而且自己还没有老到一定要让子女照顾的地步。于是，退休在家的万某某在老伴去世后，依然一个人居住。

这样的日子过了一年多之后，细心的儿女们悄悄开始商量着为自己的爸爸找个老伴。儿女们商量的结果是，先物色可靠人选，通过聘请做小时工或者保姆的方式，经过接触确实可靠之后，再向老父亲提出。于是经过多方请人打听和物色，2003 年 2 月开始，万某某的六个子女共同为他们已经 65 岁的父亲聘请了一位也在当地市区生活的年龄为 60 岁的马某某（女）做保姆，每个月支付 600 元钱，包吃住。经过一段时间的考察和了解之后，万某某和马某某于 2005 年 5 月办理了结婚登记手续。可是，不幸的是，结婚不到三个月，万某某在 2005 年 8 月 10 日晚上因为上厕所不小心跌倒，引发心脏病，经抢救无效于次日凌晨在医院去世。

处理完万某某的丧事之后，万某某的六个子女与万某某新结婚的老伴马某某之间就遗产的分割问题发生了纠纷。万某某的子女们认为，马某某与他们的父亲结婚才几十天，无权同等地获得相应遗产。而马某某则认为自己已经与万某某合法登记结婚，当然有权获得相应的遗产份额。为了遗产的分割问题，马某某多次与万某某的六个子女协商，但是都没有达成分割遗产的协议。

无奈之下，马某某决定起诉万某某的六个子女，请求法院确认自己具有同等的继承权，即与万某某的六个子女一起分割万某某名下的价值约 28 万元人民币的房产一套以及房屋内的家电设施，还有万某某名下的存折（马某某在万某某死后持有的）2.7 万元，另外还有万某某单位发给的约 9000 元的一次性抚恤金。

为了打赢官司，马某某特意去律师事务所咨询了律师相关问题：自己是否当然具有继承权？自己要求与万某某的六个子女同等继承遗产，能否胜诉？

律师专线

受理咨询的律师告诉马某某，依据我国《继承法》和《婚姻法》可知，在万某某没有遗嘱，也不存在遗赠扶养协议的情况下，作为合法妻子的马某某对万某某的遗产当然具有法定继承权，而且是第一顺序的继承人，即与万某某的六个子女的法定继承顺序是一样的，其合法继承权受到法律的保护，与结婚时间长短没有关系。不过，依据我国《继承法》第13条可知，马某某与万某某结婚时间极短，尽夫妻扶助义务少，分配遗产时根据公平合理的原则会适当少分，而不是绝对与万某某的六个子女所继承财产等同。在实践中，适当少分的标准可以是万某某六个子女每人继承份额的二分之一左右，当然这一切由受理案件的法官自由裁量。

其次，对于马某某提出的要求分割的那些财产，律师告诉她，不是所有这些财产都是遗产。至于哪些是遗产呢？马某某持有万某某2.7万元的存折是遗产，万某某去世前所居住的房屋及其家电价值的一半是遗产，而万某某单位发的9000元的一次性抚恤金不是遗产。

1. 关于房子

由于万某某与马某某所居住的房子是万某某与自己过世的老伴在婚姻期间所购买的，属于万某某与原配偶的夫妻共同财产。因万某某的原配偶去世后其遗产未作分割，该市价约28万的房产的一半价值（14万元）是万某某原配偶的遗产。这14万元应该由作为丈夫的万某某和他们的六个子女平均分配。因此，万某某应分得其原配偶的遗产为2万元。由此可知，在万某某去世后，这2万元加上房屋价值的一半14万元，再加上万某某的存款约2.7万元，一共18.7万元和屋子内的生活用品是万某某的遗产。这些遗产应由继承人马某某和万某某的六个子女进行分割。所以可以预期，作为合法妻子，尽管结婚时间很短，马某某可以获得的遗产价值最多可以是与万某某的六个子女平分万某某的遗产：$18.7 \div 7 \approx 2.67$ 万元。然而，正如同上文所述，因马某某与万某某结婚时间极短，尽夫妻扶助义务少，分配遗产时根据公平合理的原则会适当少分，比较适当的标准可能会是万某某子女每人继承份额的二分之一，比如1.34万元。

接下来就面临一个实际的问题，房产和家电到底归谁呢？根据遗产继承分割的原则和规则可知，这种情况下，马某某获得的遗产可能就是现金，即由其他继承人将马某某应继承的遗产份额折价给马某某，而不太可能进行实物分割。

2. 一次性抚恤金不是遗产

对于万某某的逝世，万某某原所在单位发给马某某的一次性抚恤金9000元，是单位发给万某某配偶的。只要有证据证明这抚恤金是发给死者家属，确切而言是发给死者的配偶的，这抚恤金就不是遗产，而是由马某某个人获得。

法律规范

中华人民共和国继承法

（1985 年 4 月 10 日第六届全国人民代表大会第三次会议通过　自 1985 年 10 月 1 日起施行）

第三条　遗产是公民死亡时遗留的个人合法财产，包括：

（一）公民的收入；

（二）公民的房屋、储蓄和生活用品；

（三）公民的林木、牲畜和家禽；

（四）公民的文物、图书资料；

（五）法律允许公民所有的生产资料；

（六）公民的著作权、专利权中的财产权利；

（七）公民的其他合法财产。

第五条　继承开始后，按照法定继承办理；有遗嘱的，按照遗嘱继承或者遗赠办理；有遗赠扶养协议的，按照协议办理。

第八条　继承权纠纷提起诉讼的期限为二年，自继承人知道或者应当知道其权利被侵犯之日起计算。但是，自继承开始之日起超过二十年的，不得再提起诉讼。

第十条　遗产按照下列顺序继承：

第一顺序：配偶、子女、父母。

第二顺序：兄弟姐妹、祖父母、外祖父母。

继承开始后，由第一顺序继承人继承，第二顺序继承人不继承。没有第一顺序继承人继承的，由第二顺序继承人继承。

本法所说的子女，包括婚生子女、非婚生子女、养子女和有扶养关系的继子女。

本法所说的父母，包括生父母、养父母和有扶养关系的继父母。

本法所说的兄弟姐妹，包括同父母的兄弟姐妹、同父异母或者同母异父的兄弟姐妹、养兄弟姐妹、有扶养关系的继兄弟姐妹。

第十三条　同一顺序继承人继承遗产的份额，一般应当均等。

对生活有特殊困难的缺乏劳动能力的继承人，分配遗产时，应当予以照顾。

对被继承人尽了主要扶养义务或者与被继承人共同生活的继承人，分配遗产时，可以多分。

有扶养能力和有扶养条件的继承人，不尽扶养义务的，分配遗产时，应当不分或者少分。

继承人协商同意的，也可以不均等。

第十五条　继承人应当本着互谅互让、和睦团结的精神，协商处理继承问题。遗产分割的时间、办法和份额，由继承人协商确定。协商不成的，可以由人民调解委员会调解或者向人民法院提起诉讼。

第二十三条　继承开始后，知道被继承人死亡的继承人应当及时通知其他继承人和遗嘱执行人。继承人中无人知道被继承人死亡或者知道被继承人死亡而不能通知的，由被继承人生前所在单位或者住所地的居民委员会、村民委员会负责通知。

第二十四条　存有遗产的人，应当妥善保管遗产，任何人不得侵吞或者争抢。

第二十六条　夫妻在婚姻关系存续期间所得的共同所有的财产，除有约定的以外，如果分割遗产，应当先将共同所有的财产的一半分出为配偶所有，其余的为被继承人的遗产。

遗产在家庭共有财产之中的，遗产分割时，应当先分出他人的财产。

第二十九条　遗产分割应当有利于生产和生活需要，不损害遗产的效用。

不宜分割的遗产，可以采取折价、适当补偿或者共有等方法处理。

第三十二条　无人继承又无人受遗赠的遗产，归国家所有；死者生前是集体所有制组织成员的，归所在集体所有制组织所有。

第三十三条　继承遗产应当清偿被继承人依法应当缴纳的税款和债务，缴纳税款和清偿债务以他的遗产实际价值为限。超过遗产实际价值部分，继承人自愿偿还的不在此限。

继承人放弃继承的，对被继承人依法应当缴纳的税款和债务可以不负偿还责任。

最高人民法院关于贯彻执行《中华人民共和国继承法》若干问题的意见

（1985 年最高人民法院审判委员会讨论通过　法（民）发〔1985〕22 号）

33. 继承人有扶养能力和扶养条件，愿意尽扶养义务，但被继承人因有固定收入和劳动能力，明确表示不要求其扶养的，分配遗产时，一般不应因此而影响其继承份额。

34. 有扶养能力和扶养条件的继承人虽然与被继承人共同生活，但对需要扶养的被继承人不尽扶养义务，分配遗产时，可以少分或者不分。

58. 人民法院在分割遗产中的房屋、生产资料和特定职业所需要的财产时，应依据有利于发挥其使用效益和继承人的实际需要，兼顾各继承人的利益进行处理。

59. 人民法院对故意隐匿、侵吞或争抢遗产的继承人，可以酌情减少其应继承的遗产。

专家释惑

这个案例涉及法定继承人的范围、遗产的认定与遗产的分割等法律问题。对于法定继承人的范围和遗产的认定问题，本书有专门的案例论述，这里仅对遗产的分割程序与分割原则等作简单介绍。

继承开始后，知道被继承人死亡的继承人应当及时通知其他继承人和遗嘱执行人。继承人中无人知道被继承人死亡或者知道被继承人死亡而不能通知的，由被继承人生前所在单位或者住所地的居民委员会、村民委员会负责通知。继承开始后，继承人放弃继承的，应当在遗产处理前，作出放弃继承的表示。没有表示的，视为接受继承。受遗赠人应当在知道受遗赠后两个月内，作出接受或者放弃受赠的表示。到期没有表示的，视为放弃受遗赠。

对于遗产的分割必须按一定的程序和方式进行，否则就可能侵害他人的合法权益。在通常情况下，继承必须经过如下程序：

（一）通知继承人、受遗赠人，以确定继承人和受遗赠人是否接受继承或遗赠，从而确定遗产的分配对象。

（二）析产与确认遗产

通常情况下的遗产是比较容易确认的，但这不排除继承遗产时难以确认遗产范围的情况。尤其是夫妻共同财产，一方死亡时的遗产的确认更是十分复杂。这涉及析产问题。

析产，是指将共有财产中属于个人的份额分割出来。夫妻在婚姻关系存续期间所得的共同所有的财产，除有约定的以外，如果分割遗产，应当先将共同所有的财产的一半分出为配偶所有，其余的为被继承人的遗产。遗产在家庭共有财产之中的，遗产分割时，应当先分出他人的财产。

（三）被继承人债务的清偿和缴纳税款

1. 被继承人债务清偿的规定

《继承法》第33条规定：继承遗产应当清偿被继承人依法应当缴纳的税款和债务，缴纳税款和清偿债务以他的遗产实际价值为限。超过遗产实际价值部分，继承人自愿偿还的不在此限。继承人放弃继承的，对被继承人依法应当缴纳的税款和债务可以不负偿还责任。

2. 债务清偿原则

（1）限定清偿原则。

（2）继承人分担债务原则。

（3）执行遗赠不影响债务清偿。我国《继承法》第34条规定："执行遗赠不得妨碍清偿遗赠人依法应当缴纳的税款和债务。"

（4）遗产已被分割后，债务仍应当清偿。

（5）债务不得影响预留的份额。《继承法》第19条规定："遗嘱应当对缺乏劳动能力又没有生活来源的继承人保留必要的遗产份额。"为缺乏劳动能力又没有生活来源的继承人保留的遗产份额，不得因债务清偿受到影响。继承遗产应当清偿被继承人应当缴纳的税款和债务，缴纳税款和清偿债务以他的遗产实际价值为限。

（四）分割遗产

1．遗产的分割原则

（1）遗产分割应当有利于生产和生活需要，不损害遗产的效用。

（2）保护其他人合法权益。

遗产分割时，应当保留胎儿的继承份额。为胎儿保留的遗产份额，如胎儿出生后死亡的，由其继承人继承；如胎儿出生时就是死体的，由被继承人的继承人继承。

对继承人以外的依靠被继承人扶养的、缺乏劳动能力又没有生活来源的人，或者继承人以外的对被继承人扶养较多的人，可以分给他们适当的遗产。

分割遗产，还必须遵循以下两项原则：

第一，遗嘱继承优先于法定继承的原则。我国《继承法》第5条规定："继承开始后，按照法定继承办理；有遗嘱的，按照遗嘱继承或者遗赠办理。"因此，继承人在分割遗产前要注意死者是否留有遗嘱，如果留有遗嘱，首先应按遗嘱继承方式分割被继承人的财产。虽有遗嘱，但有下列情形之一的，遗产中的有关部分按照法定继承办理：（1）遗嘱继承人放弃继承或者受遗赠人放弃受遗赠的；（2）遗嘱继承人丧失继承权的；（3）遗嘱继承人、受遗赠人先于遗嘱人死亡的；（4）遗嘱无效部分所涉及的遗产；（5）遗嘱处分的遗产。

第二，保留物之使用价值的原则。遗产分割应当有利于生产和生活需要，不损害遗产的效用。不宜分割的遗产，可以通过折价、适当补偿或者共有等办法处理。

2．遗产分割的方法

遗产分割的方法，是指继承人取得遗产应继份额的方法，主要有以下几种：

(1) 实物分割。遗产分割在不违反分割原则的情况下，可以采取实物分割的方式。对可分物，如粮食，可划分出每个继承人应继承的数量。对不可分物不能作总体的分割，只能作个体的分割，如电视机、冰箱等。对不可分物不能作实物分割的，应当采取折价补偿的办法。

(2) 变价分割。对不宜实物分割的遗产，可以将其变卖，再由各继承人按照自己应得的遗产份额的比例进行分割，各自取得与应得遗产份额相对应的价金。

(3) 补偿分割。对不宜分割的遗产，如果继承人中有人愿意取得该遗产，则由该继承人取得该遗产的所有权。取得遗产所有权的继承人按照其他继承人应继承份额的比例，分别补偿给其他继承人相应的价金。

(4) 保留共有的分割。遗产不宜实物分割，继承人又都愿意取得遗产，或继承人愿意继续保持遗产共有状况的，则可将其作为共同所有的财产，由各继承人按各自应得的遗产份额，确定该项财产所应享有的权利与应分担的义务。如农村中常见的牛、羊等可保持共有。

(五) 无人继承又无人受遗赠的遗产的处理

依据我国《继承法》第32条的规定，无人继承又无人受遗赠的遗产，归国家所有；死者生前是集体所有制组织成员的，归所在集体所有制组织所有。

二、法定继承

(一) 法定继承人的范围与顺序

内容提要

继承开始后，有遗嘱的按遗嘱继承，无遗嘱的按法定继承。法定继承是指按照法律规定的继承人的范围、继承顺序、遗产分配原则进行继承的继承方式。法定继承有以下特征：1. 继承人范围法定。凡未丧失继承权的继承人，都按法定继承顺序，参加继承关系。2. 继承人的继承顺序法定。继承人与被继承人的亲属关系有远近之分，由此决定了各自所处继承顺序的不同。法律规定了不同近亲属身份继承人的不同继承顺序，第一顺序继承人比第二顺序的继承人有优先继承的权利，任何人不得违法越序。3. 遗产分配原则法定。《继承法》具体规定了法定继承中遗产分配的原则，任何人不得违反这些规定任意多分遗产或不让其他人分得遗产。

我国《继承法》规定法定继承人的范围包括配偶、子女、父母；兄弟姐妹、祖父母、外祖父母；子女先于被继承人死亡时，由其晚辈直系血亲代位继承；对公婆或对岳父母尽了主要赡养义务的丧偶儿媳、丧偶女婿。

案例 25　小方和爷爷谁是小方父亲遗产的第一继承人?

事情是这样的

小方是一个刚大学毕业的女生。在她大学毕业的时候，她的父亲去世了。尽管小方从初中开始就因为爸妈离婚而随着妈妈生活，离开了爸爸。但是，小方每年还是会在过年的时候去看望爸爸的。小方的爸爸自从离婚后就再也没有结婚，而是跟着小方的爷爷一起生活。小方的奶奶很早去世了，在小方的父母离婚后，小方的爷爷就搬来与小方的爸爸在一起生活。小方爸爸的后事主要是由小方的爷爷和几个叔叔、姑姑料理的。

小方知道自己的爸爸去世时，名下有一套三室一厅的房子，还应该有一些存折什么的。因此，小方很想知道自己能不能继承父亲的这些遗产？她和爷爷谁是第一顺序继承人呢？父亲的遗产该怎样分配呢？于是，小方咨询了律师。

律师专线

受理咨询的律师告诉小方，虽然她没有与自己的父亲共同生活在一起，而是在父母离婚后与母亲一起生活，但是小方依然有权利继承自己父亲的遗产。因为继承权是一种以婚姻关系、血缘关系和扶养关系为基础的一种财产性权利。我国《婚姻法》规定父母与子女间的关系，不因父母离婚而消除。父母和子女有相互继承遗产的权利。如果小方的父亲去世时，没有留有有效的遗嘱或者分家析产协议，他的遗产应当适用法定继承。

小方和爷爷都是小方父亲遗产的法定第一顺序继承人。因为我国《继承法》第10条明确规定，父母、子女和配偶是第一顺序的继承人。由此可知，小方和爷爷都是同等顺序的继承人。同一顺序的继承人继承遗产，适用法定继承时，原则上遗产份额均等。不过我国《继承法》第13条明确规定："对生活有特殊困难的缺乏劳动能力的继承人，分配遗产时，应当予以照顾。对被继承人尽了主要扶养义务或者与被继承人共同生活的继承人，分配遗产时，可以多分。有扶养能力和有扶养条件的继承人，不尽扶养义务的，分配遗产时，应当不分或者少分。继承人协商同意的，也可以不均等。"由此可知，在分配小方父亲遗产的时候，可以给爷爷多分一点遗产，因为爷爷与爸爸共同生活，爷爷是老人，缺乏劳动能力，还可能生活困难，而小方已经大学毕业，作为成年人，可以自食其力了。当然，如果爷爷身体健康，而且有稳定的收入，遗产进行分配时，也可以以完全均等的方式分配遗产。

法律规范

中华人民共和国继承法

（1985年4月10日第六届全国人民代表大会第三次会议通过　自1985年10月1日起施行）

第二条　继承从被继承人死亡时开始。

第三条　遗产是公民死亡时遗留的个人合法财产，包括：

（一）公民的收入；

（二）公民的房屋、储蓄和生活用品；

（三）公民的林木、牲畜和家禽；

（四）公民的文物、图书资料；

（五）法律允许公民所有的生产资料；

（六）公民的著作权、专利权中的财产权利；

（七）公民的其他合法财产。

第五条　继承开始后，按照法定继承办理；有遗嘱的，按照遗嘱继承或者遗赠办理；有遗赠扶养协议的，按照协议办理。

第十条　遗产按照下列顺序继承：

第一顺序：配偶、子女、父母。

第二顺序：兄弟姐妹、祖父母、外祖父母。

继承开始后，由第一顺序继承人继承，第二顺序继承人不继承。没有第一顺序继承人继承的，由第二顺序继承人继承。

本法所说的子女，包括婚生子女、非婚生子女、养子女和有扶养关系的继子女。

本法所说的父母，包括生父母、养父母和有扶养关系的继父母。

本法所说的兄弟姐妹，包括同父母的兄弟姐妹、同父异母或者同母异父的兄弟姐妹、养兄弟姐妹、有扶养关系的继兄弟姐妹。

第十三条　同一顺序继承人继承遗产的份额，一般应当均等。

对生活有特殊困难的缺乏劳动能力的继承人，分配遗产时，应当予以照顾。

对被继承人尽了主要扶养义务或者与被继承人共同生活的继承人，分配遗产时，可以多分。

有扶养能力和有扶养条件的继承人，不尽扶养义务的，分配遗产时，应当不分或者少分。

继承人协商同意的，也可以不均等。

中华人民共和国婚姻法

（1980 年 9 月 10 日第五届全国人民代表大会第三次会议通过　根据 2001 年 4 月 28 日第九届全国人民代表大会常务委员会第二十一次会议修正　同日公布并实施）

第二十四条　夫妻有相互继承遗产的权利。

父母和子女有相互继承遗产的权利。

专家释惑

这个案例涉及的法律问题有：谁是法定继承人？同一顺序继承人之间遗产该如何分配？

继承人，是指依据法律的规定，接受死者遗产的公民，即继承人是依法享有继承死者在财产上的权利并承担相应义务的人。在我国，继承人指的是公民，而法人（包括国家）或其他社会组织，虽然可以取得遗产，比如通过接受遗赠的方式取得遗产，但不是继承人。我国《继承法》第16条规定："公民可以立遗嘱将个人财产赠给国家、集体或者法定继承人以外的人。"继承人可分为两类——法定继承人和遗嘱继承人。

法定继承人是因为与被继承人存在一定的身份关系（比如血缘关系或婚姻关系），或者与被继承人具有事实上的扶养、赡养关系而依据《继承法》的规定直接取得继承权资格的人。各国法律对法定继承人的范围规定不同。中国法律规定的继承人为：配偶，子女（包括婚生子女、非婚生子女、养子女和有扶养关系的继子女），父母（包括亲生父母、养父母和有扶养关系的继父母）；兄弟姐妹（包括同父母的兄弟姐妹、同父异母或者同母异父的兄弟姐妹、养兄弟姐妹、有扶养关系的继兄弟姐妹），祖父母与外祖父母；孙子女与外孙子女，有扶养关系的继父母与继子女，丧偶的儿媳与公婆、女婿与岳父母之间存在着扶养关系的人。胎儿（遗腹子）也可充当继承人，分割遗产时应当保留相应的份额。

遗嘱继承人，是指依据被继承人生前的合法有效的遗嘱而取得继承资格、接受死者遗产的人，也叫指定继承人。我国《继承法》对遗嘱继承人做了限制性的明确规定，即第16条规定"公民可以立遗嘱将个人财产指定由法定继承人的一人或者数人继承"。由此可知，我国法律规定遗嘱继承人仅限于法定继承人范围之列。

继承遗产是公民的民事权利能力的表现，不受各自行为能力的限制。无论其年龄、性别、种族、信仰还是其精神状态如何，都可以作为继承人。

案例 26　已领取结婚证尚未同居生活，小刘对丈夫的遗产是否有继承权？

事情是这样的

小刘与小徐是中学同学。中学毕业后两人上了不同的学校，并开始了鸿雁传书的自由恋爱。双方希望毕业后能在一起，希望在同一个城市工作，并为此而努力。尽管如此，毕业后，小刘和小徐还是没能在同一个城市工作。小刘的工作单位是A市某汽车配件厂，小徐成了B市第二汽车运输公司的员工。两人之间的地理距离并没有成为彼此感情的障碍。经过将近4年的自由恋爱，双方的感情非常好。到了谈婚论嫁的时候，在与双方家长沟通之后，2000年5月上旬，小刘和小徐在小徐所在城市（B市）的婚姻登记机关领取了结婚证，准备于2000年6月底举行婚礼。但天有不测风云，2000年6月4日，小徐骑摩托车外出时，不幸发生了意外。受伤的小徐经医院抢救无效后，于事故发生的第二天上午死亡。小徐留下进口摩托车一辆、积蓄3.5万元、著名的国产品牌新手机一部、八成新的进口CD机一个。丧事料理完之后，小刘向公婆提出继承小徐的部分遗产。但小徐的父母认为小刘与小徐没有正式同居生活，无权继承遗产。

几经踌躇之后，小刘向某律师事务所的律师咨询，问她能否继承小徐的部分遗产。

律师专线

根据小刘叙述的基本情况，律师肯定地告诉小刘，她有继承小徐遗产的权利。

小刘与小徐虽还没有举行婚礼、共同生活，但是双方已通过合法手续取得了结婚证书，依据我国《婚姻法》第8条可知，他们在法律上合法的夫妻关系已经成立。可见，有无举行结婚典礼、是否一起共同生活，并不影响夫妻关系的成立。既然已形成了合法的夫妻关系，那夫妻双方就有相互继承遗产的权利。对此，我国《婚姻法》第24条第1款有明确的规定。这种配偶继承权是基于婚姻的效力而发生的，是以夫妻的人身关系为前提所产生的财产关系。夫妻间的继承权因婚姻的成立而发生，也就是说，只要男女双方登记结婚，他们就互相享有可期待的继承对方遗产的权利，且这种权利仅因双方离婚而消除。婚姻关系存续期间，一方死亡，另一方应当享有继承对方遗产的权利，任何人无权限制和侵犯这种权利。

本案中，由于小徐没有遗嘱、也没有遗赠，他的遗产自继承开始，就是按照法定继承的顺序进行继承。依据我国《继承法》第10条的规定，小刘作为小徐的法定妻子，有权利与小徐的父母一起作为遗产的继承人而且是以遗产的第一顺序法定继承人参与继承。由于小刘与小徐没有子女，小徐死亡后，只有小刘和小徐的父母同为第一顺序法定继承人参加小徐遗产的继承。本案中，如果小刘已经有了身孕，那分配遗产的时候，还要保留一份给胎儿。

但是，值得提及的是，在继承小徐遗产的份额上，应根据继承人对被继承人所尽义务的多少，本着互谅互让、和睦团结的精神来确定（我国《继承法》第15条）。小徐的父母抚养儿子时间较长，所尽的义务较多，理应多分得一些遗产；而小刘虽然是小徐的合法配偶，有继承遗产的权利，但由于确立婚姻关系时间不长，尚未共同生活，所尽义务不多，可以少分一些。

当然，如果无法在双方之间取得相互协商、谅解，小徐的父母仍以小刘和小徐未正式同居生活为由，坚持认为小刘无权继承小徐的遗产，她还可以在继承纠纷发生后的两年内（我国《继承法》第8条）向法院提起诉讼，由人民法院依法保护她的合法权益。

注意

是否举行结婚仪式、是否正式同居生活都不是夫妻关系成立的条件，只有结婚登记才是夫妻关系确立的标志。

法律规范

中华人民共和国婚姻法

（1980年9月10日第五届全国人民代表大会第三届会议通过　根据2001年4月28日第九届全国人民代表大会常务委员会第二十一次会议修正　同日公布并实施）

第八条　要求结婚的男女双方必须亲自到婚姻登记机关进行结婚登记。符合本法规定的，予以登记，发给结婚证。取得结婚证，即确立夫妻关系。未办理结婚登记的，应当补办登记。

第二十四条　夫妻有相互继承遗产的权利。

父母和子女有相互继承遗产的权利。

中华人民共和国继承法

（1985年4月10日第六届全国人民代表大会第三次会议通过　自1985年10月1日起施行）

第五条　继承开始后，按照法定继承办理；有遗嘱的，按照遗嘱继承或者遗赠办理；有遗赠扶养协议的，按照协议办理。

第八条　继承权纠纷提起诉讼的期限为二年，自继承人知道或者应当知道其权利被侵犯之日起计算。但是，自继承开始之日起超过二十年的，不得再提起诉讼。

第十条　遗产按照下列顺序继承：

第一顺序：配偶、子女、父母。

第二顺序：兄弟姐妹、祖父母、外祖父母。

继承开始后，由第一顺序继承人继承，第二顺序继承人不继承。没有第一顺序继承人继承的，由第二顺序继承人继承。

本法所说的子女，包括婚生子女、非婚生子女、养子女和有扶养关系的继子女。

本法所说的父母，包括生父母、养父母和有扶养关系的继父母。

本法所说的兄弟姐妹，包括同父母的兄弟姐妹、同父异母或者同母异父的兄弟姐妹、养兄弟姐妹、有扶养关系的继兄弟姐妹。

第十三条　同一顺序继承人继承遗产的份额，一般应当均等。

对生活有特殊困难的缺乏劳动能力的继承人，分配遗产时，应当予以照顾。

对被继承人尽了主要扶养义务或者与被继承人共同生活的继承人，分配遗产时，可以多分。

有扶养能力和有扶养条件的继承人，不尽扶养义务的，分配遗产时，应当不分或者少分。

继承人协商同意的，也可以不均等。

第十五条　继承人应当本着互谅互让、和睦团结的精神，协商处理继承问题。遗产分割的时间、办法和份额，由继承人协商确定。协商不成的，可以由人民调解委员会调解或者向人民法院提起诉讼。

专家释惑

本案当事人的疑问是结婚了但没有正式同居，夫妻能否相互继承财产。这里主要涉及的法律问题是夫妻（婚姻）关系的成立与结婚仪式（婚礼）的关系。婚姻关系的成立，以自愿结婚的男女二人到婚姻登记机关办理结婚登记，领取结婚证为标志。它具有重要的法律意义，标志着两个人在法律意义上正式成为夫妻，开始享有法律规定的夫妻之间的各项权利和承担各项义务。比如，夫妻之间开始具有相互继承财产的权利。假设本案中，小徐在交通事故中没有死亡，而是被撞伤了，治疗后下半身终生瘫痪，那么，小刘也要承担妻子应尽的扶养义务。在这种情况下，如果小刘不履行扶养义务，小徐可以要求她给付扶养费。

是否举行结婚仪式、是否正式同居生活，都不是夫妻关系成立的条件。结婚仪式，只不过是男女双方向外界，特别是亲戚朋友宣告自己结婚并且获得别人祝福的一种方式。是否举行结婚仪式不影响夫妻关系的成立。

反过来，如果本案中，小刘和小徐不是进行了结婚登记，而是已经正式同居生活，但是没有办理结婚登记，那处理结果就不同了。

这种情况下，小刘就没有继承权。

对男女未进行结婚登记即以夫妻关系同居生活，群众也认为他们是夫妻的事实婚姻，过去（1994 年以前）在司法实践中一般是承认其继承权的。最高人民法院在《关于人民法院审理未办结婚登记而以夫妻名义同居生活案件的若干意见》（1989 年 11 月 21 日）中指出："同居生活期间一方死亡，另一方要求继承死者遗产，如认定为事实婚姻关系的，可以配偶身份按继承法的有关规定处理；如认定为非法同居关系，而又符合继承法第 14 条规定的，可根据相互扶助的具体情况处理。"1994 年国务院发布的《婚姻登记管理条例》第 24 条规定："未到法定结婚年龄的公民以夫妻名义同居的，或者符合结婚条件的当事人未经结婚登记以夫妻名义同居的。其婚姻关系无效，不受法律保护。"这就是说，自 1994 年国务院《婚姻登记管理条例》施行以后，不管当事人是否符合结婚的法定条件，只要双方未登记结婚，其婚姻关系一律无效，基于夫妻关系而产生的继承权也就得不到法律保护。

提醒

夫妻登记结婚尚未开始同居时，一方死亡（称为被继承人），或同居时间很短一方死亡，被继承人的其他继承人应当承认另一方享有的继承权。对于遗产份额的划分，在实践中还应当根据时间的长短、尽义务的多少，酌情处理，而不宜按照法律规定采取一刀切的做法。

另外，被继承人在 1950 年《婚姻法》公布之前所纳的妾，如果她在继承开始前一直与被继承人共同生活，那她享有和妻子同等的遗产继承权。

案例 27　这些遗产该由母亲朱某某继承还是夫家的兄弟陈某森继承？

事情是这样的

陈某林和周某艳于 1999 年 5 月结婚。陈某林的父亲早已去世。结婚后第二年，陈某林的母亲因病去世了。陈某林继承了母亲留下的楼房两间。2001年1月的某一天，陈某林在回家的路上遭遇车祸去世，当时周某艳已经有了身孕。周某艳因为陈某林的去世，过度伤心导致孩子早产。陈某林死后不到2个月，周某艳在医院生下了一个女儿。这个女孩生下来的时候，身体极度虚弱，产后第三天就夭折了。周某艳非常伤心，一病不起，不久也离开了人世。陈某林、周某艳夫妻留下的财产有：陈某林继承母亲的2间房屋；一张活期存折3000元；电冰箱、彩电各一台；组合家具一套。

陈某林的哥哥陈某森安葬了弟媳后，认为自己为弟弟、弟媳二人安排了后事，自己是陈某林死后的唯一的亲兄弟，有权继承遗产。周某艳的母亲朱某某不同意，认为自己才是唯一的遗产继承人。因此，周某艳的母亲朱某某与陈某森发生了争执，并且起诉到法院，请求法院确认自己是陈某林、周某艳夫妇遗产的继承人。

法庭受理案件后，在审理过程中，朱某某认为自己是女儿周某艳遗产唯一的第一顺序法定继承人。因此自己有权继承女儿、女婿的财产。陈某森认为自己是陈某林的亲兄弟，陈某林夫妇的财产，其中主要的就是房屋两间，而这些房屋是两年前自己的母亲过世后留下的，是陈家的财产，因此自己有权继承陈某林夫妇的这些财产。

经过审理后，依据我国《继承法》的有关规定，法庭认定：对于陈某林死后的遗产的分割，他有第一顺序的法定继承人——妻子周某艳，同时他的遗产还要为未出生的胎儿留出份额。因此，他的财产由周某艳和胎儿一起继承，他的哥哥陈某森不能继承遗产。当周某艳死后，她的遗产应当留给她的母亲。因为她的母亲朱某某是周某艳遗产唯一的第一顺序的法定继承人。因此，法庭作出判决：朱某某有权继承周某艳的遗产，陈某森无权继承周某艳的遗产。

律师专线

本案中，事实上发生了三次遗产继承。第一次是陈某林死亡的时候，他的遗产要进行继承。当时有继承权的亲人包括妻子周某艳、未出生的孩子、自己的哥哥陈某森。依据我国《继承法》第10条的规定，妻子周某艳是第一顺序的法定继承人。胎儿虽然不是法定继承人，但是法律规定应当为胎儿保留她（或他）应得的份额（事实上本案中，陈某林的胎儿应当算第一顺序的继承人）。陈某林的哥哥陈某森是第二顺序的法定继承人，因为陈某林已经有第一顺序的继承人了，因此，陈某森作为第二顺序的继承人，他的继承权在本案中无法实现。也就是说，陈某林的遗产由周某艳和她腹中的胎儿一起继承。

第二次继承是周某艳和陈某林的女儿夭折的时候。因为胎儿出生后是活的，她作为一个人已经存在了，陈某林的遗产中应当由她继承的份额已经现实上实现了，只不过，这个孩子对这些财产享有所有权的时间不长，三天后她夭折了。因此这个孩子的财产也需要继承，此时，这个孩子的父亲陈某林早已经不在人世了，她唯一的第一顺序的法定继承人就是自己的母亲——周某艳。她的第二顺序的法定继承人是自己的外祖母——朱某某。因此，周某艳的孩子的遗产——这个孩子从她父亲陈某林的遗产中继承的财产应当由母亲周某艳继承。

第三次继承就是周某艳死亡的时候。此时周某艳的财产包括三个组成部分：她和陈某林的夫妻共同财产中属于自己的那一半，她从丈夫陈某林的遗产中继承的财产，她从自己的夭折的女儿那里继承来的财产，也就是周某艳和陈某林夫妇生前的所有财产。周某艳死的时候，她有血缘关系的近亲属，就是她的母亲朱某某，也就是说朱某某是周某艳财产的唯一的第一顺序的法定继承人。陈某森和周某艳是姻亲关系，不是法定继承人。因此，对于周某艳的遗产，有权继承的是朱某某，陈某森不能继承。

注意

在遗产分割时要注意法定继承中关于胎儿份额的处理。一般在被继承人死亡，遗产分割的时候，如果胎儿出生后是被继承人的近亲属，则其享有继承权，那就应当为胎儿保留其应当继承的遗产份额。

如果后来这个胎儿流产了或者出生的时候就是死体的，那为这个胎儿保留的遗产份额应当看成是被继承人的未分割遗产，由所有的继承人重新分割。如果这个胎儿顺利出生，而且是活体，她（或者他）作为一个法律上的自然人就存在了，即使出生后不久就死去了。在这种情况下，为胎儿保留的遗产份额应当算胎儿自己的财产，如果他（或者她）夭折了，这份财产就由这个孩子的父母等第一顺序的法定继承人来继承。

法律规范

中华人民共和国婚姻法

（1980 年 9 月 10 日第五届全国人民代表大会第三次会议通过　根据 2001 年 4 月 28 日第九届全国人民代表大会常务委员会第二十一次会议修正　同日公布并实施）

第二十四条　夫妻有相互继承遗产的权利。

父母和子女有相互继承遗产的权利。

中华人民共和国继承法

（1985 年 4 月 10 日第六届全国人民代表大会第三次会议通过　自 1985 年 10 月 1 日起施行）

第二条　继承从被继承人死亡时开始。

第十条　遗产按照下列顺序继承：

第一顺序：配偶、子女、父母。

第二顺序：兄弟姐妹、祖父母、外祖父母。

继承开始后，由第一顺序继承人继承，第二顺序继承人不继承。没有第一顺序继承人继承的，由第二顺序继承人继承。

本法所说的子女，包括婚生子女、非婚生子女、养子女和有扶养关系的继子女。

本法所说的父母，包括生父母、养父母和有扶养关系的继父母。

本法所说的兄弟姐妹，包括同父母的兄弟姐妹、同父异母或者同母异父的兄弟姐妹、养兄弟姐妹、有扶养关系的继兄弟姐妹。

最高人民法院关于贯彻执行《中华人民共和国继承法》若干问题的意见

（1985 年最高人民法院审判委员会通过　法（民）发〔1985〕22 号）

45. 应当为胎儿保留的遗产份额没有保留的，应从继承人所继承的遗产中扣回。

为胎儿保留的遗产份额，如胎儿出生后死亡的，由其继承人继承；如胎儿出生时就是死体的，由被继承人的继承人继承。

专家释惑

这是一个发生了三次法定继承的继承法案例，其中涉及的法律问题是第一顺序法定继承人比第二顺序法定继承人享有的优先权。

法定继承也叫无遗嘱继承，是遗产继承方式的一种，是指继承人的范围、继承顺序、遗产分配的原则等，都按照法律规定进行的继承方式。法定继承是以一定的人身关系为前提的，也就是说法定继承人与被继承人（刚去世的并且其财产要被别人继承的人）之间存在婚姻、血缘关系。因此，在被继承人没有遗嘱的情况下，推定其本人的意思是将遗产留给其最近的亲属。

第一顺序法定继承人的优先权是指在法定继承中，如果被继承人有第一顺序的法定继承人，那他（或她）的遗产就应当由第一顺序的法定继承人继承，第二顺序的法定继承人就不能继承，无法实现自己的继承权。只有当所有的第一顺序法定继承人都不存在的时候，才由第二顺序的法定继承人继承。

提醒

第一顺序的法定继承人的优先权只适用于法定继承，在遗嘱继承中不适用，也就是说，遗嘱继承中，确立遗嘱的人可以指定由第二顺序的法定继承人来继承某些财产，这个时候，即使存在第一顺序的继承人，这些继承人也不能继承这些财产。

案例 28　伯父去世前两个月和一女子成家，这个女子有权继承遗产吗？

事情是这样的

梅梅的伯父在退休前其妻子就去世了。后来，伯父经人介绍认识了退休的王女士。经过一段时间的交往，彼此满意，梅梅的伯父在两个月之前与这位王女士结婚了，在酒店请了亲朋好友两桌。对此，伯父的儿子（梅梅的堂哥）也表示赞同，毕竟父亲老了，还是需要一个说话的伴儿。

可是，就在前几天，伯父出去买菜的时候，不小心出车祸当场死亡，什么都没有来得及说。

伯父名下有一套商品房，三室一厅，是在退休前购买的（也就是在与这个王女士结婚之前几年购买的）。伯父还有一些存款。但是伯父过世后，王女士就把房产证、伯父生前的所有证件和银行存折都据为己有，拒绝和伯伯儿子（梅梅的堂哥）谈财产问题。事实上，伯父就这么一个儿子，堂哥对伯父一直都很关心，也很孝顺，过年过节都会特意从外地回来看伯父。

梅梅很反感王女士的做法，同情堂哥，于是特意打电话向律师咨询，在伯父没有遗嘱的情况下，他的遗产该怎么办？那个才结婚两个月的王女士是否有权继承遗产？

律师专线

受理咨询的律师告诉梅梅，首先需要判断的是，伯父与王女士是否在法律上办理了结婚手续，即是否领取了结婚证。如果办理了结婚登记手续，他们俩就是合法夫妻。依据我国《婚姻法》和《继承法》的相关规定可知，夫妻之间当然具有相互继承遗产的权利。也就是说，如果办理了结婚登记手续，尽管只是生活了两个月，王女士也有权作为第一顺序的法定继承人继承梅梅伯父的遗产。但是，如果王女士拿不出结婚证，没法证明她与梅梅的伯父办理了结婚登记手续，则王女士与梅梅伯父之间就不是法律所承认和保护的合法夫妻关系，而是一种未婚同居关系。如果是这样，那位王女士就丝毫没有继承权。在没有办理结婚登记手续，也就没有继承权的情况下，王女士私自将梅梅伯父的房产证和存折以及相关证件据为己有，就是一种非法侵占他人财产的行为，如果认为必要，梅梅的堂哥有权起诉这个王女士。

其次，关于梅梅伯父遗产的分配问题，前提条件依然是王女士与伯父是否具有合法的结婚登记手续。如果没有，那么伯父所有的遗产都归他的儿子，即由梅梅的堂哥继承。但是，如果王女士与伯父办理了法定的结婚手续，则伯父的遗产应当由王女士和梅梅的堂哥共同继承。因为在没有遗嘱的情况下，配偶和子女都是第一顺序的法定继承人。在这种情况下进行遗产分割时，不需要事先将房产和存折的一半价值分离出来，因为这些财产都是伯父自己名下的财产，是在与王女士结合之前的个人财产，而不是夫妻共同财产。

此外，在王女士把房产证、伯父生前的所有证件和银行存折都据为已有，拒绝和伯父儿子（梅梅的堂哥）谈财产问题的情况下，律师提醒梅梅的堂哥一定要记得搜集证据，比如伯父的财产状况、作为儿子赡养和孝敬自己父亲的情况等。因为万一最后财产继承问题无法协商，只有打官司时，真正有力的证据才能支持自己的诉讼请求。

法律规范

中华人民共和国婚姻法

（1980 年 9 月 10 日第五届全国人民代表大会第三次会议通过　根据 2001 年 4 月 28 日第九届全国人民代表大会常务委员会第二十一次会议修正　同日公布并实施）

第八条　要求结婚的男女双方必须亲自到婚姻登记机关进行结婚登记。符合本法规定的，予以登记，发给结婚证。取得结婚证，即确立夫妻关系。未办理结婚登记的，应当补办登记。

第二十四条　夫妻有相互继承遗产的权利。

父母和子女有相互继承遗产的权利。

中华人民共和国继承法

（1985 年 4 月 10 日第六届全国人民代表大会第三次会议通过　自 1985 年 10 月 1 日起施行）

第五条　继承开始后，按照法定继承办理；有遗嘱的，按照遗嘱继承或者遗赠办理；有遗赠扶养协议的，按照协议办理。

第八条　继承权纠纷提起诉讼的期限为二年，自继承人知道或者应当知道其权利被侵犯之日起计算。但是，自继承开始之日起超过二十年的，不得再提起诉讼。

第十条　遗产按照下列顺序继承：

第一顺序：配偶、子女、父母。

第二顺序：兄弟姐妹、祖父母、外祖父母。

继承开始后，由第一顺序继承人继承，第二顺序继承人不继承。没有第一顺序继承人继承的，由第二顺序继承人继承。

本法所说的子女，包括婚生子女、非婚生子女、养子女和有扶养关系的继子女。

本法所说的父母，包括生父母、养父母和有扶养关系的继父母。

本法所说的兄弟姐妹，包括同父母的兄弟姐妹、同父异母或者同母异父的兄弟姐妹、养兄弟姐妹、有扶养关系的继兄弟姐妹。

第十三条　同一顺序继承人继承遗产的份额，一般应当均等。

对生活有特殊困难的缺乏劳动能力的继承人，分配遗产时，应当予以照顾。

对被继承人尽了主要扶养义务或者与被继承人共同生活的继承人，分配遗产时，可以多分。

有扶养能力和有扶养条件的继承人，不尽扶养义务的，分配遗产时，应当不分或者少分。

继承人协商同意的，也可以不均等。

第十五条　继承人应当本着互谅互让、和睦团结的精神，协商处理继承问题。遗产分割的时间、办法和份额，由继承人协商确定。协商不成的，可以由人民调解委员会调解或者向人民法院提起诉讼。

专家释惑

这个案例涉及的依然是法定继承人的范围和认定问题。

法定继承人是因为与被继承人存在一定的身份关系（比如血缘关系或婚姻关系），或者与被继承人具有事实上的扶养、赡养关系而依据《继承法》的规定直接取得继承权资格的人。如果与当事人不存在法律规定的上述关系，就不能视为被继承人的法定继承人。正如本案例的律师分析意见所提示的那样，刚与被继承人结婚两个月的王女士是否具有继承权，就看她是否与被继承人形成了合法的婚姻关系。如果没有进行合法的婚姻登记，她就不具有法定继承人资格，当然无权继承遗产。

各国法律对法定继承人的范围规定不同。我国法律规定的法定继承人为：配偶，子女（包括婚生子女、非婚生子女、养子女和有扶养关系的继子女），父母（包括亲生父母、养父母和有扶养关系的继父母）；兄弟姐妹（包括同父母的兄弟姐妹、同父异母或者同母异父的兄弟姐妹、养兄弟姐妹、有扶养关系的继兄弟姐妹），祖父母与外祖父母；孙子女与外孙子女，有扶养关系的继父母与继子女，丧偶的儿媳对公婆、女婿对岳父母尽了主要赡养义务的。胎儿（遗腹子）也可成为继承人。

案例 29　二奶所生的孩子小磊对其父亲刘某某的财产有继承权吗?

事情是这样的

刘某某是天津某地从事建筑工程承包的“包工头”。刘某某与妻子张某某于 1986 年结婚，并生育有两个儿子。俗话说，男人有钱就变坏。手头宽裕，生意比较好的刘某某也不例外，刘某某与一名 20 岁的年轻女子李某某关系暧昧，后来发展到与这名女子同居，双方于 2002 年生下一个儿子，取名为小磊。对于刘某某的风流韵事，刘某某的原配妻子张某某多次严加追问，但是刘某某都坚决予以否认，只说李某某是他的一个秘书，两人是正当的朋友关系。张某某找刘某某和李某某分别闹过几次，但两人都矢口否认他们有暧昧关系。刘某某为了安抚妻子和两个儿子，于 2002 年底向妻子出具了一份保证书。保证书的内容大致为：刘某某保证与李某某是一般男女关系，李某某所生之子与刘某某无关系，从即日起与其断绝一切关系。如果以后与李某某和孩子还有联系，他愿放弃一切财产。

2007 年年初的时候，刘某某自行驾车出门办事期间因发生车祸，不治身亡，也没有留下任何遗嘱。作为妻子，张某某带着自己的两个儿子在伤心之余，赶紧料理丈夫刘某某的后事，并且清点刘某某的相关财产账目。刘某某名下的财产，除去相关应当支付的费用和给工人的工资之外，还有400万人民币左右的财产（包括动产和不动产）。

就在这时候，与刘某某保持着暧昧关系并同居的李某某找上门来，要求与张某某商谈财产分割的事情。李某某认为自己的儿子小磊也是刘某某的儿子，应当分得相应的遗产。对此，张某某断然拒绝，因为张某某认为夺夫之恨已经很可恶了，现在还要来分财产，简直就是无耻和妄想。

在数次找刘某某的原配妻子张某某协商分割遗产未果的情况下，李某某为了保障儿子小磊的应有权益，代替儿子小磊将刘某某的原配夫人张某某及其两个儿子告上法庭，请求分割刘某某近400万元人民币的遗产。

天津某区法院受理了该案。在法庭审理过程中，被告张某某不同意小磊继承财产的请求，并拿出丈夫生前的那份保证书，但是原告及其代理人否认这份保证书的法律效力，依据我国《婚姻法》和《继承法》的相关规定，主张非婚生子小磊具有与婚生子同样的继承遗产的权利。原告申请做DNA鉴定。后来，天津市公安局刑事科学技术生物物证鉴定中心出具鉴定书，结论为：不排除小磊与小伟（刘某某与张某某所生的儿子）在血缘上存在同父兄弟关系。

受理案件的法院审理后认为，本案中，刘某某的第一顺序法定继承人为原告小磊、被告张某某和刘某某的另外两个儿子（刘某某的父母已去世）。被继承人刘某某生前向其妻张某某出具的保证书中所涉义务是夫妻间的道德义务，而非法律义务。夫妻一方以此道德义务作为对价与另一方进行交换而订立的协议，不能理解为确定具体民事权利义务的协议。因此，被告张某某以这份保证书为依据，抗辩被继承人刘某某的遗产已经不存在，是没有法律依据的。但是在分割遗产时，应考虑被继承人刘某某生前的过错，在对他与张某某的夫妻共同财产进行分配时，可以不按一半分出。据此，法院将刘某某与张某某共同财产的60%分给张某某，其余40%的财产作为刘某某的遗产，均等分割给4个（张某某、她的两个儿子、小磊）第一顺序继承人。因此，小磊分得的遗产约40万元人民币。

律师专线

本案例中，受案法院的裁判是正确的。小磊虽然是私生子，但是我国《婚姻法》第25条明确规定“非婚生子女享有与婚生子女同等的权利，任何人不得加以危害和歧视”。我国《继承法》第10条也明确规定，在法定继承中，子女和父母互为第一顺序的继承人，其中子女“包括婚生子女、非婚生子女、养子女和有扶养关系的继子女”。

本案例中，刘某某因车祸不治身亡，没有任何遗嘱，因此他留下的财产应当按照法定继承的方式予以分割。刘某某的法定继承人包括刘某某的妻子张某某、刘某某与张某某所生的两个儿子、刘某某与“第三者”李某某生下的儿子小磊。这四个人都是我国《继承法》第10条规定的第一顺序的法定继承人，具有均等的继承份额。因为依据我国《继承法》第13条可知，“同一顺序继承人继承遗产的份额，一般应当均等”。本案例中，刘某某的这四个法定继承人不存在第13条中的可以或者应当多分或少分的情形。因此，这四个继承人继承的遗产份额是均等的。

刘某某的这四个继承人继承份额均等，并不是说那400万元财产应当平分给四个继承人，而是应当首先区分开遗产和夫妻共同财产。刘某某与张某某夫妻之间没有证据表明适用夫妻各自财产的约定制，因此按照法律的规定应当适用夫妻共同财产制度，也就是说这些财产的一半是属于妻子张某某的财产，另外一半才是刘某某的遗产。但是因为本案例中，刘某某没有履行好夫妻之间的忠诚义务，在妻子之外，还与第三者李某某同居并生下了小孩，这表明在这场婚姻关系中，刘某某对妻子张某某是存在过错的。类比我国《婚姻法》第46条可知，在分割夫妻共同财产时，刘某某的原配妻子张某某有权获得比一半更多的财产。因此，本案例中，受理案件的法院最后判决，原配张某某获得夫妻共同财产的60%，而剩下40%是刘某某的遗产，这也是正确合法的。

法律规范

中华人民共和国婚姻法

（1980年9月10日第五届全国人民代表大会第三次会议通过　根据2001年4月28日第九届全国人民代表大会常务委员会第二十一次会议修正　同日公布并实施）

第十七条　夫妻在婚姻关系存续期间所得的下列财产，归夫妻共同所有：

（一）工资、奖金；

（二）生产、经营的收益；

（三）知识产权的收益；

（四）继承或赠与所得的财产，但本法第十八条第三项规定的除外；

（五）其他应当归共同所有的财产。

第十九条　夫妻可以约定婚姻关系存续期间所得的财产以及婚前财产归各自所有、共同所有或部分各自所有、部分共同所有。约定应当采用书面形式。没有约定或约定不明确的，适用本法第十七条、第十八条的规定。

夫妻对婚姻关系存续期间所得的财产以及婚前财产的约定，对双方具有约束力。

夫妻对婚姻关系存续期间所得的财产约定归各自所有的，夫或妻一方对外所负的债务，第三人知道该约定的，以夫或妻一方所有的财产清偿。

第二十四条　夫妻有相互继承遗产的权利。

父母和子女有相互继承遗产的权利。

第二十五条　非婚生子女享有与婚生子女同等的权利，任何人不得加以危害和歧视。

第四十六条　有下列情形之一，导致离婚的，无过错方有权请求损害赔偿：

（一）重婚的；

（二）有配偶者与他人同居的；

（三）实施家庭暴力的；

（四）虐待、遗弃家庭成员的。

中华人民共和国继承法

（1985 年 4 月 10 日第六届全国人民代表大会第三次会议通过　自 1985 年 1C 月 1 日起施行）

第二条　继承从被继承人死亡时开始。

第三条　遗产是公民死亡时遗留的个人合法财产，包括：

（一）公民的收入；

（二）公民的房屋、储蓄和生活用品；

（三）公民的林木、牲畜和家禽；

（四）公民的文物、图书资料；

（五）法律允许公民所有的生产资料；

（六）公民的著作权、专利权中的财产权利；

（七）公民的其他合法财产。

第四条　个人承包应得的个人收益，依照本法规定继承。个人承包，依照法律允许由继承人继续承包的，按照承包合同办理。

第五条　继承开始后，按照法定继承办理；有遗嘱的，按照遗嘱继承或者遗赠办理；有遗赠扶养协议的，按照协议办理。

第十条　遗产按照下列顺序继承：

第一顺序：配偶、子女、父母。

第二顺序：兄弟姐妹、祖父母、外祖父母。

继承开始后，由第一顺序继承人继承，第二顺序继承人不继承。没有第一顺序继承人继承的，由第二顺序继承人继承。

本法所说的子女，包括婚生子女、非婚生子女、养子女和有扶养关系的继子女。

本法所说的父母，包括生父母、养父母和有扶养关系的继父母。

本法所说的兄弟姐妹，包括同父母的兄弟姐妹、同父异母或者同母异父的兄弟姐妹、养兄弟姐妹、有扶养关系的继兄弟姐妹。

第十三条　同一顺序继承人继承遗产的份额，一般应当均等。

对生活有特殊困难的缺乏劳动能力的继承人，分配遗产时，应当予以照顾。

对被继承人尽了主要扶养义务或者与被继承人共同生活的继承人，分配遗产时，可以多分。

有扶养能力和有扶养条件的继承人，不尽扶养义务的，分配遗产时，应当不分或者少分。

继承人协商同意的，也可以不均等。

专家释惑

这个案例涉及的法律问题有遗产与夫妻共同财产的认定与范围、非婚生子女的继承权问题。

首先，遗产是指公民死亡时遗留的、依据《继承法》转移给他人的财产。我国《继承法》第3条明确规定“遗产是公民死亡时遗留的个人合法财产”。由此可知，非法获得的财产，比如赌博获得的钱财，不能作为遗产予以继承。此外，夫妻共同财产、家庭共同财产中只有属于被继承人份额的那部分才能作为遗产。当然，遗产既包括财产权利，也包括财产义务。也就是说，继承人在继承被继承人的遗产的同时，也要偿还被继承人的个人债务。所以，本案例中，对于刘某某的遗产，首先应当清点哪些是刘某某应当支付的费用或债务，除去这些之后余下的财产是刘某某与张某某之间的夫妻共同财产，再区分出刘某某和张某某各自的份额，然后才能对刘某某份额下的财产（即刘某某的遗产）进行法定继承。

其次，非婚生子在遗产的法定继承过程中，享有的权利义务与婚生子相同，不得歧视。因为公民取得继承权的依据在于婚姻关系、血缘关系和扶养关系。非婚生子（私生子）与其生父或生母基于血缘关系，当然能享有继承权。对此，我国《继承法》和《婚姻法》都明确规定，子女包括婚生子女和非婚生子女，父母和子女之间互相具有继承权，不容歧视。

案例 30　遗产分割时，应为胎儿保留相应份额

事情是这样的

王某某、李某某夫妇结婚后生有一个儿子小王。1999 年 10 月，24 岁的小王与同一个单位的女同事任某某结婚。2000 年 8 月，小王不幸遭遇车祸身亡，而妻子任某某当时已经怀孕 6 个月。小王死后，家里的财产有彩色电视机 1 台、台式电脑 1 台、组合音响 1 套，以及写有小王名字的 2 万元人民币存折 1 张。

处理完小王的丧事，分割小王的遗产时，小王的爸爸妈妈（王某某、李某某夫妇）与小王的妻子任某某发生了争议。妻子任某某提出：小王所遗留的财产系夫妻共有财产，其中的一半份额应当归自己所有，不能作为遗产由王某某和李某某夫妇继承。另外，由于自己过几个月就要分娩，孩子出世以后，抚养和教育都要花钱，要求给未出生的婴儿留一份财产。而小王的父母（王某某夫妇）则主张儿子小王结婚时，他们夫妻为儿子操办婚礼花费了许多钱，现在儿子家的彩电和音响都是他们出钱购买的，因此，他们有权继承儿子小王留下的全部遗产的一半，至于给未出生的婴儿预留份额问题，王某某夫妇以婴儿尚未出生，不知死活为由，坚决不同意。无奈，任某某只好向法院起诉。

法院受理案件后，经过法庭审理查明小王和任某某组成的小家庭目前的财产状况，并且由此确认了这些财产的一半为被继承人小王所留的遗产——存款 1 万元、组合音响、台式电脑。这些遗产由任某某、王某某、李某某、任某某未出生的婴儿等额继承。最后通过当事人之间的协商，任某某、未出生的婴儿各得存款 5000 元，王某某、李某某可各得组合音响、台式电脑。

律师专线

这个案例中，法院的判决是正确的。原告任某某的主张是合法成立的。因为任某某和小王是夫妻，他们的财产在没有公证的情况下，适用夫妻共同财产制度。在小王因为车祸过世后，首先应当从夫妻共同财产中区分出小王的遗产

及其范围，不能将所有财产都视为小王的个人财产。也就是说，本案的被告王某某和李某某夫妇认为应当将这所有财产的一半归自己继承的看法是错误的。虽然他们为小王和任某某操办婚礼花费了很大的精力和物力，但那是为了帮助儿子成家，婚礼上所送的家具等物品应当被视为赠与儿子、儿媳成家的礼品。一旦赠与，只要不是附条件的赠与，那物品的所有权就转移给了儿子、儿媳。

其次，任某某提出应当为肚子里的胎儿保留相应的财产份额，这也是正确的。因为我国《继承法》第28条明确规定了，遗产分割时，应当保留胎儿的继承份额。因此，小王的父母（王某某和李某某夫妇）认为，任某某肚子里的胎儿，因为尚未出生，不知道是死是活，因此无权获得财产的看法是错误的。我国法律规定，如果胎儿出生时是死体的，保留的份额按照法定继承办理。如果胎儿是活的，当然能够依法享有相应的财产利益。

因此，本案中，小王死时所留有的财产为夫妻共同财产，一半份额（存款1万元、彩色电视机）归任某某，另一半份额的财产作为遗产，由继承人按法定继承顺序继承。任某某的胎儿在遗产分割时尚未出生，任某某、王某某夫妇应当为即将出生的胎儿保留应继承份额。

法律规范

中华人民共和国继承法

（1985年4月10日第六届全国人民代表大会第三次会议通过　自1985年10月1日起施行）

第二条　继承从被继承人死亡时开始。

第十条　遗产按照下列顺序继承：

第一顺序：配偶、子女、父母。

第二顺序：兄弟姐妹、祖父母、外祖父母。

继承开始后，由第一顺序继承人继承，第二顺序继承人不继承。没有第一顺序继承人继承的，由第二顺序继承人继承。

本法所说的子女，包括婚生子女、非婚生子女、养子女和有扶养关系的继子女。

本法所说的父母，包括生父母、养父母和有扶养关系的继父母。

本法所说的兄弟姐妹，包括同父母的兄弟姐妹、同父异母或者同母异父的兄弟姐妹、养兄弟姐妹、有扶养关系的继兄弟姐妹。

第二十六条 夫妻在婚姻关系存续期间所得的共同所有的财产，除有约定的以外，如果分割遗产，应当先将共同所有的财产的一半分出为配偶所有，其余的为被继承人的遗产。

遗产在家庭共有财产之中的，遗产分割时，应当先分出他人的财产。

第二十八条 遗产分割时，应当保留胎儿的继承份额。胎儿出生时是死体的，保留的份额按照法定继承办理。

最高人民法院关于贯彻执行《中华人民共和国继承法》若干问题的意见

（1985 年最高人民法院审判委员会通过 法（民）发〔1985〕22 号）

45. 应当为胎儿保留的遗产份额没有保留的，应从继承人所继承的遗产中扣回。

为胎儿保留的遗产份额，如胎儿出生后死亡的，由其继承人继承；如胎儿出生时就是死体的，由被继承人的继承人继承。

专家释惑

本案涉及的主要法律问题是遗产的区分和遗产分割时胎儿的保留份额问题。因为本书的前述案例已经介绍过遗产的认定与区分问题，这里主要介绍一下胎儿的保留份额。

依《继承法》第 28 条规定："遗产分割时，应当保留胎儿的继承份额。胎儿出生时是死体的，保留的份额按照法定继承办理。"胎儿是指在被继承人死亡时其配偶已经受孕，但尚未出生的子女。由于自然人的民事权利能力始于出生，终于死亡，因此，从这个意义上讲，胎儿是不享有继承权的。但为了贯彻养老育幼原则，我国《继承法》规定，被继承人的遗产分割时，应当为胎儿保留一份遗产。保留的遗产数额，一般应与被继承人已出生的子女所继承的遗产数额相等。但是，为胎儿保留的遗产，并不意味着该胎儿立即继承了这份遗产，取得了这份遗产的所有权。这只是为胎儿保留的遗产，只有等到将来胎儿活着出生成为婴儿时，才能取得这份遗产的继承权，这份遗产才归他所有。通常情况下，这份遗产由他的母亲以法定代理人的身份代为保管和行使有关权利。

胎儿出生是死体的，保留的份额按法定继承办理；如果胎儿出生时是活体，但出生后很快就死亡了，为他保留的这份遗产就属于他的遗产，应由他的法定继承人按照法律规定的继承顺序继承。这时就发生转继承的问题。

（二）代位继承、转继承

内容提要

代位继承是法定继承的一种特殊情况（不适用于遗嘱继承），是指被继承人的子女先于被继承人死亡时，由被继承人子女的晚辈直系血亲代替先死亡的长辈直系血亲继承被继承人遗产的一项法定继承制度，又称间接继承、承租继承。先于被继承人死亡的继承人，称被代位继承人，简称被代位人。代替被代位人继承遗产的人称代位继承人，简称代位人。代位人代替被代位人继承遗产的权利，叫代位继承权。

转继承，也叫再继承，是继承人在继承开始后、取得遗产前死亡，继承人有权将实际接受的遗产归其合法继承人予以继承的一种继承制度。

案例31　孙女华华随改嫁的母亲生活，她是否还有权继承爷爷的遗产?

事情是这样的

华华现年16岁，自从她5岁时父母离婚后，就一直随着母亲生活。但是由于居住在同一个城市，尽管自己的父母离婚后不再往来，而且母亲还给华华更改了姓名，但是华华每到过年的时候还会去看自己的爸爸和爷爷（奶奶在华华10岁那年因病去世）。

前年，也就是华华14岁那年，华华的亲生父亲出车祸过世了。今年6月，华华的爷爷也因病过世了。在参加爷爷葬礼的时候，华华听说爷爷所居住的地方马上要进行旧城改造拆迁，听邻居们议论说，拆迁补偿款挺多的，而且过两个月就应该下来了。对这个消息，华华认真地记住了，并且回去告诉了自己的妈妈。

爷爷去世后的三个月内，华华在自己妈妈的提醒下，打了几次电话给叔叔和伯父，询问爷爷房子的拆迁款是否下来了，但是得到的答复都是还没有下来。就在上个月，华华在下课回家的路上，看见了自己的叔叔开着一辆新的奥迪车。华华回家的时候，还对自己的妈妈说，叔叔不知道最近发了什么财，还买了一辆新汽车呢。结果，华华的妈妈赶紧提醒说，是不是爷爷房子的拆迁款已经发下来了，难不成叔叔和伯父已经提前把这一大笔钱给分掉了。于是，华华赶紧去打听。华华打电话给一个爷爷原来的邻居，经过询问才得知，拆迁补偿款在一个月以前就发下来了。

华华赶紧再打电话给自己的伯父和叔叔，专门说爷爷房子的拆迁补偿款的分割事宜，没想到这次伯父和叔叔都说，华华没有份，因为华华多年前就离开了家，随着离婚的母亲生活，名字和姓名都改了，华华的父亲几年前就过世了，因此，只有叔叔和伯父才是爷爷遗产的第一顺序的继承人，华华没有权利要求分割这些拆迁补偿款。

华华对此不服，因为自己是爷爷的亲孙女，怎么就没有权利获得一部分拆迁补偿款呢？华华妈妈和华华决定这事如果协商不成，就起诉到法院去解决。不过，在起诉之前，华华的妈妈还是特意去律师事务所咨询了一下，在这样的情况下，华华是否当然有继承权，打官司的输赢机会是多大？

律师专线

受理咨询的律师告诉华华的母亲，只要华华的爷爷去世前没有对自己死后的财产进行分割安排（没有遗嘱），华华当然有权依照法定继承来获得爷爷房子的拆迁补偿款。这是基于华华的亲生父亲对爷爷的遗产具有法定的继承权，而华华亲生父亲又先于爷爷而死亡，华华的父亲只有华华这么一个晚辈直系亲属，因此华华当然有权继承她父亲本应继承的爷爷遗产的那个份额，华华是基于代位继承制度而享有爷爷遗产的相应份额。我国《继承法》第 11 条明确规定："被继承人的子女先于被继承人死亡的，由被继承人的子女的晚辈直系血亲代位继承。代位继承人一般只能继承他的父亲或者母亲有权继承的遗产份额。"虽然华华的名字在父母离婚后被母亲更换了，但这并不影响华华的继承权。因为华华取得继承权的依据在于血缘关系。也就是说，华华的伯父和叔叔私自分掉爷爷的拆迁补偿款这笔遗产，认为华华没有权利继承，这是不对的。

如果华华与自己的伯父和叔叔协商不成，可以通过向基层法院（县级人民法院）提起民事诉讼的方式解决，而且应当在两年内起诉，法院会维护华华应有的合法权益。华华不仅有权主张与叔叔和伯父平分爷爷的拆迁补偿款这笔遗产，还有权请求多分一些遗产。因为最高人民法院《关于贯彻执行〈中华人民共和国继承法〉若干问题的意见》第 27 条明确规定："代位继承人缺乏劳动能力又没有生活来源，或者对被继承人尽过主要赡养义务的，分配遗产时，可以多分。"

当然，律师建议，华华要胜诉还需要收集和整理一系列证据，比如爷爷应该获得拆迁补偿款的数额和发放时间、爷爷没有立遗嘱的事实、华华的父亲去世的时间以及父亲具有继承权（不属于丧失以及放弃继承权的情形）等。

法律规范

中华人民共和国继承法

（1985 年 4 月 10 日第六届全国人民代表大会第三次会议通过　自 1985 年 10 月 1 日起施行）

第二条　继承从被继承人死亡时开始。

第八条　继承权纠纷提起诉讼的期限为二年，自继承人知道或者应当知道其权利被侵犯之日起计算。但是，自继承开始之日起超过二十年的，不得再提起诉讼。

第十条　遗产按照下列顺序继承：

第一顺序：配偶、子女、父母。

第二顺序：兄弟姐妹、祖父母、外祖父母。

继承开始后，由第一顺序继承人继承，第二顺序继承人不继承。没有第一顺序继承人继承的，由第二顺序继承人继承。

本法所说的子女，包括婚生子女、非婚生子女、养子女和有扶养关系的继子女。

本法所说的父母，包括生父母、养父母和有扶养关系的继父母。

本法所说的兄弟姐妹，包括同父母的兄弟姐妹、同父异母或者同母异父的兄弟姐妹、养兄弟姐妹、有扶养关系的继兄弟姐妹。

第十一条　被继承人的子女先于被继承人死亡的，由被继承人的子女的晚辈直系血亲代位继承。代位继承人一般只能继承他的父亲或者母亲有权继承的遗产份额。

最高人民法院关于贯彻执行《中华人民共和国继承法》若干问题的意见

（1985 年最高人民法院审判委员会通过　法（民）发〔1985〕22 号）

27. 代位继承人缺乏劳动能力又没有生活来源，或者对被继承人尽过主要赡养义务的，分配遗产时，可以多分。

28. 继承人丧失继承权的，其晚辈直系血亲不得代位继承。如该代位继承人缺乏劳动能力又没有生活来源，或对被继承人尽赡养义务较多的，可适当分给遗产。

专家释惑

这个咨询案例涉及的法律问题主要是我国继承法上的代位继承制度。

代位继承是法定继承中的一个重要概念。它是指被继承人的子女先于被继承人死亡的，被继承人的遗产可由这个已死亡子女的晚辈直系血亲代位继承，也叫间接继承。代位继承人一般只能继承他的父亲或母亲有权继承的遗产份额。代位继承这个概念包括代位继承人、被代位人这几个概念。代位继承人只能是被代位人的直系晚辈血亲。被代位继承人是被继承人的子女。

代位继承在成立要件和效力上同时具有以下特征：1. 被代位人必须为先于被继承人死亡的子女。只有在被继承人的子女先于被继承人死亡时才发生代位继承，这是时间因素。如果在被继承人死亡后，被继承人的子女才死亡的，就不会发生代位继承。其次，先死亡的人必须是被继承人的子女，这是人的因素。如果先于被继承人死亡的人，不是他（或她）的子女，而是其他的法定继承人，也不发生代位继承。2. 代位继承人必须是被继承人的晚辈直系血亲。代位继承人只能是被代位人的子女以及其他晚辈直系血亲。也就是说，被继承人的孙子女、外孙子女、曾孙子女、外曾孙子女都可以代位继承，代位继承人不受辈数的限制（这里的子女包括亲生子女、养子女、已经形成了扶养关系的继子女）。这里的血亲包括自然血亲和法律拟制的血亲。被代位人的其他的近亲属不得代位继承。3. 被代位人必须没有丧失继承权。依据我国相关继承法律的规定，继承人丧失继承权的，其晚辈直系血亲也不得代位继承。4. 代位继承人作为第一顺序继承人参加继承，一般只能继承被代位人应当继承的遗产份额。如果代位继承人有几个人的，这些人原则上应当平分被代位人应继承的遗产份额，而不能与被继承人的其他继承人一同按照人数分配被继承人的遗产。所以，代位继承也叫间接继承。5. 代位继承只能适用于法定继承。

案例 32　小梅和小蕾有权要求继承爷爷的遗产吗？

事情是这样的

韦老先生白手起家创办的面粉加工厂，现已成为年产值超亿元的大型企业集团。韦老先生与老伴生有二儿一女，老伴已于 10 年前过世，大儿子（韦先生）在集团任副理事长兼总经理，二儿子因车祸在15年前死亡，女儿（韦女士）在集团任财务主管。2004年底，韦老先生因突发脑出血而死亡。韦老先生交代由大儿子继任集团董事长。

韦老先生二儿子死亡时留下两个女儿，一个叫小梅，在集团任职，一个叫小蕾，在大学读书。小梅和小蕾两个孩子数次向自己的伯父提出继承爷爷的遗产，均遭到拒绝。于是小梅和小蕾决定向法院起诉自己的伯父，要求继承自己的父亲应该继承的爷爷的遗产份额。小梅和小蕾的姑姑（韦女士）对此事保持了中立态度。

小梅和小蕾是否有权继承爷爷的遗产？面对这样一个法律问题，韦先生（即小蕾和小梅的伯父）认为，自己作为韦老先生的长子，接手集团董事长是韦老先生的遗愿，集团系正在运转的企业，不宜当做遗产由各继承人分割。但是小梅和小蕾认为，按照《继承法》的规定，孙子女有代位继承的权利，集团财产可以作为权利份额予以继承。为此，小梅和小蕾特意去咨询了律师。

律师专线

接受咨询的律师告诉小梅和小蕾，她们的诉讼请求合法，而且有法律依据，应当得到支持。此外，有没有相应继承权和怎样分割集团遗产是两回事，小梅和小蕾的大伯不能以维持集团公司正常运作为理由，拒绝认可小梅和小蕾对爷爷遗产的继承权。

根据我国《继承法》的规定，被继承人死亡时，如果没有遗嘱，其遗产首先由第一顺序的法定继承人继承。韦老先生的老伴死亡在先，属于其老伴的遗产应由韦老先生与其子女按份继承；韦老先生死亡时，其第一顺序的继承人是大儿子和女儿，但因本属于第一顺序的二儿子先于被继承人死亡，其晚辈直系血亲还在，所以产生代位继承问题。代位继承属法定继承的范围，是为弥补第一顺序继承人中子女的缺额而设定的。如果被继承人的先亡子女生前就丧失了继承权或已表示放弃继承权，则其晚辈直系血亲无代位继承可言。本案中的小梅和小蕾的父亲并没有丧失继承权的相关情形，因此，依照《继承法》，小梅和小蕾有权成为代位继承人，有权代位继承自己父亲应得的那份遗产，她们的诉讼主张能够得到法院的支持。

法律规范

中华人民共和国继承法

（1985年4月10日第六届全国人民代表大会第三次会议通过　自1985年10月1日起施行）

第二条　继承从被继承人死亡时开始。

第八条　继承权纠纷提起诉讼的期限为二年，自继承人知道或者应当知道其权利被侵犯之日起计算。但是，自继承开始之日起超过二十年的，不得再提起诉讼。

第十条　遗产按照下列顺序继承：

第一顺序：配偶、子女、父母。

第二顺序：兄弟姐妹、祖父母、外祖父母。

继承开始后，由第一顺序继承人继承，第二顺序继承人不继承。没有第一顺序继承人继承的，由第二顺序继承人继承。

本法所说的子女，包括婚生子女、非婚生子女、养子女和有扶养关系的继子女。

本法所说的父母，包括生父母、养父母和有扶养关系的继父母。

本法所说的兄弟姐妹，包括同父母的兄弟姐妹、同父异母或者同母异父的兄弟姐妹、养兄弟姐妹、有扶养关系的继兄弟姐妹。

第十一条　被继承人的子女先于被继承人死亡的，由被继承人的子女的晚辈直系血亲代位继承。代位继承人一般只能继承他的父亲或者母亲有权继承的遗产份额。

最高人民法院关于贯彻执行《中华人民共和国继承法》若干问题的意见

（1985年最高人民法院审判委员会通过　法（民）发〔1985〕22号）

27. 代位继承人缺乏劳动能力又没有生活来源，或者对被继承人尽过主要赡养义务的，分配遗产时，可以多分。

28. 继承人丧失继承权的，其晚辈直系血亲不得代位继承。如该代位继承人缺乏劳动能力又没有生活来源，或对被继承人尽赡养义务较多的，可适当分给遗产。

专家释惑

这个案例依然是关于代位继承的问题。

代位继承是法定继承中的一项制度。在我国，代位继承的法律依据在于我国《继承法》第11条，该条规定："被继承人的子女先于被继承人死亡的，由被继承人的子女的晚辈直系血亲代位继承。代位继承人一般只能继承他的父亲或者母亲有权继承的遗产份额。"

代位继承的前提是，先于被继承人死亡的子女具有继承权，没有任何导致继承权丧失的情形。此外，法律规定代位继承还必须具备以下条件：1. 代位继承发生的原因是被继承人的子女先于被继承人死亡；2. 被代位继承人仅限于被继承人的子女，被继承人的其他法定继承人不能成为被代位继承人；3. 代位继承人仅限于被代位继承人的晚辈直系血亲；4. 代位继承只适用于法定继承，在遗嘱和遗赠继承中均不能适用代位继承。

案例33　分割遗产时，胎儿有权依法获得代位继承的遗产份额

事情是这样的

王某某是一名汽车驾驶员，生育有三个儿子，他的妻子早年去世了，不过家庭经济状况较好。2007年8月，王某的第三个儿子（以下简称王老三）因车祸死亡，此时，王老三妻子李某某已经怀孕6个月。同年（2007年）10月，王某某突然发病死亡，没有来得及对身后事情做任何安排。安葬完毕之后，其长子与次子（王老大和王老二）将父亲王某某遗留的11万元的现金和一栋价值20万元的楼房进行了分割。

王老三的妻子李某某得知后，向两位哥哥提出异议，认为其怀孕的胎儿应分得一份遗产。为此，王家两位哥哥反对，认为弟弟（王老三）已去世，李某某腹中胎儿不具有继承权。为了保障自己肚子里宝宝的应

有权益，李某某打算向当地人民法院起诉，要求王老大和王老二退回一部分遗产，留给自己腹中的胎儿。不过，起诉前，李某某决定先去进行一下法律咨询：胎儿是否有继承权？如果享有，该如何继承？以便了解自己的主张的胜诉率有多大。

律师专线

受理咨询的律师告诉李某某，她肚子里的宝宝享有合法继承份额的权利，如果起诉到人民法院的话，只要李某某准备了自己怀孕、自己与王老三是夫妻关系、王老三已经死亡、肚子里的胎儿没有获得任何财产、公公王某某（被继承人）具有哪些财产等证据，这场诉讼就能胜诉。

虽然胎儿还没有出生，但其继承权益应当受到法律保护。李某某肚子里的胎儿的继承权益来源于胎儿的父亲（王老三）。虽然被继承人王某某的第三个儿子（王老三）已经先于被继承人王某某死亡，但是依据我国《继承法》第11条可知，王老三仍应依法获得父亲遗产的三分之一，并由其妻李某某腹中的胎儿代位继承，王某的长子与次子两人分割遗产是没有法律根据的。

我国《继承法》第28条规定："遗产分割时，应当保留胎儿的继承份额。胎儿出生时是死体的，保留的份额按法定继承办理。"为了妥善处理继承中有关胎儿的问题，最高人民法院《关于贯彻执行〈中华人民共和国继承法〉若干问题的意见》第45条规定："应当为胎儿保留的遗产份额没有保留的，应从继承人所继承的遗产中扣回。为胎儿保留的遗产份额，如胎儿出生后死亡的，由其继承人继承；如胎儿出生时就是死体的，由被继承人的继承人继承。"上述法律规定表明，我国法律对未成年人的利益的保护的范围已经延伸到未出生的胎儿。

本案中，胎儿的父亲王老三先于被继承人王某某（胎儿的爷爷）去世，此种情况下涉及代位继承问题。对于代位继承，我国《继承法》第11条规定："被继承人的子女先于被继承人死亡的，由被继承人的子女的晚辈直系血亲代位继承。代位继承人一般只能继承他的父亲或者母亲有权继承的遗产份额。"由此可见，李某某肚子里的胎儿应当享有继承权，与王老大和王老二均分王某某留下的遗产。

法律规范

中华人民共和国继承法

（1985 年 4 月 10 日第六届全国人民代表大会第三次会议通过　自 1985 年 10 月 1 日起施行）

第二条　继承从被继承人死亡时开始。

第十条　遗产按照下列顺序继承：

第一顺序：配偶、子女、父母。

第二顺序：兄弟姐妹、祖父母、外祖父母。

继承开始后，由第一顺序继承人继承，第二顺序继承人不继承。没有第一顺序继承人继承的，由第二顺序继承人继承。

本法所说的子女，包括婚生子女、非婚生子女、养子女和有扶养关系的继子女。

本法所说的父母，包括生父母、养父母和有扶养关系的继父母。

本法所说的兄弟姐妹，包括同父母的兄弟姐妹、同父异母或者同母异父的兄弟姐妹、养兄弟姐妹、有扶养关系的继兄弟姐妹。

第十一条　被继承人的子女先于被继承人死亡的，由被继承人的子女的晚辈直系血亲代位继承。代位继承人一般只能继承他的父亲或者母亲有权继承的遗产份额。

第二十八条　遗产分割时，应当保留胎儿的继承份额。胎儿出生时是死体的，保留的份额按照法定继承办理。

第三十三条　继承遗产应当清偿被继承人依法应当缴纳的税款和债务，缴纳税款和清偿债务以他的遗产实际价值为限。超过遗产实际价值部分，继承人自愿偿还的不在此限。

继承人放弃继承的，对被继承人依法应当缴纳的税款和债务可以不负偿还责任。

最高人民法院关于贯彻执行《中华人民共和国继承法》若干问题的意见

（1985年最高人民法院审判委员会通过　法（民）发〔1985〕22号）

45. 应当为胎儿保留的遗产份额没有保留的，应从继承人所继承的遗产中扣回。

为胎儿保留的遗产份额，如胎儿出生后死亡的，由其继承人继承；如胎儿出生时就是死体的，由被继承人的继承人继承。

专家释惑

本咨询案例涉及的法律问题主要是胎儿的继承权益和代位继承问题。

首先，胎儿虽然不是继承人，但是享有相应的继承权益。

胎儿继承份额的保留，是指在分割遗产时，如果有胎儿（该胎儿出生后应属于被继承人的法定继承人范围）的，应当为胎儿保留继承份额。此时胎儿尚不具有民事权利主体资格，因为依据我国《民法通则》可知，在我国，公民的民事权利主体资格始于出生，终于死亡，因此，胎儿并不具有继承权。但为了保护胎儿的利益，各国都强调在分割遗产时应考虑对胎儿进行特殊保护。比如我国《继承法》第28条规定："遗产分割时，应当保留胎儿的继承份额。"需要指出的是，该份额原则上应按法定继承的遗产分配原则确定，如果是多胞胎的，则应按胎儿的数量保留继承份额。

对胎儿保留份额的处理，依胎儿出生时是死体还是活体而不同：

（1）如果胎儿出生时是活体的，则该保留份额为该婴儿所有，可由其母亲代为保管。

（2）如果胎儿出生后不久即死亡，则该保留份额为该婴儿所有，但应由该死婴的法定继承人按法定继承处理。这时适用的是转继承制度。

（3）如果胎儿出生时即为死胎，则该保留的份额由被继承人的继承人再分割。

其次，代位继承问题。

对于代位继承，我国《继承法》第11条规定：“被继承人的子女先于被继承人死亡的，由被继承人的子女的晚辈直系血亲代位继承。代位继承人一般只能继承他的父亲或者母亲有权继承的遗产份额。”

代位继承必须具备以下条件：1. 代位继承发生的原因是被继承人的子女先于被继承人死亡；2. 被代位继承人仅限于被继承人的子女，被继承人的其他法定继承人不能成为被代位继承人；3. 代位继承人仅限于被代位继承人的晚辈直系血亲；4. 代位继承只适用于法定继承，在遗嘱和遗赠继承中均不能适用代位继承。

由上述规定可知，本案例中李某某肚子里的胎儿可代位继承其父亲（王老三）应继承的遗产份额，享有与王老二和王老大一样的份额。

案例34 这些遗产适用转继承，应由弟弟赵某兵继承还是妻妹孙某婷继承？

事情是这样的

赵某某和孙某某是一对结婚有七八年的夫妻，家住某县张家坊镇。赵某某和孙某某的父母都已经相继过世，夫妻俩还没有孩子。赵某某只有一个弟弟赵某兵，孙某某只有一个妹妹孙某婷。赵某兵的工作和家都在县城。孙某婷则出嫁到了另外一个县。赵某兵和孙某婷平时与赵某某、孙某某夫妻都很少往来。

1997年快过年的时候，赵某某、孙某某夫妻俩驾马车到县城为自家开的小商店调货，同时准备过年的年货。傍晚回家时，经过一段盘山公路，马车遭遇迎面而来的汽车，因为汽车的车灯太刺眼，马受了惊，一下子狂奔起来，马车随后掉下悬崖，赵某某、孙某某被摔下了悬崖。第二天早上，一个上山挖药材的当地农民李某某经过悬崖下面的山地时，发现了出了事故的赵某某和孙某某。好心的李某某赶紧先帮忙救人。他先摸了摸赵某某，发现他身体已经冰冷，早已经断气了。接着，李某某发现孙某某还有一点气息，于是赶紧拦车将她送往医院。孙某某在送往医院的途中死亡。

后来，赵某兵和孙某婷都接到噩耗，相继赶回来处理丧事。丧事料理完毕后，就如何处理赵某某和孙某某的遗产问题，赵某兵和孙某婷发生了纠纷。他们都认为这些遗产应当归自己继承。双方无法达成一致，因此孙某婷向当地法院起诉，请求法院判决确认这些遗产归自己继承。

在审理过程中，孙某婷诉称自己是这些遗产的唯一的合法继承人。因为自己的姐夫赵某某先死，姐姐孙某某后死，自己是姐姐唯一的亲人，当然这些财产应当归自己继承。赵某兵则辩称：自己的哥哥、嫂子都死了，他们是赵家的人，他们的财产也是赵家的，自己是赵某某唯一的亲人，当然这些遗产都应当归自己。同时，哥哥、嫂子的丧事也是由自己主持操办的。他还认为自己与哥哥、嫂子来往算比较多，逢年过节都有走动，孙某婷与赵某某、孙某某根本没有什么来往，如果由孙某婷这个外人继承全部财产，在道理上说不过去。

法庭经过调查得知：赵某某、孙某某共有房屋3间，一家小的零售商店，其中的商品折价约为2000元，一张5000元的定期存折。赵某兵和孙某婷平时与赵某某、孙某某夫妻都往来不多。

法庭听取了原告和被告双方的陈述和举证后，向原告和被告介绍和解释了我国《继承法》的相关规定，根据这些规定，法院作出判决：支持孙某婷的诉讼请求，赵某某和孙某某的全部遗产，除去办理丧事赵某兵所花去的费用，其余的都归孙某婷继承。

律师专线

这是一个涉及转继承制度的案例。

本案中，赵某某和孙某某是夫妻，在同一个事故中赵某某先于孙某某死亡。首先要对夫妻共同财产进行分割。赵某某和孙某某的夫妻共同财产为：3间房屋，一家小的零售商店，其中的商品折价约为2000元，一张5000元的定期存折。这些财产一人一半。赵某某和孙某某都没有父母子女。因此，作为妻子，孙某某是赵某某唯一的第一顺序法定继承人。赵某某分得的那一半财产全部都由孙某某继承，也就是说，孙某某继承夫妻共同财产分割后属于赵某某的全部遗产。因此，孙某某在继承了赵某某的遗产后，就拥有了这些财产的所有权。

孙某某是在送往医院的途中死亡的，比赵某某后死。孙某某没有父母子女，没有第一顺序的法定继承人，只有一个第二顺序的继承人——妹妹孙某婷。因此孙某某的全部财产，包括夫妻财产分割后自己的份额和继承赵某某的遗产，都由自己的第二顺序遗产继承人，即妹妹孙某婷来继承。

本案中，赵某兵不能继承哥哥、嫂子的遗产，因为他对嫂子孙某某的遗产没有继承权，只对哥哥赵某某的遗产具有继承权，但是这个继承权在本案的情况下是不能实现的。因为当他哥哥赵某某死的时候，赵某某的妻子孙某某还没有死，孙某某是赵某某遗产的法定第一顺序继承人，赵某兵只是第二顺序继承人。我国《继承法》第10条规定，继承开始后，由第一顺序继承人继承，第二顺序继承人不继承。没有第一顺序继承人继承的，由第二顺序继承人继承。因此，本案中，赵某兵不能继承赵某某和孙某某的遗产，法院的判决是正确的。

法律规范

中华人民共和国继承法

（1985年4月10日第六届全国人民代表大会第三次会议通过　自1985年10月1日起施行）

第二条　继承从被继承人死亡时开始。

第十条　遗产按照下列顺序继承：

第一顺序：配偶、子女、父母。

第二顺序：兄弟姐妹、祖父母、外祖父母。

继承开始后，由第一顺序继承人继承，第二顺序继承人不继承。没有第一顺序继承人继承的，由第二顺序继承人继承。

本法所说的子女，包括婚生子女、非婚生子女、养子女和有扶养关系的继子女。

本法所说的父母，包括生父母、养父母和有扶养关系的继父母。

本法所说的兄弟姐妹，包括同父母的兄弟姐妹、同父异母或者同母异父的兄弟姐妹、养兄弟姐妹、有扶养关系的继兄弟姐妹。

最高人民法院关于贯彻执行《中华人民共和国继承法》若干问题的意见

（1985年最高人民法院审判委员会通过　法（民）发〔1985〕22号）

2. 相互有继承关系的几个人在同一事件中死亡，如不能确定死亡先后时间的，推定没有继承人的人先死亡。死亡人各自都有继承人的，如几个死亡人辈分不同，推定长辈先死亡；几个死亡人辈份相同，推定同时死亡，彼此不发生继承，由他们各自的继承人分别继承。

专家释惑

本案是一起简单的继承纠纷，涉及的法律问题是法定继承中的转继承制度。

转继承指继承人在继承开始后、遗产分割前死亡，其应当继承的遗产转由他的合法继承人继承的一种法律制度。

转继承的发生和成立应当具备以下条件：1. 继承人于继承开始后、遗产尚未分割前死亡。这是时间条件。如果继承人在被继承人死亡之前死亡（在继承开始前死亡）就不是发生转继承，而是代位继承。如果继承人在被继承人的遗产分割后死亡，也不发生转继承，因为遗产分割后死亡的，这个继承人已经取得了这些遗产的所有权。2. 死亡的继承人必须在被继承人死亡后没有放弃继承权。如果继承人宣布放弃继承权，然后死亡了，在这种情况下由于他已经放弃继承权，就没有了继承遗产的权利，当然就不发生转继承。

提醒

转继承和代位继承非常相似，但是两者是不同的法律制度，存在着根本的区别。首先，二者的性质和效力不同。转继承是在继承开始、继承人直接继承后，又转而由转继承人继承被继承人的遗产，实质上被继承人的遗产发生了两次继承。代位继承是代位继承人基于代位继承权直接参加遗产继承，被继承人的遗产只发生一次继承，尽管代位继承人享有的份额只能是被代位人（被继承人先死的子女等）享有的遗产份额。其次，二者发生的时间和成立条件不同。转继承发生在继承开始后遗产分割前，并且可以因为任何一个继承人的死亡而发生。而代位继承只能是被继承人的子女死亡，而且是先于被继承人死亡才发生。第三，二者的主体不同。转继承人是被转继承人（在继承开始后死亡的继承人）死亡时存在的所有法定继承人，被转继承人可以是被继承人的任何一个继承人。代位继承中，代位继承人只能是被继承人的晚辈直系血亲，被代位人的配偶等其他亲属不能享有代位继承权，被代位人只能是被继承人先死亡的子女。第四，适用的范围不同。转继承可以发生在法定继承中，也可以发生在遗嘱继承中，而且在遗赠中也可以发生转继承。但是代位继承只可以发生在法定继承中，遗嘱继承中不适用。

（三）法定继承遗产的分割与执行

内容提要

法定继承中遗产的分割原则上是同一顺序继承人之间平等继承，但是也有例外。同一顺序继承人之间遗产分配不平等的情形有：1. 对生活特别困难的缺乏劳动能力的继承人，分配遗产时，应当予以照顾；2. 对继承人尽了主要扶养义务或者与被继承人共同生活的继承人，在分配遗产时，可以多分；3. 有扶养能力和有扶养条件的继承人，不尽扶养义务的，分配遗产时，应当不分或者少分；4. 继承人协商同意不均分。

此外，法定继承人以外的人也可以分得遗产，如果该人是 1. 依靠被继承人扶养的缺乏劳动能力又没有生活来源的人；2. 对被继承人扶养较多的人。注意：养子女对其生父母若尽了主要赡养义务的，可以依据这一规定适当分得其亲生父母的遗产。

继承权是公民基于姻亲或血亲等关系而成立的一种财产性权利，法律也规定了在特定情形下，继承人丧失其继承权。我国《继承法》第7条明确规定了继承人丧失继承权的情形：1. 故意杀害被继承人的；2. 为争夺遗产而杀害其他继承人的；3. 遗弃被继承人的，或者虐待被继承人情节严重的；4. 伪造、篡改或者销毁遗嘱，情节严重的。

案例35　父母去世时没有分割的遗产该如何分配？

事情是这样的

田某某和宁某某是一对老夫妻，家住某市向阳区八一街。他们生了三个孩子：两个儿子（田某甲、田某乙）和一个女儿（田某丙）。这三个孩子都已经长大成人并且都已经结婚了。老两口年轻的时候开了一家米店，做大米生意，用自己辛苦攒下来的钱在城区附近买了一块地皮，盖起了18间房子。由于历史的原因，1960年，当地基层的房管部门以代管的方式无偿租借了田某某和宁某某的这18间住房中的10间。田某某和宁某某一家共住了8间房子。其中田某甲夫妻住3间房子，田某乙夫妻住3间，田某某和宁某某老两口住2间。1962年5月，田某甲将父母的这些房子中的3间重新改建了一下，后来一直与妻子、孩子住在这些房子里。田某某于1962年10月因病去世。3年后，也就是1965年12月，宁某某也因病死亡。田某某和宁某某留下的遗产就是18间房子。

1968年10月，田某某和宁某某的女儿田某丙遭遇车祸去世，留下一个儿子和一个女儿。她的丈夫丁某某1970年再婚。1970年8月，田某某和宁某某的第二个儿子田某乙在一次施工中发生事故，不幸身亡。田某乙生前曾与他的妻子吴某某抱养了一个儿子，取名为田晓宝，一直和夫妻俩共同生活。吴某某和田晓宝一直在田某乙生前居住的房子里生活着。

1986年随着政府落实政策，田某某和宁某某的由房管部门代管的

10间房屋，都一一归还了。田某甲领取了发还的房屋。后来，田某甲和吴某某（包括田晓宝）因父母留下的这些房产的分割没有取得一致意见，发生纠纷，遂起诉到法院。法院受理案件以后，在法庭开始审理的过程中，丁某某听说了这次遗产纠纷，他认为自己对这些房产也有权利继承，于是申请作为有独立请求权的第三人参加诉讼。

审理过程中，原告田某甲认为：自己是田家的长子，也是父母留下的唯一的继承人，自己还有两个孩子。田晓宝不过是别人家的人，丁某某以前是田家的女婿，但是在田某丙去世后，他就再婚了，已经与田家没有任何关系了。对于父母留下的房产，自己应当多继承一些，自己的弟媳吴某某应当少继承一些。而且自己现在居住的这3间房子，是自己花钱修整的，应当算自己的财产。所以，田某甲认为，遗产应当按照15间房子计算，自己应当可以继承其中的9间，吴某某继承其中的6间。

被告吴某某和田晓宝认为：他们应当和田某甲具有同样的继承权，田某甲不能因为是长子就可以多继承一些。他们还认为田晓宝是田某乙生前和吴某某一起抱养的，是田某乙同意收养的孩子，因此田晓宝应当相当于田某乙的亲生儿子，他们两个有权参与这些房子的分割，继承田某乙应当继承的那一份。也就是说，吴某某和田晓宝认为遗产要么按照18间房子计算，要么按照12间房子计算（现在两家各自居住的3间房子都不算遗产），应当分成两份，一份归田某甲，另一份归田某乙（由吴某某和田晓宝继承）。

有独立请求权的第三人丁某某不同意原告田某甲的主张，也不同意被告吴某某、田晓宝的主张，他认为：自己也有权参与这些房产的分割。这18间房子不能只分成两份，应当平分成三份，其中要有田某丙的一份。自己作为田某丙的丈夫，应当有权继承田某丙应得的那一份，也就是说自己也有权利得到其中的6间房子。

法庭经调查得知，田某某和宁某某生前有18间房子，其中10间被当地房管部门代管。剩下的8间中，田某甲、田某乙各住3间。田某甲

1962年将自己居住的3间房屋进行了整修。之后，田某某去世，3年后宁某某去世。田某丙和田某乙都是在父母田某某和宁某某已经去世之后，才死亡的。田晓宝是田某乙和吴某某的养子，一直共同居住，当地群众和亲友都认为田晓宝是田某乙和吴某某收养的孩子。

依据上述事实和当事人的主张，按照我国《继承法》和《婚姻法》的相关规定，法庭认定：这18间房屋应当进行两次遗产分割，第一次应当是田某某死亡的时候，第二次应当是宁某某死亡的时候。这18间房子是田某某和宁某某的夫妻共有财产，第一次分割遗产的时候，应当区分出田某某的个人财产——9间房子作为遗产，由田某甲、田某乙、田某丙和宁某某四个人分割继承。第二次遗产继承是1965底宁某某去世时，对宁某某的遗产进行分割，此时她的遗产应当分为三份，由自己的三个子女进行分割。吴某某和田晓宝还有丁某某都没有权利参与这些遗产的分割。他们之所以有权利得到这些房产是因为他们继承了死去的亲人的财产，其中，吴某某和田晓宝是继承田某乙的遗产，丁某某则是继承田某丙的一部分遗产。因此，法庭作出判决：原告、被告和有独立请求权的第三人丁某某都有权得到这些房产的一部分，但是他们的诉讼请求都不成立。田某甲有权继承其中的6间房屋，吴某某和田晓宝有权继承田某乙应有的继承份额——6间房屋，丁某某有权得到田某丙的继承份额（6间房屋）中自己可以继承的那部分——3间和另外3间的1/3，（一共4间）。

律师专线

本案中，法院作出的判决基本上是正确的。首先，依据我国《继承法》第2条的规定，“继承是从被继承人死亡时开始”，本案中这18间房屋的第一次继承就应当是从被继承人田某某死亡的时候开始，也就是1962年的时候。当时，尽管有10间房屋被房管部门代管了，但是所有权依然归田某某和宁某某夫妇。因此田某某和宁某某夫妇的共有财产应当是18间房屋。遗产继承之前，首先要对这18间房屋进行分割，划出田某某的个人财产——9间，这9间房子才是可以继承的遗产。宁某某、田某甲、田某乙、田某丙分别是田某某的子女和配偶，依据我国《继承法》第10条的规定，他们都是第一顺序的法定继承人，有平等的继承权，因此，他们对这9间房子各有1/4的遗产继承权，也就是说每个人有2间再加上1/4间。

本案中第二次遗产分割是在1965年底宁某某死亡后。宁某某的遗产是11间加1/4间的房子，就是她自己的9间再加上从田某某那里继承得来的2间加1/4间。宁某某的第一顺序法定继承人是她自己的三个子女。她的遗产应当由田某甲、田某乙和田某丙继承，三个子女各有1/3的继承权。

田某乙是在父母去世之后死亡的，也就是他是在继承了父母的遗产之后才死亡的（尽管这些遗产事实上没有分割，还没有实际得到）。田某乙死了之后，他的妻子和养子有权利继承他的遗产。首先分割他和吴某某之间的夫妻共同财产。田某乙继承得来的房子的所有权是在夫妻婚姻关系存续期间继承的，在没有协议规定的情况下，妻子吴某某也应当有一半的权利，因此，田某乙继承的房产的一半才是田某乙的遗产，由自己的第一顺序法定继承人——妻子吴某某和养子田晓宝继承。所以本案法庭的裁决中，认为吴某某和田晓宝有权得到这些房子，但不是对田某某和宁某某的房屋享有继承权，这一看法是正确的。因为他们只是对田某乙的遗产有继承权。

田某丙两次继承也都发生在自己去世之前与丁某某的婚姻存续期间。我国《婚姻法》规定“夫妻在婚姻关系存续期间所得的财产，归夫妻共同所有，双方另有规定的除外”。依据我国的相关司法解释，“所得”是指财产权利的取得，而不是对财产的实际占有。婚姻存续期间取得了财产权利，即使婚姻关系终止前并未实际占有该财产，该项财产也属于夫妻共有。因此，田某丙取得的这些财产权利也应当是夫妻共同财产。在田某丙死后，丁某某有权分得夫妻共有财产中自己的一部分和继承妻子的遗产，即使丁某某再婚，他的这种已得权利也不可剥夺。也就是说，田某丙有6间房子的继承权，丁某某可以从中分得一半，剩下3间作为田某丙的遗产，由田某丙的儿子、女儿和丈夫继承，每人1间。

注意

这里之所以说法院的判决基本上是正确的，是因为，法院没有考虑到原告田某甲对自己居住的3间房子进行较大的整修时所花去的费用。

这次整修是在田某某和宁某某还在世的时候进行的，那些房子还是田某某和宁某某的夫妻共同财产，而不是田某甲的财产。田某甲将其居住的这3间平房重新改建，增加了这几间房子的原有价值，而增加的价值不属于遗产，不能作为遗产分割。如果法院判决田某甲继承包括已经改建了的房屋在内的6间房屋，表面上是平衡田某甲和他人（田某乙、田某丙）的继承份额，实际上是把田某甲改建支出的费用也列为遗产的范围，因此是不妥当的。田某甲改建房屋的费用，应当由田某乙、田某丙和田某甲平摊。也就是，田某乙和田某丙遗产的继承人还应当拿出一部分钱补偿田某甲，作为改建那3间房屋的费用。如果本案中，田某甲改建房屋是在田某某死后，那改建的费用就不需田某乙和田某丙与田某甲一起平摊了。

法律规范

中华人民共和国继承法

（1985年4月10日第六届全国人民代表大会第三次会议通过　自1985年10月1日起施行）

第二条　继承从被继承人死亡时开始。

第五条　继承开始后，按照法定继承办理；有遗嘱的，按照遗嘱继承或者遗赠办理；有遗赠扶养协议的，按照协议办理。

第十条　遗产按照下列顺序继承：

第一顺序：配偶、子女、父母。

第二顺序：兄弟姐妹、祖父母、外祖父母。

继承开始后，由第一顺序继承人继承，第二顺序继承人不继承。没有第一顺序继承人继承的，由第二顺序继承人继承。

本法所说的子女，包括婚生子女、非婚生子女、养子女和有扶养关系的继子女。

本法所说的父母，包括生父母、养父母和有扶养关系的继父母。

本法所说的兄弟姐妹，包括同父母的兄弟姐妹、同父异母或者同母异父的兄弟姐妹、养兄弟姐妹、有扶养关系的继兄弟姐妹。

中华人民共和国婚姻法

（1980年9月10日第五届全国人民代表大会第三次会议通过　根据2001年4月28日第九届全国人民代表大会常务委员会第二十一次会议修正　同日公布并实施）

第十七条　夫妻在婚姻关系存续期间所得的下列财产，归夫妻共同所有：

（一）工资、奖金；

（二）生产、经营的收益；

（三）知识产权的收益；

（四）继承或赠与所得的财产，但本法第十八条第三项规定的除外；

（五）其他应当归共同所有的财产。

夫妻对共同所有的财产，有平等的处理权。

第十八条　有下列情形之一的，为夫妻一方的财产：

（一）一方的婚前财产；

（二）一方因身体受到伤害获得的医疗费、残疾人生活补助费等费用；

（三）遗嘱或赠与合同中确定只归夫或妻一方的财产；

（四）一方专用的生活用品；

（五）其他应当归一方的财产。

第二十四条　夫妻有相互继承遗产的权利。

父母和子女有相互继承遗产的权利。

专家释惑

本案涉及的主要法律问题是继承开始的时间、夫妻共同财产的范围等。夫妻共同财产，是指夫妻在婚姻关系存续期间所得的财产。其中，所得的财产包括夫妻婚姻存续期间取得的财产权利，即使没有得到实物、没有实际的占有，也应当算作夫妻共同财产。

这里主要讲一下继承开始的时间。我国《继承法》第2条规定，继承从被继承人死亡时开始。死亡包括生理死亡和宣告死亡。因此，被继承人生理死亡或者宣告死亡的时间就是继承开始的时间。比如本案中，18间房屋产权人之一的田某某于1962年死亡，那么他的遗产的继承应当从1962年开始。宁某某于1965年死亡，则其遗产是从1965年开始继承。所以尽管他们的房屋中的10间被房管部门代管了，子女们没有实际分割遗产，但是这并不影响田某甲、田某乙和田某丙三人取得这些财产的所有权，因而，丁某某也有权得到田某丙应得房屋所有权的一部分。

继承开始的时间不同于遗产分割的具体时间，前者具有法定性和强行性，不能由当事人商定，也不能随意改变。正确确定继承开始的时间具有下列重要的法律意义：1. 依据继承开始的时间确定法定继承人的范围。因为只有在继承开始时，生存的法定继承人或者遗嘱继承人才有权获得遗产。只有在继承开始的时候，没有丧失继承权的继承人才可以参与继承。2. 依据继承开始的时间确定遗产的范围。遗产是被继承人死亡时遗留的财产，只有在继承开始的时候，存在的属于被继承人的个人合法财产才可以作为遗产。继承开始之前，被继承人已经处分的财产不属于遗产。3. 依据继承开始的时间确定继承人应继承的份额。法定继承人在分配财产时，同一顺序的继承人应当均等，但是特殊情况下也可以不均等。在根据继承人的具体情况确定是否要多分或者少分时，要依据继承开始的时间来确定。4. 依据继承开始的时间确定放弃继承权及其遗产分割的溯及力。继承人在继承开始后、遗产分割之前，可以放弃继承。放弃继承的效力，追溯到继承开始的时间。也就是说只要遗产还没有分割之前，继承人表示放弃继承的，这个继承人就不能获得遗产。5. 依据继承开始的时间来确定遗嘱的效力。继承开始后，遗嘱才有效力，才可以执行。比如，如果继承开始的时候，遗嘱继承人已经死亡的，该已经死亡的继承人的遗嘱所涉及的财产，就不能按照遗嘱继承的方式进行继承，而应当按照法定继承的方式继承。

案例 36　黄某国虐待母亲，他是否丧失继承权？

事情是这样的

早年丧夫的陶大妈有一儿一女两个孩子。女儿叫黄某华，参加工作后出嫁到外地。女儿黄某华很是孝顺，经常寄钱回家和看望母亲。儿子叫黄某国。自从女儿出嫁后，陶大妈就与儿子一起生活。但是与母亲生活的黄某国却待陶大妈很不好，甚至可以说虐待陶大妈。比如，黄某国和妻子每天都要求陶大妈做好家务才能出门聊天、晒太阳；故意让母亲吃冷菜剩饭；看到母亲体弱多病，也不带她到医院看病；冬天，陶大妈洗澡时，儿子黄某国常关掉热水器的天然气不让她用……黄某国还多次打骂母亲，说她是老不死的，还说她经常去医院看病是浪费钱，有一次还把陶大妈左手桡骨打断了。

面对这么一个不孝顺的儿子，陶大妈很伤心，有时候会在电话里向女儿倾诉，幸好有女儿的安慰和时常回来看望，要不然，陶大妈都觉得活下去没什么意思了。2001 年 12 月，陶大妈和他人聊天时说以后的财产不给小儿子一分钱，还向当地居委会、街道派出所、妇联反映了自己受虐待的情况。在有关部门的教育和帮助下，2002 年 1 月，儿子黄某国当着居委会工作人员的面向母亲写下悔过书。后来，黄某国开始转变，对母亲嘘寒问暖，使得陶大妈心情愉快，身体状况也有所好转。陶大妈也告诉过邻居，儿子改好后自己感到非常高兴，并明确表示原谅小儿子。

2005 年 12 月，陶大妈出门时遭遇车祸死亡，留下遗产私房一套和存款一万元。在分割遗产时，女儿黄某华说弟弟黄某国虐待母亲情节严重，已经丧失了对母亲遗产的继承权，所以无权继承遗产。黄某国认为自己已经悔改，得到了母亲的宽恕，应当有权继承遗产。双方争执不下，诉至法院。

法院经审理认为，弟弟黄某国原有虐待母亲行为，但后经教育确有悔改并得到母亲宽恕，不予确认黄某国丧失继承权，故判决遗产由黄某华和黄某国共同继承。

律师专线

这个案例中，法院最后的判决是正确合法的。这涉及对我国《继承法》第7条第3项“遗弃被继承人的，或者虐待被继承人情节严重的”丧失继承权这一规定的理解。

尊老、敬老、养老是我们中华民族的优良传统，但是，虐待、遗弃老人的现象也时有发生。这些违反社会伦理道德的行为，在受到社会谴责的同时，也应当受到相应的法律制裁。我国《继承法》第7条规定，继承人遗弃被继承人的，或者虐待被继承人情节严重的，丧失继承权。同时，最高人民法院《关于贯彻执行〈中华人民共和国继承法〉若干问题的意见》第10条规定：“虐待被继承人情节严重的，不论是否追究刑事责任，均可确认其丧失继承权。”第13条规定：“继承人虐待被继承人情节严重的，或者遗弃被继承人的，如以后确有悔改表现，而且被继承人、被遗弃人生前又表示宽恕，可不确认其丧失继承权。”

从黄某国的行为来看，其虐待母亲，经常打骂母亲，甚至将母亲左手桡骨打断，属虐待被继承人情节严重，依据法律规定，黄某国丧失了继承陶大妈遗产的权利。后经有关部门的教育，黄某国认识到了自己的违法行为，并确有悔改的实际行动，并得到母亲宽恕。由此，黄某国继承权的丧失是相对的，悔改后明确得到母亲的宽恕，继承权可得到恢复，可以不确认其丧失继承权。所以，儿子黄某国有权和姐姐黄某华共同继承母亲的遗产。也就是说，本案中，黄某国继承权曾相对丧失，后恢复，可不确认其丧失继承权。

综上所述，法院的认定和判决是正确的。

法律规范

中华人民共和国继承法

（1985年4月10日第六届全国人民代表大会第三次会议通过　自1985年10月1日起施行）

第七条　继承人有下列行为之一的，丧失继承权：

（一）故意杀害被继承人的；

（二）为争夺遗产而杀害其他继承人的；

（三）遗弃被继承人的，或者虐待被继承人情节严重的；

（四）伪造、篡改或者销毁遗嘱，情节严重的。

最高人民法院关于贯彻执行《中华人民共和国继承法》若干问题的意见

（1985年最高人民法院审判委员会通过　法（民）发〔1985〕22号）

9. 在遗产继承中，继承人之间因是否丧失继承权发生纠纷，诉讼到人民法院的，由人民法院根据继承法第七条的规定，判决确认其是否丧失继承权。

10. 继承人虐待被继承人情节是否严重，可以从实施虐待行为的时间、手段、后果和社会影响等方面认定。

虐待被继承人情节严重的，不论是否追究刑事责任，均可确认其丧失继承权。

13. 继承人虐待被继承人情节严重的，或者遗弃被继承人的，如以后确有悔改表现，而且被虐待人、被遗弃人生前又表示宽恕，可不确认其丧失继承权。

中华人民共和国老年人权益保障法

（1996年8月29日第八届全国人民代表大会常务委员会第二十一次会议通过　自1996年10月1日起施行）

第四条　禁止歧视、侮辱、虐待或者遗弃老年人。

第十条　老年人养老主要依靠家庭，家庭成员应当关心和照料老年人。

第十一条　赡养人应当履行对老年人经济上供养、生活上照料和精神上慰藉的义务，照顾老年人的特殊需要。

赡养人是指老年人的子女以及其他依法负有赡养义务的人。

第十二条　赡养人对患病的老年人应当提供医疗费用和护理。

专家释惑

本案涉及的主要法律问题是继承人虐待被继承人情节严重，其继承权相对丧失的问题。

一、继承权丧失的含义

继承权丧失，是指根据我国《继承法》第7条的规定，发生法定事由时，取消继承人继承被继承人遗产的资格。继承权丧失可分为绝对丧失与相对丧失。

继承权绝对丧失，是指因发生某种法定事由，继承人的继承权永久丧失。即使受害人表示宽恕，也不可逆转，该继承人绝对不得也不能享有继承权。比如，继承人故意杀害被继承人，继承人为争夺遗产而杀害其他继承人。

继承权相对丧失，是指因发生某种法定事由，继承人的继承权暂时丧失，若其有悔过表现，且得到被继承人宽恕，其继承权可恢复；若无，则丧失继承权。比如，继承人虐待被继承人情节严重的，或者遗弃被继承人的，如以后确有悔改表现，而且被虐待人、被遗弃人生前又表示宽恕，可不确认其丧失继承权。

二、如何理解“遗弃被继承人”和“虐待被继承人情节严重”

遗弃被继承人，是指有能力扶养年老体弱、丧失劳动能力的或病残没有独立生活能力的被继承人的继承人，拒绝履行扶养义务，即长期不予扶养和照顾。

虐待被继承人情节严重，是指对被继承人经常和长期地进行肉体及精神折磨、限制人身自由、打骂、强迫进行繁重劳动或不给看病等行为，手段恶劣，后果严重的。

案例 37　李大爷的三个儿子谁享有继承权？

事情是这样的

李大爷早年丧偶，一人拉扯三个儿子过日子，很是辛苦。1996 年退休后，勤快的李大爷利用自家临街的房间开了个五金商店。由于商店地处闹市区，李大爷为人又和善，他的五金店生意相当红火，几年下来攒了不少钱，日子逐渐红火起来。

李大爷的小儿子李立因吸毒经常到店里拿钱，父亲不给即抢，并多次打伤父亲。一次李立因犯毒瘾又来抢钱，李大爷没给，李立拿刀就砍，李大爷当场死亡。李大爷的二儿子李刚恰巧下班回来看见父亲的惨死，当即将李立打死，并因此被判刑12年。大儿子李建在办理父亲的丧事时，无意发现父亲的遗嘱，由三个儿子平分他的遗产。于是李建偷偷改了遗嘱，给自己增加了1万元应继承份额。

在这样的情况下，李大爷的三个儿子中，谁有权继承遗产？大儿子李建是否有权继承遗产？二儿子李刚呢？李大爷的遗产该如何处理？

律师专线

这个案例中，李大爷的大儿子李建仍然享有继承权，虽然他偷偷修改了遗嘱，为自己增加了1万元应继承的份额。但是，根据案件事实看，这还不算是我国《继承法》规定的丧失继承权的严重情节。因为根据《继承法》第7条的规定，“伪造、篡改或销毁遗嘱，情节严重的”，丧失继承权。同时，最高人民法院《关于贯彻执行〈中华人民共和国继承法〉若干问题的意见》对于情节严重进行了界定，即继承人伪造、篡改或销毁遗嘱，侵害了缺乏劳动能力又无生活来源的继承人的利益，并造成其生活困难的，应认定其行为情节严重。李建虽有篡改遗嘱的行为，但这还不构成情节严重，并不因此而丧失继承权。

李大爷的二儿子李刚也有继承权。虽然李刚杀害了另外的继承人（李大爷的三儿子李立），但是他是看见李立杀害父亲的行为，基于义愤，而不是为了争夺遗产而杀害李立的。依据我国《继承法》第7条规定，“为争夺遗产而杀害其他继承人的”，丧失继承权。也就是说，如果不是为了争夺遗产，而是因为其他原因杀害其他继承人的，并不丧失继承权。所以本案中李刚不丧失继承权。

本案中李大爷的三儿子李立故意杀害李大爷，依据我国《继承法》可知，凡是有杀害被继承人的行为，该继承人就当然丧失继承权。因此，李大爷的三儿子丧失继承权。遗嘱中原由他继承的份额，应由其他继承人继承。也就是李大爷关于第三个儿子的遗嘱继承份额应当转化为法定继承，由大儿子李建与二儿子李刚共同继承。

法律规范

中华人民共和国继承法

（1985年4月10日第六届全国人民代表大会第三次会议通过　自1985年10月1日起施行）

第七条　继承人有下列行为之一的，丧失继承权：

（一）故意杀害被继承人的；

（二）为争夺遗产而杀害其他继承人的；

（三）遗弃被继承人的，或者虐待被继承人情节严重的；

（四）伪造、篡改或者销毁遗嘱，情节严重的。

第二十七条　有下列情形之一的，遗产中的有关部分按照法定继承办理：

（一）遗嘱继承人放弃继承或者受遗赠人放弃受遗赠的；

（二）遗嘱继承人丧失继承权的；

（三）遗嘱继承人、受遗赠人先于遗嘱人死亡的；

（四）遗嘱无效部分所涉及的遗产；

（五）遗嘱未处分的遗产。

最高人民法院关于贯彻执行《中华人民共和国继承法》若干问题的意见

（1985 年最高人民法院审判委员会通过　法（民）发〔1985〕22 号）

9. 在遗产继承中，继承人之间因是否丧失继承权发生纠纷，诉讼到人民法院的，由人民法院根据继承法第七条的规定，判决确认其是否丧失继承权。

10. 继承人虐待被继承人情节是否严重，可以从实施虐待行为的时间、手段、后果和社会影响等方面认定。

虐待被继承人情节严重的，不论是否追究刑事责任，均可确认其丧失继承权。

13. 继承人虐待被继承人情节严重的，或者遗弃被继承人的，如以后确有悔改表现，而且被虐待人、被遗弃人生前又表示宽恕，可不确认其丧失继承权。

专家释惑

这个案例涉及的主要问题是继承权在什么情形下丧失，以及遗嘱无效部分所涉遗产的处理。

继承权作为一种财产权利，法律规定了在特定情形下继承权的丧失。在我国，《继承法》第 7 条明确规定了继承权丧失的四种具体情形。其中，继承人杀害被继承人的，不论动机是否是争夺遗产，也不论是既遂还是未遂，只要是主观故意，就应确认该继承人丧失继承权。

在继承人丧失继承权的情况下，如果是遗嘱继承，则所涉及的那部分遗嘱无效（不是整个遗嘱无效），转而适用法定继承，即由被继承人的其他合格的继承人按照法定继承的规则予以分割遗嘱无效部分所涉及的遗产。

案例38 继承纠纷中，当事人如何举证？

事情是这样的

肖某某目前面临一个遗产继承方面的纠纷。他是前不久过世的肖大爷的养子。肖大爷当年结婚好几年没有孩子，就领养了肖某某。没过几年，肖大爷的妻子却生出了一儿一女两个孩子，这里分别称呼为肖二和肖三。等到肖某某和肖二、肖三都成年后，肖大爷和他老伴的生活主要是靠肖某某和弟弟肖二在供养，轮流在两家生活，肖大爷的女儿肖三也偶尔回家探望老人。后来为了宅基地的事情，肖二和肖某某闹了矛盾，肖大爷就斥责了肖某某，有点袒护肖二。因此肖某某和肖大爷的关系就不是很融洽。几年过去了，肖大爷的老伴和肖大爷陆续过世了，留下一套有四间平房的私宅。为了这个房子的归属，肖某某和肖二又闹起了矛盾。肖某某认为自己有权继承这四间房子的一半，或者至少是三分之一。但是肖二认为，肖某某既然与肖大爷好几年没有什么往来了，他们的收养关系自然解除了，因此没有权利继承遗产。

为此，肖某某想通过打官司的方式来维护自己的权益，但是又不知道打官司自己该准备什么，尤其是要提供什么材料。肖某某特意去咨询司法所的相关工作人员。

律师专线

受理咨询的司法所工作人员告诉肖某某，他有权要求继承肖大爷的遗产，因为肖某某和肖大爷之间的收养关系已经合法成立，并不会因为最后几年没有来往而自然解除。在肖大爷没有遗嘱的情况下，肖大爷的遗产就应当由肖大爷的所有法定继承人继承。肖某某和肖二、肖三都是肖大爷遗产的第一顺序的法定继承人。原则上，这三人应当均分这份遗产，但是肖二可能多尽了义务，而嫁出去的肖三可能少尽义务，这种情形属于可以酌情多分或少分，但是也必须有相应证据。

至于肖某某要维护自己的合法继承权益，他首先应当证明自己是合格的继承人。结婚证、户口簿、身份证或公安机关、村委会、居委会等有关部门出具的证明，这是通常证明当事人是合法继承人的有证明力的材料。

其次，肖某某要提交能够证明法定继承法律关系成立的证据材料。包括：(1) 被继承人肖大爷死亡证明书；(2) 证明肖某某是被继承人肖大爷的养子，应提交收养关系证明书，如果收养时还没有《收养法》的相关规定，则应提交周围群众和亲友的证言，证明事实上合法的收养关系已经成立（这种合法的事实收养关系仅限于我国《收养法》颁布以前成立的那种事实收养，在我国《收养法》颁布以后，就不能以此为证明）。

第三，肖某某还应提交证据证明被继承人的财产范围。证明房产的，应提交房产证或购房合同、交款发票或出资证明。

第四，如果肖某某不请求获得房子这个实物，而要求肖二将房子折价的话，他应当提交具体的请求金额，以及提交诉讼请求金额的计算清单。

提醒

在诉讼过程中，当事人一定要积极寻找与自己的案件有关的证据，提交的证据必须真实合法，同时要注意审查对方当事人所提供的证据，判断其证据的客观性、关联性和合法性。

法律规范

中华人民共和国继承法

（1985 年 4 月 10 日第六届全国人民代表大会第三次会议通过　自 1985 年 10 月 1 日起施行）

第八条　继承权纠纷提起诉讼的期限为二年，自继承人知道或者应当知道其权利被侵犯之日起计算。但是，自继承开始之日起超过二十年的，不得再提起诉讼。

第十条　遗产按照下列顺序继承：

第一顺序：配偶、子女、父母。

第二顺序：兄弟姐妹、祖父母、外祖父母。

继承开始后，由第一顺序继承人继承，第二顺序继承人不继承。没有第一顺序继承人继承的，由第二顺序继承人继承。

本法所说的子女，包括婚生子女、非婚生子女、养子女和有扶养关系的继子女。

本法所说的父母，包括生父母、养父母和有扶养关系的继父母。

本法所说的兄弟姐妹，包括同父母的兄弟姐妹、同父异母或者同母异父的兄弟姐妹、养兄弟姐妹、有扶养关系的继兄弟姐妹。

最高人民法院关于贯彻执行《中华人民共和国继承法》若干问题的意见

（1985 年最高人民法院审判委员会通过　法（民）发〔1985〕22 号）

19. 被收养人对养父母尽了赡养义务，同时又对生父母扶养较多的，除可依继承法第十条的规定继承养父母的遗产外，还可依继承法第十四条的规定分得生父母的适当的遗产。

专家释惑

这里简要介绍一下继承纠纷案件中，当事人提交证据的问题。根据《民事诉讼法》第 64 条第 1 款“当事人对自己提出的主张有责任提供证据”的规定，当事人在起诉或应诉时应向法院提交必要的证据或证据线索，以证明自己的主张或反驳主张，否则当事人的主张有可能得不到法院的支持，将承担败诉的后果。

在继承人案件中，原告如果要求维护自己的合法继承权益，应当收集和提交下列证据：

一、证明当事人（原、被告及第三人）诉讼主体资格的证据

1. 证明当事人是合法继承人的，应提交结婚证、户口簿、身份证或公安机关、村委会、居委会等有关部门出具的证明。

2. 当事人为无民事行为能力、限制民事行为能力的精神病人

的，还应提交监护人的身份证明资料，如身份证或户口簿。

二、证明法定继承或遗嘱继承法律关系成立的证据

1. 证明法定继承法律关系成立的证据

（1）被继承人死亡证明书，被继承人生前户籍地、居住地、死亡地和主要遗产所在地的详细地址，被继承人生前婚姻状况，生育和抚育子女的证明材料，被继承人的直系血亲、法律拟制血亲或与之有密切关系的旁系亲属的姓名、性别、年龄、工作单位和住址等证明材料，以及他们对被继承人所尽义务的证明材料；（2）丧偶儿媳、丧偶女婿继承公婆、岳父母遗产的，应提供尽了主要赡养义务的证明材料；（3）证明是被继承人养子女的，应提交收养关系证明书；（4）证明是继承人以外的依靠被继承人扶养的缺乏劳动能力又没有生活来源的人的，或证明是继承人以外的对被继承人扶养较多的人的，应提交居委会、村委会或被继承人单位出具的相关证明；（5）被继承人的其他法定继承人也应当作为共同原告参加诉讼，其他法定继承人已死亡或者放弃继承权利的，应当提供相应证明。

2. 证明遗嘱继承法律关系成立的证据

证明遗嘱继承的，除应提交被继承人死亡证明书外，还应提供遗嘱原件。公证遗嘱的提供公证书，自书遗嘱的提供亲笔书写、签名并注明年、月、日的自书遗书原件及能证明确系自书的证明材料。代书遗嘱、录音遗嘱、危急情况下所立的口头遗嘱要提供原件、录音或录像及与继承人、受遗赠人无利害关系的两个以上见证人的证明材料。

提供立遗嘱人在立遗嘱时是否有民事行为能力，有无受胁迫、被欺骗情况的证明材料。被继承人生前立有遗赠扶养协议的，应提供遗赠扶养协议书，受遗赠人对被继承人尽扶养义务等证明材料。

继承人或受遗赠人有放弃继承权或受遗赠的，应提供放弃人的

书面证明材料。不能伪造、隐藏、毁灭证据，也不能指使、贿买他人作伪证，否则要承担法律责任。

三、证明被继承人财产范围的证据

应提交证明被继承人遗产的种类、数量、金额，由谁占有、使用、收益、保管的材料。1. 证明房产的，应提交房产证或购房合同、交款发票或出资证明；2. 证明有银行存款并申请法院调查的，应提交银行存款账号；3. 证明有股票并申请法院调查的，应提交股东代码、资金存款账号；4. 证明有车辆的应提交行驶证、车牌号；5. 证明被继承人在公司拥有股权的，应提交该公司的工商登记情况、出资的证明等；6. 证明被继承人的债权、债务的，除提交借据以外，必须有相关的证据佐证。

四、其他证据

比如，有具体诉讼请求金额的，应提交诉讼请求金额的计算清单。

三、遗嘱继承

（一）遗嘱的要件和效力

内容提要

遗嘱，是自然人生前按照法律的规定处分自己的财产及安排与此有关事务并于死亡后发生法律效力的一种单方民事法律行为。遗嘱是遗嘱继承的前提或依据，但遗嘱不等于遗嘱继承。遗嘱具有以下法律特征：1. 遗嘱是一种单方民事法律行为。2. 遗嘱是要式的法律行为。法律要求遗嘱必须具有一定形式。一般情况下遗嘱必须用书面形式作出。只有在特定紧急情况下，才能以口头形式作出，而且要求有两个以上见证人在场见证。3. 遗嘱是遗嘱人死亡时才发生效力的行为。在遗嘱人死之前，遗嘱人可以随时变更或撤销遗嘱。4. 遗嘱必须是遗嘱人的真实意思表示。遗嘱不适用民法上的代理制度。5. 遗嘱是依法律规定处分财产的民事行为。

遗嘱无效的情形有：1. 无民事行为能力人、限制民事行为能力人所立的遗嘱无效。2. 不反映遗嘱人真实意志的遗嘱无效。这包括：受欺诈、胁迫所立的遗嘱无效，伪造的遗嘱无效，被篡改的遗嘱无效。3. 遗嘱人处分国家、集体或他人所有的财产，该部分遗嘱应认定为无效。4. 遗嘱没有对缺乏劳动能力又没有生活来源的继承人保留必要份额的，对应当保留的必要份额的处分无效。5. 违反我国法律和社会公共利益的遗嘱无效。6. 违反法定程序所立的遗嘱无效。

遗嘱的不生效主要有以下几种表现形式：1. 遗嘱的继承人、受遗赠人在遗嘱继承开始前已死亡，则遗嘱不发生法律效力。2. 附有解除条件的遗嘱，如果在遗嘱人死亡以前条件已经成就，则遗嘱不发生法律效力。3. 附有停止条件的遗嘱，遗嘱继承人、受遗赠人在条件成就前已经死亡，则遗嘱不发生法律效力。4. 遗嘱的继承人、受遗赠人在遗嘱成立后，由于某种不法行为或不道德行为而被剥夺继承权，则遗嘱不发生法律效力。

案例 39　遗嘱变更后，不同遗嘱的效力如何确定？

事情是这样的

陈某某是某市第一中学的一名退休老教师。他有两个儿子（陈某甲、陈某乙）和一个女儿（陈某丙），三个孩子都已经成家立业，独立组织了小家庭。老伴去世后的几年里，陈某某觉得自己的身体也越来越不好了。于是，2000 年 2 月，陈某某亲笔立下了一份遗嘱，其中规定自己两居室的房子由两个儿子继承，银行存款 3 万元，三个儿女每人 1 万。家里的家具，包括一台“长虹”彩电，一台“新飞”冰箱，一台新的“美的”空调和一台“海尔”洗衣机。其中，新的“美的”空调和七成新的冰箱归自己的女儿陈某丙。洗衣机和彩电都是七成新，赠送给自己的侄子陈某丁；自己多年收藏的一些文学名著和一套《二十四史》，也归陈某丁。陈某某在遗嘱的尾部签名，注明日期为2000年2月15日，并且在遗嘱上加盖了自己的私章。

后来，2001年10月的一天，陈某某因为心脏病突然发作，被送往医院抢救。在病情一度紧张的时候，经过两个见证人在场证明，陈某某又立下了口头遗嘱。口头遗嘱规定自己的银行存款中的1万元留给自己在乡下的弟弟陈某戊。自己居住的房子和房子里的财产都由三个儿女共同继承。

过了一段时间，陈某某的病情恶化，经抢救无效去世。陈某某的儿女们因为陈某某的两份遗嘱前后不一致，就如何分割父亲留下的遗产发生了纠纷。期间，陈某某的侄儿陈某丁向陈某某的三个儿女表示他愿意接受伯父赠与的洗衣机、彩电和书籍。陈某某的女儿陈某丙向法院起诉，请求法院确认她有权参与继承父亲居住的房屋，并且请求法院对陈某某的遗产如何分割作出裁决。

在审理过程中，原告陈某丙认为，父亲在病危时的口头遗嘱规定了她有权参与继承父亲居住的房屋。被告陈某甲和陈某乙认为，父亲在其慎重书写的遗嘱中明确规定了房子由两个儿子继承。陈某丙继承父亲的空调和冰箱。后来父亲立下的口头遗嘱是在其病危前临时确立的，当时他一下子发病可能糊涂了，忘了自己曾经写下过遗嘱。因此，关于父亲遗产的分割，应当按照他书写的遗嘱进行。法庭在审理过程中了解到陈某某后来的口头遗嘱，将自己1万元存款留给自己的在乡下的弟弟陈某戊，于是法庭依职权通知陈某戊作为第三人参加诉讼。陈某戊表示自己接受陈某某的安排，愿意继承那1万元钱。法庭还了解到陈某某的银行存款为3万元，现金为3000元。

因此，依据我国《继承法》第10条、第20条等相关规定，法庭作出判决认定：（一）关于房屋，原告陈某丙有权参与房屋的继承，两居室的房子和房子内的彩电、冰箱、空调等财产按照陈某某的口头遗嘱，由陈某某的3个子女共同继承；陈某某的口头遗嘱改变了原来自书遗嘱的规定，原来的规定与现在的口头遗嘱冲突的部分无效，因此，陈某某的侄子陈某丁无权得到前一个遗嘱中规定的彩电和洗衣机。（二）关于存款，被继承人陈某某遗产中的1万元归陈某戊，其余2万元按照遗嘱的规定由陈某甲、陈某乙和陈某丙平均继承。（三）3000元现金，这是陈某某的遗嘱没有规定的财产，应当按照法定顺序，由他的第一顺序法定继承人（3个儿女）继承。（四）陈某某前一个遗嘱中所说的藏书，归他的侄子陈某丁所有。

律师专线

本案中，被继承人陈某某前后作出的两个遗嘱，内容上存在冲突。本案的被告陈某甲和陈某乙认为前一份遗嘱是父亲慎重写下的，后一份是口头遗嘱，是在父亲病危前临时作出的，可能当时他糊涂了，忘了先前有过遗嘱，要求遗产分割时以前一份遗嘱为准。被告的这一说法是不能成立的。依据我国《继承法》第20条第1款的规定，陈某某有权改变自己的遗嘱，也有权撤销自己先前的遗嘱。

我国《继承法》第20条第2款规定，“立有数份遗嘱，内容相抵触的，以最后的遗嘱为准”。本案中，被继承人立了两份遗嘱，前一份是自书遗嘱，后一份是口头遗嘱。陈某某没有立公证遗嘱，因此，他的这两份遗嘱的效力要依据先后顺序来确定。也就是说，以后一个遗嘱（口头遗嘱）为准。口头遗嘱对财产作了处理的，依据口头遗嘱，否则依据自书遗嘱。

本案中，法庭作出的关于房屋和房屋内财产以及银行存款的处理，依据口头遗嘱，因为口头遗嘱对先前的遗嘱作了改变。对于陈某某的藏书，口头遗嘱没有涉及，因此依据前一个遗嘱的规定处理，遗赠给他的侄子陈某丁。另外，还有3000元现金，这是前后两个遗嘱都没有涉及的，因此依据法律的规定，转为法定继承，由陈某某的第一顺序法定继承人继承。因此，法院的裁决是正确的。

法律规范

中华人民共和国继承法

（1985 年 4 月 10 日第六届全国人民代表大会第三次会议通过　自 1985 年 10 月 1 日起施行）

第五条　继承开始后，按照法定继承办理；有遗嘱的，按照遗嘱继承或者遗赠办理；有遗赠扶养协议的，按照协议办理。

第十条　遗产按照下列顺序继承：

第一顺序：配偶、子女、父母。

第二顺序：兄弟姐妹、祖父母、外祖父母。

继承开始后，由第一顺序继承人继承，第二顺序继承人不继承。没有第一顺序继承人继承的，由第二顺序继承人继承。

本法所说的子女，包括婚生子女、非婚生子女、养子女和有扶养关系的继子女。

本法所说的父母，包括生父母、养父母和有扶养关系的继父母。

本法所说的兄弟姐妹，包括同父母的兄弟姐妹、同父异母或者同母异父的兄弟姐妹、养兄弟姐妹、有扶养关系的继兄弟姐妹。

第二十条　遗嘱人可以撤销、变更自己所立的遗嘱。

立有数份遗嘱，内容相抵触的，以最后的遗嘱为准。

自书、代书、录音、口头遗嘱，不得撤销、变更公证遗嘱。

第二十七条　有下列情形之一的，遗产中的有关部分按照法定继承办理：

（一）遗嘱继承人放弃继承或者受遗赠人放弃受遗赠的；

（二）遗嘱继承人丧失继承权的；

（三）遗嘱继承人、受遗赠人先于遗嘱人死亡的；

（四）遗嘱无效部分所涉及的遗产；

（五）遗嘱未处分的遗产。

最高人民法院关于贯彻执行《中华人民共和国继承法》若干问题的意见

（1985 年最高人民法院审判委员会通过　法（民）发〔1985〕22 号）

42. 遗嘱人以不同形式立有数份内容相抵触的遗嘱，其中有公证遗嘱的，以最后所立公证遗嘱为准；没有公证遗嘱的，以最后所立的遗嘱为准。

专家释惑

本案涉及的法律问题是遗嘱的变更，也就是一个人先后立了几份遗嘱，这些遗嘱的内容存在冲突，该如何处理的问题。

遗嘱的变更，是指遗嘱人在遗嘱设立后对遗嘱的内容做部分的修改。遗嘱是遗嘱人所实施的单方民事法律行为，只要有他（或者她）的意思表示就能成立。同样，遗嘱设立后生效前，遗嘱人随时、不需要任何理由就可以变更或者撤销自己立的遗嘱。我国《继承法》第20条对此作了明确规定。对于变更后的遗嘱的效力，法律规定以最后的遗嘱内容为准，不过如果有公证遗嘱的，公证遗嘱只有通过后一个公证遗嘱才能变更或者撤销，否则，都必须以公证遗嘱的内容为准。

遗嘱的变更或撤销必须依据法律规定的方式，由遗嘱人亲自进行，不能适用代理的规定。当遗嘱人有数份遗嘱，并且后一个遗嘱中没有明确规定是否变更或者撤销前一个遗嘱时，法律规定可以从遗嘱人的行为中推定其变更、撤销遗嘱的意思。法律规定的这种推定适用于以下几种情形：1. 遗嘱人立有数份遗嘱，并且有内容相互冲突的，推定为变更、撤销遗嘱。此时适用《继承法》第20条第2款、第3款的规定："立有数份遗嘱，内容相抵触的，以最后的遗嘱为准。自书、代书、录音、口头遗嘱不得撤销、变更公证遗嘱。"如果有数份公证遗嘱的，以最后的公证遗嘱为准。2. 遗嘱人生前的行为与遗嘱内容相抵触的，推定变更或者撤销遗嘱。比如，遗嘱人生前的行为与遗嘱的内容正好相反，从而使遗嘱处分的财产在继承开始前毁损或者所有权转移的，遗嘱视为撤销或者涉及该财产的那一部分遗嘱撤销。3. 如果遗嘱人故意销毁遗嘱，法律推定遗嘱人撤销原来的遗嘱。

案例 40　继承人不履行遗嘱规定的义务怎么办?

事情是这样的

2000 年 2 月，家住某市机械二厂家属楼的何老爹因病去世。在去世前，何老爹对自己身后的事情向儿女们做了安排，尽管如此，何老爹还是放心不下，为此，他特地立下了一份遗嘱，并进行了公证。这份遗嘱列明了何老爹自己的财产，现金 6000 元、一张 2 万元的存折、一个约 25 平方米的临街小门面，以及自己住房内的一部五成新的 17 寸彩电、一台五成新的电冰箱和一台旧的双缸洗衣机。遗嘱规定 6000 元现金由儿子何某贵和两个女儿何某兰、何某芳各继承 2000 元，彩电、电冰箱和双缸洗衣机由儿子和女儿共同继承。另外，遗嘱特别规定由儿子何某贵额外多继承 2 万元遗产和那间临街的小门面，条件是何某贵应当照顾好何老爹的好友李老爹。

李老爹是何老爹生前患难与共的至交好友。自年轻的时候两个人相识，就非常地要好，比亲兄弟还亲，有饭同吃，有难同担。李老爹在工作中经常帮助比他小了将近 9 岁的何老爹，在劳动中手把手地教他。在 20 多年前发生的一次意外事故中，这位李老爹还曾救过何老爹的命，为了救何老爹他自己的双脚却被压得不能动弹。经过半年多的治疗后，李老爹出院了，但双脚因此有些残疾，日常生活中行动不太方便。60 多岁以后，李老爹的双脚已经很不听使唤，日常生活主要依靠轮椅。自从 8 年前，何老爹的老伴去世后，何老爹就搬过去和李老爹两个人相互做伴过日子，顺便照料李老爹。如今，已经 70 多岁的李老爹，孤身一人生活，无人照料，生活更是非常的不方便。

遗产继承完之后，何某贵按照遗嘱的规定多继承了 2 万元遗产和临街的门面，并且天天去照料李老爹的饮食起居。但在照料了李老爹几个月后，何某贵觉得这非常辛苦，自己的事情又多，就慢慢的很少去李老爹家里了，到最后甚至一个星期都不去照顾李老爹一次，也舍不得花钱请保姆照顾。孤身一人的李老爹有时候只有坐着轮椅拿点水，就着饼干充饥。最后，在别人的指点下，生活陷入困境的李老爹迫于无奈向法院起诉何某贵，要求何某贵履行何老爹的遗嘱规定，照顾他的生活，或者是每个月给付600元生活费。

何某贵向法庭声称：自己并不是不愿意照顾李老爹，而是自己的生意本来就很辛苦，一天下来，已经很累了，所以有时候就不去李老爹家里照顾他。法庭经过审理查明李老爹所述事实属实，还查明何某贵开了一家修理自行车、摩托车的修理铺，生活条件比较好。查明这些事实后，法庭认为何某贵有能力、有条件也有义务照顾李老爹的日常生活。法庭对何某贵进行了批评教育，之后对何某贵和李老爹进行了调解。最后何某贵和李老爹双方达成和解，由何某贵每个月付600块钱，请一个保姆照顾李老爹的生活饮食起居。

律师专线

何某贵是遗嘱继承人，有权继承遗嘱中规定的2万元遗产，同时也应当满足遗嘱规定的条件——照顾好李老爹的生活起居。否则，他就没有权利取得这额外规定的2万元遗产。也就是说，在李老爹的有生之年，如果何某贵没有照顾李老爹，或者不再照顾李老爹，那他就无权取得这2万元。即使遗嘱已经执行了（何某贵在继承完毕后，得到了2万元），遗嘱的其他继承人（比如何老爹的其他子女）和受益人（李老爹）也可以向人民法院请求取消何某贵对这2万元遗产的继承。对此，我国《继承法》和关于《继承法》实施的司法解释对附条件的遗嘱继承都作了明确规定。

注意

遗嘱继承是指由被继承人生前所立的遗嘱来指定继承人及其继承的遗产种类、数额的继承方式，在继承开始后，按照被继承人所立的合法有效的遗嘱，继承被继承人遗产的继承制度。遗嘱继承的效力优先于法定继承。

法律规范

中华人民共和国继承法

（1985年4月10日第六届全国人民代表大会第三次会议通过　自1985年

1C 月 1 日起施行)

第五条 继承开始后，按照法定继承办理；有遗嘱的，按照遗嘱继承或者遗赠办理；有遗赠扶养协议的，按照协议办理。

第十六条 公民可以依照本法规定立遗嘱处分个人财产，并可以指定遗嘱执行人。

公民可以立遗嘱将个人财产指定由法定继承人的一人或数人继承。

公民可以立遗嘱将个人财产赠给国家、集体或法定继承人以外的人。

第二十一条 遗嘱继承或者遗赠附有义务的，继承人或者受遗赠人应当履行义务。没有正当理由不履行义务的，经有关单位或者个人请求，人民法院可以取消他接受遗产的权利。

最高人民法院关于贯彻执行《中华人民共和国继承法》若干问题的意见

(1985 年最高人民法院审判委员会通过 法（民）发〔1985〕22 号)

43. 附义务的遗嘱继承或遗赠，如义务能够履行，而继承人、受遗赠人无正当理由不履行，经受益人或其他继承人请求，人民法院可以取消他接受附义务那部分遗产的权利，由提出请求的继承人或受益人负责按遗嘱人的意愿履行义务，接受遗产。

专家释惑

本案涉及的是遗嘱及其执行问题。

遗嘱是立遗嘱人（被继承人）生前按照法律的规定处分自己的个人财产或者对其他身后事务的安排，并在其死后发生效力的行为。遗嘱继承是指由被继承人生前所立的遗嘱来指定继承人及其继承的遗产种类、数额的继承方式。

被继承人死亡后，遗嘱开始生效，遗嘱的内容开始执行。遗嘱继承人不仅享有遗嘱规定的遗产中的财产权利，而且还要承担被继承人的债务。当遗嘱规定的是附条件或者附义务的遗嘱继承时，那遗嘱继承人必须依照遗嘱内容善意履行该项义务或者满足该项条件，否则遗嘱继承人继承的遗产可以在其他继承人或者受益人的请求下被收回。

联系本案

何某贵不按照遗嘱履行照顾李老爹的义务，经受益人（李老爹）的请求，人民法院可以取消何某贵继承附义务的遗产的权利。何老爹遗产的其他继承人（比如，何老爹的其他子女）也可以向人民法院提出这样的请求。如果其他继承人、受益人愿意履行遗嘱指定的义务，则可以接受这部分遗产。

案例 41 晓方是否因断绝父子关系的声明而丧失继承权？季某某的口头遗嘱有效吗？

事情是这样的

季某某于 1987 年离婚，离婚后他的儿子晓方随他共同生活。1994 年，季某某与张某某结婚，结婚后生了一个儿子，取名晓奇。2005 年 6 月 19 日，季某某病重，弥留之际，季某某在病房邀请两位护士在场见证并立下口头遗嘱："和老伴一起住的房子留给老伴，我在城区有四间店面，两个儿子每人两间。"说完这个之后，季某某撒手人寰。

安顿好老人的后事，晓方提出按父亲的遗嘱分割遗产，却遭到了继母张某某和弟弟晓奇的阻挠。继母张某某拿出了季某某和晓方早年签订的一纸"断绝父子关系协议"，认为既然父子关系早已断绝，就不应该再继承父亲的遗产。

原来在 1995 年以前，晓方和父亲季某某的关系因种种原因一直不甚融洽，为了结束这种局面，父子两人自愿达成"断绝父子关系协议"。双方约定：季某某以后不靠晓方养老；晓方以后也不能分家产。此后季某某与晓方各自生活。然而随着时间的推移，季某某与晓方的关系有所缓和，季某某患病期间，曾领取过晓方单位发给晓方的生活救济金。而季某某病重后，晓方回家亲自护理，还支付了季某某的部分医疗费和丧葬费。

为了维护自己的继承权，晓方将继母张某某和弟弟晓奇告上了法庭，请求法庭支持其对两间店面的继承权。

庭审中，被告张某某指出，“断绝父子关系”的书面协议系双方自愿达成，应属于合法有效的文件。而自己作为季某某的妻子，虽然季某某立遗嘱分店面的时候把自己遗忘了，但自己也应该对这些店面有继承权。

经法院审理查明，季某某病危时立下口头遗嘱处理四间店面是符合法律规定的。但季某某与晓方所签协议却无法可依。

据此，法院判决，季某某与儿子晓方签订的协议无效，晓方和晓奇按照遗嘱各继承季某某的店面两间。

律师专线

本案涉及的主要法律问题是自愿达成的“断绝父子关系协议”是否合法有效。

本案中季某某和儿子晓方以前经常发生矛盾，双方自愿订立了一纸“断绝父子关系协议”。而实际上这种做法是不符合法律规定的，于法无据。我国《宪法》规定父母、子女之间有抚养教育、扶助的权利义务，亲生父母、子女之间的权利义务关系非经法定程序不得解除。这种解除之所以能成立，其主要根据是我国《收养法》关于收养成立后，养子女与生父母及其近亲属间的权利义务关系，因收养关系的成立解除的规定。非经如此，亲生父母、子女之间关系不得解除。所以本案中季某某与晓奇的亲生父子关系是不能自行解除的，双方订立的“断绝父子关系协议”即使自愿达成也是无效的。

既然亲生父子关系无法解除，那亲生子女是否一定有继承权呢？我国《继承法》第7条规定：“继承人有下列行为之一的，丧失继承权：（一）故意杀害被继承人的；（二）为争夺遗产而杀害其他继承人的；（三）遗弃被继承人的，或者虐待被继承人情节严重的；（四）伪造、篡改或者销毁遗嘱，情节严重的。”继承人虐待被继承人情节是否严重，可以从实施虐待行为的时间、手段、后果和社会影响等方面认定。本案中晓方虽与季某某在日常生活中有矛盾，但不属于虐待、遗弃等行为，后来晓方和季某某的关系也得到了缓和，所以晓方仍然享有继承权。

法律规范

中华人民共和国继承法

（1985 年 4 月 10 日第六届全国人民代表大会第三次会议通过　自 1985 年 10 月 1 日起施行）

第二条　继承从被继承人死亡时开始。

第七条　继承人有下列行为之一的，丧失继承权：

（一）故意杀害被继承人的；

（二）为争夺遗产而杀害其他继承人的；

（三）遗弃被继承人的，或者虐待被继承人情节严重的；

（四）伪造、篡改或者销毁遗嘱，情节严重的。

第八条　继承权纠纷提起诉讼的期限为二年，自继承人知道或者应当知道其权利被侵犯之日起计算。但是，自继承开始之日起超过二十年的，不得再提起诉讼。

第十条　遗产按照下列顺序继承：

第一顺序：配偶、子女、父母。

第二顺序：兄弟姐妹、祖父母、外祖父母。

继承开始后，由第一顺序继承人继承，第二顺序继承人不继承。没有第一顺序继承人继承的，由第二顺序继承人继承。

本法所说的子女，包括婚生子女、非婚生子女、养子女和有扶养关系的继子女。

本法所说的父母，包括生父母、养父母和有扶养关系的继父母。

本法所说的兄弟姐妹，包括同父母的兄弟姐妹、同父异母或者同母异父的兄弟姐妹、养兄弟姐妹、有扶养关系的继兄弟姐妹。

第十六条　公民可以依照本法规定立遗嘱处分个人财产，并可以指定遗嘱执行人。

公民可以立遗嘱将个人财产指定由法定继承人的一人或者数人继承。

公民可以立遗嘱将个人财产赠给国家、集体或者法定继承人以外的人。

第十七条　公证遗嘱由遗嘱人经公证机关办理。

自书遗嘱由遗嘱人亲笔书写，签名，注明年、月、日。

代书遗嘱应当有两个以上见证人在场见证，由其中一人代书，注明年、月、日，并由代书人、其他见证人和遗嘱人签名。

以录音形式立的遗嘱，应当有两个以上见证人在场见证。

遗嘱人在危急情况下，可以立口头遗嘱。口头遗嘱应当有两个以上见证人在场见证。危急情况解除后，遗嘱人能够用书面或者录音形式立遗嘱的，所立的口头遗嘱无效。

第十八条　下列人员不能作为遗嘱见证人：

（一）无行为能力人、限制行为能力人；

（二）继承人、受遗赠人；

（三）与继承人、受遗赠人有利害关系的人。

第二十条　遗嘱人可以撤销、变更自己所立的遗嘱。

立有数份遗嘱，内容相抵触的，以最后的遗嘱为准。

自书、代书、录音、口头遗嘱，不得撤销、变更公证遗嘱。

中华人民共和国婚姻法

（1980 年 9 月 10 日第五届全国人民代表大会第三次会议通过　根据 2001 年 4 月 28 日第九届全国人民代表大会常务委员会第二十一次会议修正　同日公布并实施）

第二十四条　夫妻有相互继承遗产的权利。

父母和子女有相互继承遗产的权利。

专家释惑

这个案例不仅涉及断绝父子关系的声明是否影响当事人的继承权的问题，还涉及口头遗嘱的效力问题。这里解释一下口头遗嘱的要件及其效力。

口头遗嘱是指遗嘱人在危急情况下，以口述形式所立的遗嘱。由于口头遗嘱是以口述形式来确定遗嘱人的意思表示，而非书面形式，且具有紧急性，在司法实践中较易产生纠纷，在对其效力的认定上也存在一些争议，所以法律对口头遗嘱的要件作了相应规定。

根据我国《继承法》第17条第5款之规定，“遗嘱人在危急情况下，可以立口头遗嘱。口头遗嘱应当有两个以上见证人在场见证。危急情况解除后，遗嘱人能够用书面或者录音形式立遗嘱的，所立的口头遗嘱无效”。由上述规定可以看出，有效的口头遗嘱应当具备以下几个要件：(1) 遗嘱人必须是处在情况危急时刻；(2) 遗嘱人立遗嘱时必须具有民事行为能力；(3) 应当有两个以上的见证人在场见证；(4) 遗嘱人要以口述形式表示其处理遗产的真实意思。上述四个要件缺一不可，不具备该四个要件的口头遗嘱当属无效遗嘱。在司法实践中，对口头遗嘱效力的认定要从口头遗嘱的四个要件上进行分析认定。

首先，法律规定的口头遗嘱只能是在危急情况下的应急措施。以危急情况为其适用要件，不是任何场合都可以使用口头立遗嘱的方式。由于遗嘱继承是公民依法处理其私有财产的一种重要方式，是一种要式单方民事法律行为。主要有以下几种情况：(1) 遗嘱人因病危濒临死亡时，在病榻上所立的口头遗嘱；(2) 因自然灾害致使遗嘱人处于生命危险时，在遇难现场所立的口头遗嘱；(3) 在战争中，遗嘱人身负重伤，生命垂危时，在战场上所立的口头遗嘱；(4) 遗嘱人遭遇不法侵害，生命垂危时，在遇害现场所立的口头遗嘱；(5) 遗嘱人在航海、航空中遇到事故，生命有危险时，在航空器或船舶上所立的口头遗嘱。但上述口头遗嘱在危急情况解除后，遗嘱人能够用书面或者录音形式立遗嘱时，先前所立的口头遗嘱无效。《德国民法典》第2252条规定，紧急遗嘱“在为遗嘱后经过三个月而被继承人尚生存时，视为未为遗嘱”。《日本民法典》也对此作了规定。由此可见，国外的民法中对紧急情况下所立的口头遗嘱，不仅规定了危急情况解除后遗嘱人能依其他方式立遗嘱的条件，而且还规定了口授遗嘱效力的期限。我国《继承法》对口头遗嘱有效期未作时间规定，只是在条件上进行了限定。所以，在司法实践中确定口头遗嘱的效力时，不必考虑期限问题。这里所说的“危急情况”是指遗嘱人有生命危险，来不及或者不宜用其他形式立遗嘱的情况。当没有危急情况发生时，就不具备设立口头遗嘱的先决条件。所以，遗嘱人在通常情况下不能立口头遗嘱，即使立有口头遗嘱也是无效的。司法实践中常遇到农村中一些老人邀请家庭成员和村干部共同召开家庭会议，以安排其后事的形式所作的口头陈述。如果当时老人已处在危急时刻，可以认定为口头遗嘱；如果当时老人没有处在危急时刻，则不能认定为口头遗嘱。

其次，遗嘱人立遗嘱时必须具有民事行为能力。根据我国《继承法》规定，无行为能力或者限制行为能力人所立的遗嘱无效；我国《民法通则》也规定，无民事行为能力人实施的或者限制民事行为能力人依法不能独立实施的民事行为无效。据此可知，法律要求遗嘱人立遗嘱时必须有行为能力，无行为能力人所立的遗嘱，即使其本人后来有了行为能力，仍属无效遗嘱。遗嘱人立遗嘱时有行为能力，后来丧失了行为能力，不影响遗嘱的效力。在实践中，应当审查遗嘱人口述遗嘱时是否是完全民事行为能力人、是否丧失了民事行为能力、是否神志清醒、是否能用语言清晰地表示出自己的真实意思。如遗嘱人在当时不具有行为能力、已丧失行为能力、神志不清、不能清晰地用语言表达自己的真实意思的情况下，所立的遗嘱无效。

再次，口头遗嘱需要有两个以上的见证人在场见证。对于见证人的主体资格问题，我国《继承法》对此作了排除性规定。下列人员不能作为遗嘱见证人：（一）无行为能力人、限制行为能力人；（二）继承人、受遗赠人；（三）与继承人、受遗赠人有利害关系的人。对于《继承法》所规定的“继承人”不能作为见证人，是特指实际继承遗产的继承人，还是泛指有资格成为继承人的所有顺序法定继承人呢？在司法实践中存在争议。笔者认为，对于见证人的限制应当包括所有顺序的法定继承人。根据我国《继承法》所规定的遗嘱继承优于法定继承原则，遗嘱继承本身就排除了法定继承，剥夺了其他法定继承人的继承权，可以说其他法定继承人与遗嘱内容有直接的利害关系。所以，没有实际继承遗产的具有法定继承人资格的人不宜作为遗嘱见证人。这里所谓与继承人、受遗赠人有利害关系的人，既应包括继承人、受遗赠人的近亲属，也应包括继承人、受遗赠人的债权人、债务人、共同经营合伙人。除上述几种人外，其他人都有资格担当遗嘱见证人。

最后，遗嘱人要以口述的形式表示其处理遗产的真实意思，即要用语言向见证人口述遗嘱。一般要用当地通用的见证人能够听懂的语言进行陈述，语言要准确明了，不能含糊不清。遗嘱人采用了书面或录音形式所立的遗嘱则不是口头遗嘱。在司法实践中常会遇到针对旁人的提问遗嘱人所作的摇头或者点头的表示，或者是以手势的形式来表达意思的情况。这种表示是否应认定为口头遗嘱存有争议。如将点头、摇头和手势这些表示认定为口头遗嘱，此观点显然不符合我国《继承法》的立法原意。因为遗嘱人用点头或者摇头的方式表示其意思时，是必须借助他人的提问行为才能完成，这并不完全是遗嘱人自己的意思表示，极易曲解遗嘱人的真实意思；而使用手势的方式表达意思时，由于不同的人对同一手势的理解也有不同，也容易产生歧义。同时，点头、摇头和手势均没有以语言表达方式表示其意思，不符合法律所规定的口述的形式。所以，对点头、摇头或手势方式表示其意思的，均不能认定为口头遗嘱，对此种情况不能按遗嘱继承，应当按法定继承方式处理被继承人的遗产。但是对于聋哑人以手势方式来表示其意思的，而且是对在场的通晓哑语的见证人所作的表示，应当认定为口头遗嘱。遗嘱人的口头遗嘱必须是其真实意思表示，受胁迫、欺骗所立的口头遗嘱无效。见证人必须全面真实地将遗嘱人口头所述的处理其遗产的意思如实地转达给继承人或相关部门和机关，并尽量将遗嘱人的原话表述出来。由于我国《继承法》没有对口头遗嘱进行书面记录和录音的要求，极易造成见证人伪造、篡改口头遗嘱的情况发生。所以，见证人伪造遗嘱人的口头遗嘱无效，口头遗嘱被见证人篡改的，篡改的内容无效。

案例 42　这份自书遗嘱是否有效？遗产该怎么分配？

事情是这样的

张某某和李某某是一对夫妻，他们共有存款 5 万元。一天，张某某突然感到很不舒服，实在疼痛难忍被家人送去医院，可是还没有等到他到达医院，就没有了呼吸。

张某某上有老下有小。张某某家里有一个 70 多岁的老母亲和一对儿女。张某某的儿子张甲今年刚刚毕业参加工作，女儿张乙在读初中。在清理张某某遗物的时候，家人发现了张某某亲笔签名书写的一份遗嘱，并注明了年、月、日。遗嘱中提到 5000 元留给女儿张乙读书。另外，张某某死时，其妻子李某某怀孕四个月。因此，张某某书写的这份遗嘱是否有效？张某某家的财产究竟应该如何分割？

律师专线

首先需要确认遗嘱是否是死者真实的意思表示，本案中死者张某某的遗嘱属于自书遗嘱。依据《继承法》第 17 条的规定，自书遗嘱的生效要件是由遗嘱人亲自书写，签名，注明年、月、日。本案中张某某的自书遗嘱符合生效要件。只要没有证据表明这份遗嘱是死者生前被胁迫或被欺诈的情况下订立的，那么，该遗嘱就合法成立并生效。

其次需要确定本案中所涉及的财产哪些是死者的遗产。根据我国《继承法》第 26 条的规定：夫妻在婚姻关系存续期间所得的共同所有的财产，除有约定的以外，如果分割遗产，应当先将共同所有的财产的一半分出为配偶所有，其余的为被继承人的遗产。遗产在家庭共有财产之中的，遗产分割时，应当先分出他人的财产。因此，本案中死者张某某的遗产是2.5万元存款，而不是5万元存款。

再次就是被继承人遗产的分割问题。依据我国《继承法》第5条的规定，继承开始后，按照法定继承办理；有遗嘱的，按照遗嘱继承或者遗赠办理；有遗赠扶养协议的，按照协议办理。本案中，死者张某某作为被继承人，他的遗嘱如果有效，那遗产的分割首先应按照遗嘱继承，5000元由其女儿张乙继承。死者在遗嘱中没有涉及的2万元遗产，则按照法定继承办理。

本案中，张某某遗产的法定继承人有四个，分别是张某某的母亲、配偶李某某、儿子张甲以及女儿张乙。本案中共有四个继承人，但是遗嘱中没有涉及的那2万元遗产要被分割为5份。之所以要分成5份，是因为依据我国《继承法》第28条的规定，遗产分割时，应当保留胎儿的继承份额。所以，这5份分别是死者张某某的母亲、妻子、女儿、儿子，还有未出生的胎儿。如果胎儿出生时是活体的，张某某那2万元遗产就分为5份平均分配，每人4000元。其女儿由于有遗嘱继承5000元，加上法定继承4000元，实际继承9000元。如果胎儿出生时是死体的，依据我国《继承法》第28条的规定，那2万元遗产的继承就按照4个继承人继承，每人5000元。如果胎儿出生时是活的，但不久就死亡的，那胎儿的那部分遗产就发生转继承，转而由出生婴儿自己的继承人即婴儿的母亲来继承。

法律规范

中华人民共和国继承法

（1985年4月10日第六届全国人民代表大会第三次会议通过　自1985年10月1日起施行）

第二条　继承从被继承人死亡时开始。

第十条　遗产按照下列顺序继承：

第一顺序：配偶、子女、父母。

第二顺序：兄弟姐妹、祖父母、外祖父母。

继承开始后，由第一顺序继承人继承，第二顺序继承人不继承。没有第一顺序继承人继承的，由第二顺序继承人继承。

本法所说的子女，包括婚生子女、非婚生子女、养子女和有扶养关系的继子女。

本法所说的父母，包括生父母、养父母和有扶养关系的继父母。

本法所说的兄弟姐妹，包括同父母的兄弟姐妹、同父异母或者同母异父的兄弟姐妹、养兄弟姐妹、有扶养关系的继兄弟姐妹。

第十三条　同一顺序继承人继承遗产的份额，一般应当均等。

对生活有特殊困难的缺乏劳动能力的继承人，分配遗产时，应当予以照顾。

对被继承人尽了主要扶养义务或者与被继承人共同生活的继承人，分配遗产时，可以多分。

有扶养能力和有扶养条件的继承人，不尽扶养义务的，分配遗产时，应当不分或者少分。

继承人协商同意的，也可以不均等。

第十七条　公证遗嘱由遗嘱人经公证机关办理。

自书遗嘱由遗嘱人亲笔书写，签名，注明年、月、日。

代书遗嘱应当有两个以上见证人在场见证，由其中一人代书，注明年、月、日，并由代书人、其他见证人和遗嘱人签名。

以录音形式立的遗嘱，应当有两个以上见证人在场见证。

遗嘱人在危急情况下，可以立口头遗嘱。口头遗嘱应当有两个以上见证人在场见证。危急情况解除后，遗嘱人能够用书面或者录音形式立遗嘱的，所立的口头遗嘱无效。

第二十二条　无行为能力人或者限制行为能力人所立的遗嘱无效。

遗嘱必须表示遗嘱人的真实意思，受胁迫、欺骗所立的遗嘱无效。

伪造的遗嘱无效。

遗嘱被篡改的，篡改的内容无效。

第二十六条　夫妻在婚姻关系存续期间所得的共同所有的财产，除有约定的以外，如果分割遗产，应当先将共同所有的财产的一半分出为配偶所有，其余的为被继承人的遗产。

遗产在家庭共有财产之中的，遗产分割时，应当先分出他人的财产。

第二十七条　有下列情形之一的，遗产中的有关部分按照法定继承办理：

（一）遗嘱继承人放弃继承或者受遗赠人放弃受遗赠的；

（二）遗嘱继承人丧失继承权的；

（三）遗嘱继承人、受遗赠人先于遗嘱人死亡的；

（四）遗嘱无效部分所涉及的遗产；

（五）遗嘱未处分的遗产。

第二十八条　遗产分割时，应当保留胎儿的继承份额。胎儿出生时是死体的，保留的份额按照法定继承办理。

最高人民法院关于贯彻执行《中华人民共和国继承法》若干问题的意见

（1985 年最高人民法院审判委员会论通过　法（民）发〔1985〕22 号）

35. 继承法实施前订立的，形式上稍有欠缺的遗嘱，如内容合法，又有充分证据证明确为遗嘱人真实意思表示的，可以认定遗嘱有效。

37. 遗嘱人未保留缺乏劳动能力又没有生活来源的继承人的遗产份额，遗产处理时，应当为该继承人留下必要的遗产，所剩余的部分，才可参照遗嘱确定的分配原则处理。

继承人是否缺乏劳动能力又没有生活来源，应按遗嘱生效时该继承人的具体情况确定。

40. 公民在遗书中涉及死后个人财产处分的内容，确为死者真实意思的表示，有本人签名并注明了年、月、日，又无相反证据的，可按自书遗嘱对待。

专家释惑

这个案例，案情看似简单，但是涉及自书遗嘱的效力、遗嘱继承、法定继承、胎儿的继承份额和转继承等好几项继承法上的制度。

一、遗嘱的有效要件

公民立遗嘱是依法处分合法所有的个人财产的民事行为。遗嘱继承以存在合法有效的遗嘱为前提条件。有效遗嘱是指符合《继承法》及《民法通则》有关规定的遗嘱，凡违反《继承法》第 19 条、第 22 条及《民法通则》的有关规定的遗嘱无效；部分违反，部分无效。有效遗嘱必须具备以下实质要件：

（一）立遗嘱人必须具有立遗嘱能力

《继承法》第22条规定："无行为能力人或限制行为能力人所立的遗嘱无效。"无行为能力或限制行为能力人不具备真实表达自己意思的能力，也不具备与其相关的民事活动的责任能力，他们所立遗嘱，超越了法律规定的范围，法律规定其从事的民事活动无效，是为了保护他们的利益不受侵害。为此，最高人民法院《关于贯彻执行〈中华人民共和国继承法〉若干问题的意见》第41条规定："遗嘱人立遗嘱时必须有行为能力。无行为能力人所立的遗嘱，即使其本人后来有了行为能力，仍属无效遗嘱。遗嘱人立遗嘱时有行为能力，后来丧失了行为能力，不影响遗嘱的效力。"这也充分说明了立遗嘱人必须具有立遗嘱的能力。

（二）遗嘱内容必须是立遗嘱人的真实意思的表示

《继承法》第20条明确规定："遗嘱必须表示遗嘱人的真实意思，受胁迫、欺骗所立的遗嘱无效。伪造的遗嘱无效。遗嘱被篡改的，篡改的内容无效。"遗嘱人在遗嘱中确立的内容是处分自己生前合法所有的个人财产，立遗嘱人如果在胁迫等外在因素的压迫下立遗嘱，或遗嘱被人篡改、伪造，均是他人的意思的表示，他人无权处分财产所有人的遗产，只有财产所有人才能处分自己合法所有的遗产，因此，遗嘱一定要表示遗嘱人真实的意思，这也体现了对公民个人所有的财产的保护。

（三）遗嘱处分的遗产只能是个人合法所有的财产，处分其他财产无效

《继承法》第16条第1款规定："公民可以依照本法规定立遗嘱处分个人财产。"此款界定了遗嘱处分的财产是公民个人财产，凡是违反这一规定的遗嘱无效。最高人民法院《关于贯彻执行〈中华人

民共和国继承法〉若干问题的意见》第38条规定“遗嘱人以遗嘱处分了属于国家、集体或他人所有的财产，遗嘱的这部分无效”，充分说明遗嘱人在遗嘱中处分的遗产只限于个人财产，凡超越这个界限的无效。

（四）遗嘱中不得取消缺乏劳动能力又没有生活来源的继承人的继承权

《继承法》第19条规定“遗嘱中应当为缺乏劳动能力又没有生活来源的继承人保留必要的份额”，这部分人缺乏劳动能力或者丧失劳动能力，同时又没有生活来源或者有生活来源，但不足以维护基本生活，如果剥夺其继承权，将造成其生存危机，因此剥夺这类人继承权的遗嘱无效。

（五）遗嘱中应保留胎儿的继承份额

《继承法》第28条规定“遗产分割时，应保留胎儿的继承份额”。被继承人死亡时，胎儿还未出生，在分割遗产时应保留胎儿的继承份额。这是因为被继承人死亡，承担抚育子女的责任、义务也随之消失，但胎儿是需要抚育的，保留胎儿的继承份额，可以最大限度地满足其成长需要，减轻生存压力。最高人民法院《关于贯彻执行〈中华人民共和国继承法〉若干问题的意见》第45条规定，应当为胎儿保留的遗产份额没有保留的，应当从继承人继承的遗产中扣回，也就是说，扣回胎儿应继承的份额后，其他继承人继承的遗产才有效。

二、自书遗嘱的效力

自书遗嘱是指遗嘱人亲笔书写的书面遗嘱，遗嘱人有权依照法律的规定，根据自己的意志对死后的财产预先作出处分。

自书遗嘱应当包括下列内容，否则将导致遗嘱无效：

（1）遗嘱人书写遗嘱内容。遗嘱人应亲自书写遗嘱全文，这样既可以真实表达遗嘱人的意思，又可防止他人伪造、篡改、添加遗嘱内容。

(2) 遗嘱人在自己书写的遗嘱上注明书写的年、月、日和地点。订立遗嘱的时间对遗嘱的效力有一定的影响，如不同书面遗嘱的内容相矛盾时，应以时间在后的书面遗嘱为准。同时，订立遗嘱的时间有时也可证明遗嘱内容的真伪。

(3) 遗嘱人亲笔签名。

(4) 自书遗嘱中如需涂改、增删，应当在涂改、增删内容的旁边注明涂改、增删的字数，且应在涂改、增删处另行签名。最高人民法院《关于贯彻执行〈中华人民共和国继承法〉若干问题的意见》第40条规定："公民在遗书中涉及死后个人财产处分的内容，确为死者真实意思表示，有本人签名并注明了年、月、日，又无相反证据的，可按自书遗嘱对待。"

（二）遗嘱的撤销、变更与执行

内容提要

遗嘱的撤销和变更是指遗嘱人以一定的方式对原来所立遗嘱的部分或全部内容予以废止的行为。

遗嘱撤销和变更的方式有以下几种：1. 遗嘱人另立新的遗嘱，并且在新的遗嘱中明确声明撤销或变更原来所立的遗嘱。2. 遗嘱人前后立了几个遗嘱，虽然在后面的遗嘱中并未明确宣布前面的遗嘱撤销或变更，但是，前后遗嘱的内容若相抵触时，则应当以最后所立合法有效遗嘱为准，前面所立的遗嘱视为被撤销；前后遗嘱的内容部分相抵触的，可视为遗嘱的变更。3. 遗嘱人可以通过自己的与遗嘱内容相抵触的行为，撤销、变更原来所立的遗嘱。

只要符合撤销或变更的条件，遗嘱撤销或变更作出之时即可发生效力。

案例43　出嫁女是否有财产继承权？

事情是这样的

2005年，身为女儿的关某某状告自己的老父亲关大爷，请求法院确认关某某的弟弟所书写的遗嘱合法有效。为什么女儿会状告父亲呢？事情是这样的：76岁的被告关大爷是广州一家公司的退休职工。关大爷和妻子总共生育了三个子女：一个女儿和两个儿子，其中长女就是本案的原告。2004年10月2日，关大爷的儿子（长子）因病前往医院治疗。同年11月17日，在医院接受治疗的儿子书写了一份遗书交给姐姐，也就是本案的原告关某某。这份遗书中，关大爷的这个儿子将自己后事的料理托付给姐姐（本案原告）处理，并自愿将其本人所有的财产赠与姐姐。遗嘱书写的内容上，遗嘱的前两行为蓝色圆珠笔书写，后几行改用黑色水笔写完。2004年12月20日，关大爷的这个儿子病逝。原告关某某和自己的女儿以及自己的老父亲（被告关大爷）共同料理了死者的后事。

后事处理完毕之后，原告关某某和被告关大爷双方在死者遗产处理问题上产生分歧。为此，关某某向法院状告父亲，请求法院确认自己弟弟所写遗书的效力。

法院在审理过程中查明，被告关大爷的妻子和第二个儿子早已去世，关大爷的长子（本案的被继承人，也就是死者）没有子女。但是次子留下了一个儿子，尚在读书。

审理过程中，原告关某某声称，自己的弟弟生前立有遗嘱一份，明确其遗产全部归关某某继承，但父亲却拒绝承认该遗嘱的法律效力，现请求法院依法确认其效力。

被告关大爷辩称，他并不清楚其大儿子生前写遗嘱的事，尽管其大儿子死后无子女，但其次子仍有一个正在读书的儿子，是关家的孙子，死者的遗产是关家的，即使大儿子无子女继承，也应由其侄子继承，已出嫁的姑娘依照习俗不应再享有继承权；同时，该遗嘱既是用两种笔墨书写又有涂改现象，故请法院认定该遗嘱无效。

法院审理后认为，公民对其个人所有的财产依法享有处分权。农村习俗与法律相冲突时，当事人应当尊重法律规定。本案死者在自知其将不久于人世时，书写遗嘱将其后事的料理托付给原告，并将自己的财产赠与原告，系其真实意思的表示；该遗书虽有涂改，但无相反意思表示，故不影响遗书的效力，因而，应依法确认死者所写遗书合法有效。

律师专线

本案中，受案法院的审理裁决是合法合理的。因为本案中，被继承人（死者）通过自书遗嘱合法处置自己的财产，虽然本案的原告关某某作为死者的姐姐，只是第二顺序的法定继承人之一，但是这并不妨碍死者书写遗嘱的合法性，以及关某某作为遗嘱继承人的合法性。

从本案的情况看，死者（被继承人）所写书面遗嘱符合遗嘱成立的条件（立遗嘱的人具有完全民事行为能力、所立遗嘱是其真实意思表示、处分的是有权处分的自己的合法财产、遗嘱的内容和形式合法），且不存在全部或部分无效情形，故依法应确认遗嘱的效力。而身为被告的父亲以当地农村习俗为由，要求死者遗产由其孙子（死者侄子）继承的想法与法无据，不能予以支持。

法律规范

中华人民共和国继承法

（1985 年 4 月 10 日第六届全国人民代表大会第三次会议通过　自 1985 年 10 月 1 日起施行）

第二条　继承从被继承人死亡时开始。

第十条　遗产按照下列顺序继承：

第一顺序：配偶、子女、父母。

第二顺序：兄弟姐妹、祖父母、外祖父母。

继承开始后，由第一顺序继承人继承，第二顺序继承人不继承。没有第一顺序继承人继承的，由第二顺序继承人继承。

本法所说的子女，包括婚生子女、非婚生子女、养子女和有扶养关系的继子女。

本法所说的父母，包括生父母、养父母和有扶养关系的继父母。

本法所说的兄弟姐妹，包括同父母的兄弟姐妹、同父异母或者同母异父的兄弟姐妹、养兄弟姐妹、有扶养关系的继兄弟姐妹。

第十三条　同一顺序继承人继承遗产的份额，一般应当均等。

对生活有特殊困难的缺乏劳动能力的继承人，分配遗产时，应当予以照顾。

对被继承人尽了主要扶养义务或者与被继承人共同生活的继承人，分配遗产时，可以多分。

有扶养能力和有扶养条件的继承人，不尽扶养义务的，分配遗产时，应当不分或者少分。

继承人协商同意的，也可以不均等。

第十六条　公民可以依照本法规定立遗嘱处分个人财产，并可以指定遗嘱执行人。

公民可以立遗嘱将个人财产指定由法定继承人的一人或者数人继承。

公民可以立遗嘱将个人财产赠给国家、集体或者法定继承人以外的人。

第十七条　公证遗嘱由遗嘱人经公证机关办理。

自书遗嘱由遗嘱人亲笔书写，签名，注明年、月、日。

代书遗嘱应当有两个以上见证人在场见证，由其中一人代书，注明年、月、日，并由代书人、其他见证人和遗嘱人签名。

以录音形式立的遗嘱，应当有两个以上见证人在场见证。

遗嘱人在危急情况下，可以立口头遗嘱。口头遗嘱应当有两个以上见证人在场见证。危急情况解除后，遗嘱人能够用书面或者录音形式立遗嘱的，所立的口头遗嘱无效。

第二十二条　无行为能力人或者限制行为能力人所立的遗嘱无效。

遗嘱必须表示遗嘱人的真实意思，受胁迫、欺骗所立的遗嘱无效。

伪造的遗嘱无效。

遗嘱被篡改的，篡改的内容无效。

专家释惑

本案涉及的主要法律问题是遗嘱继承的成立条件和遗嘱的有效条件。

遗嘱继承是指被继承人依照规定在生前用书面或口述的方式对自己的财产在其死后如何处分、遗产由哪些人继承、各人继承多少等问题所作的嘱咐。继承开始后，继承人按照遗嘱进行继承。立遗嘱人叫遗嘱人，接受遗嘱继承财产的人叫遗嘱继承人。法律规定遗嘱继承体现了对公民个人财产权的尊重。《民法通则》第 71 条规定："财产所有权是指所有人依法对自己的财产享有占有、使用、收益和处分的权利。"《继承法》第 16 条第 1 款规定："公民可以依照本法规定立遗嘱处分个人财产，并可以指定遗嘱执行人。"遗嘱继承优先于法定继承，被继承人生前立有遗嘱的，死后的继承应照其遗嘱办，无遗嘱的，按法定继承办。

哪些人可以成为遗嘱继承人？《继承法》第 16 条第 2 款规定："公民可以立遗嘱将个人财产指定由法定继承人的一人或数人继承。"因此，遗嘱继承人是有一个特定范围的，这范围就是法定继承人的范围，但是不受继承顺序的限制，这是遗嘱继承与法定继承的一个重要区别。《继承法》第 10 条规定了法定继承人的范围，即配偶、子女、父母（第一顺序），兄弟姐妹、祖父母、外祖父母（第二顺序）。如果上述法定继承人以外的人根据遗嘱接受财产的，只能按照遗赠处理。

有效的遗嘱必须具备如下条件：

（一）遗嘱人必须要有完全民事行为能力。最高人民法院《关于贯彻执行〈中华人民共和国继承法〉若干问题的意见》第 41 条规定："遗嘱人立遗嘱时必须有行为能力。无民事行为能力的人所立的遗嘱，即使其本人后来有了行为能力，仍属无效遗嘱。遗嘱人立遗嘱时有行为能力，后来丧失了行为能力，不影响遗嘱的效力。"患有聋、哑、盲等生理缺陷而无精神病的成年人，他们是有完全行为能力的，因此他们也可以立遗嘱。

（二）遗嘱人所立的遗嘱必须是其真实意思表示。意思表示不真实具体体现在如下几种情况中：1. 胁迫遗嘱人所立的遗嘱；2. 欺骗遗嘱人所立的遗嘱；3. 被非遗嘱人假造的遗嘱；4. 被篡改的遗嘱；5. 遗嘱人在神志不清的状态下所立的遗嘱。《继承法》第22条第2、第3、第4款规定："遗嘱必须表示遗嘱人的真实意思，受胁迫、欺骗所立的遗嘱无效。伪造的遗嘱无效。遗嘱被篡改的，篡改的内容无效。"

（三）遗嘱人对遗嘱所处分的财产必须是有处分权的。在现实生活中，常见到丈夫立遗嘱不经妻子同意便处分了全部夫妻财产的情形。另外，最高人民法院《关于贯彻执行〈中华人民共和国继承法〉若干问题的意见》第39条规定："遗嘱人生前的行为与遗嘱的意思表示相反，而使遗嘱处分的财产在继承开始前灭失、部分灭失或所有权转移、部分转移的，遗嘱视为被撤销或部分撤销。"

（四）遗嘱的内容必须合法。内容不合法的遗嘱主要有三种情况：1. 遗嘱取消了缺乏劳动能力又没有生活来源的继承人的继承权；2. 遗嘱没有为胎儿保留必要的继承份额；3. 遗嘱内容违反其他法律。

（五）遗嘱的形式必须合法。遗嘱可采用公证、自书、代书、录音、口头等形式。

案例44 公证遗嘱和自书遗嘱，哪份有效？王大爷的遗产该如何执行？

事情是这样的

王大爷有两个儿子，大儿子叫王甲，二儿子叫王乙。王甲有一个孩子叫小文。王大爷70岁那年在当地公证处立了一份公证遗嘱。遗嘱中，王大爷表示自己的所有遗产都由大儿子王甲继承。

王大爷的大儿子王甲身体不是很好。在他得知了父亲所立的公证遗嘱之后，自己也写了一份遗嘱，并签名，注明了年、月、日。在这份自书遗嘱中，王甲表示，自己的所有财产都将留给自己的儿子（即王大爷的孙子）小文，不过，所有从父亲王大爷那里继承的遗产都归弟弟王乙所有。

王大爷得知了大儿子所立的遗嘱之后，十分感动。他在自己大儿子的遗嘱下加了一个注“按王甲的意思办，但要留给小文10万元”。不久之后，王大爷的大儿子王甲因病去世，王大爷因为悲伤过度，不久也离开了人世。请问，面对王大爷的公证遗嘱和王甲的自书遗嘱，这些财产应该怎样继承？小文能否代替他父亲王甲继承爷爷的公证遗嘱中指定继承的那部分遗产？王大爷能否修改大儿子王甲的遗嘱？

律师专线

这个案例中，首先要说明的是，王大爷无权修改大儿子王甲的遗嘱。因为遗嘱是公民（被继承人）生前在法律允许的范围内按照法定方式对其死后个人合法财产所作的处分，并于被继承人死亡时发生效力的法律行为。遗嘱可以是自书遗嘱，即公民自己书写的、具备相应要件的一种法律文书。自书遗嘱如果出现修改的地方，一定要立遗嘱人（被继承人）签名。他人修改或增加的部分无效。

其次，小文无权代位继承爷爷（王大爷）公证遗嘱中指定给王甲的遗产（即遗嘱中所说的所有遗产）。虽然王大爷的遗嘱是公证遗嘱，王甲的遗嘱是自书遗嘱，但是并不是王大爷的公证遗嘱效力优先于王甲的自书遗嘱，因为所谓公证遗嘱效力大于自书遗嘱的前提是同一个人所立的不同形式的遗嘱之间的效力问题。这里是不同人所立遗嘱，因此不存在效力大小问题。此外，小文之所以不能代位继承，是因为代位继承只适用于法定继承，而不适用于遗嘱继承。遗嘱继承中，继承人先于被继承人死亡的，遗嘱所涉部分的财产转而适用法定继承。

再次，本案例中，小文有权代替他父亲王甲继承王大爷遗产中属于法定继承的那一部分（遗产的一半），即本案存在法定继承中的代位继承。当王大爷公证遗嘱中的继承人先于被继承人王大爷先死亡时，公证遗嘱不发生效力，此时，王大爷的遗产适用法定继承——由王大爷的二儿子王乙和王大爷大儿子王甲的孩子小文两人继承。其中，王乙是法定的第一顺序继承人，而小文是代位王甲成为继承人，即代位继承。其法律依据是我国《继承法》第 11 条“被继承人的子女先于被继承人死亡的，由被继承人的子女的晚辈直系血亲代位继承。代位继承人一般只能继承他的父亲或者母亲有权继承的遗产份额”。

注意

本案例中，一定要注意，王大爷修改大儿子王甲自书遗嘱的行为无效。王甲在自书遗嘱中规定，从父亲那里继承来的财产归自己的弟弟。这并不发生放弃继承遗产的效果，因为当时王大爷还没有死亡，这不属于放弃继承遗产。只有这种表示发生在被继承人死亡后遗产分割前，才有如此效果。

王甲先于王大爷死亡，王大爷的公证遗嘱也不生效，而是转而适用法定继承。

法律规范

中华人民共和国继承法

（1985 年 4 月 10 日第六届全国人民代表大会第三次会议通过　自 1985 年 10 月 1 日起施行）

第二条　继承从被继承人死亡时开始。

第十条　遗产按照下列顺序继承：

第一顺序：配偶、子女、父母。

第二顺序：兄弟姐妹、祖父母、外祖父母。

继承开始后，由第一顺序继承人继承，第二顺序继承人不继承。没有第一顺序继承人继承的，由第二顺序继承人继承。

本法所说的子女，包括婚生子女、非婚生子女、养子女和有扶养关系的继子女。

本法所说的父母，包括生父母、养父母和有扶养关系的继父母。

本法所说的兄弟姐妹，包括同父母的兄弟姐妹、同父异母或者同母异父的兄弟姐妹、养兄弟姐妹、有扶养关系的继兄弟姐妹。

第十一条　被继承人的子女先于被继承人死亡的，由被继承人的子女的晚辈直系血亲代位继承。代位继承人一般只能继承他的父亲或者母亲有权继承的遗产份额。

第十六条　公民可以依照本法规定立遗嘱处分个人财产，并可以指定遗嘱执行人。

公民可以立遗嘱将个人财产指定由法定继承人的一人或者数人继承。

公民可以立遗嘱将个人财产赠给国家、集体或者法定继承人以外的人。

第十七条　公证遗嘱由遗嘱人经公证机关办理。

自书遗嘱由遗嘱人亲笔书写，签名，注明年、月、日。

代书遗嘱应当有两个以上见证人在场见证，由其中一人代书，注明年、月、日，并由代书人、其他见证人和遗嘱人签名。

以录音形式立的遗嘱，应当有两个以上见证人在场见证。

遗嘱人在危急情况下，可以立口头遗嘱。口头遗嘱应当有两个以上见证人在场见证。危急情况解除后，遗嘱人能够用书面或者录音形式立遗嘱的，所立的口头遗嘱无效。

第二十二条　无行为能力人或者限制行为能力人所立的遗嘱无效。

遗嘱必须表示遗嘱人的真实意思，受胁迫、欺骗所立的遗嘱无效。

伪造的遗嘱无效。

遗嘱被篡改的，篡改的内容无效。

第二十五条　继承开始后，继承人放弃继承的，应当在遗产处理前，作出放弃继承的表示。没有表示的，视为接受继承。

受遗赠人应当在知道受遗赠后两个月内，作出接受或者放弃受遗赠的表示。到期没有表示的，视为放弃接受遗赠。

专家释惑

这个案例涉及遗嘱的撤销与变更，以及不同人的遗嘱规定不同时的执行问题。

遗嘱的生效要从遗嘱人死亡开始，是属于附生效条件的契约，其生效要件就是被继承人的死亡。同时，遗嘱是立遗嘱人（被继承人）单方的意思表示，在其生前随时可以改变自己的意思表示，允许撤销或变更遗嘱。《继承法》第20条明确规定“遗嘱人可以撤销、变更自己所立的遗嘱”。

一、遗嘱的撤销与变更

遗嘱的撤销，是指遗嘱人对于自己原来所立的遗嘱加以废止，使还没有发生法律效力的遗嘱在将来不因其死亡而发生法律效力。公民可以自由地订立遗嘱，处分自己死后的财产；也可以随时随地撤销或者变更自己所立的遗嘱。遗嘱的变更，是指遗嘱人改变遗嘱的部分内容，使部分遗嘱内容失效，或是对遗嘱所作的补充。我国《继承法》第20条第1款规定：“遗嘱人可以撤销、变更自己所立的遗嘱。”

公民撤销或者变更自己所立的遗嘱一般有以下几种方式：

1. 用一定的方式声明撤销或变更原遗嘱。遗嘱人可以以书面形式向原订立遗嘱的公证机关，或原遗嘱的代书人、见证人声明撤销或变更原遗嘱。

2. 以立新遗嘱的方式使原遗嘱丧失法律效力。《继承法》第20条第2款规定：“立有数份遗嘱，内容相抵触的，以最后的遗嘱为准。”最高人民法院《关于贯彻执行〈中华人民共和国继承法〉若干问题的意见》第42条规定：“遗嘱人以不同形式立有数份内容相抵触的遗嘱，有公证遗嘱的，以最后所立公证遗嘱为准，没有公证遗嘱的，以最后的遗嘱为准。”也就是说，遗嘱人在订立的新遗嘱中，不论是否明确表示撤销原遗嘱，只要前后两个遗嘱内容相抵触时，即意味着前一遗嘱被后一遗嘱撤销，部分抵触的，部分撤销；全部抵触的，全部撤销。但是，按照《继承法》第20条第3款的规定，如果遗嘱人原所立的是公证遗嘱，在撤销时，仍需要到原公证机关办理，自书、代书、录音、口头遗嘱均不得撤销原公证遗嘱。

3. 遗嘱人的行为与遗嘱相抵触时，其抵触行为则被视为对原遗嘱的撤销或变更。最高人民法院《关于贯彻执行〈中华人民共和国继承法〉若干问题的意见》第39条规定："遗嘱人生前的行为与遗嘱的意思表示相反，而使遗嘱处分的财产在继承开始时灭失、部分灭失或所有权转移、部分转移的，遗嘱视为被撤销或部分被撤销。"

二、遗嘱内容冲突如何处理

同一份遗嘱里对财产处分有冲突的——遗嘱人在同一份遗嘱里对某一财产作出两次或两次以上不同处分，且这些处分相互矛盾的，对该财产的处分无效，所涉及的财产按照法定继承来处理。

同一当事人所立的前后几个遗嘱相互有冲突的：

1. 以公证遗嘱的内容为准。

法律依据：公证遗嘱的效力高于其他形式的遗嘱的效力。自书、代书、录音、口头遗嘱，不得撤销、变更公证遗嘱。即使公证遗嘱订立的时间在自书、代书、录音、口头遗嘱之前，也以公证遗嘱为准。

2. 有两份以上内容相冲突的公证遗嘱，以最后的公证遗嘱为准。

3. 立有数份遗嘱，内容相抵触的，如果遗嘱人立有两个或两个以上的自书、代书、录音或者口头遗嘱，有明确的立遗嘱的年、月、日的，以最后的遗嘱为准。

4. 数份无法确定订立时间的且相互冲突的遗嘱：

立有数份内容互相矛盾的遗嘱，如果其中没有公证遗嘱，自书、代书、录音或者口头形式的遗嘱又没有注明订立遗嘱的年、月、日，无法确定时间先后的，那么遗嘱则全部无效，遗产按法定继承方式来处理。

5. 如有两份以上有效遗嘱，其遗嘱内容不矛盾的，则各个遗嘱分别发生其效力。

注意

上述的遗嘱之间的冲突，都是指同一个当事人所订立的不同遗嘱，而不涉及不同当事人的遗嘱。记住，遗嘱必须表示遗嘱人的真实意思，受胁迫、欺骗所立的遗嘱无效；伪造的遗嘱无效；遗嘱被篡改的，篡改的内容无效。

案例 45　姜女士的起诉是否过了两年的诉讼时效？她还能否继承父亲死后才获得产权的房子？

事情是这样的

姜女士和她年近 80 岁高龄的继母发生了遗产纠纷，并闹上了法庭。这母女俩到底有什么样的矛盾要闹上法庭呢？事情的起因源于姜女士父亲生前购买的一套住房。

姜女士的父亲姜老先生逝世于 2001 年 12 月，姜老先生生前与老伴也就是姜女士的继母金老太太有一套两居室住房。姜老先生去世后，金老太太搬出了这套房子回到辽宁老家。由于姜女士的工作单位离这套房子很近，所以她便打算搬来居住，可是却迟迟不能进门。原来姜女士给在辽宁的继母打去电话，说明自己的想法后，继母表示等自己从辽宁回来后再给她开门，让姜女士进去住。可这一等就是好几个月，后来继母干脆表示自己不回了。于是姜女士便将她的继母金老太太告上了法庭。

作为被告的金老太太由于年事已高并没有出庭，而是由她的代理人及律师代替她出庭。在金老太太的律师看来，对于这套住房，姜女士根本就没有居住的权利。金老太太的律师称，这个房子确系姜老先生和金老太太在婚姻存续期间取得的，但是所交付的房款，有一部分是在姜老先生生前交付的，有一部分是在姜老先生死后由金老太太个人交付的。在姜老先生去世后，房子的产权证才下来，产权便直接变更到了金老太太名下，因此这个房屋应该确认为金老太太的房屋。

对于继母律师的这种说法，姜女士并不认同。她向法院出示了一份父亲姜老先生生前所立的遗嘱，在遗嘱中姜老先生表示在自己去世后，该套住房中的二分之一归女儿姜女士所有。姜女士说："父亲之所以给我留这个房，是因为父亲死后我在北京就没有什么亲人了，我嫁了一个丈夫是二婚，我自己不能生孩子，所以他的孩子不是我的，我在那边也受欺负，所以我父亲才给我留这房，说如果我要是离婚，好歹也有个落脚的地方。"说到父亲的遗嘱，姜女士不禁落泪。

对于姜女士提供的这份遗嘱的真伪，金老太太的律师并没有质疑。但是他认为，按照《继承法》的规定，继承诉讼的期限是两年，时间从被继承人生理死亡或宣告死亡之日开始。姜老先生于 2001 年 12 月去世，现在已经是 2004 年，所以本案已经超过了法定诉讼时效，并且对该遗嘱的有效性提出了质疑。按照《继承法》规定，它是属于公民死亡时遗留的个人合法的所有财产，但是这个房屋从目前证据来看，是在被继承人死亡后取得的，而且房屋的合法的所有人是被告金老太太，所以原告所持有的遗嘱，他们认为是无效遗嘱，是不能进行遗产分割的。

原、被告双方所争议的房屋的房产证是于 2002 年 2 月发放的，此时姜老先生已经去世。但姜女士认为该住房是她父亲去世前用两位老人的工龄折价购买的，她父亲与金老太太是夫妻关系，所以这套房屋理应是她父亲的合法财产，并且金老太太一直对她隐瞒了房产证的事情。

姜女士说："我父亲去世没多久我就问过继母金老太太，房产证下来没有，她说没有，我一直都不知道房产证是什么时候下来的。2004 年 4 月，金老太太委托别人找我谈卖房一事，我不卖，那位受委托来的人就说我的遗嘱是无效的，我才知道我的权利被侵犯了。"

所以，主要的法律问题是姜老先生的遗嘱处分了他并没有获得产权证的房子，这遗嘱是否有效？姜女士的起诉是否超过了诉讼时效？她能否获得该争议房产的一半？

律师专线

一、姜老先生能否处分他没有获得产权证的房子？这样的遗嘱是否有效？

这个问题其实是关于姜老先生遗产的认定问题，即死后取得产权的房子，该房子的一半是否是姜老先生的遗产，能否通过遗嘱加以处分。

产权证是在姜老先生死后取得的，这对房屋的归属应该没有特别的影响，只要有充分的证据证明房子当初是姜老先生也出资共同购买的即可。产权证是证明不动产权属的最重要的证明文件。持有与自己的姓名相同的房产证，就证明持证人是该房产的所有权人。金老太太持有该房产的产权证，原则上应当视她为该房产的所有权人。但是，如果有证据证明该房产还有其他所有权人的，也可以变更所有权登记。按照介绍的案情，该房产确实是姜老先生和金老太太共同出资购买的，那应当是共有的。可以举出证据证明这种主张，确定该房产为共有。那么，其中就有一半的财产是属于姜老先生的，在他过世后，就属于遗产范围了。对这一半的房产，姜老先生当然具有处分权，他处分的是个人合法财产，也就是说这样的遗嘱是有效的。

另外，姜女士的继母金老太太没有权利去变更产权证。继母金老太太对于夫妻在婚姻存续期间共同取得的财产，只能作为共有人之一，与其丈夫共同享有该房产的所有权。在其丈夫去世之后，这个房子的一半应当列入遗产范围，成为所有法定继承人的继承标的。房子的另一半，属于金老太太自己所有。在姜老先生去世之后，金老太太将自己与姜老先生共同所有的房产变更到自己的名下，成为自己享有所有权的房产，侵害了其他继承人的继承权。因此，金老太太没有经过其他继承人的同意，就将该房产变更登记为自己的房产，是错误的，她没有权利这样做。

二、姜女士的继承诉讼是否超过了诉讼时效？继承诉讼的时效怎么计算？

遗嘱继承的诉讼时效，适用的是我国《继承法》第 8 条规定的诉讼时效制度。一般的诉讼时效是 2 年，最长诉讼时效是 20 年。继承诉讼时效的起始时间，是从继承人知道或者应当知道继承权被侵害之日起计算，而不是从被继承人死亡的时候开始。在姜女士不知道或者不可能知道自己父亲的房产已经被登记为金老太太单独所有之前，不能计算诉讼时效。因为金老太太将其与姜老先生共有的房产登记为自己所有，是秘密进行的，姜女士无法知道。因此，只有在自己知道了房屋产权变更的时候，才能够开始计算诉讼时效。

由此可知，姜女士的起诉没有超过诉讼时效。因为依据案情，姜女士是在 2004 年 4 月才知道房产产权变更的事实，也就是说，在 2004 年 4 月她才知道自己的权利被侵害。从这个时候计算诉讼时效，本案的原告姜女士提出诉讼请求是在知道权利被侵害之后的 2 年内提出的，当然没有超过诉讼时效期间。

三、这个房子姜女士能否得到一半的房产？

这个问题其实是关于姜老先生遗嘱的效力问题。姜女士能否获得一半的房产，这要看姜女士出具的她父亲的遗嘱是不是有效的遗嘱。如果是有效遗嘱，则姜女士就可以得到该房产的一半，相当于姜老先生把自己的遗产全部通过遗嘱让女儿继承。如果姜老先生的遗嘱无效，则他的遗产（一半的房产）不能按照遗嘱继承，而是应当按照法定继承的规则进行继承，也就是说，作为房产一半的遗产由姜女士和金老太太两个法定继承人继承，姜女士能够分得该房产的四分之一，即遗产的一半，而金老太太能得到另外一半遗产（四分之一的房产），加上她原来自己的那部分（一半的房产），则金老太太最后占这套房子的四分之三的产权。

本案例中，姜老先生的遗嘱是否有效呢？这就要看遗嘱的真实性和合法性。本案例中，姜老先生的遗嘱属于我国《继承法》第 17 条第 2 款的自书遗嘱，对于房子的一半，姜老先生确实有处分权，这是合法的。所以，只要能够证明该遗嘱确系姜老先生所写，是真实的，就可以确定该遗嘱是真实的、有效的。因此，姜女士最后能因为父亲的有效遗嘱获得该房产的一半，即继承父亲的全部遗产。

法律规范

中华人民共和国继承法

（1985 年 4 月 10 日第六届全国人民代表大会第三次会议通过　自 1985 年 10 月 1 日起施行）

第二条　继承从被继承人死亡时开始。

第三条　遗产是公民死亡时遗留的个人合法财产，包括：

（一）公民的收入；

（二）公民的房屋、储蓄和生活用品；

（三）公民的林木、牲畜和家禽；

（四）公民的文物、图书资料；

（五）法律允许公民所有的生产资料；

（六）公民的著作权、专利权中的财产权利；

（七）公民的其他合法财产。

第五条　继承开始后，按照法定继承办理；有遗嘱的，按照遗嘱继承或者遗赠办理；有遗赠扶养协议的，按照协议办理。

第七条　继承人有下列行为之一的，丧失继承权：

（一）故意杀害被继承人的；

（二）为争夺遗产而杀害其他继承人的；

（三）遗弃被继承人的，或者虐待被继承人情节严重的；

（四）伪造、篡改或者销毁遗嘱，情节严重的。

第八条　继承权纠纷提起诉讼的期限为二年，自继承人知道或者应当知道其权利被侵犯之日起计算。但是，自继承开始之日起超过二十年的，不得再提起诉讼。

第十六条　公民可以依照本法规定立遗嘱处分个人财产，并可以指定遗嘱执行人。

公民可以立遗嘱将个人财产指定由法定继承人的一人或者数人继承。

公民可以立遗嘱将个人财产赠给国家、集体或者法定继承人以外的人。

第十七条　公证遗嘱由遗嘱人经公证机关办理。

自书遗嘱由遗嘱人亲笔书写，签名，注明年、月、日。

代书遗嘱应当有两个以上见证人在场见证，由其中一人代书，注明年、月、日，并由代书人、其他见证人和遗嘱人签名。

以录音形式立的遗嘱，应当有两个以上见证人在场见证。

遗嘱人在危急情况下，可以立口头遗嘱。口头遗嘱应当有两个以上见证人在场见证。危急情况解除后，遗嘱人能够用书面或者录音形式立遗嘱的，所立的口头遗嘱无效。

第二十二条　无行为能力人或者限制行为能力人所立的遗嘱无效。

遗嘱必须表示遗嘱人的真实意思，受胁迫、欺骗所立的遗嘱无效。

伪造的遗嘱无效。

遗嘱被篡改的，篡改的内容无效。

最高人民法院关于贯彻执行《中华人民共和国继承法》若干问题的意见

（1985 年最高人民法院审判委员会通过　法（民）发〔1985〕22 号）

15．在诉讼时效期间内，因不可抗拒的事由致继承人无法主张继承权利的，人民法院可按中止诉讼时效处理。

16．继承人在知道自己的权利受到侵犯之日起的二年之内，其遗产继承权纠纷确在人民调解委员会进行调解期间，可按中止诉讼时效处理。

17．继承人因遗产继承纠纷向人民法院提起诉讼，诉讼时效即为中断。

18．自继承开始之日起的第 18 年后至第 20 年期间内，继承人才知道自己的权利被侵犯的，其提起诉讼的权利，应当在继承开始之日起的 20 年之内行使，超过 20 年的，不得再行提起诉讼。

专家释惑

本案例涉及的法律问题主要有遗产的认定与范围，遗产继承诉讼的时效期间和起算时间，以及遗嘱的效力问题。

一、遗产的认定与范围

遗产是指继承权的标的。我国《继承法》第 3 条明确规定，遗产只能是公民死亡时遗留的个人合法财产。由此可知，遗产必须是一种财产，而人身权利与人身义务则不能通过继承转给继承人，比如抚养费。遗产是财产性权利义务的统一体，不能只继承遗产，而不承担相应的财产义务。此外，遗产必须是公民的个人合法财产。非法取得的财产，不能作为遗产，比如赌博的赌资。其他人的财产，也不能作为遗产。我国《继承法》第 3 条通过列举的方式规定了遗产的范围。财产不一定是有形的财产，比如房屋、林木、牲畜，也可以是无形的财产权，比如公民个人的商标专用权、发现发明权中的财产性权利，个体户或私营企业中的名称权或商号权也可以作为遗产。

二、遗产继承诉讼的时效期间及其起算

诉讼时效是指权利人通过诉讼程序请求人民法院保护其民事权利的有效时间。继承人的继承权受到侵害时，继承人有权通过诉讼程序请求人民法院保护其继承权。这就涉及一个问题，当事人应当在多长的期限内请求法院保护其权益？也就是说继承诉讼的时效期间为多长？如何起算诉讼时效期间？对此，我国《继承法》第8条有明确规定："继承权纠纷提起诉讼的期限为二年，自继承人知道或者应当知道其权利被侵犯之日起计算。但是，自继承开始之日起超过二十年的，不得再提起诉讼。"由此可见，继承人行使遗产请求权必须在法定期限内进行，也就是说从知道或应当知道自己的权利受到侵害之日起算，而不是自被继承人（死者）死亡之日起算。从知道权利受到侵害之日起，两年内必须主张权利，否则视为诉讼时效期间已过。所谓20年是指，当事人不知道，而且始终不知道自己的权利受到了侵害，这是法律保护其继承权益的最长期间。也就是说，即便当事人不知道自己权利受到侵害，如果自继承之日起超过20年，继承人就丧失了诉权，即使提起诉讼，也没有胜诉权。

但是这其中诉讼时效期间适用我国民事诉讼中的时效中止、中断的相关规定。依据最高人民法院《关于贯彻执行〈中华人民共和国民法通则〉若干问题的意见》第177条的规定可知，"继承的诉讼时效按继承法的规定执行。但继承开始后，继承人未明确表示放弃继承的，视为接受继承，遗产未分割的，即为共同共有。诉讼时效的中止、中断、延长，均适用民法通则的有关规定"。同时，依据最高人民法院《关于贯彻执行〈中华人民共和国继承法〉若干问题的意见》第15条、第16条、第17条和第18条的规定，在诉讼时效期间内，因为不可抗拒的事由（比如地震、海啸等自然灾害）导致继承人无法主张继承权利的，法院可以按照中止诉讼时效处理，也就是暂停计算诉讼时效期间，直到相关不可抗力的事由结束之际，再恢复计算诉讼时效期间。所谓诉讼时效的中断，是指在诉讼时效进行中，因法定事由的发生致使已经进行的诉讼时效期间全部归于无效，诉讼时效期间重新计算。就继承诉讼而言，比如继承人因遗产问题向法院提起了诉讼，这时适用诉讼时效中断，两年的期间重新计算。

三、遗嘱的效力问题

合法有效的遗嘱是遗嘱继承开始的法律依据。遗嘱的有效是指遗嘱符合法律规定的形式要件和实质要件，能够发生法律效力。

依据我国《继承法》第 17 条和第 22 条的规定，遗嘱的有效要件包括：

1. 立遗嘱人在立遗嘱时具备立遗嘱的能力。

具备立遗嘱的能力，是指公民依法享有通过订立遗嘱来处分自己财产的资格。我国法律是从否定的角度对这一问题予以规定的。其中我国《继承法》第 22 条第 1 款规定："无行为能力人或者限制行为能力人所立遗嘱无效。"由此可知，我国将遗嘱能力与完全民事行为能力相一致。依据我国《民法通则》的规定可知，所谓完全民事行为能力指的是年满 18 周岁以上的、精神正常的人，或者是 16 周岁以上未满 18 周岁以自己的劳动收入为主要生活来源而且能维持当地生活水平的人。由此可知，生理有残疾的人，比如聋、哑人或盲人，只要不存在智力上的或者意识能力上的障碍，就有权立遗嘱。

此外，这里不仅强调立遗嘱人有行为能力，而且强调在立遗嘱的当时具备完全民事行为能力。无行为能力人在立遗嘱时没有行为能力，即使后来该人具备了行为能力，该遗嘱仍然为无效遗嘱。

2. 所立遗嘱必须是立遗嘱人自愿的真实的意思表示。

凡是胁迫下订立的遗嘱，当然无效。意思表示真实，是指立遗嘱人在意志自由、能准确认识自己意思表示的法律效果的前提下，内心意图与外部表达相一致的一种状态。遗嘱是否是立遗嘱人的真实意思表示，一般以立遗嘱人最后有效遗嘱中所作的意思表示为准。也就是说，如果立遗嘱人生前的有效行为与遗嘱的意思表示相违背的，应认为其行为已经推翻了遗嘱的意思表示，以其行为的意思表示为其真正的意思表示。对此，最高人民法院《关于贯彻执行〈中华人民共和国继承法〉若干问题的意见》第39条有明确规定："遗嘱人生前的行为与遗嘱的意思表示相反，而使遗嘱处分的财产在继承开始前灭失，部分灭失或所有权转移、部分转移的，遗嘱视为被撤销或部分被撤销。"

3. 遗嘱的内容必须合法。

遗嘱自由不是无限制的，只有在法律允许的范围内，遗嘱自由才能得到法律的保护。由此可知，遗嘱的内容不得违反法律强制性规定，不得违反社会公共利益和社会公德，否则，违反的那部分内容无效。比如，我国《继承法》第19条规定："遗嘱应当对缺乏劳动能力又没有生活来源的继承人保留必要的遗产份额。"如果遗嘱取消了那些缺乏劳动能力而且又没有生活来源的继承人的必要份额，则那部分无效。此外，立遗嘱人生前负有债务的，立遗嘱人不能通过免除这些债务而侵犯债权人的利益。也就是说，如果立遗嘱人没有在遗嘱中规定债务如何清偿，或者指示遗嘱受益人拒绝偿还合法债务的，这部分遗嘱内容无效。

4. 遗嘱必须符合法律规定的形式。

遗嘱作为一种要式法律行为，立遗嘱人必须依据法律规定的形式要件来设立遗嘱。对此，我国《继承法》第17条规定了遗嘱的五种形式，分别是公证遗嘱、自书遗嘱、录音遗嘱、口头遗嘱、代书遗嘱。遗嘱的形式是否符合法定形式，以立遗嘱时的法律规定为准。

由上述规定可知，违反上述规定的遗嘱可能无效。所谓遗嘱无效是指遗嘱因为违反了法律的规定而不能发生预期的效果。依据我国法律的规定，无效遗嘱包括的情况主要是我国《继承法》第 22 条规定的各项情形：无行为能力人或者限制行为能力人所立的遗嘱无效；遗嘱必须表示遗嘱人的真实意思，受胁迫、欺骗所立的遗嘱无效；伪造的遗嘱无效；遗嘱被篡改的，篡改的内容无效。

四、遗赠与遗赠扶养协议

内容提要

遗赠是公民以遗嘱方式将个人财产赠给国家、集体或者法定继承人以外的人，而于其死亡时发生法律效力的民事行为。立遗嘱的公民为遗赠人，接受遗赠的人为受遗赠人。遗赠与遗嘱继承都是通过遗嘱方式处分财产，这两种方式在形式上有许多相似之处，但区别是明显的。

遗赠是一种单方法律行为，是一种立遗嘱人死亡后才发生法律效力的行为，受遗赠权不能转让。但是，清偿遗嘱人债务优先于执行遗赠。根据《继承法》的规定，受遗赠人可以是法定继承人以外的公民，也可以是国家或集体单位。受遗赠人接受或放弃遗赠必须符合法律的规定，即受遗赠人在知道或应当知道受遗赠后两个月内未作出接受遗赠表示的，视为放弃，即丧失受遗赠权。而遗嘱继承人在继承开始后、遗产分割前未明确表示放弃的，即视为接受继承。

遗赠扶养协议，是遗赠人与扶养人之间订立的、确定遗赠与扶养民事权利义务关系的协议，是一种双方法律行为。

案例 46　侄女贾某丙到期未作表示，是否放弃了继承？她能否得到遗赠财产？

事情是这样的

贾某某是某市锦绣进出口公司的一名退休老会计。几年前，贾某某的老伴因病去世，家里只剩下贾某某一个人和他请的一个小保姆。贾某某身体不是很好，患有心脏病和糖尿病。他只有一个儿子，但是这个儿子贾某乙却不在本市工作，只有逢年过节的时候才有时间回来探望父亲。平时大多是贾某某的侄女贾某丙前来照料、陪伴贾某某。2001 年 10 月，贾某某因为心脏病突发，抢救无效死亡。贾某某死后留下的遗产有：一套二居室的房子，一张 1 万元的银行定期存折，一张 6000 元的活期存折，家里的家具一套，半新的冰箱、彩电、洗衣机各一台。

贾某某生前留下了遗嘱，遗嘱执行人在丧事处理完毕后，告知贾某乙和贾某丙 3 个月后参与贾某某的遗产分割。因为贾某某在遗嘱中写明了将自己的银行存款赠与自己的侄女贾某丙，将自己的房子和其他财产留给自己的儿子贾某乙。3 个月过去了，可是一直到遗产分割的时候，贾某乙和贾某丙都没有向遗嘱执行人作出是否接受遗产的意思表示。遗嘱执行人在请教了相关人员之后，通知了在外地工作的贾某乙前来继承其父亲贾某某的遗产，并告诉了贾某丙由于她没有表示接受其伯父贾某某的遗赠，因此，贾某某的全部遗产都归贾某某的儿子贾某乙继承。

贾某丙听到这一消息后，觉得很惊讶，难以理解。贾某丙认为自己的伯父在遗嘱中明确写了银行存款归自己，那遗嘱执行人只要按照遗嘱的规定将这些财产转交给她就行了。如果不将这些银行存款交给她，就是违背了遗嘱人（伯父）的遗愿。而且，她认为自己对于遗嘱执行人在丧事处理完毕后的通知，没有表示不接受伯父的赠与，就应当理解为自己接受赠与。她觉得从风俗习惯来看，当时的她也不好说“我要继承这些财产”，因为毕竟伯父刚刚过世。

于是，贾某丙来到本市一家律师事务所，向那里的律师咨询，她这种情况是否还有权继承伯父遗嘱中明确规定赠与她的那些遗产。

事务所的律师首先向贾某丙讲解了我国《继承法》中关于遗嘱继承、遗赠和法定继承的相关规定。然后告诉她，她对伯父在遗嘱中列明的财产享有的不是继承权，而是接受赠与的权利。由于她没有在规定的时间内表示接受遗赠，就可以看成是拒绝接受遗赠，因此，她已经不能再表示接受这些遗赠的财产了。

律师专线

这位律师给贾某丙的咨询意见是恰当的。因为，从贾某丙的实际情况可以看出，尽管她与伯父贾某某来往比较多，对贾某某照顾也比较多，但是，她只是贾某某的侄女，不是法律规定的遗产继承人。贾某某在生前写下了遗嘱，规定银行存款归贾某丙，其他财物归自己的儿子。事实上，这份遗嘱中关于对贾某丙的那一部分规定属于遗赠，是在遗嘱中注明赠与贾某丙财产。遗嘱中关于贾某乙的那一部分规定则是遗嘱继承，以遗嘱的方式指定那些财产归贾某乙继承。

我国《继承法》对于遗产继承和遗赠的接受与拒绝，作了不同的规定。《继承法》第25条规定，继承人放弃遗产继承的，应当在遗产分割前作出意思表示。如果没有作出放弃的意思表示，就表示接受继承。对于遗赠而言，法律规定当事人应当在2个月内表示接受遗赠，否则就表示放弃受遗赠。

本例中，贾某乙是贾某某的儿子，他是遗嘱继承人，他在3个月内没有表示放弃或者接受父亲在遗嘱中规定的遗产。依据上述法律规定可知，贾某乙没有明确表示放弃，就意味着他接受遗嘱继承。所以房子、家具、冰箱、彩电、洗衣机等其他财物的那部分遗产，应当由贾某乙继承。

而贾某丙同样在3个月内没有作出接受或者拒绝的意思表示，但是因为贾某某对她的那部分规定属于遗赠，作为受遗赠人的贾某丙必须在知道这一遗赠后的2个月内表示接受，否则就推定为放弃接受这一遗赠。在这种情况下，贾某某遗嘱中关于银行存款的那一部分内容就相当于没有规定。这些银行存款此时可以看作遗嘱中没有处理的财产，依据我国《继承法》第27条的规定，这些财产应当转为法定继承。由于贾某乙是贾某某唯一的孩子，因此，贾某乙是贾某某遗产的唯一的第一顺序法定继承人。所以，这些银行存款都归贾某乙继承。也就是说，最后贾某某的所有财产都归贾某乙继承。

法律规范

中华人民共和国继承法

（1985年4月10日第六届全国人民代表大会第三次会议通过　自1985年10月1日起施行）

第二条　继承从被继承人死亡时开始。

第五条　继承开始后，按照法定继承办理；有遗嘱的，按照遗嘱继承或者遗赠办理；有遗赠扶养协议的，按照协议办理。

第十条　遗产按照下列顺序继承：

第一顺序：配偶、子女、父母。

第二顺序：兄弟姐妹、祖父母、外祖父母。

继承开始后，由第一顺序继承人继承，第二顺序继承人不继承。没有第一顺序继承人继承的，由第二顺序继承人继承。

本法所说的子女，包括婚生子女、非婚生子女、养子女和有扶养关系的继子女。

本法所说的父母，包括生父母、养父母和有扶养关系的继父母。

本法所说的兄弟姐妹，包括同父母的兄弟姐妹、同父异母或者同母异父的兄弟姐妹、养兄弟姐妹、有扶养关系的继兄弟姐妹。

第十六条　公民可以依照本法规定立遗嘱处分个人财产，并可以指定遗嘱执行人。

公民可以立遗嘱将个人财产指定由法定继承人的一人或数人继承。

公民可以立遗嘱将个人财产赠给国家、集体或法定继承人以外的人。

第二十五条　继承开始后，继承人放弃继承的，应当在遗产处理前，作出放弃继承的表示。没有表示的，视为接受继承。

受遗赠人应当在知道受遗赠后两个月内，作出接受或者放弃受遗赠的表示。到期没有表示的，视为放弃受遗赠。

第二十七条　有下列情形之一的，遗产中的有关部分按照法定继承办理：

（一）遗嘱继承人放弃继承或者受遗赠人放弃受遗赠的；

（二）遗嘱继承人丧失继承权的；

（三）遗嘱继承人、受遗赠人先于遗嘱人死亡的；

（四）遗嘱无效部分所涉及的遗产；

（五）遗嘱未处分的遗产。

专家释惑

这里涉及的主要法律问题是遗嘱继承与受遗赠的区别、受遗赠的接受与放弃。

继承法律制度中，遗嘱继承的效力优先于法定继承，但是遗赠和遗赠扶养协议的效力比遗嘱继承更有优先权，其中遗赠扶养协议具有最大的优先权。对它们之间的效力先后，我国《继承法》第5条有明确规定。

法定继承也叫无遗嘱继承，是遗产继承方式的一种，是指继承人的范围、继承顺序、遗产分配原则等，都按照法律规定进行的继承方式。法定继承是以一定的人身关系为前提的，也就是说法定继承人与被继承人（刚去世的并且其财产要被别人继承的人）之间存在婚姻、血缘关系。因此，在被继承人没有遗嘱的情况下，推定其本人的意思是将遗产留给其最近的亲属。

遗嘱继承是指由被继承人生前所立的遗嘱来指定继承人及其继承的遗产种类、数额的继承方式，是继承开始后，继承人按照被继承人所立的合法有效的遗嘱继承被继承人遗产的制度。遗嘱继承的效力优先于法定继承。遗嘱继承人具有以下特点：1. 遗嘱继承人是法定继承人范围内的一人或者数人。2. 遗嘱继承人不受原来法定继承顺序的限制。不管遗嘱继承人原来在法定继承中顺序的先后，只要在遗嘱中被指定为遗嘱继承人，他（她）都有权同时直接地继承遗产。3. 遗嘱继承人继承遗产后，仍然有权利按照法定继承的顺序继承遗嘱中没有处分的遗产或者遗嘱无效部分所涉及的遗产。4. 如果遗嘱继承人先于遗嘱人死亡，其遗嘱份额应当按照法定继承的顺序由遗嘱人的法定继承人继承。因为在遗嘱继承中，不适用代位继承。

遗赠是自然人以遗嘱的方式将其个人财产赠与国家、集体或者法定继承人以外的人，而于其死亡后发生效力的一种民事行为。立遗嘱的人为遗赠人，遗嘱中指定受赠与的人为受遗赠人。受遗赠人是法定继承人以外的人。遗赠必须由受遗赠人接受，而且只能由受遗赠人表示接受并且享有这个权利，不得转让。如果在遗赠生效时，受遗赠人已经死亡，或者受遗赠人没有作出接受遗赠的意思表示就死亡了，或者受遗赠人没有在规定的时间内作出接受的意思表示，就不发生遗赠的效力。

遗赠扶养协议是指自然人（遗赠人，也是受扶养人）与扶养人之间关于扶养人扶养受扶养人，受扶养人将自己的财产遗赠给扶养人的一种协议。我国《继承法》第31条对此有明确规定。遗赠扶养协议是一种双方的有偿的要式合同，也就是说，受扶养人接受了扶养人的扶养，在他死后，有义务将财产交给扶养人，扶养人接受财产的代价是扶养对方。不过扶养人必须是对受扶养人没有法定义务的人，也就是说，一个人的儿子或者女儿不能作为这个人的遗赠扶养协议的扶养人。

一、受遗赠与遗嘱继承的联系与区别

遗赠和遗嘱继承之间既有共同点，也存在许多区别。遗赠和遗嘱继承都是被继承人以遗嘱处分个人财产的一种方式，它们生效所必须具备的一个前提条件就是遗嘱必须有效。

依据我国《继承法》的规定，受遗赠和遗嘱继承存在以下区别：1. 主体的范围不同。受遗赠的人可以是法定继承人以外的任何自然人或者集体、国家，但不可以是法定继承人。遗嘱继承人的范围正好相反，必须是法定继承人范围内的一人或者数人，不能是这个范围以外的人，也不能是国家、集体。2. 二者的客体范围不同。受遗赠的客体只能是遗产中的财产权利，不能是财产义务，也就是说被继承人的债务不由受遗赠人承担。但是遗嘱继承人在继承遗产中的财产权利的同时，还要负担其中的遗产债务。3. 受遗赠权和遗嘱继承权的行使方式不同。受遗赠人接受遗赠必须在法律规定的期限（知道遗赠之后的2个月）内明确作出接受遗赠的意思表示。没有在法律规定期限内作出接受的意思表示，即表示受遗赠人放弃该遗赠。但是遗嘱继承的规定却不同，它没有法律规定的 2 个月的期限，只要在遗产分割前没有明确地表示放弃继承，就可以推定为接受继承。4. 受遗赠人和遗嘱继承人取得财产的方式不同。受遗赠人不能直接参与遗产的分割，而只是从遗产执行人那里取得受遗赠的财产。遗嘱继承人则可以直接参与遗产分配，取得遗产。

二、受遗赠与遗嘱继承的接受与放弃

根据我国《继承法》的规定，遗嘱继承放弃继承的表示期限应当是从继承开始时起到遗产处理时止。继承人只有在此期间内作出放弃继承的表示才有效。否则，被视为接受继承。放弃继承的意思表示必须在继承开始以后，在此之前，继承尚未开始，不存在放弃继承权的问题。

就受遗赠而言，受遗赠人放弃接受遗赠的期限是确定的。我国《继承法》第 25 条规定："受遗赠人应当在知道受遗赠后两个月内，作出接受或者放弃遗赠的表示。"否则视为不接受遗赠。

放弃受遗赠与放弃继承逾期不作意思表示的效果也不同。受遗赠人在知道受遗赠后 2 个月内未作意思表示的，视为放弃受遗赠；而继承人在继承开始后、遗产处理前未作出放弃继承的意思表示的，视为接受继承。

继承人中的一人或数人放弃继承权，无论对于放弃继承权人本人或者其他继承人，还是对于第三人，都具有十分重要的影响。继承人中的一人或数人放弃继承权后，其应继承份额则由同一顺序的其他继承人继承；如果第一顺序的继承人都放弃继承权，则由第二顺序的继承人继承。但是，在所有继承人都放弃继承权的情况下，如果又没有受赠人和酌情分得遗产人，其遗产则归国家或集体所有。由于继承权的放弃在财产继承中具有重要的地位，因此，其放弃继承权的方式也必须要有明确的表示。

受遗赠人必须在法律规定的期限内明确表示接受遗赠，否则不能得到所遗赠的财产。而遗嘱继承人只要在遗产分割前没有明确表示不接受遗产，就可以推定为接受遗产，从而取得遗产。因此，不同的当事人应当依据法律规定，作出自己的意思表示。另外，立遗嘱人在遗嘱中指定将某一财产给予某一个法定继承人（不论该人为第一顺序的还是第二顺序的法定继承人），属于遗嘱继承，而不是遗赠。因为受遗赠人只能是法定继承人以外的人。

另外，放弃受遗赠与放弃继承期限的起算点不同。受遗赠人放弃遗赠的期间是从受遗赠人知道受遗赠的事由时起算；继承人放弃继承的期间则是从继承开始之时起算。

提醒

遗赠是公民以遗嘱方式将个人财产赠给国家、集体或者法定继承人以外的人，而于其死亡时发生法律效力的民事行为。立遗嘱的公民为遗赠人，接受遗赠的人为受遗赠人。遗赠与遗嘱继承都是通过遗嘱方式处分财产，这两种方式在形式上有许多相似之处，但区别是明显的。根据《继承法》的规定，遗嘱继承与遗赠的主要区别体现在如下几个方面：(一)遗嘱继承人与受遗赠人的范围不同。遗嘱继承人只能是法定继承人范围以内的人，而受遗赠人可以是法定继承人以外的公民，也可以是国家或集体单位。(二)遗嘱继承人在继承开始后遗产分割前未明确表示放弃的，即视为继承。而受遗赠人在知道或应当知道受遗赠后2个月内未作出接受遗赠表示的，视为放弃，即丧失受遗赠权。

联系本案

受遗赠人必须在法律规定的期限内作出是否接受遗赠的意思表示。贾某丙不是贾某某遗产的法定继承人，她属于受遗赠人。依据《继承法》第25条第2款的规定，贾某丙因为到期没有明确作出表示接受遗赠，应视为放弃该项遗赠。贾某乙是法定继承人，是贾某某的儿子，依据《继承法》第25条第1款的规定，他没有明确表示放弃，因此应当视为接受继承。

案例47　这是遗赠扶养协议还是遗嘱?

事情是这样的

雷阿姨的丈夫于1991年因病去世，留下一栋新的红砖绿瓦的两层楼房。雷阿姨与儿子范某某居住在这栋房子中。雷阿姨自从丈夫去世后，生活的重心就放在拉扯儿子范某某长大成人。但是自从范某某参加工作后，尤其是范某某成家在外之后，雷阿姨的心就顿时空落落的。还没有到退休年龄的雷阿姨于1999年由于一次偶然机会认识了一个同事的亲戚晓玲。晓玲当时才15周岁，但是家里穷而且孩子多，供不起她上学，晓玲就来城里打工挣钱。雷阿姨看到晓玲老实可靠，就让晓玲来自己家里干活，给她工资，免得小小年纪在外面受欺负。随着接触和了解的增加，加上雷阿姨一个人确实有些寂寞，雷阿姨提出收养晓玲为养女。晓玲的父母也同意了。

后来雷阿姨退休了，但是她没有到儿子范某某那里去生活，因为雷阿姨觉得自己跟儿媳妇合不来，为避免尴尬，雷阿姨退休后继续在家生活。2005年，雷阿姨与晓玲签订了一份书面协议：双方约定从即日起，雷阿姨的生活由晓玲一人照顾，一旦雷阿姨去世，雷阿姨名下的房屋和首饰给晓玲，存款则由儿子范某某和晓玲平分。这份协议经过了公证。2007年12月，雷阿姨不小心摔倒后，留下了偏瘫的后遗症，生活不能自理。此时已经结婚的晓玲特意搬回家来住，服侍和照顾雷阿姨，直到2008年6月雷阿姨去世。

雷阿姨的后事是由儿子范某某操办的。处理完后事之后，分割财产时，范某某提出晓玲和自己母亲（雷阿姨）之间的收养关系不成立，无权继承雷阿姨名下的遗产。据悉，雷阿姨留下的遗产有20世纪90年代建好的一栋红砖绿瓦的两层楼房、银行存款三万、金戒指两枚。而晓玲则认为自己有权依据与雷阿姨签订的协议，获得协议中规定的财产。为此，晓玲决定向法院起诉，维护自己的合法权益。不过在起诉前，晓玲特意咨询了律师相关的法律问题——她和雷阿姨的收养关系是否成立？晓玲能否获得经公证的协议中所指明的遗产？如果能获得这些财产，这是基于遗嘱继承还是遗赠扶养协议？

律师专线

律师告诉晓玲，首先她与雷阿姨之间的收养关系不成立，因为是违反法律规定的。收养行为是一种法律行为，必须符合一定的条件，并且要履行一定的程序才能成立。我国《收养法》对被收养人、送养人和收养人的情况和条件都作了专门规定。其中，第 4 条规定了被收养人的具体条件："下列不满 14 周岁的未成年人可以被收养：（一）丧失父母的孤儿；（二）查找不到生父母的弃婴和儿童；（三）生父母有特殊困难无力抚养的子女。"同时该法第 6 条规定，收养人应当同时具备下列条件：（一）无子女；（二）有抚养教育被收养人的能力；（三）未患有在医学上认为不应当收养子女的疾病；（四）年满 30 周岁。在本案中，第一，晓玲已经 15 周岁，不符合被收养的条件；第二，收养人雷阿姨自己有一个儿子，不符合无子女的条件；第三，雷阿姨收养晓玲并没有办理法律规定的收养登记手续。因此，雷阿姨与晓玲之间的收养关系违背了法律的规定，不成立。

其次，律师告诉晓玲，她有权获得雷阿姨公证的那份协议中指明的遗产，只不过不是通过遗嘱继承的方式，而是基于遗赠扶养协议。

我国《继承法》第 31 条规定："公民可以与扶养人签订遗赠扶养协议。按照协议，扶养人承担该公民生养死葬的义务，享有受遗赠的权利。"需要注意的是，这里的扶养人只能是被继承人法定继承人以外的公民。因为如果是继承人，其对被继承人有法定的扶养义务，也有继承被继承人遗产的法定权利，无需通过订立遗赠扶养协议调整他们之间扶养和继承的权利义务关系。本案中，由于雷阿姨与晓玲之间的收养关系不成立，她们不具有养母与养女这种法律拟制的血亲关系，所以该遗赠扶养协议是有效的，晓玲可以接受雷阿姨的遗赠，依法继承雷阿姨名下的房屋和首饰，以及平分银行存款。

但是，要注意的是，晓玲不能依据遗赠扶养协议获得整栋红砖绿瓦的楼房，而是只能获得一半。因为该楼房是雷阿姨与自己的丈夫（范某某的父亲）共同修建的，在丈夫死后，没有分割财产，但是雷阿姨对这栋房子享有四分之三的产权（其中雷阿姨基于房子是夫妻共同财产享有房子的一半产权。在丈夫死后，一半房产是丈夫的遗产，雷阿姨和儿子对丈夫所享有的这一半房产进行法定继承，由此获得一半房产的一半，即四分之一。这样雷阿姨将自己享有的份额即房产的一半，加上从丈夫那里应该继承的遗产的一半即四分之一，她就享有该房子四分之三的产权），儿子范某某依法继承父亲遗产的一半（四分之一的房产权），其中雷阿姨的四分之三产权在她死后，遗赠给晓玲。也就是说，晓玲对房子只能享有四分之三的产权。

法律规范

中华人民共和国继承法

（1985 年 4 月 10 日第六届全国人民代表大会第三次会议通过　自 1985 年 10 月 1 日起施行）

第二条　继承从被继承人死亡时开始。

第五条　继承开始后，按照法定继承办理；有遗嘱的，按照遗嘱继承或者遗赠办理；有遗赠扶养协议的，按照协议办理。

第十条　遗产按照下列顺序继承：

第一顺序：配偶、子女、父母。

第二顺序：兄弟姐妹、祖父母、外祖父母。

继承开始后，由第一顺序继承人继承，第二顺序继承人不继承。没有第一顺序继承人继承的，由第二顺序继承人继承。

本法所说的子女，包括婚生子女、非婚生子女、养子女和有扶养关系的继子女。

本法所说的父母，包括生父母、养父母和有扶养关系的继父母。

本法所说的兄弟姐妹，包括同父母的兄弟姐妹、同父异母或者同母异父的兄弟姐妹、养兄弟姐妹、有扶养关系的继兄弟姐妹。

第十六条　公民可以依照本法规定立遗嘱处分个人财产，并可以指定遗嘱执行人。

公民可以立遗嘱将个人财产指定由法定继承人的一人或数人继承。

公民可以立遗嘱将个人财产赠给国家、集体或法定继承人以外的人。

第二十五条　继承开始后，继承人放弃继承的，应当在遗产处理前，作出放弃继承的表示。没有表示的，视为接受继承。

受遗赠人应当在知道受遗赠后两个月内，作出接受或者放弃受遗赠的表示。到期没有表示的，视为放弃受遗赠。

第二十六条　夫妻在婚姻关系存续期间所得的共同所有的财产，除有约定的以外，如果分割遗产，应当先将共同所有的财产的一半分出为配偶所有，其余的为被继承人的遗产。

遗产在家庭共有财产之中的，遗产分割时，应当先分出他人的财产。

第二十七条　有下列情形之一的，遗产中的有关部分按照法定继承办理：

（一）遗嘱继承人放弃继承或者受遗赠人放弃受遗赠的；

（二）遗嘱继承人丧失继承权的；

（三）遗嘱继承人、受遗赠人先于遗嘱人死亡的；

（四）遗嘱无效部分所涉及的遗产；

（五）遗嘱未处分的遗产。

第三十一条　公民可以与扶养人签订遗赠扶养协议。按照协议，扶养人承担该公民生养死葬的义务，享有受遗赠的权利。

公民可以与集体所有制组织签订遗赠扶养协议。按照协议，集体所有制组织承担该公民生养死葬的义务，享有受遗赠的权利。

第三十二条　无人继承又无人受遗赠的遗产，归国家所有；死者生前是集体所有制组织成员的，归所在集体所有制组织所有。

第三十三条　继承遗产应当清偿被继承人依法应当缴纳的税款和债务，缴纳税款和清偿债务以他的遗产实际价值为限。超过遗产实际价值部分，继承人自愿偿还的不在此限。

继承人放弃继承的，对被继承人依法应当缴纳的税款和债务可以不负偿还责任。

第三十四条　执行遗赠不得妨碍清偿遗赠人依法应当缴纳的税款和债务。

中华人民共和国合同法

（1999 年 3 月 15 日第九届全国人民代表大会第二次会议通过　自 1999 年 10 月 1 日起施行）

第一百八十五条　赠与合同是赠与人将自己的财产无偿给予受赠人，受赠人表示接受赠与的合同。

第一百八十六条　赠与人在赠与财产的权利转移之前可以撤销赠与。

具有救灾、扶贫等社会公益、道德义务性质的赠与合同或者经过公证的赠与合同，不适用前款规定。

第一百八十七条　赠与的财产依法需要办理登记等手续的，应当办理有关手续。

第一百八十八条　具有救灾、扶贫等社会公益、道德义务性质的赠与合同或者经过公证的赠与合同，赠与人不交付赠与的财产的，受赠人可以要求交付。

第一百八十九条　因赠与人故意或者重大过失致使赠与的财产毁损、灭失的，赠与人应当承担损害赔偿责任。

第一百九十条　赠与可以附义务。

赠与附义务的，受赠人应当按照约定履行义务。

第一百九十二条　受赠人有下列情形之一的，赠与人可以撤销赠与：

（一）严重侵害赠与人或者赠与人的近亲属；

（二）对赠与人有扶养义务而不履行；

（三）不履行赠与合同约定的义务。

赠与人的撤销权，自知道或者应当知道撤销原因之日起一年内行使。

第一百九十三条　因受赠人的违法行为致使赠与人死亡或者丧失民事行为能力的，赠与人的继承人或者法定代理人可以撤销赠与。

专家释惑

这个案件涉及收养关系的成立与效力、遗嘱继承与遗赠扶养协议的区分等法律问题。基于本书有专门章节涉及收养关系的成立与效力问题，这里仅对遗赠扶养协议的含义、法律后果、与遗嘱继承之间的区分以及遗赠扶养协议的公证等问题做一个简单介绍。

遗赠扶养协议，是指公民与扶养人、集体所有制组织订立的有关扶养和遗赠的书面协议。订约人一方是公民，另一方是扶养人或者集体所有制组织。按照协议，公民享有受扶养的权利，负有将个人财产遗赠给扶养人、集体所有制组织的义务；扶养人、集体所有制组织享有受遗赠的权利，承担该公民生养死葬的义务。

遗赠扶养协议具有以下特征：(1) 遗赠扶养协议是双方法律行为，必须在协议双方当事人之间达成一致。(2) 遗赠扶养协议是有偿法律行为，双方当事人都承担一定的义务。(3) 遗赠扶养协议自签订时生效，如撤销、变更遗赠扶养协议必须经当事人双方协商一致。(4) 遗赠扶养协议是要式法律行为，应以书面形式订立。(5) 扶养人或集体所有制组织与公民订立遗赠扶养协议，扶养人或集体所有制组织无正当理由不履行，致协议解除的，不能享有受遗赠的权利，其支付的供养费用一般不予补偿；遗赠人无正当理由不履行，致协议解除的，则应偿还扶养人或集体所有制组织支付的供养费。

遗赠扶养协议是一种双方、有偿、诺成、要式民事法律行为，一方只能是自然人，另一方可以是法定继承人以外的自然人、集体所有制组织，但两者之间不能存在法定的权利义务关系。扶养人履行对遗赠人的生养死葬等义务，可以依照协议取得遗赠财产。而遗嘱则是一种单方法律行为，通过遗嘱继承财产的人，只能是法定继承人。这与遗赠扶养协议的扶养人范围相反。

依据我国《继承法》第5条的规定，法定继承、遗嘱继承、遗赠、遗赠扶养协议之间的适用关系为：遗赠扶养协议、遗嘱继承、遗赠、法定继承。因此，如果同时存在遗赠扶养协议和遗嘱时，继承开始后，如果遗赠扶养协议与遗嘱没有抵触，遗产分别按协议和遗嘱处理；如果有抵触，按协议处理，与协议抵触的遗嘱全部或部分无效。

此外，由于遗赠扶养协议是指遗赠人与扶养人之间订立的关于扶养人承担遗赠人生养死葬义务，遗赠人的财产在其死后转归扶养人所有的协议，遗赠扶养协议会涉及双方当事人的权利义务，因此建议当事人对这样的协议进行公证。

遗赠扶养协议公证是国家机关根据申请人的申请，依法证明当事人签订遗赠扶养协议行为的真实性、合法性的活动。办理遗赠扶养协议需要提供下列证明、材料：

1. 当事人的居民身份证及其复印件或其他身份证明。

2. 遗赠人住所地居委会、村委会或其所在单位出具的证明。

3. 扶养人是集体所有制组织的，应提交资格证明、法定代表人身份证明及其复印件；代理人代为申请的，代理人提交授权委托书和居民身份证及其复印件。

4. 财产所有权证明及遗赠财产清单。

5. 扶养人已婚的，应提交其配偶同意订立遗赠扶养协议的书面意见。

6. 遗赠扶养协议书文本。

7. 公证员认为应当提交的其他证明、材料。

案例 48　遗赠扶养协议和遗嘱相冲突怎么办？如何履行？

事情是这样的

刘老先生在妻子去世后，于 1993 年经人介绍找到了一位照料他生活起居的保姆李女士。因为刘老先生当时快 70 岁了，不仅年事已高，而且腿脚不灵便，身体也时常有点毛病。

刘老先生请的这位保姆李女士一直悉心照顾刘老先生，刘老先生对此深表感激。2000 年初，刘老先生与李女士签了遗赠扶养协议，约定由李女士对刘老先生尽生养死葬的义务，刘老先生则承诺在自己去世后，将自己的一套住房（价值10万元人民币）遗赠给李女士。此后，双方到当地公证机构对这份书面协议进行了公证。遗赠协议签订后，刘老先生一直与李女士一起生活。

但是3年之后，刘老先生暗自改变了自己原来的主意。因为刘老先生觉得保姆李女士对他不够尽心了。2003年10月，刘老先生要求公证处撤销当初的公证书及遗赠扶养协议。应他的请求，公证处出具公证书，撤销了此前对遗赠扶养协议所作的公证书。

2004年11月，刘老先生又立了一份遗嘱，写明在他死后他的全部财产均由其唯一的孙子晓江继承，并对这份遗嘱进行了公证。几天后，刘老先生在家中病逝，其后事均由他的孙子晓江操办。

处理完刘老先生的后事之后，就刘老先生的遗产分配问题，保姆李女士和刘老先生的孙子晓江发生了争执。李女士依据刘老先生生前立下的遗赠协议，要求取得刘老先生名下的房产，而刘老先生的孙子晓江则依据遗嘱，主张对刘老先生的全部财产包括那套房产享有继承权。晓江认为，爷爷生前虽与李女士立过遗赠协议，李女士也确实对爷爷尽过扶养义务，但并没有按照约定对爷爷尽丧葬义务；而且那份遗赠协议的公证撤销了，李女士也就不再对遗赠的财产享有权利。李女士则认为，刘老先生既然立下遗赠扶养协议就应当兑现，不能单方面说撤销就撤销。

刘老先生留下的房产到底该归谁？李女士就此将晓江告上法庭，请求法院给个说法。受案法院经审理认为，刘老先生与李女士于2000年初签订的遗赠扶养协议，内容没有违反法律的强制性规定，并经公证机关公证，该协议合法有效，应受法律保护。由于签订协议是双方的法律行为，涉及双方的权利和义务，一经签订就具有法律约束力，被扶养人不得私自变更或撤销。

法院同时认为，公证处在没有本案扶养人李女士在场和未征得李女士同意的情况下，作出撤销的行为无效。而刘老先生在没有撤销和终止与李女士所签订的遗赠扶养协议之前，于2004年11月订立遗嘱将其全部财产交由孙子晓江继承，其中和遗赠扶养协议的内容相抵触，抵触部分应认定为无效，不受法律保护。

那么，保姆李女士是否能完整地享有遗赠扶养协议中指明的刘老先生的房产权益呢？对此，一审法院认为，李女士应依照遗赠扶养协议的规定，对刘老先生尽生养死葬的义务后，才能对遗赠的财产享受权利。由于李女士只尽了生养的义务，没有尽到丧葬义务，所以在分割遗产时，只能分得适当的遗产。

由此一审法院判令，刘老先生的孙子晓江在取得房屋时，应从房屋折价款中分给李女士4万元作为折价补偿。宣判后，李女士不服提起上诉。二审法院终审驳回其上诉，维持了一审判决。

律师专线

本案例的争议当事方面临的主要问题是遗赠扶养协议与遗嘱的内容相冲突时，怎么办？到底争议的房产是归被继承人（死者刘老先生）的保姆呢，还是归遗嘱继承人晓江？

要解决这个问题，首先必须判断本案例中的遗赠扶养协议和遗嘱是否是有效的；其次，才是依据我国《继承法》的规定处理。

遗赠扶养协议，就是遗赠人与扶养人为明确相互间遗赠和扶养的权利义务而订立的协议，它是以照顾孤寡老人为目的的。可作为扶养人的，包括法定继承人以外的公民和集体所有制组织。由于本案例中，刘老先生与保姆李女士之间的遗赠扶养协议是在平等自愿的基础上签订的，而且进行了公证，这是一份合同，属于双方法律行为。因此，刘老先生不能未经保姆李女士的许可而单方面地要求公证机关撤销对这份协议的公证。由此可知，到刘老先生逝世时，刘老先生与保姆李女士之间的遗赠扶养协议依然是合法成立，并且具有法律效力的。

本案例中，刘老先生所立的公证遗嘱也是合法有效的，符合我国《继承法》关于遗嘱继承的规定。

尽管本案例中存在合法有效的遗赠扶养协议和公证遗嘱，同时我国《继承法》第5条也明确规定，“继承开始后，按照法定继承办理；有遗嘱的，按照遗嘱继承或者遗赠办理；有遗赠扶养协议的，按照协议办理”。为什么最后保姆李女士没有依据遗赠扶养协议取得其中的房屋呢？本案受案法院作出裁判的主要法律依据是我国《继承法》第21条和第31条，作为遗赠扶养协议的扶养人（保姆李女士）没有对刘老先生按照遗赠扶养协议的规定尽相应的丧葬义务。且不说李女士后来对刘老先生的扶养是否尽心的问题（因为这个需要相应的证据支撑，按照“谁主张，谁举证”的规则，需要刘老先生或者他的孙子晓江举证），可以明显成立的是李女士没有尽丧葬义务，因为一切丧葬事宜（包括费用的开销）都是刘老先生的孙子晓江在操办处理的。因此，按照权利义务相一致的原则，法院判决保姆李女士不能得到所涉房产的全部，而只能得到部分权益，这是正确的。

所以，虽然遗赠扶养协议与遗嘱同时存在而且相冲突时，遗赠扶养协议的效力优先于遗嘱（也就是说，遗嘱只能在与遗赠扶养协议不冲突的范围内适用），但是其前提在于遗赠扶养协议是合法有效的，而且扶养人按照协议规定善意履行了全部义务。本案例中，作为扶养人的保姆李女士因为没有善意履行全部的义务，所以不能按照遗赠扶养协议的规定获得所涉房产权益的全部。

法律规范

中华人民共和国继承法

（1985年4月10日第六届全国人民代表大会第三次会议通过　自1985年10月1日起施行）

第二条　继承从被继承人死亡时开始。

第五条　继承开始后，按照法定继承办理；有遗嘱的，按照遗嘱继承或者遗赠办理；有遗赠扶养协议的，按照协议办理。

第六条　无行为能力人的继承权、受遗赠权，由他的法定代理人代为行使。

限制行为能力人的继承权、受遗赠权，由他的法定代理人代为行使，或者征得法定代理人同意后行使。

第八条　继承权纠纷提起诉讼的期限为二年，自继承人知道或者应当知道其权利被侵犯之日起计算。但是，自继承开始之日起超过二十年的，不得再提起诉讼。

第十六条　公民可以依照本法规定立遗嘱处分个人财产，并可以指定遗嘱执行人。

公民可以立遗嘱将个人财产指定由法定继承人的一人或者数人继承。

公民可以立遗嘱将个人财产赠给国家、集体或者法定继承人以外的人。

第十七条　公证遗嘱由遗嘱人经公证机关办理。

自书遗嘱由遗嘱人亲笔书写，签名，注明年、月、日。

代书遗嘱应当有两个以上见证人在场见证，由其中一人代书，注明年、月、日，并由代书人、其他见证人和遗嘱人签名。

以录音形式立的遗嘱，应当有两个以上见证人在场见证。

遗嘱人在危急情况下，可以立口头遗嘱。口头遗嘱应当有两个以上见证人在场见证。危急情况解除后，遗嘱人能够用书面或者录音形式立遗嘱的，所立的口头遗嘱无效。

第二十一条　遗嘱继承或者遗赠附有义务的，继承人或者受遗赠人应当履行义务。没有正当理由不履行义务的，经有关单位或者个人请求，人民法院可以取消他接受遗产的权利。

第三十一条　公民可以与扶养人签订遗赠扶养协议。按照协议，扶养人承担该公民生养死葬的义务，享有受遗赠的权利。

公民可以与集体所有制组织签订遗赠扶养协议。按照协议，集体所有制组织承担该公民生养死葬的义务，享有受遗赠的权利。

最高人民法院关于贯彻执行《中华人民共和国继承法》若干问题的意见

（1985 年最高人民法院审判委员会通过　法（民）发〔1985〕22 号）

54. 由国家或集体组织供给生活费用的烈属和享受社会救济的城市居民，其遗产仍应准许合法继承人继承。

55. 集体组织对“五保户”实行“五保”时，双方有扶养协议的，按协议处理；没有扶养协议，死者有遗嘱继承人或法定继承人要求继承的，按遗嘱继承或法定继承处理，但集体组织有权要求扣回“五保”费用。

56. 扶养人或集体组织与公民订有遗赠扶养协议，扶养人或集体组织无正当理由不履行，致协议解除的，不能享有受遗赠的权利，其支付的供养费用一般不予补偿；遗赠人无正当理由不履行，致协议解除的，则应偿还扶养人或集体组织已支付的供养费用。

专家释惑

这个案例的主要法律问题是遗赠扶养协议的签订和履行问题。

一、遗赠扶养协议的含义与类型

遗赠扶养协议，是遗赠人与扶养人之间订立的，确定遗赠与扶养民事权利义务关系的协议。这里的“扶养人”是指法定继承人以外的其他公民或集体所有制组织。这种协议规定，扶养人承担遗赠人生养死葬的义务，并于遗赠人死后取得其遗产。

遗赠扶养协议是在我国农村“五保”制度的基础上形成和发展起来的。我国《继承法》总结了这种经验，并用法律形式予以肯定的确认。遗赠扶养协议是我国继承立法的一个创造。根据我国《继承法》的规定，遗赠扶养协议可分为以下两类：

一类是公民之间的遗赠扶养协议。《继承法》第 31 条第 1 款规定，公民可以与扶养人签订遗赠扶养协议。按照协议，扶养人承担该公民生养死葬的义务，享有受遗赠的权利。一般来说，这里的遗赠人是没有子女或子女不在身边、独立生活存在困难而需要他人照顾的老人。遗赠人享有受扶养人扶养的权利，负有死后将其遗产遗赠给扶养人的义务。这里的扶养人一般是遗赠人的亲属、街坊邻居或者其他亲朋好友等。扶养人负有扶养遗赠人、承担其生养死葬的义务，享有接受遗赠人遗赠财产的权利。这里须强调的是：遗赠扶养协议中的扶养人不能是法定继承人，因为法定继承人与被继承人之间具有法定的互相扶养和互相继承的权利义务关系，用不着以协议的形式来确定。

另一类是公民与集体所有制组织之间的遗赠扶养协议。《继承法》第 31 条第 2 款规定：“公民可以与集体所有制组织签订遗赠扶养协议。按照协议，集体所有制组织承担该公民生养死葬的义务，享有受遗赠的权利。”这里的遗赠人一般是缺乏劳动能力又缺乏生活来源的鳏寡孤独的“五保户”老人，他们享有受其所在集体所有制组织扶养的权利。集体所有制组织，一般对“五保户”承担生养死葬的义务，享有受“五保户”遗赠财产的权利。

二、遗赠扶养协议的签订与履行

遗赠扶养协议是当事人双方按照平等自愿的原则签订的、确定双方法律权利义务的书面协议。在实践中，为了尽量减少履行过程中出现的争议，导致原本融洽的当事人形同陌路，一般建议在遗赠人与扶养人签订遗赠扶养协议时，一定要确保内容清楚、权利义务明确。

遗赠扶养协议的内容包括：遗产名称、数量、份额、所在处所、接受遗赠人（单位）姓名、签约时间及地点等，载明遗赠人享有的生养死葬权利、扶养人以提供此类义务作为取得遗产的前提以及所赠遗产在被继承人死亡后不再发生遗嘱继承或法定继承等问题。尤其要列清签约双方的具体权利和义务，诸如扶养方式、饮食起居的范围和标准、有何特殊要求等，这样便于双方遵循与检查。一旦发生纠纷，根据最高人民法院《关于贯彻执行〈中华人民共和国继承法〉若干问题的意见》第56条规定，扶养人或集体组织无正当理由不履行，致使协议解除的，不能享有受遗赠的权利，其支付的供养费用一般不予以补偿；遗赠人无正当理由不履行义务，致使协议解除的，则应偿还扶养人或集体组织已支付的供养费用。须注意的是，协议受有关法律、法规约束，不得违背道德风尚，不能取消法定继承人中需要赡养的老人和无独立生活能力的未成年人及丧失劳动能力人的必要遗产份额。遗赠扶养协议最好由公证机构予以公证确认。

遗赠扶养协议一经签订，如果扶养人不尽扶养义务，或者以非法手段谋取被扶养人的财产，经被扶养人的亲属或有关单位请求，人民法院可以剥夺扶养人的受遗赠权。如果扶养人不认真履行扶养义务，致使被扶养人经常处于生活困难、缺乏照料的情况，人民法院可以酌情对遗赠财产的数额给予减少。扶养人无正当理由不履行协议规定的义务，导致协议解除的，不能享受遗赠的权利，其已支付的扶养费用，一般也不予补偿；受扶养人无正当理由不履行协议，致使协议解除的，则应适当偿还扶养人已支付的供养费用。

提醒

当事人签订遗赠扶养协议时，应当确保内容尽量明确清楚，具体规定双方的权利义务，以减少纠纷。遗赠扶养协议作为一种双方法律行为，一旦双方在履行遗赠扶养协议时发生纠纷，可以协商解决，比如可以通过协商解除该协议，如果协商不了，则应通过到法院诉讼的方式予以解除，而不能单方面予以解除。

第三部分　有关收养关系的案例

一、收养关系的成立及其法律后果

内容提要

收养成立的法定条件。收养行为涉及收养人、被收养人和送养人三方，法律对此三方民事活动的主体条件分别作出了要求：

1. 被收养人应具备的条件（《收养法》第4条）

（1）被收养人是未满14周岁的未成年人。以不满14周岁的未成年人作为收养的对象，是为了有利于收养人和被收养人之间建立和培养感情，从而促使收养关系的稳定和发展。

（2）被收养人是丧失父母的孤儿，或者是查找不到生父母的弃婴和儿童，或是生父母有特殊困难无力抚养的子女。这里的孤儿是指父母双亡的不满14周岁的未成年人；弃婴和儿童是指被父母或者其他监护人丢弃而脱离家庭或者监护人的不满14周岁的未成年人。

（3）收养年满10周岁以上的未成年人的，应当征得被收养人的同意。因为他们已经初步具备了判断、辨明一些事务后果的能力。因此，收养他们时应当征求、尊重其本人的意愿，取得其同意，这样才能更好地建立和睦的养父母子女关系。

2. 送养人应具备的条件（《收养法》第5条）

（1）孤儿的监护人。当被收养人的父母死亡后，由孤儿的监护人作为送养人。根据《民法通则》第16条的规定，可以作为孤儿监护人的包括下列人员：祖父母、外祖父母；兄、姐等近亲属；关系密切的其他亲属、朋友愿意担任监护人的，须经未成年人的父、母的所在单位或者未成年人住所地的居民委员会、村民委员会的同意；在没有前面人员的情况下，由未成年人父、母的所在单位或者未成年人住所地的居民委员会、村民委员会或者民政部门担任未成年人的监护人。

(2) 社会福利机构。社会福利机构是指各级人民政府的民政部门所兴办的慈善机构。那些因父母死亡，其他亲属又无力抚养的孤儿或者查找不到生父母的弃婴儿童，依照《未成年人保护法》的规定，由社会福利机构收容抚养。

(3) 有特殊困难无力抚养子女的生父母。

3. 收养人应同时具备的条件 (《收养法》第6条)

(1) 收养人必须年满30周岁。收养的目的是为了在收养人与被收养人之间确立父母子女关系，收养人与被收养人之间应有合理的年龄差距。

(2) 收养人无子女。基于《宪法》和《婚姻法》关于计划生育的要求，《收养法》要求收养人无子女。这里的收养人无子女是指夫妻双方或者一方因不愿生育或不能生育而无子女，或者是因所生子女死亡而失去了子女，或者是指收养人因无配偶而没有子女。

(3) 有抚养教育被抚养人的能力。为了保证被抚养人的健康成长，对收养人抚养、教育能力的要求包括两个方面：第一，收养人应具有良好的思想道德品质；第二，收养人有保证被抚养人健康成长的物质条件；

(4) 收养人未患有在医学上认为不应当收养子女的疾病。

4. 收养应当向县级以上人民政府民政部门登记。收养关系自登记之日起成立。

收养作为一种建立法律拟制血亲关系的法律行为，涉及当事人抚养、赡养、继承等重要利益。法律规定收养应当是一种要式行为，即我国现行《收养法》颁布以后，内地居民的收养行为必须到县级以上人民政府民政机关办理收养登记手续。

收养不同于寄养，同时法律规定禁止利用收养的名义拐卖儿童。

案例49　送养人的条件——余某某未经妻子同意能单方送养子女吗？

事情是这样的

本案被告余某某是某县莲花村的一名青年农民。1993年底，余某某经人介绍认识了本县另一个村的姑娘谢某某。双方在家人的支持下，开始来往。1994年6月，原告谢某某与被告余某某登记结婚，并且举行了结婚仪式。1995年8月15日，谢某某生下一个男孩，小名为牛牛。但是，他们婚后的生活并不如意，因为性格不和和经济困难，夫妻两人多次因为家庭琐事而发生纠纷。正因为家庭经济拮据，从1997年2月开始，谢某某和余某某都去了广东打工。被告余某某在广东待了几个月还是没有找到一份固定的工作。在这种情况下，1997年5月，他一个人先回家了。

谢某某和余某某两人在广东打工期间经常发生争吵，夫妻感情越来越差，谢某某觉得余某某眼高手低，舍不得吃苦，所以几个月都没有找到固定的工作，还要自己拿钱养活他。余某某不同意谢某某的看法，他觉得广东那边的打工生活不适合自己，他情愿回家种田，这样自在多了。由于谢某某和余某某两人经常争吵，加上感情基础本来就不牢固，他们觉得这样性格不和的婚姻没有必要再维持下去了。于是，1998年10月，谢某某和余某某协议离婚，办理了离婚手续。双方协议儿子牛牛由余某某抚养教育，本案原告谢某某承担孩子的抚养费2000元。

1999年9月，本案被告余某某在没有告知孩子妈妈谢某某，更没有经过谢某某同意的情况下，委托别人把小孩牛牛送养给本县另外一个村的村民李某某，并得到“恩养费”8200元，余某某和李某某还立了字据作为凭证。2000年1月底，谢某某回家过年的时候，知道了这件事情。她坚决反对将儿子送养给他人，于是立即向法院提起诉讼，请求法院确认余某某单方面送养儿子的行为无效，要求变更孩子抚养权。

县人民法院在听取了双方的主张和查明了基本事实后，认定：在未经原告谢某某同意的情况下，被告余某某单方面擅自将自己的小孩送养他人，违背了《婚姻法》和《收养法》的有关规定，余某某与李某某所立收养子女的字据无效，该收养关系自始无效。由于被告余某某对共同生活的孩子不尽抚养义务，原告作为孩子的母亲，要求变更孩子抚养关系的理由正当，应当予以准许。最后，法院判决：被告余某某与李某某之间协商确立的收养关系无效；婚生儿子牛牛由原告谢某某抚养，由被告余某某承担孩子的抚养费每月 50 元到 18 周岁止；同时对被告非法所得款 8200 元予以收缴并罚款 200 元。宣判后，双方均未上诉。

律师专线

本案法院的判决是合法合理的。因为本案所涉收养关系的送养人不符合法律规定的条件，该收养关系无效，而且自始无效。

我国《婚姻法》第 26 条第 1 款规定，国家保护合法的收养关系。所谓合法的收养关系，是指符合我国收养法规定的收养关系。我国 1998 年修订、1999 年施行的《收养法》对收养关系成立的条件作了详尽的规定。该法规定有特殊困难无力抚养子女的生父母可以送养自己的子女。其中《收养法》第 10 条规定："生父母送养子女，须双方共同送养。生父母一方不明或者查找不到的可以单方送养。"因此，在被送养人的父母均健在的情况下，父亲或者母亲一方送养子女应征得另一方的同意（孩子的母亲或父亲的同意）。本案中，被告余某某作为孩子的父亲，将与自己共同生活的儿子送养给了别人。余某某明明知道孩子的母亲谢某某在哪里，他却故意不与孩子的母亲商量，单方面擅自送养，还要了 8200 元所谓的"恩养费"。其行为不符合《收养法》的规定。不过，根据本案的具体情况，余某某收受 8200 元所谓的"恩养费"尽管不符合法律的规定，但是也不违反《收养法》的强制性规定，应当将此行为与借收养的名义买卖儿童的行为区分开来。因为，本案中，李某某是真心实意要收养牛牛作为自己的孩子。

总之，余某某在不与谢某某商量、征得她的同意的情况下，将儿子牛牛单方面送养给别人，由此而形成的收养关系是无效的，违背了法律的明确规定，应当予以解除。因此，法院的处理结果是正确的。

注意

这里需要注意以下几个问题：

第一，根据《收养法》的规定，当存在下列情况时，公民或者社会组织不得作为送养人：（1）未成年人的父母均不具备完全民事行为能力的，该未成年人的监护人不得将其送养，但是父母对该未成年人有严重危害的除外。（2）监护人送养未成年孤儿的，须征得其他有抚养义务的人同意。有抚养义务的人不同意送养的，监护人不愿意继续履行监护职责的，应当依据《民法通则》的规定变更监护人。（3）在配偶一方死亡后，死亡方的父母要求优先行使抚养未成年孙子女或者外孙子女的权利，生存方不能将该未成年人送养。

第二，非婚生子女的生母在下列情形下，可以单方送养：（1）无法确定非婚生子女的生父；（2）经法院宣告非婚生子女的生父失踪；（3）非婚生子女的生父自然死亡或者经法院宣告死亡的。

第三，根据《收养法》第 11、12 条规定的精神，如果生父母双方确有困难无力抚养子女，而其中一方不具有完全民事行为能力，无法准确征得其同意的，也应当允许另一方单方送养。

第四，不得以送养子女为理由，违反计划生育的规定再生育子女。这一规定是指生父母送养子女以后，不得以送养子女后无子女或者子女少为理由，再申请生育指标并生育子女。这就意味着独生子女是不宜作为被送养人的。否则，送养独生子女后，生父母又不可能被批准再生育，将导致生父母的终生遗憾。

法律规范

中华人民共和国婚姻法

（1980 年 9 月 10 日第五届全国人民代表大会第三次会议通过　2001 年 4 月 28 日第九届全国人民代表大会常务委员会第二十一次会议修正　同日公布并实施）

第二十六条　国家保护合法的收养关系。养父母和养子女间的权利义务，适用本法对父母子女关系的有关规定。

养子女和生父母间的权利和义务，因收养关系的成立而解除。

中华人民共和国收养法

（1991年12月29日第七届全国人民代表大会常务委员会第二十三次会议通过 1998年11月4日第九届全国人民代表大会常务委员会第五次会议修正 自1999年4月1日起施行）

第四条 下列不满14周岁的未成年人可以被收养：

（一）丧失父母的孤儿；

（二）查找不到生父母的弃婴和儿童；

（三）生父母有特殊困难无力抚养的子女。

第五条 下列公民、组织可以作送养人：

（一）孤儿的监护人；

（二）社会福利机构；

（三）有特殊困难无力抚养子女的生父母。

第六条 收养人应当同时具备下列条件：

（一）无子女；

（二）有抚养教育被收养人的能力；

（三）未患有在医学上认为不应当收养子女的疾病；

（四）年满三十周岁。

第十条 生父母送养子女，须双方共同送养。生父母一方不明或者查找不到的可以单方送养。

有配偶者收养子女，须夫妻共同收养。

第十五条 收养应当向县级以上人民政府民政部门登记。收养关系自登记之日起成立。

收养查找不到生父母的弃婴和儿童的，办理登记的民政部门应当在登记前予以公告。

收养关系当事人愿意订立收养协议的，可以订立收养协议。

收养关系当事人各方或一方要求办理收养公证的，应当办理收养公证。

第二十条 严禁买卖儿童或者借收养名义买卖儿童。

最高人民法院关于人民法院审理离婚案件处理子女抚养问题的若干具体意见

（1993年11月3日最高人民法院通过）

15. 离婚后，一方要求变更子女抚养关系的，或者子女要求增加抚育费的，应另行起诉。

16. 一方要求变更子女抚养关系有下列情形之一的，应予支持：

（1）与子女共同生活的，一方因患严重疾病或因伤残无力继续抚养子女的；

（2）与子女共同生活的一方不尽抚养义务或有虐待子女行为，或其与子女共同生活对子女身心健康确有不利影响的；

（3）十周岁以上未成年子女，愿随另一方生活，该方又有抚养能力的；

（4）有其他正当理由需要变更的。

专家释惑

本案涉及的法律问题主要是收养关系合法成立的条件。我国1998年修订、1999年施行的《收养法》对收养关系成立的条件作了详尽的规定：

1. 被收养人应具备的条件

根据我国《收养法》第4条的规定，通常情况下，被收养人必须同时具备下列两个条件：（1）年龄未满14周岁；（2）生父母双亡的孤儿，或是查找不到生父母的弃婴和弃儿，或是生父母虽在但因特殊困难无力抚养的子女。

2. 收养人应当具备的条件

根据我国《收养法》第6条和其他相关条款的规定，通常情况下，收养人应同时具备下列条件：（1）无子女。即收养人不论是有配偶者，还是无配偶者，必须无自己名义下的子女（包括亲生的子女、养子女、有事实抚养关系的继子女）。这里所说无子女，并非指不能生育者。如果有生育能力而不愿生育，要求收养子女的，只要具备相应条件，也可以收养子女；当然，如果子女均已死亡的，也可以收养。(2) 有抚养和教育被收养人的能力。这种能力主要是指收养人须是具有完全民事行为能力者，具备抚养被收养人的必要经济条件，具有良好的道德品质，能够从物质生活和教育诸方面为被收养人提供必要的条件。(3) 未患有在医学上认为不应当收养子女的疾病。(4) 年满30周岁。若收养人为夫妻的，须夫妻双方均年满30周岁。(5) 有配偶者作为收养人，应由夫妻双方共同收养，收养人（包括共同收养的夫妻）只能收养一名子女。

3. 送养人的条件

(1) 生父母作为送养人的条件

根据我国《收养法》第10条和其他相关条款的规定，通常情况下生父母作为送养人应遵守以下条件：①生父母有特殊困难，均无力抚养子女。②生父母送养子女，须双方共同送养。③在配偶一方死亡后，如果另一方要求送养未成年子女，死亡一方的父母有优先抚养的权利，送养须先征求死亡一方父母的意见。若他们愿意并有能力抚养该孙子女或外孙子女时，另一方就不得将其送养。

(2) 父母以外的监护人作为送养人的条件

根据我国《民法通则》第16条的规定，在未成年人的生父母双亡或均丧失监护能力的情况下，该未成年人的祖父母、外祖父母，成年的兄、姐以及关系密切的其他亲属朋友，可以担任未成年人的监护人，没有上述监护人的，由未成年人父、母的所在单位或者未成年人住所地的居民委员会、村民委员会或者民政部门担任监护人。上述公民或组织在担任监护人期间，可以依法送养被监护的未成年人，但应具备以下两个条件：①在未成年人的父母均死亡的情况下，该未成年人的监护人要求将其送养，须征得有抚养义务人的同意。②当未成年人的父母均不具备完全民事行为能力时，该未成年人的监护人不得将其送养。但父母对该未成年人有严重危害性或威胁其健康成长可能的，允许其监护人将其送养。

(3) 社会福利机构作为送养人的条件

社会福利机构通常是指儿童福利院或康复院等由民政部门设立的，专门收容、抚养暂时无法查明生父母或监护人的弃儿或孤儿的社会组织。在我国，除了这类机构外，其他任何机构不得送养上述弃儿或孤儿。

案例 50　医院将因病欠费的婴儿送养是否属于合法?

事情是这样的

2003 年 6 月的一天，谢某某在某市的一家医院早产，生下一名女婴。这名女婴出生时身体状况很不好，非常虚弱，急需治疗。随后，这名女婴被转到该市妇幼保健院治疗。在此期间，这名女婴的母亲谢某某先后 13 次向该市妇幼保健医院交纳了 1.42 万元医疗费。经过将近两个月的治疗，同年 8 月 22 日，院方通知说孩子已基本痊愈，但须交清所欠医疗费用才能出院（大约 9000 元）。

这名女婴的母亲谢某某称，自己当时已经没钱了。于是，医院方面说可以让孩子先留在医院，但要求谢某某半个月筹钱交清费出院。但是同年 10 月 16 日，谢某某从外地借钱回来后，尽管还没有筹足需要交纳的费用，她还是来到医院，但却被告知，孩子已经出院了。后来在谢某某数次要求医院方面给个说法的情况下，医院告诉谢某某她的女儿已经送养给了他人。

原来，从 8 月 22 日到 9 月 15 日，市妇幼保健医院曾经多次联系谢某某，打谢某某的手机都联系不上，又找不到人。于是，该市妇幼保健医院于同年 9 月 16 日联系当地民政部门，要将这名女婴送养，说该女婴入院时只有母亲谢某某的信息，医院方面多次联系谢某某都没有联系上，加上这名女婴的医疗费 9000 元尚处于拖欠中，因此，医院认为这名女婴已经是弃婴，要求送养。经该市民政局同意，这名在医院生活了几个月的女婴于同年 9 月 22 日被市妇幼保健院和社会福利院送养给一对无法生育的夫妇。但是，这名女婴被送养后半个多月，即 10 月 15 日，因病死亡。

谢某某知道自己的女儿已经被送养并且已经死亡这一事实后，她起诉该市妇幼保健院，请求法院确认市妇幼保健医院送养非法，并要求对方赔偿住院费、交通费、误工费等各项损失 10 万元人民币。

原告谢某某认为：医院送养原告的女儿这一行为属于非法行为。理由是谢某某的女儿是正住院治疗的患者，不是收养对象，医院也不是女儿的监护人，这种擅自送养行为属于违法行为。医院以欠费为由把女儿当做“人质”扣押，不让女儿出院，此后又故意隐瞒将女儿送养一事，侵犯了其作为母亲的监护权，致使女儿病重身亡，应承担相应责任。

被告妇幼保健医院则认为，谢某某实际上是“故意遗弃”女婴，而医院是医疗机构，不是社会福利单位，自 2003 年 8 月 22 日以后，院方联系不上谢某某，家属也不来照料。本来医疗资源就很紧张的医院方面还要专门派人照顾这名女婴。后来，在多次联系未果的情况下，院方无奈才经当地办事处和民政部门批准，把已恢复健康的弃婴送养。

谢某某起诉该市妇幼保健医院的诉讼争议焦点在于：医院将女婴送养是否违法？这个案件最终该如何处理呢？

律师专线

这是一个关于医院将接受治疗但是尚欠医疗费的婴儿送养的行为是否合法的案例。

在本案中，原告谢某某和医院方面都存在一定的过错。

一方面，原告谢某某存在一定的过错，她在没有及时向医院支付自己孩子的医疗费，从而无法办理出院手续的情况下，将孩子留在医院，自己去筹钱交治疗费，这没有错，但是错就在于她去筹钱期间，没有与医院保持联络，也没有找人去医院照顾自己的小孩。目前，很多医院都经历过父母将患病的孩子遗弃在医院的事情，这就让医院以为谢某某也要遗弃其孩子。

另一方面，作为被告的妇幼保健医院方面也存在一定的过错。首先，医院认为谢某某要遗弃自己的女儿，这一认定有些轻率，因为被告医院方面没有穷尽可以联系谢某某的途径。医院方面是从 8 月 22 日到 9 月 15 日期间多次联系谢某某，但是没有联系上，这并不构成长期联系不上。因为从医院的入院登记资料上，医院应该还可以查到谢某某的家庭住址之类的详细资料，从而还有诸如登门等其他查找谢某某的途径，但是医院没有这么做，而是仅凭入院时留下的手机号这一联系方式去联络；谢某某的女儿在被告医院已经住院治疗过几个月，期间谢某某先后十多次交纳了医疗费用，不能仅凭与谢某某这大半个月失去联络而认定谢某某是遗弃其女儿。因此，即便是因为医院的医疗资源非常紧张，医院仅仅凭二十多天的电话联系没有联系上谢某某，就认为其女儿是弃婴，从而要求送养，这一行为过于草率。其次，医院自己不能作为送养人。依据《收养法》第 5 条可知，医院不是合法的送养人。在本案中，要使医院的送养行为合法，医院在穷尽了所有联系方式仍然查找不到孩子的父母、家人的时候，应当先向当地民政部门申请，将孩子送交给当地社会福利机构，再由社会福利院将孩子送养给合格的收养人。而不是像本案那样，由医院经过民政部门的同意，与社会福利院一起将这名孩子送养给他人。再次，医院已经在当年 9 月 22 日将这名女婴送养，但后来并没有及时尽早地告诉谢某某，而是隐瞒事实。这侵犯了谢某某作为法定监护人的合法权利。因此，尽管最后这名女婴的死亡与医院的送养行为之间没有直接的因果联系，但是医院在送养过程中其实是存在一定过错的，在一定程度上侵害了原告的监护权和知情权。

通过上述分析可知，最后受案法院应该认定医院的送养行为不合法，并且应当按照当事人双方的过错，确定医院应当承担责任的大小。

法律规范

中华人民共和国收养法

（1991 年 12 月 29 日第七届全国人民代表大会常务委员会第二十三次会议通过　1998 年 11 月 4 日第九届全国人民代表大会常务委员会第五次会议修正　自 1999 年 4 月 1 日起施行）

第四条　下列不满 14 周岁的未成年人可以被收养：

（一）丧失父母的孤儿；

（二）查找不到生父母的弃婴和儿童；

（三）生父母有特殊困难无力抚养的子女。

第五条　下列公民、组织可以作送养人：

（一）孤儿的监护人；

（二）社会福利机构；

（三）有特殊困难无力抚养子女的生父母。

第十五条　收养应当向县级以上人民政府民政部门登记。收养关系自登记之日起成立。

收养查找不到生父母的弃婴和儿童的，办理登记的民政部门应当在登记前予以公告。

收养关系当事人愿意订立收养协议的，可以订立收养协议。

收养关系当事人各方或者一方要求办理收养公证的，应当办理收养公证。

专家释惑

这个案例涉及的法律问题是：谁是合法的送养人？医院能否作为送养人？

依据《收养法》第5条可知，合法的送养人包括三类：

1. 孤儿的监护人。当被收养人的父母死亡后，由孤儿的监护人作为送养人。根据《民法通则》第16条的规定，可以作为孤儿监护人的包括下列人员：祖父母、外祖父母；兄、姐等近亲属；关系密切的其他亲属、朋友愿意担任监护人的，须经未成年人的父、母的所在单位或者未成年人住所地的居民委员会、村民委员会的同意；在没有前面人员的情况下，由未成年人父、母的所在单位或者未成年人住所地的居民委员会、村民委员会或者民政部门担任未成年人的监护人。

2. 社会福利机构。社会福利机构是指各级人民政府的民政部门所兴办的慈善机构。那些因父母死亡、其他亲属又无力抚养的孤儿或者查找不到生父母的弃婴儿童，依照《未成年人保护法》的规定，由社会福利机构收容抚养。

3. 有特殊困难无力抚养子女的生父母。生父母必须是有特殊困难，无力抚养子女，而不是规避计划生育。此外，父母健在者，不论父母是否离婚，都必须双方共同送养自己的子女。不过，这一规定也有下列例外情形。第一，非婚生子女的生母在下列情形下，可以单方送养：(1) 无法确定非婚生子女的生父；(2) 经法院宣告非婚生子女的生父失踪；(3) 非婚生子女的生父自然死亡或者经法院宣告死亡的。第二，根据《收养法》第 11 条和第 12 条的精神，如果生父母双方确有困难无力抚养子女，而其中一方不具有完全民事行为能力，无法准确征得其同意的，也应当允许另一方单方送养。

此外，依据我国《收养法》的规定，当存在下列情况时，公民或者社会组织不得作为送养人：(1) 未成年人的父母均不具备完全民事行为能力的，该未成年人的监护人不得将其送养，但是父母对该未成年人有严重危害的除外。(2) 监护人送养未成年孤儿的，须征得其他有抚养义务的人同意。有抚养义务的人不同意送养，监护人不愿意继续履行监护职责的，应当依据《民法通则》的规定变更监护人。(3) 在配偶一方死亡后，死亡方的父母要求优先行使抚养未成年孙子女或者外孙子女的，生存方不能将该未成年人送养。

由此可知，医院不能作为合格的送养人。医院在接诊过程中，遇到新生儿的父母因为种种原因，比如交不起医疗费用、新生儿有残疾、新生儿是女婴，而将自己的孩子丢弃在医院时，医院应当首先尽到暂时照料和抚养的义务，同时尽量联系孩子的父母。只有当孩子的父母实在联系不上，穷尽了医院当时能利用的各种途径仍查找不到孩子的父母的情况下，医院才可以通过联系当地民政部门，填写相应的材料后，将孩子送交给当地的社会福利机构，比如孤儿院等。医院不能自行将被遗弃在医院的孩子送养给他人收养。

案例51 收养人的条件——朱某某夫妻未满30岁能收养小孩贝贝吗?

事情是这样的

刘某某（男，某公司业务员）和蓝某某（女，某餐厅经理）经自由恋爱于2000年5月结婚。2001年4月，蓝某某生下一个小男孩，小名为贝贝。随着贝贝的出生，初为父母的刘某某和蓝某某都觉得生活凭空增添了许多需要做的事情，导致双方经常为了一些琐事产生矛盾。2002年10月，刘某某和蓝某某认为彼此感情不和，已经无法共同生活在一起，因此离婚。离婚时，出于各自追求未来幸福生活和再婚方便的考虑，刘某某和蓝某某谁都不想抚养他们的孩子贝贝。于是，刘某某和蓝某某商量把孩子送养给别人。

经人介绍，刘某某和蓝某某得知有一对夫妻（朱某某和王某某）不能生育，他们想领养一个健康活泼的孩子。于是，刘某某和蓝某某在与朱某某（男，29周岁）、王某某（女，28周岁）见过两次之后，彼此于2002年12月签订了收养协议，随后双方到当地的民政部门办理了收养登记。在签订送养协议时，送养的一方（刘某某和蓝某某）当时与收养方（朱某某和王某某）约定，以后他们可以来朱某某家探望贝贝。

离婚后，小孩贝贝就由朱某某和王某某收养。朱某某和王某某对待贝贝很用心，在生活上悉心照料，还买了很多玩具给贝贝。不过，贝贝的亲生母亲蓝某某经常到朱某某家探望贝贝。刚开始的时候，朱某某和王某某还表示理解，但是随着蓝某某的频繁探望，他们夫妻开始表示反感，因为蓝某某这样做不利于贝贝与他们夫妻建立融洽的亲人关系。这样，领养后还不到半年，朱某某夫妻与蓝某某就探望事宜发生了争议。

于是，蓝某某去找前夫刘某某，与其协商要解除与朱某某夫妻之间的收养协议，然后将贝贝领回自己身边抚养。不过，蓝某某的前夫刘某某宣称，他同意去和朱某某夫妻解除收养关系，但是贝贝应该领回归刘某某抚养。为此，刘某某和蓝某某之间没有达成协议，因此也没法与朱某某夫妻就解除收养关系达成一致意见。

2003年8月，刘某某来到朱某某家探望贝贝后，将贝贝领回自己家，交给自己的父母（即贝贝的爷爷奶奶）照顾。面对这样的情况，蓝某某很恼火，于是以前夫刘某某为被告向当地法院起诉，请求法院确认自己和刘某某于2002年12月同朱某某夫妻签订的送养协议无效，因为自己和被告作为送养人都不符合法律规定的条件，而且收养人也不符合法律规定的年龄条件；并请求法院确认贝贝应当由蓝某某自己抚养。被告刘某某答辩称，自己也赞同与收养人朱某某夫妻解除收养协议或者说确认该协议无效，但是孩子贝贝应当由自己抚养，理由是自己的经济条件比较好，而且自己的父母都退休在家、身体健康，这有利于悉心照顾贝贝，有利于孩子的健康成长。本案的第三人朱某某和王某某夫妻声称，收养协议有效，而且贝贝应当归他们夫妻抚养，理由是：在这半年多的时间内，他们悉心照顾贝贝，视如己出，与贝贝已经建立起了深厚的感情；而且蓝某某与刘某某并不是真心想照顾贝贝的，他们当初离婚的时候都为了自己再婚方便而不要贝贝，现在主张对贝贝的抚养权只不过是为了赌气；此外，从现实情况看，刘某某和蓝某某都忙于各自的生意，不像朱某某和王某某那样能有较多时间照顾和陪护贝贝。因此，为了孩子的健康成长着想，贝贝应当由他们夫妻继续抚养。

法院审理过程中，经过调查得知，朱某某和王某某夫妻在收养贝贝的时候不符合我国《收养法》规定的收养条件（年满30周岁），因此撤销了收养登记。最后法院判决，2002年12月，刘某某夫妻与朱某某夫妻签订的收养协议无效，孩子贝贝应当回到生父母身边，交由刘某某抚养。

律师专线

本案法院的判决合法合理。刘某某夫妻与朱某某夫妻之间签订的送养贝贝的协议无效。因为这个送养协议中，送养人和收养人都不符合法律规定的条件。

1. 本案的送养人不具备法定条件

我国《收养法》第5条明确规定了送养人的条件。我国《收养法》所认可的送养人，包括下列公民和社会组织：

（1）孤儿的监护人。当被收养人的父母死亡后，由孤儿的监护人作为送养人。根据《民法通则》第16条的规定，可以作为孤儿监护人的包括下列人员：祖父母、外祖父母；兄、姐等近亲属；关系密切的其他亲属、朋友愿意担任监护人的，须经未成年人的父、母的所在单位或者未成年人住所地的居民委员会、村民委员会的同意；在没有前面人员的情况下，由未成年人父、母的所在单位或者未成年人住所地的居民委员会、村民委员会或者民政部门担任未成年人的监护人。

（2）社会福利机构。社会福利机构是指各级人民政府的民政部门所兴办的慈善机构。那些因父母死亡，其他亲属又无力抚养的孤儿或者查找不到生父母的弃婴儿童，依照《未成年人保护法》的规定，由社会福利机构收容抚养。当收养人在符合条件的情况下，自愿收养由社会福利机构抚养的孩子时，社会福利机构即可成为送养人。

（3）有特殊困难无力抚养子女的生父母。父母对子女有抚养教育的义务，这种义务在通常情况下是不能免除的，但如果父母确实有特殊困难（如重疾、高残、丧失劳动能力又无经济来源等情况）无力承担抚养义务，法律允许生父母将自己的子女送养他人。依《收养法》的规定，生父母送养子女时，无论双方是否离婚，都必须共同送养；除因生父母一方下落不明或者查找不到时，才允许单方送养；生父母一方死亡的，生存方可单方送养。

因此，当生父母送养自己的子女时，生父母必须是有特殊困难无力抚养自己子女的父母。父母对自己的子女具有法定的抚养和教育义务，这样的义务只有在特殊困难的时候才可以转移。但是生父母离婚并不属于法律规定的可以免除法定抚养和教育义务的情形。因此，刘某某和蓝某某以离婚后各自再婚方便为理由而送养子女的行为是不合法的，是逃避自己应当承担的法律义务，应当受到谴责。当然，当地民政部门对当事人不符合收养条件的收养协议予以登记的行为也是错误的，因此，民政部门应撤销其收养登记。

2. 本案的收养人不符合法定条件

本案中，朱某某夫妻作为收养人与送养人刘某某夫妻签订收养协议的时候，收养人没有达到法律规定的收养人的年龄条件。这违反了我国《收养法》第6条的规定。

3. 贝贝到底应该归刘某某还是蓝某某抚养？

既然刘某某夫妻与朱某某夫妻之间签订的收养协议被确认无效，接下来，贝贝与刘某某、蓝某某的关系就应当恢复到收养行为之前的状态。作为孩子的亲生父母，刘某某和蓝某某都具有亲权，都有权去抚养贝贝。

问题是，当离婚的双方都要求孩子的抚养权时，到底该判决孩子跟谁共同生活呢？我国《婚姻法》第 36 条区分哺乳期和哺乳期以后的孩子，分别确定父母离婚时，孩子由谁具体抚养的问题。其中，在哺乳期内的孩子，以随哺乳的母亲抚养为原则。哺乳期后的子女，如双方因抚养问题发生争执不能达成协议时，由人民法院根据子女的权益和双方的具体情况判决。本案中，贝贝已经两岁多了，过了哺乳期，因此贝贝到底应当跟刘某某还是蓝某某共同生活，这要依据有利于贝贝的成长以及刘某某和蓝某某各自的具体情况来判决。蓝某某和刘某某的经济条件都比较好，有能力培养贝贝，但是刘某某的父母身体健康且退休在家，有能力照顾贝贝。因此，依据最高人民法院《关于人民法院审理离婚案件处理子女抚养问题的若干具体意见》的规定可知，法院判决贝贝由刘某某抚养是正确的，也是合理的。

法律规范

中华人民共和国收养法

（1991 年 12 月 29 日第七届全国人民代表大会常务委员会第二十三次会议通过　1998 年 11 月 4 日第九届全国人民代表大会常务委员会第五次会议修正　自 1999 年 4 月 1 日起施行）

第四条　下列不满十四周岁的未成年人可以被收养：

（一）丧失父母的孤儿；

（二）查找不到生父母的弃婴和儿童；

（三）生父母有特殊困难无力抚养的子女。

第五条　下列公民、组织可以作送养人：

（一）孤儿的监护人；

（二）社会福利机构；

（三）有特殊困难无力抚养子女的生父母。

第六条　收养人应当同时具备下列条件：

（一）无子女；

（二）有抚养教育被收养人的能力；

（三）未患有在医学上认为不应当收养子女的疾病；

（四）年满三十周岁。

第十条　生父母送养子女，须双方共同送养。生父母一方不明或者查找不到的可以单方送养。

有配偶者收养子女，须夫妻共同收养。

第二十三条　自收养关系成立之日起，养父母与养子女间的权利义务关系，适用法律关于父母子女关系的规定；养子女与养父母的近亲属间的权利义务关系，适用法律关于子女与父母的近亲属关系的规定。

中华人民共和国婚姻法

（1980年9月10日第五届全国人民代表大会第三次会议通过　2001年4月28日第九届全国人民代表大会常务委员会第二十一次会议修正　同日公布并实施）

第三十六条　父母与子女间的关系，不因父母离婚而消除。离婚后，子女无论由父或母直接抚养，仍是父母双方的子女。

离婚后，父母对于子女仍有抚养和教育的权利和义务。

离婚后，哺乳期内的子女，以随哺乳的母亲抚养为原则。哺乳期后的子女，如双方因抚养问题发生争执不能达成协议时，由人民法院根据子女的权益和双方的具体情况判决。

第三十七条　离婚后，一方抚养的子女，另一方应负担必要的生活费和教育费的一部或全部，负担费用的多少和期限的长短，由双方协议；协议不成时，由人民法院判决。

关于子女生活费和教育费的协议或判决，不妨碍子女在必要时向父母任何一方提出超过协议或判决原定数额的合理要求。

第三十八条　离婚后，不直接抚养子女的父或母，有探望子女的权利，另一方有协助的义务。

行使探望权利的方式、时间由当事人协议；协议不成时，由人民法院判决。

父或母探望子女，不利于子女身心健康的，由人民法院依法中止探望的权利；中止的事由消失后，应当恢复探望的权利。

专家释惑

本案涉及的法律问题是收养关系的合法成立。具体而言，主要涉及合法收养关系成立中的收养人的条件和送养人的条件。

收养是指公民依法领养他人的子女作为自己的子女，从而在收养人与被收养人之间确立父母子女关系的民事法律行为。收养关系会涉及当事人一系列权利义务的变更，因此法律要对收养关系所涉主体的条件进行具体规定。鉴于前面案例已经对送养人的条件有所介绍，这里着重介绍收养人的条件。

一、关于收养人条件的法律规定

《收养法》第6条规定一般收养人应当同时具备下列条件：（一）无子女；（二）有抚养教育被收养人的能力；（三）未患有在医学上认为不应当收养子女的疾病；（四）年满30周岁。第9条还规定无配偶的男性收养女性的，收养人与被收养人的年龄应当相差40周岁以上。同时《收养法》还对被收养人和送养人、收养的条件作出了规定。另外，收养孤儿和残疾儿童的，可以适当放宽收养人的条件。

二、一般收养人的四项条件

一般情况下收养人应当同时具备的四个条件——无子女、有抚养教育被收养人的能力、未患有在医学上认为不应当收养子女的疾病、年满30周岁。

1. 无子女是收养人应具备的重要条件之一。基于《宪法》和《婚姻法》关于计划生育的要求，《收养法》要求收养人无子女。因为实行计划生育是我国的一项基本国策。按照计划生育的政策规定，夫妻双方一般只能生育一个孩子。为了防止借收养之机达到多养子女的目的，所以法律规定收养人只有在无子女的情况下才能收养子女。这样规定有利于计划生育工作的开展和限制我国人口增长的速度。这里所称的无子女，是指收养人既没有亲生子女，也没有养子女和形成实际抚养关系的继子女。如果某个公民生育过子女，但该子女已经死亡或者被宣告死亡，亦属于无子女。同时，既不能把无子女理解为没有生育能力，也不能把子女未与其共同生活的情况视为无子女。

2. 有抚养教育被收养人的能力也是收养人应具备的基本条件。这里所称的“有抚养教育被收养人的能力”，是指收养人应当具有完全民事行为能力，在身体上、智力上、经济上、道德品质和教育子女等方面有能力抚养和教育被收养人，能够履行父母对子女应尽的义务，《收养法》规定收养应当有利于被收养的未成年人的抚养和成长，如果收养人经济困难，或患有严重传染性疾病，或生活不能自理，或品质恶劣、道德败坏，都不利于对未成年人的抚养和教育。

3. 这里所称的“未患有在医学上认为不应当收养子女的疾病”，主要是指精神疾病和传染病。精神疾病包括精神分裂症、精神抑郁症等有精神障碍的疾病；传染病包括我国传染病防治法规定的鼠疫、霍乱等甲类传染病，病毒性肝炎、细菌性和阿米巴性痢疾、伤寒和副伤寒、艾滋病、淋病、梅毒、脊髓灰质炎、麻疹、白喉、流行性脑脊髓膜炎、猩红热、流行性出血热、狂犬病、钩端螺旋体病、布鲁氏菌病、炭疽病、流行性和地方性斑疹伤寒、流行性乙型脑炎、黑热病、登革热等乙类传染病，肺结核、血吸虫病、丝虫病、包虫病、麻风病、流行性腮腺炎等丙类传染病。对患精神病在发病期内的，或者患传染病在传染期内的，收养人应当暂缓收养。在适用“未患有在医学上认为不应当收养子女的疾病”的规定处理具体问题时，应当特别注意必须有充分科学的依据，必要时得进行医学上的专门鉴定。

4. 收养人必须年满30周岁。收养的目的是为了在收养人与被收养人之间确立父母子女关系，因此，收养人与被收养人之间应有合理的年龄差距。这是对收养人最低年龄的规定。夫妻共同收养，则必须双方都年满30周岁。对收养人最低年龄的规定，是根据我国的自然条件、社会发展状况和人的生理因素等方面，从有利于家庭收养和控制人口增长速度角度而决定的。这里所称的“年满30周岁”，包括30周岁本数在内。1991年的《收养法》规定收养人必须年满35周岁，修改后的《收养法》根据社会收养的实际情况和需要，参照其他国家对收养人的年龄规定，将收养人的年龄下降到30周岁。

此外，有配偶者收养子女，必须夫妻双方共同抚养。法律这样规定的目的是为了保证被抚养人能在一个和睦、温暖的家庭环境中健康成长，以免因夫妻单方收养而造成另一方不接纳孩子，进而影响夫妻感情的和睦，影响养子女的身心健康。

收养人只能收养一名子女。对收养人的这一要求，是为了贯彻、推行我国的计划生育政策。

三、特殊收养时收养人的条件

我国《收养法》第6条是对收养人条件的一般规定，在适用以上一般规定时还应当同时适用《收养法》的其他特殊规定。如《收养法》第8条规定，收养孤儿、残疾儿童或者社会福利机构抚养的查找不到生父母的弃婴和儿童，可以不受收养人无子女和收养一名的限制；第9条规定，无配偶的男性收养女性的，收养人与被收养人的年龄应当相差40周岁以上；第10条规定，有配偶者收养子女，须夫妻共同收养；第14条规定，收养继子女可以不受收养人一般条件的限制。把《收养法》关于收养人的一般规定和特殊规定综合起来考虑，才能具体适用于每一个收养人。

四、特殊收养成立的条件

基于收养关系主体身份的多样性，从有利于收养关系和家庭关系正常发展的需要出发，《收养法》对一些特殊情况下的收养条件，也相应作了特殊规定。

1. 无配偶男性收养女性的，收养人与被收养人的年龄应相差40周岁以上。这一规定的目的，旨在保护被收养人的人身权利，防止日后发生违反社会公德的事件；同时，对于单身男性收养养女的，除年龄的特殊规定外，还必须适用一般收养的各项条件。

2. 收养三代以内同辈旁系血亲的子女的，我国《收养法》第7条规定，年满30周岁的无子女的公民收养三代以内同辈旁系血亲的子女，可以不受该法第4条第3项（生父母有特殊困难无力抚养的子女）、第5条第3项（有特殊困难无力抚养子女的生父母）、第9条和被收养人不满14周岁的限制。华侨收养三代以内同辈旁系血亲的子女，还可以不受收养人无子女的限制。

3. 对孤儿、弃儿或者残疾儿童收养的特殊规定。《收养法》规定：收养孤儿、残疾儿童或者收养由社会福利机构抚养的儿童的，不受收养人无子女和收养一名的限制。法律之所以放宽此类收养的条件，是因为这些收养行为具有援助弱者的人道主义性质，国家实际是鼓励此类收养的。但是放宽条件，并不是没有条件，为了确保被收养人能够健康的成长，收养人除不受上述条件限制外，《收养法》对收养人的其他条件限制仍然适用。

4. 继父母对继子女的收养。《收养法》第14条规定："继父或者继母经继子女的生父母的同意，可以收养继子女，并可以不受本法第四条第三项，第五条第三项，第六条和被收养人不满十四周岁以及收养一名的限制。"即不受以下条件的限制：

（1）不受被收养人为生父母有特殊困难无力抚养的子女和不满14周岁的条件限制；

（2）不受送养人为有特殊困难无力抚养子女的生父母的条件限制；

（3）收养人不受年满30周岁、无子女、有抚养教育被收养人的能力、未患有在医学上认为不应当收养子女的疾病以及只能收养一名子女等条件的限制。

案例 52　收养关系的成立是否需要获得童童本人的同意？

事情是这样的

童童今年刚 10 岁，在村小学读三年级，是一个很清秀的小女孩，目前跟着年迈的爷爷奶奶生活。因为童童的爸爸 2008 年在一次交通事故中受伤瘫痪，童童的妈妈当时听到这个消息后，受到重大打击，导致心脏病突发，在送往医院的路上就停止了呼吸。

由于童童的爷爷奶奶都是没有收入来源的老人，也没办法种地了，爷爷奶奶的生活以前主要靠童童爸爸他们三兄弟赡养，现在则主要靠童童的伯父和叔叔。爷爷奶奶都将近 70 岁了，现在要照顾瘫痪在床的童童爸爸，同时还要照顾童童，感到力不从心。为了童童的未来，爷爷奶奶和童童爸爸商量，找一个亲戚或者信得过的人收养童童，以便让童童有一个好点的成长环境。

在有心人的介绍下，一对住在县城的夫妻愿意收养童童。这对夫妻结婚已多年，由于男方范某某的身体原因，一直没办法生育。范某某夫妻这些年在县城开了一家小饭馆，生意挺好。童童的爷爷奶奶特意到县城范某某的饭馆去考察了一下，觉得范家的经济条件确实很好，能够给童童比较好的环境；同时爷爷奶奶与童童爸爸商量后，觉得范某某夫妻没有孩子，却又很喜欢孩子，应该能善待童童。因此，童童爸爸和爷爷奶奶决定与范某某夫妻签订将童童送养的协议，并将这一决定告诉了童童。童童听了之后，边流眼泪边说，自己不愿去，不愿意离开爸爸和爷爷奶奶。但是爸爸告诉童童，虽然自己和爷爷奶奶都舍不得童童，但是不得不这样做，目的是为了让童童有个更适合的成长环境。

范某某夫妇和童童爸爸、爷爷奶奶约定去县民政局办理收养登记手续。到了办手续那天，童童和爷爷奶奶一起去的，但是在办理收养登记手续时，童童还是流着泪对爷爷奶奶说，自己不愿意离开家里，不愿意离开爸爸。办理登记的工作人员告诉童童的爷爷奶奶和范某某夫妇，童童已经10岁了，收养关系的确立需要获得童童本人的同意，如果童童不愿意被送养，则不能建立收养关系。

律师专线

这名工作人员的意见是正确的。

我国《收养法》第11条规定“收养年满10周岁以上未成年人的，应当征得被收养人的同意”，依据《收养法》的这一规定，收养年满10周岁以上的未成年人，除了收养人和送养人的意见一致外，同时还必须征求该被收养人的意见，被收养人同意后，可以建立收养关系；如果被收养人不同意被送养，则不能建立收养关系。收养人、送养人以及当事人以外的其他人都不得强迫被收养人，否则，收养关系无效。

收养关系的成立包括三方当事人的意思表示。一是收养人的意思表示；二是送养人的意思表示；三是年满10周岁以上的被收养人的意思表示。这是因为收养是三方当事人的民事法律行为，当事人各方的法律地位平等，不允许任何一方将自己的意志强加于另一方，也不允许任何人加以干涉。

本案例中，童童已经10岁了，属于法律规定的限制行为能力人，具有部分民事行为能力，可以进行与其年龄和智力状态相适应的民事活动。对收养行为这种涉及自己人身关系重大改变的民事活动，会有一定程度的认知和辨别能力。因此，收养关系的成立，不仅取决于作为收养人的范某某夫妻的同意、作为送养人的童童爸爸和爷爷奶奶的同意，还需要童童本人的同意。童童不愿意离开家里，不愿意离开爸爸和爷爷奶奶，其意愿应当得到尊重，不能强迫童童接受养父母。因此，在童童不愿意被送养的情况下，童童的爷爷奶奶作为法定监护人与范某某夫妇订立的自愿送养协议不能生效，收养关系不成立。

法律规范

中华人民共和国收养法

（1991年12月29日第七届全国人民代表大会常务委员会第二十三次会议通过　1998年11月4日第九届全国人民代表大会常务委员会第五次会议修正　自1999年4月1日起施行）

第四条　下列不满十四周岁的未成年人可以被收养：

（一）丧失父母的孤儿；

（二）查找不到生父母的弃婴和儿童；

（三）生父母有特殊困难无力抚养的子女。

第五条　下列公民、组织可以作送养人：

（一）孤儿的监护人；

（二）社会福利机构；

（三）有特殊困难无力抚养子女的生父母。

第六条　收养人应当同时具备下列条件：

（一）无子女；

（二）有抚养教育被收养人的能力；

（三）未患有在医学上认为不应当收养子女的疾病；

（四）年满三十周岁。

第十条　生父母送养子女，须双方共同送养。生父母一方不明或者查找不到的可以单方送养。

有配偶者收养子女，须夫妻共同收养。

第十一条　收养人收养与送养人送养，须双方自愿。收养年满十周岁以上未成年人的，应当征得被收养人的同意。

第十二条　未成年人的父母均不具备完全民事行为能力的，该未成年人的监护人不得将其送养，但父母对该未成年人有严重危害可能的除外。

第十三条　监护人送养未成年孤儿的，须征得有抚养义务的人同意。有抚养义务的人不同意送养、监护人不愿意继续履行监护职责的，应当依照《中华人民共和国民法通则》的规定变更监护人。

第二十三条　自收养关系成立之日起，养父母与养子女间的权利义务关系，适用法律关于父母子女关系的规定；养子女与养父母的近亲属间的权利义务关系，适用法律关于子女与父母的近亲属关系的规定。

专家释惑

本案例涉及的法律问题主要是收养关系合法成立的条件，具体而言是被收养人的条件。我国 1998 年修订、1999 年施行的《收养法》对收养关系成立的条件作了详尽的规定，根据我国《收养法》第4条的规定，通常情况下，被收养人必须同时具备下列两个条件：(1) 年龄未满14周岁；(2) 生父母双亡的孤儿，或是查找不到生父母的弃婴和弃儿，或是生父母虽在但因特殊困难无力抚养的子女。

我国法律对于未满14周岁的被收养人还进行了相应的区分。其中，年满10周岁的未成年人被收养时，应当征求被收养人的意见。这一点我国《收养法》第11条作出了十分明确的规定。因此，收养年满10周岁以上的未成年人，除了收养人和送养人的意见一致外，同时还必须征求该被收养人的意见，被收养人同意后，可以建立收养关系；如果被收养人不同意被送养，则不能建立收养关系。收养人、送养人以及当事人以外的其他人都不得强迫被收养人，否则，收养关系无效。这里所称的“10周岁”，包括10周岁本数在内。

年满10周岁的未成年人，是法律规定的限制民事行为能力人。根据我国《民法通则》第12条规定，10周岁以上的未成年人是限制民事行为能力，可以进行与他的年龄、智力相适应的民事活动，其他民事活动由他的法定代理人代理或征得代理人的同意。收养行为并不是与10周岁以上的未成年人的年龄、智力相适应的民事活动，必须由其监护人代理进行。但是由于收养要变更人身权利义务关系，与被收养人有着极为密切的关系，为维护未成年被收养人的利益，特别需要征得本人的同意。

关于10周岁以下的未成年人被收养是否要征求其本人的意见，法律没有作强制性的规定，送养人、收养人可以根据被收养人的具体年龄情况和其他特点酌情而定。

案例53　特殊收养关系——继父母收养继子女有什么条件和程序?

事情是这样的

王某某（女）离婚后带着5岁的儿子小强一起生活。两年后，经热心人牵线搭桥，王某某与丧偶的方某某重新组建了家庭。王某某带着自己和前夫的儿子小强一起与方某某生活。方某某自己有一个女儿，但是他没有嫌弃小强，而是很宽容地接纳了他，并尽职做好一个父亲应该做的。这一切王某某都看在眼里，感动在心里。

共同生活了一年后，王某某向丈夫方某某提议，由方某某收养小强，这样等小强长大成人而且方某某年老的时候，小强也方便照顾家旦，不用肩负两边的赡养义务。

方某某听了王某某这一提议，觉得有道理，但是他不知道我国的法律是怎么规定的。收养已经共同生活的小强，需要具备什么条件？提供什么材料？方某某特意去向律师咨询了相关问题。

律师专线

受理咨询的律师告诉方某某，他可以收养妻子王某某与前夫所生的孩子小强，但是必须依法获得小强的生父（即王某某的前夫）的许可，同时还必须依法履行相应的手续，提交法律要求的相关材料和证明。

首先，关于收养继子女的条件。法律对于继父母收养继子女规定的条件比较宽松，这表现在对送养人、被收养人和收养人三方的条件限制上。(1) 送养人不需要是有特殊困难的生父母。由于未与子女共同生活的生父（母）履行抚养义务的方式事实上已经改变，所以，生父（母）即使没有抚养子女的经济困难，也可以将子女送养。(2) 被收养人不受14周岁以下的年龄限制。也就是说，继父母可以收养年满14周岁以上的继子女。(3) 收养人可以不受无子女以及夫妻年满30周岁的限制，也不受收养一名子女的限制。这是1998年修正后的《收养法》新增的内容（具体可以参见我国《收养法》第14条）。因此，对于本案例而言，方某某只要获得小强的亲生父母的许可就行，即只要小强的生父答应小强被收养即可。

其次，关于收养小强应当准备的材料和程序问题。根据《收养法》和《中国公民收养登记办法》的有关规定，继父母收养继子女不受收养人无子女和收养一名的限制，办理收养登记的机关为被收养人生父或生母常住户口所在地的区或者县民政部门。因此，方某某应当到小强的生父户口所在的区或者县民政部门办理收养登记手续。

办理收养手续时，收养人方某某应当提交下列证件和证明材料：

1. 收养申请书（内容包括收养目的，教育抚养好被收养人的承诺和不虐待、不遗弃的保证）；

2. 收养人方某某的户口簿、居民身份证；

3. 收养人与被收养人生父或生母的结婚证件，即方某某与王某某的结婚证。

作为送养人，小强的亲生父亲应当提供的证件和证明材料为：

1. 送养人户口簿和身份证；

2. 被收养人的户口簿和身份证明；

3. 生父或生母同意送养子女的书面意见。

收养登记程序一般为递交证件证明、双方当事人及子女填表申请、照相、等待审批、证书制作，最后为领取《收养证》。

法律规范

中华人民共和国收养法

（1991 年 12 月 29 日第七届全国人民代表大会常务委员会第二十三次会议通过　1998 年 11 月 4 日第九届全国人民代表大会常务委员会第五次会议修正自 1999 年 4 月 1 日起施行）

第四条　下列不满十四周岁的未成年人可以被收养：

（一）丧失父母的孤儿；

（二）查找不到生父母的弃婴和儿童；

（三）生父母有特殊困难无力抚养的子女。

第五条　下列公民、组织可以作送养人：

（一）孤儿的监护人；

（二）社会福利机构；

（三）有特殊困难无力抚养子女的生父母。

第六条　收养人应当同时具备下列条件：

（一）无子女；

（二）有抚养教育被收养人的能力；

（三）未患有在医学上认为不应当收养子女的疾病；

（四）年满三十周岁。

第七条　收养三代以内同辈旁系血亲的子女，可以不受本法第四条第三项、第五条第三项、第九条和被收养人不满十四周岁的限制。

华侨收养三代以内同辈旁系血亲的子女，还可以不受收养人无子女的限制。

第八条　收养人只能收养一名子女。

收养孤儿、残疾儿童或者社会福利机构抚养的查找不到生父母的弃婴和儿童，可以不受收养人无子女和收养一名的限制。

第十条　生父母送养子女，须双方共同送养。生父母一方不明或者查找不到的可以单方送养。

有配偶者收养子女，须夫妻共同收养。

第十一条　收养人收养与送养人送养，须双方自愿。收养年满十周岁以上未成年人的，应当征得被收养人的同意。

第十三条　监护人送养未成年孤儿的，须征得有抚养义务的人同意。有抚养义务的人不同意送养、监护人不愿意继续履行监护职责的，应当依照《中华人民共和国民法通则》的规定变更监护人。

第十四条　继父或者继母经继子女的生父母同意，可以收养继子女，并可以不受本法第四条第三项、第五条第三项、第六条和被收养人不满十四周岁以及收养一名的限制。

第十五条　收养应当向县级以上人民政府民政部门登记。收养关系自登记之日起成立。

收养查找不到生父母的弃婴和儿童的，办理登记的民政部门应当在登记前予以公告。

收养关系当事人愿意订立收养协议的，可以订立收养协议。

收养关系当事人各方或者一方要求办理收养公证的，应当办理收养公证。

第十六条　收养关系成立后，公安部门应当依照国家有关规定为被收养人办理户口登记。

第二十三条　自收养关系成立之日起，养父母与养子女间的权利义务关系，适用法律关于父母子女关系的规定；养子女与养父母的近亲属间的权利义务关系，适用法律关于子女与父母的近亲属关系的规定。

专家释惑

这里介绍一下继父母和继子女的关系问题，主要是其中的收养关系。

继父母和继子女关系，是由于父母一方死亡，另一方带子女再婚，或者父母离婚后另行再婚而形成的。它是一种姻亲关系，但根据情况的不同，可以产生三种类型的法律关系：一是名分型。即继子女没有受继父或继母的抚养教育，也没有对继父或继母尽赡养扶助的义务，关系松散，仅有继父母子女名分，他（她）们相互间纯为姻亲关系，双方无任何权利义务关系。二是形成抚养关系型。即继子女尚未成年，与继父或继母生活在一起，继父或继母对其进行了抚养教育。根据《婚姻法》第27条“继父或继母和受其抚养教育的继子女间的权利和义务，适用本法对父母子女关系的有关规定”的规定，这种类型是一种因相互间存在着抚养事实而产生的法律拟制血亲关系。三是收养型。即继父或继母依照《收养法》第14条的规定，经继子女及其生父或生母的同意，明确收养了继子女，该继子女与不共同生活在一起的生父或生母相互间的权利义务关系即告消除，是一种因收养事实而直接产生的养父母子女关系，也是法律拟制血亲关系。

继父母收养继子女，是将继父母子女关系转变为养父母子女关系的法律行为。《收养法》第14条规定：“继父或者继母经继子女的生父母同意，可以收养继子女，并可以不受本法第四条第三项、第五条第三项、第六条和被收养人不满十四周岁以及收养一名的限制。”这样规定，对稳定继父母和继子女间的家庭关系、协调继子女和生父母之间双方的权利义务关系以及保障被收养的继子女的健康成长具有积极意义。

由于继父母收养继子女不同于一般的收养情况，双方实际上已经共同生活。因此，《收养法》除了规定“继父或者继母经继子女的生父母同意，可以收养继子女”外，对继父母收养继子女几乎没有规定任何条件限制，被收养的继子女既不受“不满14周岁”的限制，也不受“生父母有特殊困难无力抚养”这一规定的限制；作为送养人的生父或生母一方也不受“有特殊困难无力抚养子女”这一规定的限制；作为收养人的继父或继母不受“无子女”、“有抚养教育被收养人的能力”和“未患有在医学上认为不应当收养子女的疾病”以及“年满30周岁”这四项一般收养人应同时具备的条件的限制。

案例54 已经有一个孩子的李先生夫妇能收养地震中的孤儿吗？需要什么材料？

事情是这样的

发生大地震后，某外企白领李先生很想尽自己的力量做点什么。当看到电视上有很多关于地震中孤儿的报道后，李先生便与自己的妻子黄女士商量去领养一个四川地震中的孤儿。这个想法得到了妻子黄女士的同意。李先生和黄女士两人都在外企当高级白领，每个月的经济收入都很高，两人结婚十年，现在有一个在读小学的儿子。李先生夫妇不知道我国目前关于收养孤儿有什么条件限制，也不知道自己是否符合收养的条件，于是他们特意去某律师事务所咨询。李先生和黄女士夫妇告诉律师，自己家有房产两处，每个月的收入都超过一万元人民币；他们夫妻身体健康，都具有大学本科学历；夫妻俩都年满30岁，目前有一个儿子，他们想收养一个女儿。这样的情况是否允许收养地震中的孤儿？

律师专线

接受咨询的律师告诉李先生和黄女士夫妇，目前我国《收养法》对收养人的条件有详细规定。具体而言：(1) 收养人应年满30周岁；(2) 无子女；(3) 有抚养教育被收养人的能力；(4) 未患有在医学上认为不应当收养子女的疾病。

李先生和黄女士夫妇目前有一个儿子，那是否说明他们不能再收养孩子呢？原则上，对于普通的孩子而言，他们不能再收养，但是对于孤儿而言，收养人可以不受没有孩子这一条件的限制。对于地震中的孤儿，可以不受收养人无子女和收养一名的限制。因为我国《收养法》第8条规定："收养孤儿、残疾儿童或者社会福利机构抚养的查找不到生父母的弃婴和儿童，可以不受收养人无子女和收养一名的限制。"

因此，李先生和黄女士虽然已经有一个孩子，但他们仍然可以去申请收养地震中的孤儿。当然，要确立合法的收养关系，他们夫妻还需要履行一系列的手续，比如，向民政部门提交材料证明他们夫妻是合格的收养人，即符合我国《收养法》第6条、第8条和第10条的规定，并接受民政部门的考察。

法律规范

中华人民共和国收养法

(1991年12月29日第七届全国人民代表大会常务委员会第二十三次会议通过　1998年11月4日第九届全国人民代表大会常务委员会第五次会议修正　自1999年4月1日起施行)

第四条　下列不满十四周岁的未成年人可以被收养：

(一) 丧失父母的孤儿；

(二) 查找不到生父母的弃婴和儿童；

(三) 生父母有特殊困难无力抚养的子女。

第五条　下列公民、组织可以作送养人：

(一) 孤儿的监护人；

(二) 社会福利机构；

(三) 有特殊困难无力抚养子女的生父母。

第六条　收养人应当同时具备下列条件：

（一）无子女；

（二）有抚养教育被收养人的能力；

（三）未患有在医学上认为不应当收养子女的疾病；

（四）年满三十周岁。

第七条　收养三代以内同辈旁系血亲的子女，可以不受本法第四条第三项、第五条第三项、第九条和被收养人不满十四周岁的限制。

华侨收养三代以内同辈旁系血亲的子女，还可以不受收养人无子女的限制。

第八条　收养人只能收养一名子女。

收养孤儿、残疾儿童或者社会福利机构抚养的查找不到生父母的弃婴和儿童，可以不受收养人无子女和收养一名的限制。

第九条　无配偶的男性收养女性的，收养人与被收养人的年龄应当相差四十周岁以上。

第十条　生父母送养子女，须双方共同送养。生父母一方不明或者查找不到的可以单方送养。

有配偶者收养子女，须夫妻共同收养。

第十一条　收养人收养与送养人送养，须双方自愿。收养年满十周岁以上未成年人的，应当征得被收养人的同意。

专家释惑

这里介绍一下收养地震孤儿的一些基本步骤和条件。

一、收养孤儿的步骤

想要收养因地震灾难而变成孤儿的孩子，首先，要找当地的公安局出具一份能证明这个孩子是孤儿的证明。其次，收养孤儿的夫妻必须提交材料证明自己符合我国《收养法》关于收养人的条件：年龄必须在30周岁以上；具有抚养能力和教育能力；身体健康，未患有不能收养孩子的疾病。

目前我国《收养法》中规定的收养人的条件，是针对普通孩子的，如果收养孤儿、残疾儿童，就不需要满足无子女和年满30岁这样的条件，但民政部门会对认养家庭进行综合评估，家庭经济收入、夫妻感情都在评估之列，目的就是为被收养的孤儿寻找一个适合他们成长的家庭。因此，要求收养孤儿的夫妻还需要经过民政局考察，考察收养人是否具有抚养能力及教育能力。民政部门还需要在报纸上登出孩子是无人认养的公告，60 天内没有人提出异议，收养手续才算办好。但是就具体实践操作而言，由于地震孤儿首先会被安置到民政部门下属的社会福利院等机构，对孤儿的认养还有待民政部门的安排部署。

二、办理收养地震孤儿手续需提供的证明：

1. 领养申请书；

2. 收养人双方户口簿、身份证、结婚证；

3. 居委会出具的收养人本人婚姻状况、有无子女、抚养教育被收养人的能力情况说明；

4. 医院出具的收养人未患有医学上认为不能收养子女的疾病(没有精神病和传染病)；

5. 公安机关出具的查找不到父母的孤儿的证明；

6. 收养查不到生身父母的孤儿，收养登记机关在收养登记前应公告查找生身父母，至公告之日起满 60 天，儿童的生身父母或其监护人未认领的，视为查找不到生身父母。

案例 55　孩子的母亲不同意送养，收养关系能成立吗？什么情况下禁止送养？

事情是这样的

吴某某在 2005 年 7 月因一次意外事故受伤，最终导致右腿被截断。作为家里主要劳动力的吴某某身体受到伤害后，家里收入逐年减少，尽管吴某某和他的妻子胡某某都尽量节约度日，他们的生活还是陷入了困境。

2007 年 4 月，吴某某的一位好朋友得知吴某某经济困难的情况后，提出愿意收养吴某某的儿子亮亮。2007 年的时候亮亮刚 6 岁，长得虎头虎脑的，挺招人喜欢。

吴某某思考再三，觉得与其让亮亮跟着自己过苦日子，还不如让好朋友收养了，以便有比较好的成长环境，送养给自己的好朋友，至少以后亮亮还是可以和家里来往的。但是吴某某的妻子胡某某坚决反对送养亮亮。为此，胡某某和吴某某双方争执不休。

因此，吴某某打电话向律师咨询，像这样有一方父母不同意送养孩子的情况，收养关系能成立吗？

律师专线

受理咨询的律师非常肯定地回答吴某某，这种情况下收养关系不能成立。因为我国《收养法》第 10 条规定："生父母送养子女，须双方共同送养。生父母一方不明或者查找不到的可以单方送养。"最高人民法院《关于贯彻执行民事政策法律若干问题的意见》第 27 条规定："生父母有一方不同意的，收养关系不能成立。生父或生母送养时，另一方明知而不表示反对的，应视为同意。"

具体而言，生父母送养子女的时候，要想收养关系合法成立，必须具备以下条件：(1)生父母送养子女，必须双方都同意。父母对子女有同等的权利和义务，无论父亲还是母亲，都无权单独决定将子女送他人收养。因此，生父母中有一方不同意送养的，收养关系就不能成立。(2)即使父母离婚后子女由一方抚养，想送养子女同样需要征得另一方的同意，不经对方同意，单独将子女送养也是无效的。(3)如果生父母一方下落不明，或查找不到，另一方可以单独送养。(4)如果一方送养时，对方明知而未表示反对，一般应视为默示同意。被收养人由生父母以外的个人或单位监护时，须征得监护人同意。(5)收养年满 10 周岁以上的未成年人，应征得被收养人同意。

法律规范

中华人民共和国收养法

（1991 年 12 月 29 日第七届全国人民代表大会常务委员会第二十三次会议通过　1998 年 11 月 4 日第九届全国人民代表大会常务委员会第五次会议修正　自 1999 年 4 月 1 日起施行）

第四条　下列不满十四周岁的未成年人可以被收养：

（一）丧失父母的孤儿；

（二）查找不到生父母的弃婴和儿童；

（三）生父母有特殊困难无力抚养的子女。

第五条　下列公民、组织可以作送养人：

（一）孤儿的监护人；

（二）社会福利机构；

（三）有特殊困难无力抚养子女的生父母。

第六条　收养人应当同时具备下列条件：

（一）无子女；

（二）有抚养教育被收养人的能力；

（三）未患有在医学上认为不应当收养子女的疾病；

（四）年满三十周岁。

第十条　生父母送养子女，须双方共同送养。生父母一方不明或者查找不到的可以单方送养。

有配偶者收养子女，须夫妻共同收养。

第十一条　收养人收养与送养人送养，须双方自愿。收养年满十周岁以上未成年人的，应当征得被收养人的同意。

第二十三条　自收养关系成立之日起，养父母与养子女间的权利义务关系，适用法律关于父母子女关系的规定；养子女与养父母的近亲属间的权利义务关系，适用法律关于子女与父母的近亲属关系的规定。

专家释惑

这是一个关于收养关系是否合法成立的案例，涉及的主要问题是什么情况下不得送养。这里简要介绍一下我国《收养法》规定的禁止送养的六种情形。

1. 生父母一方未经另一方同意，不得送养其子女。《收养法》第10条规定，生父母送养子女，须双方共同送养。此时无论生父母之间是否是夫妻关系，都必须征得对方的同意。其中一方不同意送养的，另一方不能送养。但是，在生父母一方不明或者查找不到的情况下，允许单方送养。

生父母在送养子女时，生父母的关系可能处于以下几种情况：一是双方系夫妻关系；二是双方已离婚；三是双方之间未结过婚。将子女送他人抚养是一项改变人身权利义务关系的重要民事法律行为。父母子女的权利义务关系是法律所赋予的，不因父母间的婚姻关系变化而消除。因此送养有父母的儿童，必须由生父母双方共同进行，不允许其中一方单独将子女送他人抚养。

2. 10 周岁以上的未成年人不同意自己被送养的，不得送养。《收养法》第 11 条规定："收养人收养与送养人送养，须双方自愿。收养年满十周岁以上未成年人的，应当征得被收养人的同意。"收养关系的成立包括三方当事人的意思表示：一是收养人的意思表示；二是送养人的意思表示；三是年满 10 周岁以上的被收养人的意思表示。这是因为收养是三方当事人的民事法律行为，当事人各方的法律地位平等，不允许任何一方将自己的意志强加于另一方，也不允许任何外人加以干涉。

根据《民法通则》第 12 条规定，10 周岁以上的未成年人是限制民事行为能力人，可以进行与他的年龄、智力相适应的民事活动，其他民事活动由他的法定代理人代理或征得代理人的同意。收养行为并不是与 10 周岁以上的未成年人的年龄、智力相适应的民事活动，必须由其监护人代理进行。但是由于收养要变更人身权利义务关系，与被收养的人有着极为密切的关系，为维护未成年被收养人的利益，特别需要注意征得本人的同意。

3. 未成年人的父母显然均不具备民事行为能力，但只要不是对该未成年人有严重危害，该未成年人的监护人不得将其送养。

不具备完全民事行为能力，是指无民事行为能力或者限制民事行为能力的成年人。无民事行为能力的成年人，是指不能辨认自己行为的精神病人。限制民事行为能力的成年人，是指不能完全辨认自己行为的精神病人。

未成年人的生父母虽因不具备完全民事行为能力而不能履行抚养子女的义务，但他们仍享有子女成年后尽赡养义务的权利。父母子女间的权利义务关系不因父母不具备完全民事行为能力而消除。未成年人的父母因不具备完全民事行为能力而无法表达自己的真实意愿，但该未成年人的监护人也不能因此将未成年人送养，否则就侵犯了未成年人父母的利益，剥夺了他们享有子女成年后尽赡养义务的权利。同时也会使该父母因为没有子女赡养而被推到社会上，增加国家和社会的负担。

4. 孤儿的其他监护人不同意送养的，不能送养。《收养法》第13条规定："监护人送养未成年孤儿的，须征得有抚养义务的人同意。有抚养义务的人不同意送养、监护人不愿意继续履行监护职责的，应当依照《中华人民共和国民法通则》的规定变更监护人。"

监护人送养未成年孤儿的，须征得有抚养义务的人同意。根据《婚姻法》的规定，父母对子女有抚养的义务；有负担能力的祖父母、外祖父母，对于父母已经死亡的未成年的孙子女、外孙子女，有抚养义务；有负担能力的兄、姐，对于父母已经死亡或者父母无力抚养的未成年的弟、妹，有扶养的义务。依法承担监护职责的人送养所监护的未成年孤儿时，虽然孤儿已无父母，但还必须征得上述其他有抚养义务的人同意。未经他们同意，不得擅自送养。

有抚养义务的人不同意送养、监护人不愿意继续履行监护职责的，监护人不得将未成年孤儿送养，只能依法变更监护人。根据《民法通则》的规定，如果未成年人的父母死亡或者监护能力丧失，应当按照下列顺序确定其中有监护能力的人担任监护人：(1) 祖父母、外祖父母；(2) 兄、姐；(3) 愿意承担监护责任，并且未成年孤儿的父、母所在单位或者未成年孤儿住所地的居民委员会、村民委员会也同意的关系密切的其他亲属、朋友。上述人员对担任监护人有争议的，由未成年孤儿的父、母所在单位或未成年孤儿住所所在地的居民委员会、村民委员会在近亲属中指定。对指定不服的，可以提起诉讼，由人民法院裁决。

5. 配偶一方死亡，另一方送养未成年子女，死亡一方的父母不同意送养的，不能送养。《收养法》第 18 条规定："配偶一方死亡，另一方送养未成年子女的，死亡一方的父母有优先抚养的权利。"例如，父亲死亡，母亲送养未成年子女的，祖父母有优先抚养的权利。如果母亲有特殊困难无力抚养子女，祖父母愿意抚养的，母亲不能送养子女；如果祖父母不行使抚养权，就意味着祖父母放弃抚养权，母亲可以将子女送给他人抚养。

6. 禁止转送养。为了防止贩卖人口，保护被收养人的合法权利，收养法禁止转送养、再送养。这一精神体现在《收养法》第 26 条"收养人在被收养人成年以前，不得解除收养关系"的规定之中。一般情况下，收养关系成立后，在被收养人成年以前，未经收养人、送养人同意，不能解除收养关系。如果收养人不想继续抚养被收养人，只有经过送养人同意解除收养关系后，回到原送养人处再行考虑。而原收养人不能作为送养人，再把该儿童又送给他人抚养。

案例 56　已被送养的兄长周某某是否有义务扶养其胞弟李某某？

事情是这样的

李某某与周某某是同一父母所生的兄弟，但哥哥周某某自幼被人收养，同亲生父母再无来往。2001 年 5 月，李某某的父亲因病去世，其母亲没有什么收入来源，母子俩人除了家里的两亩薄田之外，生活基本上没有着落。无奈之下，经多方打听，当时 12 岁的李某某得知了自己的哥哥周某某的信息，于是找到周某某，请求周某某念兄弟之情，每月给他一定的生活费。当时周某某26岁，已经参加工作5年了，但周某某因长期与自己的养父母共同生活，早已情同亲生，他怕如果帮助了弟弟，会影响和养父母的感情，便断然拒绝了弟弟李某某的要求。李某某很失望也很气愤，便将周某某告上了法庭，要求周某某每月承担扶养费200元。

当地法院受理了案件，查明事实后，在审理时出现了两种意见：

一种意见认为，李某某和母亲现在生活困难，而周某某和他的养父母都有工作，经济上比较宽裕，有负担能力。周某某虽因收养关系的成立，解除了与亲生父母之间的权利义务，但他与李某某之间的兄弟关系并未因此而消除。根据我国《婚姻法》第29条的规定："有负担能力的兄、姐，对于父母已经死亡或父母无力抚养的未成年的弟、妹，有扶养的义务。"依据此条，应当判决周某某每月给付其尚未成年的弟弟李某某扶养费。

另一种意见认为，周某某已被人收养，因此他不仅与生父母之间的权利义务关系因收养而解除，而且根据我国《收养法》第23条第2款的规定："养子女与生父母及其他近亲属间的权利义务关系，因收养关系的成立而消除。"据此，周某某与弟弟李某某之间的兄弟关系也因收养关系的成立而消除，两人之间的权利义务关系也已消除。虽然他现在生活比较宽裕，但是被收养的周某某已经没有义务给付其胞弟李某某扶养费，所以不应支持李某某的诉讼请求。

受案法院最后采取了第二种意见。

律师专线

本案例中，受案法院的判决是正确的，这个案例应适用的法律是我国的《收养法》。周某某和李某某虽然在血缘上存在相应的关系，但是在法律上两人已经不是兄弟关系，因为自周某某被合法收养之日起，周某某与李某某的父母之间的法律上的权利义务关系就解除了，周某某与李某某之间的法律上的兄弟之间的权利义务关系也因此解除了，当然不能再适用我国《婚姻法》第29条中关于"有负担能力的兄、姐，对于父母已经死亡或父母无力抚养的未成年的弟、妹，有扶养的义务"的规定。

因此，尽管李某某尚未成年，李某某的母亲没有其他收入，抚养李某某存在一定的困难，但是这种抚养的负担不能附加给周某某。

法律规范

中华人民共和国收养法

（1991 年 12 月 29 日第七届全国人民代表大会常务委员会第二十三次会议通过　1998 年 11 月 4 日第九届全国人民代表大会常务委员会第五次会议修正　自 1999 年 4 月 1 日起施行）

第十五条　收养应当向县级以上人民政府民政部门登记。收养关系自登记之日起成立。

收养查找不到生父母的弃婴和儿童的，办理登记的民政部门应当在登记前予以公告。

收养关系当事人愿意订立收养协议的，可以订立收养协议。

收养关系当事人各方或者一方要求办理收养公证的，应当办理收养公证。

第二十三条　自收养关系成立之日起，养父母与养子女间的权利义务关系，适用法律关于父母子女关系的规定；养子女与养父母的近亲属间的权利义务关系，适用法律关于子女与父母的近亲属关系的规定。

养子女与生父母及其他近亲属间的权利义务关系，因收养关系的成立而消除。

中华人民共和国婚姻法

（1980 年 9 月 10 日第五届全国人民代表大会第三次会议通过　2001 年 4 月 28 日第九届全国人民代表大会常务委员会第二十一次会议修正　同日公布并实施）

第二十九条　有负担能力的兄、姐，对于父母已经死亡或父母无力抚养的未成年的弟、妹，有扶养的义务。由兄、姐扶养长大的有负担能力的弟、妹，对于缺乏劳动能力又缺乏生活来源的兄、姐，有扶养的义务。

专家释惑

这个案例涉及的法律问题依然是收养关系的法律后果。

作为一种法律拟制的血亲关系，收养关系会变更当事人的一系列民事权利义务关系。合法的收养关系一旦成立之后就会产生两种主要的法律后果：其一，被收养人与收养人之间确立了法律拟制血亲关系，即彼此关系适用父母子女关系；养子女与养父母的近亲属间的权利义务关系适用法律关于子女与父母的近亲属关系的规定。其二，养子女与生父母及其他近亲属间的权利义务关系，因收养关系的成立而消除。这种消除既包括被送养的子女与自己的亲生父母之间不再适用父母子女关系，相应地消除了抚养与赡养义务，以及继承与被继承的权利；同样地，被送养的子女与自己亲生父母的近亲属之间也消除了法律上的权利义务关系，近亲属当然包括兄弟姐妹、祖父母、外祖父母等亲属。因此，本案例中，已经被送养的哥哥周某某当然在法律上没有任何义务再照顾和扶养未成年的弟弟李某某。

案例 57　未经配偶同意收养的孩子晓白是否因事实收养关系而有权继承遗产？

事情是这样的

1966 年，适婚的男青年万某某经人介绍后认识了女青年黎某某，两人于次年结婚。但是结婚 5 年，女方黎某某都没有任何怀孕的迹象。求子心切的万某某向妻子提出想抱养一个男孩，但是黎某某坚决不同意。夫妻俩为了这事吵架多次，互不相让。

1973 年 2 月的一天，丈夫万某某打听到有家人因为孩子太多怕养不活，想把最小的一个小男孩送给家庭条件好、能够善待孩子的人家。于是，万某某不顾妻子的坚决反对，把一个刚满一岁的小男孩带回家抚养，并取名晓白。

晓白刚来家的时候，万某某的妻子黎某某还是坚决反对，后来看到自己的丈夫态度坚决、没有回转余地后，黎某某也没有继续坚持原来的反对态度。在日常生活中，黎某某逐步开始照顾晓白，包括购买奶粉、添置相应衣物等。等到晓白开始懂事，能够喊人的时候，晓白喊万某某为爸爸，喊黎某某为阿姨。晓白和万某某、黎某某三人的生活很正常，关系也挺融洽。

1990年，万某某和黎某某夫妻在一次出游的时候遭遇交通事故，两人都当场死亡，根本来不及留下任何遗言或者遗嘱。处理完万某某和黎某某的后事之后，接下来就是分割遗产，当时已经18岁并刚参加工作的晓白主张，自己作为养子，应当是万某某和黎某某遗产的第一顺序的继承人，有权继承二人名下的房屋、存款等全部财产。但是，晓白的这一要求遭到了黎某某母亲的反对。黎某某的母亲认为晓白仅仅是万某某单方面收养的子女，与自己的女儿（黎某某）并没有形成收养关系，因此不能作为第一顺序的继承人继承黎某某的遗产。

双方争执不下，于是起诉到法院，请求法官予以裁决。在审理的过程中，原告即黎某某的母亲认为，晓白只是与原告的女婿（万某某）通过长期的共同生活形成了事实上的收养关系，但是晓白没有与原告的女儿（黎某某）形成事实上的收养关系。黎某某一开始就反对收养晓白，在后来的生活中，尽管黎某某也照顾了晓白，但是一直都不让晓白叫她为妈妈，而是称呼为阿姨。这一点有周围群众和亲戚作证，而且万某某当初为晓白申报户口的时候，将万某某与晓白的关系填写为父子关系，而黎某某与晓白的关系则是空白的。因此，晓白不能以养子的身份继承黎某某的遗产，充其量只能继承万某某的遗产。但是被告晓白及其代理人认为，在长期的共同生活中，晓白已经与万某某和黎某某夫妻两人形成了事实上的收养关系，而且黎某某在生活上也很照顾晓白。因此，依据《婚姻法》和《继承法》的有关规定，晓白与万某某和黎某某之间因为事实上的收养关系而具有父母子女的权利义务关系，应当作为第一顺序的继承人继承万某某和黎某某的遗产。

法院经过审理后，判决支持原告的诉讼请求（即原告是黎某某名下遗产唯一的第一顺序继承人），被告晓白无权继承黎某某名下的遗产。

律师专线

这个案件的焦点问题在于晓白与万某某和黎某某夫妻是否形成了事实上的收养关系，抑或是仅仅与万某某形成事实上的收养关系。

本案中，万某某于1973年将晓白抱养回家，但是其妻子黎某某不同意抱养这个孩子。收养晓白的事实发生于《收养法》颁布以前，当时法律并不健全，并没有要求收养关系的成立必须具备一定的法定程序和手续。因此，我们需要按照当时的法律来判断晓白与万某某夫妻是否形成了事实上的收养关系。所谓事实上的收养关系是指，尽管没有依法办理相关的收养手续，但是基于共同生活的事实而产生的收养关系，比如亲友、群众公认，或有关组织证明确以养父母与养子女关系长期共同生活的，应当视为收养关系成立。

依据1992年最高人民法院《关于学习、宣传、贯彻执行〈中华人民共和国收养法〉的通知》第2条："收养法施行后，各级人民法院必须严格执行。收养法施行后发生的收养关系，审理时适用收养法。收养法施行前受理、施行时尚未审结的收养案件，或者收养法施行前发生的收养关系、收养法施行后当事人诉请确认收养关系的，审理时应适用当时的有关规定；当时没有规定的，可比照收养法处理。对于收养法施行前成立的收养关系，收养法施行后当事人诉请解除收养关系的，应适用收养法。"也就是说，《收养法》施行以后发生的收养案件，并不否认"当时的有关规定"的效力。对于"当时规定"，1980年《婚姻法》中关于收养的规定比较笼统，无法就本案具体对照适用。本案应适用的"当时的有关规定"，指的应当是最高人民法院〔1984〕法办字第112号《关于贯彻执行民事政策法律若干问题的意见》第四部分"收养问题"的规定。

该意见第四部分第28条规定："亲友、群众公认，或有关组织证明确以养父母与养子女关系长期共同生活的，虽未办理合法手续，也应按收养关系对待。"

所以，尽管按照现行《收养法》，收养关系的成立必须具备到民政部门办理的法定手续，但是本案所涉收养关系由于发生在《收养法》颁布、修正之前，依据当时的法律可知，没有法定手续，但是有以养父母与养子女关系的意思而共同生活的事实，就可以认为成立了事实上的收养关系。

本案中，万某某与晓白具有父子关系的称呼。比如，替晓白申报户口的时候，万某某就注明了自己与晓白系父子关系，并且在生活中也是以父子相称。因此，晓白有权以第一顺序继承人的身份继承万某某的财产。但是万某某的妻子黎某某与晓白一直都不是以母子关系对待，不仅体现为申报户口的时候晓白与黎某某的关系一栏是空白，而且在日常生活中黎某某也仅仅接受阿姨的称呼。由此可见，黎某某并没有把晓白当成养子的意思。因此，黎某某与晓白之间的养母与养子的关系不成立，晓白不能继承黎某某名下的遗产。

注意

依据现行的《收养法》，夫妻收养子女，必须夫妻共同收养，不存在单方面的收养。

法律规范

中华人民共和国收养法

（1991 年 12 月 29 日第七届全国人民代表大会常务委员会第二十三次会议通过　1998 年 11 月 4 日第九届全国人民代表大会常务委员会第五次会议修正　自 1999 年 4 月 1 日起施行）

第六条　收养人应当同时具备下列条件：

（一）无子女；

（二）有抚养教育被收养人的能力；

（三）未患有在医学上认为不应当收养子女的疾病；

（四）年满三十周岁。

第十条　生父母送养子女，须双方共同送养。生父母一方不明或者查找不到的可以单方送养。

有配偶者收养子女，须夫妻共同收养。

第二十三条　自收养关系成立之日起，养父母与养子女间的权利义务关系，适用法律关于父母子女关系的规定；养子女与养父母的近亲属间的权利义务关系，适用法律关于子女与父母的近亲属关系的规定。

中华人民共和国继承法

（1985 年 4 月 10 日第六届全国人民代表大会第三次会议通过　自 1985 年 10 月 1 日起施行）

第十条　遗产按照下列顺序继承：

第一顺序：配偶、子女、父母。

第二顺序：兄弟姐妹、祖父母、外祖父母。

继承开始后，由第一顺序继承人继承，第二顺序继承人不继承。没有第一顺序继承人继承的，由第二顺序继承人继承。

本法所说的子女，包括婚生子女、非婚生子女、养子女和有扶养关系的继子女。

本法所说的父母，包括生父母、养父母和有扶养关系的继父母。

本法所说的兄弟姐妹，包括同父母的兄弟姐妹、同父异母或者同母异父的兄弟姐妹、养兄弟姐妹、有扶养关系的继兄弟姐妹。

专家释惑

本案例涉及的法律问题在于收养关系的成立，具体而言是事实上的收养关系的成立。

一、收养的含义和法律效力

收养是指公民依法领养他人的子女作为自己的子女，从而在收养人与被收养人之间确立父母子女关系的民事法律行为。领养他人子女者为收养人，即养父母；将子女或者儿童送给他人收养的父母、其他监护人和社会福利机构称为送养人；被他人收养的人为被收养人。

作为一种法律拟制的血亲关系，收养关系的成立会产生相应的法律效力。依据我国《收养法》的规定，收养成立后，会形成如下效力：

1. 养父母与养子女间产生拟制直系血亲关系。《收养法》规定："自收养关系成立之日起，养父母与养子女间的权利义务关系，适用法律关于父母子女关系的规定。"

2. 养子女与养父母的近亲属间形成法律拟制的直系或者旁系血亲关系。《收养法》第23条第1款规定，自收养关系成立之日起，

"养子女与养父母的近亲属间的权利义务关系，适用法律关于子女与父母的近亲属关系的规定"。

3. 养子女与生父母以及其他近亲属间的权利义务关系消除。《收养法》第23条第2款规定："养子女与生父母及其他近亲属间的权利义务关系，因收养关系的成立而消除。"但是，养子女与自然血亲之间的血缘关系并不消灭，《婚姻法》关于直系血亲和三代以内旁系血亲之间禁止结婚的规定，同样适用于养子女与生父母以及其他近亲属。

4. 关于养子女的姓氏。《收养法》第24条规定："养子女可以随养父或者养母的姓，经当事人协商一致，也可以保留原姓。"法律的这一规定，属于任意性规定，即不强制要求养子女必须改变姓氏，但现实生活中养子女随生父母姓的现象并不多见。

因此，我国法律规定收养关系的成立必须具备一定的法定条件。这规定在我国于1991年12月29日颁布的《中华人民共和国收养法》，以及于1999年4月1日施行的修正后《收养法》。依照1992年4月1日实施并于1999年修正的《中华人民共和国收养法》第15条的规定："收养应当向县级以上人民政府民政部门登记。收养关系自登记之日起成立。收养查找不到生父母的弃婴和儿童的，办理登记的民政部门应当在登记前予以公告。收养关系当事人愿意订立收养协议的，可以订立收养协议。收养关系当事人各方或者一方要求办理收养公证的，应当办理收养公证。"

但是，这并不是说，在现行《收养法》出台前已经成立的事实上的收养关系并不被法律所认可。

二、事实收养的含义等一些问题

（一）事实收养的概念与特征

事实收养是指双方以父母子女关系相待，共同生活多年，亲友、群众也认为其为父母子女，但未办理合法收养手续的收养。事实收养有以下特征：

1. 当事人之间须以父母子女相待。是否以父母子女相待，是构成事实收养的重要条件。所谓以父母子女相待，是指当事人之间相互使用父母子女的称谓，履行了父母子女间的权利义务，且收养文书、户口簿以及人事档案能够证明当事人之间已经形成了父母子女关系。

2. 须有共同生活多年的事实。共同生活多年是确认事实收养存在的一个客观标志。这里的“多年”一般应在3年以上。

3. 须有群众和亲友公认。群众和亲友对当事人之间关系是否持一致看法，对确定事实收养关系存在与否具有很重要的证据作用。

(二) 事实收养形成的原因

事实收养的形成一般是由下列原因造成的：第一，传统观念的影响。我国古代一直沿用的立嗣行为，是一种无须经官府确认，仅以“私证”即可成立的收养行为，此行为因而成了人们的习惯。第二，长期缺乏健全的收养法规。我国在建国以后的很长时间里，一直没有一个系统、完整的收养法规，公民在成立收养时，由于无法可依，在客观上造成了事实收养的存在。第三，当事人的法制观念不强以及普法宣传工作欠缺也是形成事实收养的重要原因。

(三) 事实收养的性质和对策

1. 性质

鉴于我国的具体情况，对于收养法规和政策颁行之前的事实收养行为，由于收养成立时无法可依，故不是违法；对于《收养法》颁行后的事实收养，应按照违法收养对待。

2. 对策

对社会生活中已经存在的事实收养，应采取不同的对策：

(1) 对《收养法》颁行前形成的事实收养，凡不违背收养的基本原则和社会公德的，应予以承认，当事人要求补办法定手续的，应予补办。

(2) 因不符合收养条件，登记机关不予办理，当事人自行收养的，不予承认。对于现在已经符合收养条件的，可以在补办登记手续后承认其效力。

案例58 中国公民应向哪个部门申请办理收养登记？应提交什么材料？

事情是这样的

朱某某和陈某某结婚六年都没有生小孩。后来去医院检查才知道，女方陈某某由于身体原因不能生育。对此，朱某某和陈某某都很苦恼，他们很喜欢小孩子，而且俩人感情也挺好，不至于因为女方陈某某不能生育而离婚。于是，朱某某提出去收养一个小孩，妻子陈某某对此也表示同意，认为这样家才像一个完整的家。但是，朱某某和陈某某都不知道我国法律规定了哪些收养条件，也不知道如何办理收养手续。

因此，朱某某和陈某某进行了法律咨询——自己是否符合收养条件？去哪里办理收养手续？要准备什么材料？

律师专线

至于朱某某和陈某某夫妻能否收养小孩的问题，律师告诉他们，依据《收养法》第6条的规定，收养人一般应当同时具备下列条件：（一）无子女；（二）有抚养教育被收养人的能力；（三）未患有在医学上认为不应当收养子女的疾病；（四）年满30周岁。因此，朱某某和陈某某虽然没有子女，但必须都年满30周岁，有抚养和教育养子女的相应能力，还必须身体健康（不具有医学上认为不应当收养子女的疾病）。当然，如果朱某某和陈某某夫妇想收养自己的同辈旁系亲属的子女，则依据我国《收养法》第7条的规定可知，条件可以放宽一些，不受被收养人小于14周岁的年龄限制，也不受生父母有特殊困难无力抚养的限制；如果他们想收养孤儿，则还不受没有子女的限制和只能领养一名子女的限制。

律师还告诉朱某某和陈某某，收养是通过法律行为拟制血缘关系、变更亲属的身份，建立起养父母子女之间和其近亲属之间的权利义务关系，可能会产生抚养、赡养、继承等一系列法律效果。因此，收养关系的成立需要受到法律的规范。一个明显的例子就是收养关系的合法成立是一种要式行为。当前，收养关系的合法成立必须经过正式的收养登记。中国内地公民收养子女时，办理收养登记应该是在县、自治县、不设区的市、市辖区的人民政府民政部门办理。华侨和居住在中国香港、澳门和台湾地区的中国公民办理收养登记应该在直辖市、设区的市、自治州人民政府民政部门或者地区（盟）行政公署民政部门办理。

申请办理收养登记时，当事人应当提交下列证明材料：

1. 领养申请书；2. 收养人双方户口簿、身份证、结婚证；3. 居委会出具的收养人本人婚姻状况、有无子女、抚养教育被收养人的能力情况说明；4. 医院出具的收养人未患有医学上认为不能收养子女的疾病（没有精神病和传染病）；5. 收养人经常住地计划生育部门出具的收养人无子女的证明；6. 收养人双方年满30周岁，有生育能力的必须与当地计生部门签订不违反现行计生规定的协议；7. 公安机关出具的捡拾弃婴、儿童报告的证明；8. 收养查找不到生身父母的弃婴、儿童的，收养登记机关在收养登记前，应公告查找生身父母，至公告之日起满60天，弃婴、儿童的生身父母或其监护人未认领的，视为查找不到生身父母。

收养登记机关收到收养登记申请书及有关材料后，应当自次日起30日内进行审查。对符合收养法规定条件的，为当事人办理收养登记，发给收养登记证，收养关系自登记之日起成立；对不符合收养法规定条件的，不予登记，并对当事人说明理由。

法律规范

中华人民共和国收养法

（1991年12月29日第七届全国人民代表大会常务委员会第二十三次会议通过　1998年11月4日第九届全国人民代表大会常务委员会第五次会议修正　自1999年4月1日起施行）

第四条　下列不满十四周岁的未成年人可以被收养：

（一）丧失父母的孤儿；

（二）查找不到生父母的弃婴和儿童；

（三）生父母有特殊困难无力抚养的子女。

第五条　下列公民、组织可以作送养人：

（一）孤儿的监护人；

（二）社会福利机构；

（三）有特殊困难无力抚养子女的生父母。

第六条　收养人应当同时具备下列条件：

（一）无子女；

（二）有抚养教育被收养人的能力；

（三）未患有在医学上认为不应当收养子女的疾病；

（四）年满三十周岁。

第七条　收养三代以内同辈旁系血亲的子女，可以不受本法第四条第三项、第五条第三项、第九条和被收养人不满十四周岁的限制。

第八条　收养人只能收养一名子女。

收养孤儿、残疾儿童或者社会福利机构抚养的查找不到生父母的弃婴和儿童，可以不受收养人无子女和收养一名的限制。

第十条　生父母送养子女，须双方共同送养。生父母一方不明或者查找不到的可以单方送养。

有配偶者收养子女，须夫妻共同收养。

第十一条　收养人收养与送养人送养，须双方自愿。收养年满十周岁以上未成年人的，应当征得被收养人的同意。

第十五条　收养应当向县级以上人民政府民政部门登记。收养关系自登记之日起成立。

收养查找不到生父母的弃婴和儿童的，办理登记的民政部门应当在登记前予以公告。

收养关系当事人愿意订立收养协议的，可以订立收养协议。

收养关系当事人各方或者一方要求办理收养公证的，应当办理收养公证。

第二十三条　自收养关系成立之日起，养父母与养子女间的权利义务关系，适用法律关于父母子女关系的规定；养子女与养父母的近亲属间的权利义务关系，适用法律关于子女与父母的近亲属关系的规定。

养子女与生父母及其他近亲属间的权利义务关系，因收养关系的成立而消除。

第二十四条　养子女可以随养父或者养母的姓，经当事人协商一致，也可以保留原姓。

第二十五条　违反《中华人民共和国民法通则》第五十五条和本法规定的收养行为无法律效力。

收养行为被人民法院确认无效的，从行为开始时起就没有法律效力。

专家释惑

这里简要介绍一下与本咨询案例有关的法律问题——收养登记手续的办理问题。

作为一种法律拟制的血亲关系，依据我国《收养法》的规定，收养关系的成立会产生相应的法律效力：1. 养父母与养子女间产生拟制直系血亲关系。2. 养子女与养父母的近亲属间形成法律拟制的直系或者旁系血亲关系。3. 养子女与生父母以及其他近亲属间的权利义务关系消除。4. 关于养子女的姓氏。我国法律不强制要求养子女必须改变姓氏，但现实生活中养子女随生父母姓的现象并不多见。

因此，我国法律规定收养关系的成立必须具备一定的法定条件。依照 1992 年 4 月 1 日实施并于 1999 年修正后的《中华人民共和国收养法》第 15 条的规定："收养应当向县级以上人民政府民政部门登记。收养关系自登记之日起成立。收养查找不到生父母的弃婴和儿童的，办理登记的民政部门应当在登记前予以公告。收养关系当事人愿意订立收养协议的，可以订立收养协议。收养关系当事人各方或者一方要求办理收养公证的，应当办理收养公证。"

依据 1999 年国务院批准、民政部发布的《中国公民收养子女登记办法》的相关规定可知：中国内地公民办理收养登记或者解除收养手续的相应机关是县级人民政府民政部门。其中收养社会福利机构抚养的查找不到生父母的弃婴、儿童和孤儿的，在社会福利机构所在地的收养登记机关办理登记。收养非社会福利机构抚养的查找不到生父母的弃婴和儿童的，在弃婴和儿童发现地的收养登记机关办理登记。收养生父母有特殊困难无力抚养的子女或者由监护人监护的孤儿的，在被收养人生父母或者监护人常住户口所在地（组织作监护人的，在该组织所在地）的收养登记机关办理登记。收养三代以内同辈旁系血亲的子女，以及继父或者继母收养继子女的，在被收养人生父或者生母常住户口所在地的收养登记机关办理登记。

收养关系当事人应当亲自到收养登记机关办理成立收养关系的登记手续。夫妻共同收养子女的，应当共同到收养登记机关办理登记手续；一方因故不能亲自前往的，应当书面委托另一方办理登记手续，委托书应当经过村民委员会或者居民委员会证明或者经过公证。收养人应当向收养登记机关提交收养申请书和下列证件、证明材料：

（一）收养人的居民户口簿和居民身份证；

（二）由收养人所在单位或者村民委员会、居民委员会出具的本人婚姻状况、有无子女和抚养教育被收养人的能力等情况的证明；

（三）县级以上医疗机构出具的未患有在医学上认为不应当收养子女的疾病的身体健康检查证明。

收养查找不到生父母的弃婴、儿童的，应当提交收养人经常居住地计划生育部门出具的收养人生育情况证明。其中收养非社会福利机构抚养的查找不到生父母的弃婴、儿童的，收养人还应当提交收养人经常居住地计划生育部门出具的收养人无子女的证明，以及公安机关出具的捡拾弃婴、儿童报案的证明。

收养继子女的，可以只提交居民户口簿、居民身份证和收养人与被收养人生父或者生母结婚的证明。

二、收养关系的解除及其法律后果

内容提要

收养关系作为一种依法成立的法律拟制的血亲关系，也可以依法予以解除。我国《收养法》第26条至第30条对收养关系的解除作了明确规定。

解除收养关系是一种要式行为，必须履行法定的程序和手续，不可以口头解除。目前，收养关系可以通过书面协议解除和诉讼解除两种主要的方式。

收养关系解除，收养人和被收养人之间的法律拟制血亲关系不再存在，但这并不意味着成年养子女对抚养其长大的养父母没有任何赡养义务。

经养父母抚养长大的成年养子女，对缺乏劳动能力又缺乏生活来源的养父母，应给付生活费。因养子女成年后虐待、遗弃养父母而解除收养关系的，养父母可要求养子女补偿收养期间支出的生活费和教育费。生父母要求解除收养关系的，养父母可要求生父母适当补偿收养期间支出的生活费和教育费，但因养父母虐待、遗弃养子女而解除收养关系的除外。

案例59 蒋女士和养子小虎解除收养关系的口头协议无效

事情是这样的

蒋女士和丈夫结婚八年一直没有生育。后来打听到有一姓周的人家经济困难，想送养一个小孩。于是，1986年蒋女士夫妇与周姓夫妇达成口头的收养协议，将这个小男孩抱养回家，并取名小虎。

蒋女士和丈夫自从小虎到家以后，一直予以悉心照顾，尽管夫妻俩的收入都不高，但都是尽量把最好的给小虎。现在的小虎已经过了24岁，身体健康，具备了自食其力的能力，但是他天天窝在家里，不出去找工作，沉迷于网络游戏。蒋女士千方百计劝小虎出去工作，拜托熟人给介绍工作，但是小虎不是嫌脏就是嫌累，还不听蒋女士的劝告。自从2006年蒋女士的丈夫去世后，家里的生活就不宽裕。早已经长大成人、该自食其力的小虎，不仅不给家里一分钱，而且还常常向蒋女士伸手要钱。有时候，小虎从蒋女士那里要不到钱，就会对蒋女士进行辱骂。

蒋女士想想这些年的心血都白搭了，碰上这么一个没良心的白眼狼，不仅以后年老了指望不上，而且现在就是一个累赘。忍无可忍的蒋女士决定跟小虎摊牌，要与小虎解除收养关系，并要求小虎搬出去，从此一刀两断。因此，在一次小虎要钱没有得到满足，还辱骂蒋女士之后，蒋女士向小虎发出了解除收养关系的通告。小虎当时也竟然爽快地说，一刀两断就一刀两断，各走各的路。之后，小虎拿了几件衣服就走了。

不过，蒋女士还是不太放心，不知道自己这样是否算解除了与小虎之间的收养关系。于是，蒋女士特意来到了当地的法律援助中心进行咨询，这样的口头解除收养关系是否可行？

律师专线

受理咨询的工作人员告诉蒋女士，依据我国现行的《收养法》，蒋女士和小虎依然存在收养关系，口头解除并不能导致收养关系的真正解除，如果实在不能和小虎共同生活了，蒋女士可以与已经成年的小虎通过书面协议解除收养关系，如果达不成协议，她可以向当地法院起诉，通过诉讼途径解除收养关系。

首先，蒋女士和小虎之间成立合法的收养关系。1992年最高人民法院《关于学习、宣传、贯彻执行〈中华人民共和国收养法〉的通知》第2条规定："收养法施行后，各级人民法院必须严格执行。收养法施行后发生的收养关系，审理时适用收养法。收养法施行前受理，施行时尚未审结的收养案件，或者收养法施行前发生的收养关系，收养法施行后当事人诉请确认收养关系的，审理时应适用当时的有关规定；当时没有规定的，可比照收养法处理。对于收养法施行前成立的收养关系，收养法施行后当事人诉请解除收养关系的，应适用收养法。"也就是说，《收养法》施行以后发生的收养案件，并不否认"当时的有关规定”的效力。对于“当时的有关规定”，指的主要是最高人民法院〔1984〕法办字第112号《关于贯彻执行民事政策法律若干问题的意见》第四部分“收养问题”的规定。该意见第四部分的第28条规定：“亲友、群众公认，或有关组织证明确以养父母与养子女关系长期共同生活的，虽未办理合法手续，也应按收养关系对待。”

由于蒋女士与其丈夫是在1986年收养小虎的，当时我国的《收养法》没有出台，所以尽管蒋女士夫妇没有与周某某家签订收养协议，但是周围群众和亲友都认为小虎是蒋女士夫妇的养子，而且小虎是与蒋女士夫妇共同生活的。因此，蒋女士夫妇与小虎之间的收养关系，构成受保护的合法的事实收养关系。

其次，能否口头协议解除收养关系呢？答案是否定的。因为依据1992年最高人民法院《关于学习、宣传、贯彻执行〈中华人民共和国收养法〉的通知》第2条：“……对于收养法施行前成立的收养关系，收养法施行后当事人诉请解除收养关系的，应适用收养法……”的规定，蒋女士在老伴去世后，因为养子小虎很不成器、无法相处而要求解除收养关系，当然要依据现行的《收养法》的规定。而1999年修正后的《收养法》明确规定，收养作为一种法律拟制的血亲关系，可以依法予以解除，但是解除属于一种要式行为，必须依据一定的程序，具备一定的形式要件（比如书面协议，或者诉讼解除）。因此，口头解除收养关系的协议无效。

法律规范

中华人民共和国收养法

（1991年12月29日第七届全国人民代表大会常务委员会第二十三次会议通过　1998年11月4日第九届全国人民代表大会常务委员会第五次会议修正自1999年4月1日起施行）

第十五条　收养应当向县级以上人民政府民政部门登记。收养关系自登记之日起成立。

收养查找不到生父母的弃婴和儿童的，办理登记的民政部门应当在登记前予以公告。

收养关系当事人愿意订立收养协议的，可以订立收养协议。

收养关系当事人各方或者一方要求办理收养公证的，应当办理收养公证。

第二十三条　自收养关系成立之日起，养父母与养子女间的权利义务关系，适用法律关于父母子女关系的规定；养子女与养父母的近亲属间的权利义务关系，适用法律关于子女与父母的近亲属关系的规定。

养子女与生父母及其他近亲属间的权利义务关系，因收养关系的成立而消除。

第二十六条　收养人在被收养人成年以前，不得解除收养关系，但收养人、送养人双方协议解除的除外，养子女年满十周岁以上的，应当征得本人同意。

收养人不履行抚养义务，有虐待、遗弃等侵害未成年养子女合法权益行为的，送养人有权要求解除养父母与养子女间的收养关系。送养人、收养人不能达成解除收养关系协议的，可以向人民法院起诉。

第二十七条　养父母与成年养子女关系恶化、无法共同生活的，可以协议解除收养关系。不能达成协议的，可以向人民法院起诉。

第二十八条　当事人协议解除收养关系的，应当到民政部门办理解除收养关系的登记。

第二十九条　收养关系解除后，养子女与养父母及其他近亲属间的权利义务关系即行消除，与生父母及其他近亲属间的权利义务关系自行恢复，但成年养子女与生父母及其他近亲属间的权利义务关系是否恢复，可以协商确定。

第三十条　收养关系解除后，经养父母抚养的成年养子女，对缺乏劳动能力又缺乏生活来源的养父母，应当给付生活费。因养子女成年后虐待、遗弃养父母而解除收养关系的，养父母可以要求养子女补偿收养期间支出的生活费和教育费。

生父母要求解除收养关系的，养父母可以要求生父母适当补偿收养期间支出的生活费和教育费，但因养父母虐待、遗弃养子女而解除收养关系的除外。

专家释惑

这个案例涉及的主要问题是收养关系的解除方式。

收养涉及当事人之间的人身和财产利益，也涉及社会公共利益，因此收养是一种要式法律行为。收养关系的成立，我国法律规定必须进行登记（适用于《收养法》出台以后确立的收养关系），同样地，收养关系的解除也需要采取法律规定的途径和方法。《收养法》明确规定了收养关系这种法律拟制的血亲关系的解除方法和途径。因此，收养关系的解除应当依法进行，具体可以分为以下几种情况：

一、在被收养人成年前，收养人不得解除收养关系，但收养人、送养人双方达成协议的除外；养子女年满10周岁以上的，应征得本人同意。

二、收养人不履行抚养义务，有虐待、遗弃等侵害未成年养子女合法权益行为的，送养人有权要求解除养父母与养子女间的收养关系。

三、养父母与成年养子女关系恶化、无法共同生活的，可协议解除收养关系。

四、当事人协议解除收养关系的，应到民政部门办理登记。不能达成解除收养关系协议的，可向法院起诉。

收养关系解除后，经养父母抚养的成年养子女，对缺乏劳动能力又缺乏生活来源的养父母，应给付生活费。因养子女成年后虐待、遗弃养父母而解除收养关系的，养父母可要求养子女补偿收养期间支出的生活费和教育费。生父母要求解除收养关系的，养父母可要求生父母适当补偿收养期间支出的生活费和教育费，但因养父母虐待、遗弃养子女而解除收养关系的除外。

通过以上分析可知，无论是基于哪种情形而解除收养关系，收养人都必须要么通过书面协议的形式，签订解除收养关系的协议，并且到民政部门去办理解除收养关系的登记手续；要么向法院起诉，通过诉讼的方式实现解除收养关系的目的。口头方式不产生解除收养关系的效力。

案例60　收养人虐待养子女，收养关系可解除

事情是这样的

5岁女孩晓芸的体检报告让某市人民医院的多位医生揪心。这个体

重只有20公斤的女孩，胸骨和5条肋骨骨折，从伤口愈合程度看，多处骨折有旧伤也有新伤，是多次受伤所致。

看着遍体鳞伤的亲孙女晓芸，作为亲爷爷的赖大爷泣不成声。赖大爷说，晓芸是自己的大儿子所生的第三个女儿。由于大儿子和儿媳没有固定工作，日子过得很艰难。大儿子育有三女一男，晓芸排行老三，下面还有个同岁的弟弟。由于子女多，晓芸就由爷爷奶奶一手带大。大儿子因家庭贫困，担负不起孩子的生活，更没法供他们读书，经人介绍，两年前把三女儿晓芸送给当地另外一个区的一户陈姓人家收养。当时想着对方家境不错，没有女孩，养父母应该会疼爱有加，于是，双方去办理了收养登记。

没想到孩子被送走时乖巧活泼，如今却被伤害成这样。赖大爷清楚地记得，接走晓芸那天，养父母给孩子买了一身新衣裳，把2400元钱留给了孩子的亲生父母。之后，养父母又给赖大爷送去一条烟和1200元，说孩子从小到大是爷爷奶奶拉扯大的，表示感谢。赖大爷说，送养时说好往后两家人像亲戚一样来往，一家人以为晓芸从此在殷实家庭过上了好日子。

赖大爷说，孙女被送养的一年后，他和老伴来到晓芸的新家。晓芸一见赖大爷就亲热地喊“爷爷”。赖大爷说，当时他发现孙女脸上有淤青，想着晓芸在自己身边带大时，从来没破过皮，心疼得不得了。他便质问晓芸的养母陈某某。陈某某称是3岁的晓芸自己摔倒的，并且已经带晓芸看过医生了。

又过了一年后，赖大爷和老伴再次到陈家看孙女，奇怪的是，晓芸的养母陈某某迟迟不让老两口见孙女，让他们等了一个多小时。这一次，晓芸怯怯地看着爷爷奶奶，感觉很陌生。赖大爷抱过孩子一看，耳朵黑了，额头上长了两个大包！追问之下，养母称是孩子骑自行车摔伤的。从陈家回来后，赖大爷一直很不安。

几个月后，赖大爷和大女儿、女婿再次来到陈家。当他们见到被关在房间里的晓芸时，几乎惊呆了——晓芸已经连爷爷都认不出，吓得直往后躲。而这时晓芸前额的两个大包更触目惊心，耳朵已经变形，人也虚弱不堪。这一次，赖家坚决要把孩子带回去。

第二天，晓芸被家人送往医院做 CT 检查，医生诊断，晓芸前额两个大包为血肿，目前因为孩子年纪小且营养不良，无法实施切除手术。当日下午，晓芸开始住院治疗。该院儿科负责人介绍，医院为晓芸做了各项检查，也进行了会诊。晓芸的营养状况很差，身高体重相较于正常同年龄组儿童都低了 20%。目前，晓芸肝脏大，质地变硬，肝功能受损，这可能是由于营养不良造成的。另外，晓芸前额有两个大血肿、耳廓萎缩变形、外耳道萎缩、胸骨肋骨多处骨折。

在医院面对着亲人，这个 5 岁的孩子终于说出了养母虐待的点滴："妈妈经常打我的肚子和腰"、"妈妈揪着我的头撞墙"……于是赖家人一方面向警方报案，另一方面要求与陈家解除收养关系。

律师专线

这个案例涉及的是养母虐待未成年养女的问题。养父母虐待未成年的养子女，是我国法律明确禁止的行为，也是当事人有权解除收养关系的法定情形。由于养父母虐待未成年养子女，而导致送养人与收养人解除收养关系的，养父母无权要求生父母适当补偿收养期间支出的生活费和教育费，而且送养人还有权对收养人在收养期间的虐待和遗弃行为提起刑事自诉，要求追究当事人的刑事责任。

本案例中，晓芸的养母陈某某多次严重打骂晓芸，导致晓芸额头上出现血包（血肿），胸骨和肋骨骨折，并且营养严重不良。依据《中华人民共和国刑法》第 260 条可知，养母对晓芸经常性的打骂，导致晓芸胸骨和肋骨骨折等严重后果，已属于"情节恶劣"，晓芸的父母有权代表晓芸报案，通过刑事诉讼的途径，要求追究晓芸养母的刑事责任——虐待罪。

另外，依据《收养法》第 26 条第 2 款可知，晓芸的养母严重侵犯未成年人晓芸的合法权益，情节严重，属于虐待行为。因此晓芸的亲生父母有权要求与晓芸的养父母解除收养关系，如果达不成协议，则晓芸的亲生父母有权通过法律途径起诉晓芸的养父母，要求解除收养关系。

因此，鉴于晓芸的养母对晓芸的虐待行为，送养人（晓芸的生父母）有权要求解除收养关系（通过协商或者诉讼），同时鉴于晓芸的养母的虐待行为情节恶劣且后果严重，晓芸的父母有权代表晓芸提起虐待罪的刑事诉讼，要求追究晓芸养母的刑事责任。

法律规范

中华人民共和国收养法

（1991 年 12 月 29 日第七届全国人民代表大会常务委员会第二十三次会议通过　1998 年 11 月 4 日第九届全国人民代表大会常务委员会第五次会议修正　自 1999 年 4 月 1 日起施行）

第十五条　收养应当向县级以上人民政府民政部门登记。收养关系自登记之日起成立。

收养查找不到生父母的弃婴和儿童的，办理登记的民政部门应当在登记前予以公告。

收养关系当事人愿意订立收养协议的，可以订立收养协议。

收养关系当事人各方或者一方要求办理收养公证的，应当办理收养公证。

第二十三条　自收养关系成立之日起，养父母与养子女间的权利义务关系，适用法律关于父母子女关系的规定；养子女与养父母的近亲属间的权利义务关系，适用法律关于子女与父母的近亲属关系的规定。

养子女与生父母及其他近亲属间的权利义务关系，因收养关系的成立而消除。

第二十六条　收养人在被收养人成年以前，不得解除收养关系，但收养人、送养人双方协议解除的除外，养子女年满十周岁以上的，应当征得本人同意。

收养人不履行抚养义务，有虐待、遗弃等侵害未成年养子女合法权益行为的，送养人有权要求解除养父母与养子女间的收养关系。送养人、收养人不能达成解除收养关系协议的，可以向人民法院起诉。

中华人民共和国刑法

（1979 年 7 月 1 日第五届全国人民代表大会第二次会议通过　1997 年 3 月

14日第八届全国人民代表大会第五次会议修订　自1997年10月1日起施行）

第二百六十条　虐待家庭成员，情节恶劣的，处二年以下有期徒刑、拘役或者管制。

犯前款罪，致使被害人重伤、死亡的，处二年以上七年以下有期徒刑。

第一款罪，告诉的才处理。

第二百六十一条　对于年老、年幼、患病或者其他没有独立生活能力的人，负有扶养义务而拒绝扶养，情节恶劣的，处五年以下有期徒刑、拘役或者管制。

专家释惑

养父母对养子女具有虐待或者遗弃行为，这是我国《收养法》第26条规定的送养人要求解除收养关系的一种法定情形。即送养人有权通过与收养人达成协议的方式解除收养关系（之后进行解除收养关系的登记），达不成协议的，可以通过诉讼途径解除。但什么是虐待和遗弃行为呢？这里拟通过解释虐待罪和遗弃罪来简要解释一下什么是虐待和遗弃。

一、虐待罪

依据《刑法》第260条，虐待罪是指虐待家庭成员，情节恶劣的行为。虐待，具体是指经常以打骂、冻饿、捆绑、强迫超体力劳动、限制自由、凌辱人格等各种方法，从肉体、精神上，迫害、折磨、摧残共同生活的家庭成员的行为。虐待行为与偶尔打骂或者偶尔体罚行为的明显区别是：虐待行为往往是经常甚至一贯的，具有相对连续性。家庭成员，是指在同一家庭中共同生活的成员。非家庭成员间的虐待行为，不构成本罪。在司法实践中要注意以下几点：

1. 虐待家庭成员必须是情节恶劣的才能构成犯罪。这里的“情节恶劣”，是能否构成虐待罪的重要界限，具体是指虐待的动机卑鄙、手段凶残，虐待年老、年幼、病残的家庭成员，或者长期虐待家庭成员屡教不改的等等。实践中应当注意：如果行为人是故意要致使被害人重伤或者死亡，而采取长期虐待的方式来实现其犯罪目的的，不应按虐待罪来进行处罚，此时行为人的行为已构成了故意伤害罪或者故意杀人罪，应依照故意伤害罪或者故意杀人罪的规定定罪处罚。

虐待行为必须是情节恶劣的，才构成犯罪。对于一般家庭纠纷的打骂或者曾有虐待行为，但情节轻微、后果不严重的，不构成虐待罪。有的父母教育子女方法简单、粗暴，有时甚至打骂、体罚，这种行为是错误的，应当批评教育。只要不是有意对被害人在肉体上和精神上进行摧残和折磨，不应以虐待罪论处。

2. 虐待罪属于告诉才处理的犯罪。对于犯虐待罪，在没有致使被害人重伤、死亡的情况下，只有被害人向司法机关提出控告的才处理；对于被害人不控告的，司法机关不能主动受理，追究行为人的刑事责任。当然，如果被害人受强制或者威吓而无法告诉的，人民检察院和被害人的近亲属也可以告诉。

根据《刑法》的规定，犯虐待罪的，处二年以下有期徒刑、拘役或者管制；致使被害人重伤、死亡的，处二年以上七年以下有期徒刑。

二、遗弃罪

依据《刑法》第 261 条，遗弃罪是指对于年老、年幼、患病或者其他没有独立生活能力的人，负有扶养义务而拒绝扶养，情节恶劣的行为。

（一）客体

本罪侵犯的客体是被害人在家庭成员中的平等权利。对象只限于年老、年幼、患病或者其他没有独立生活能力的家庭成员。我国《婚姻法》明确规定：“禁止家庭成员间的虐待和遗弃。”并对家庭成员之间应履行的扶养义务作了规定。有负担能力而拒不履行扶养义务，就侵犯了年老、年幼、患病或者没有独立生活能力的人在家庭中的平等权利。遗弃行为往往给被害人的生命、健康造成威胁，为舆论所不齿，也影响社会的安定团结。

（二）客观要件

本罪在客观方面表现为对年老、年幼、患病或者其他没有独立生活能力的家庭成员，应当扶养而拒不扶养，情节恶劣的行为。所谓年老、年幼、患病或者其他没有独立生活能力的家庭成员，是指家庭成员中具有以下几种情况的人：（1）因年老、伤残、疾病等原因，丧失劳动能力，没有生活来源的；（2）虽有生活来源，但因病、老、伤残，生活不能自理的；（3）因年幼或智力低下等原因，没有独立生活能力的。除了对于具有这类情况的家庭成员外，不发生遗弃的问题。

1. 行为人必须负有扶养义务。这是构成本罪的前提条件。公民对哪些家庭成员负有扶养义务，是由我国法律明确规定了的。扶养义务是基于抚养与被抚养、扶养与被扶养以及赡养与被赡养这三种家庭成员之间不同的权利义务关系而产生的。

2. 行为人能够负担却拒绝扶养。能够负担，是指有独立的经济能力，并有能够满足本人及子女、老人的最低生活标准（当时当地的标准）外有多余的情况。行为人是否有能力负担，这就需要司法机关结合其收入、开支等情况具体加以认定。这里所谓扶养，如前所述，应从广义上理解，包括长辈对晚辈的抚养，晚辈对长辈的赡养，以及夫妻之间的扶养。具体而言，所谓抚养，是指父母对子女，以及在一定条件下祖父母对孙子女、外祖父母对外孙子女、兄姐对弟妹的生活供养、社会教养以及其他各方面的关怀和帮助。所谓赡养，是指子女对父母，以及在一定条件下孙子女对祖父母、外孙子女对外祖父母、弟妹对兄姐在生活上的供养及精神等方面的照顾和帮助。所谓扶养，是狭义的，专指夫妻之间生活上的供养以及其他各方面的关怀和帮助。“拒绝扶养”即是指行为人拒不履行长辈对晚辈的抚养义务、晚辈对长辈的赡养义务以及夫妻之间的扶养义务等等，具体表现为不提供扶助、离开被扶养人或把被扶养人置身于自己不能扶养的场所等。在行为内容上，拒绝扶养不仅指不提供经济供应，还包括对生活不能自理者不给予必需的生活照料。“拒绝扶养”从客观方面揭示了本罪表现为不作为的犯罪行为方式，即消极地不履行所负有的扶养义务，如儿女对失去劳动能力又无经济来源的父母不承担经济供给义务，子女对生活不能自理的父母不予照料等。

3. 遗弃行为必须达到情节恶劣程度的，才构成犯罪。也就是说，情节是否恶劣是区分遗弃罪与非罪的一个重要界限。根据司法实践经验，遗弃行为情节恶劣是指：由于遗弃而致被害人重伤、死亡的；被害人因被遗弃而生活无着落，流离失所，被迫沿街乞讨的；因遗弃而使被害人走投无路被迫自杀的；行为人屡经教育，拒绝改正而使被害人的生活陷入危难境地的；遗弃手段十分恶劣的（如在遗弃中又有打骂、虐待行为的）等等。

（三）主体要件

本罪的主体为特殊主体，必须是对被遗弃者负有法律上的扶养义务而且具有扶养能力的人。只有具备这种条件的人，才可能成为本罪的主体。如果在法律上不负有扶养义务，互相间不存在扶养关系，也就不发生遗弃的问题。

根据我国《婚姻法》的规定，法律上的扶养义务是：夫妻有互相扶养的义务；父母对未成年子女有抚养教育的义务；成年子女对父母有赡养扶助的义务。父母子女之间的关系，不因父母离婚而消除，离婚后父母对子女仍有抚养和教育的义务；养父母与养子女、继父母与继子女之间的权利义务均与生父母与其子女之间的抚养、赡养义务相同，但是养子女和生父母间的权利和义务，因收养关系的成立而消除；非婚生子女享有与婚生子女同等的权利，其生父母应负担子女必要的生活费和教育费的一部或者全部，直到子女能独立生活为止；祖父母、外祖父母，对于父母已经死亡的未成年的孙子女、外孙子女，有抚养的义务；孙子女、外孙子女对于子女已经死亡的祖父母、外祖父母，有赡养的义务；兄姐对于父母已经死亡或者无力抚养的未成年弟、妹，有扶养的义务。

根据上述规定，对于法律上不负有扶养义务的远亲属拒绝扶养的，不应认为是遗弃行为。

（四）主观要件

本罪在主观方面表现为故意，即明知自己应履行扶养义务而拒绝扶养。拒绝扶养的动机是各种各样的，如有的把老人视为累赘而遗弃；有的借口已离婚对所生子女不予抚养；有的为创造再婚条件遗弃儿童；有的为了逼迫对方离婚而遗弃妻子或者丈夫等。

三、遗弃罪与虐待罪的区别

1. 客体要件不同。遗弃罪侵犯的客体，是家庭成员之间相互扶养的权利义务关系；而虐待罪侵犯的客体是复杂客体，既侵犯了共同生活的家庭成员在家庭生活中享有的合法权益，也侵犯了被害人的身体健康。

2. 犯罪客观方面不同。遗弃罪的客观方面，表现为对没有独立生活能力的家庭成员具有扶养义务而拒绝扶养的行为；而虐待罪的客观方面，则表现为经常或连续折磨、摧残家庭成员身心健康的行为。

3. 主体要件不同。遗弃罪的主体，必须是对被遗弃者负有法律扶养义务而且具有履行义务能力的人；而虐待罪的主体，必须是在一个家庭内部共同生活的成员。

4. 犯罪主观方面不同。两罪在主观方面虽均是故意，但其故意的内容不同。遗弃罪的故意，即行为人明知自己应当履行扶养义务，也有实际履行扶养义务能力而拒绝扶养；而虐待罪的故意是行为人有意识地对被害人进行肉体摧残和精神折磨。

5. 犯罪侵犯的对象不同。遗弃罪的犯罪对象，只限于年老、年幼、患病或者其他没有独立生活能力的人；而虐待罪的犯罪对象是家庭成员即可。

案例61　养子不孝，养父母可否单方面解除收养关系？

事情是这样的

王老太太现年72岁。王老太太和她丈夫于1957年，收养了一个小男孩，并给这个养子起名为陈某某。王老太太和她的丈夫像亲生儿子一样对待陈某某，将所有的爱都倾注到了陈某某身上，夫妻两个人节衣缩食地抚养这个孩子长大成人。在王老太太及其丈夫的精心呵护和抚养下，长大成人的陈某某在养父母的操持和帮助下娶妻成家。

近几年，由于王老太太和她的老伴年事已高，已经做不了什么活，本来指望作为养子的陈某某好好孝顺和回报王老太太和老伴的养育之恩，但是陈某某多年来并不关心和照顾王老太太及她的老伴。5年前，王老太太的丈夫去世了，王老太太的日子更难过了，因为她患有多种疾病，行动也不方便，走路都离不开手杖。王老太太的养子陈某某也50多岁了，身体硬朗，生活条件也不差，但是他依然没有好好照顾和关心王老太太，甚至有时候为了一些生活琐事对王老太太进行打骂。

看到王老太太因为年事已高而且患有多种疾病，生活困难，有好心人告诉王老太太可以起诉要求解除与陈某某之间的收养关系，并要求养子陈某某补偿被收养期间的生活费及教育费。于是，王老太太特意向律师咨询，她是否可以因为养子不孝而要求解除收养关系，并且要求返还收养期间支出的费用。

律师专线

接受咨询的律师告诉王老太太，依据《收养法》第 27 条、第 28 条的相关规定，养父母与成年养子女关系恶化、无法共同生活的，可协议解除收养关系。当事人协议解除收养关系的，应到民政部门办理登记。不能达成解除收养关系协议的，可向法院起诉。因此，如果王老太太与养子陈某某之间关系恶化、无法共同生活了，王老太太有权协议解除与陈某某之间的收养关系，也可以起诉到法院要求解除收养关系。法院对于王老太太这种要求解除收养关系的诉讼请求一般都会支持。

也就是说，如果王老太太想单方面提出解除收养关系，则难以通过签订解除收养关系的协议来解除，而只能采取向法院起诉的方式。

此外，依据我国《收养法》第 30 条的规定，“收养关系解除后，经养父母抚养的成年养子女，对缺乏劳动能力又缺乏生活来源的养父母，应当给付生活费。因养子女成年后虐待、遗弃养父母而解除收养关系的，养父母可以要求养子女补偿收养期间支出的生活费和教育费”。收养关系解除后，经王老太太抚养长大的养子陈某某，对缺乏劳动能力又缺乏生活来源的养母（王老太太），应当依法给付生活费。当然，王老太太应当向受理案件的法院证明自己缺乏劳动能力而且缺乏生活来源。如果王老太太能证明其养子陈某某对她构成虐待或者遗弃，并因此要求解除收养关系的，王老太太有权要求要求其养子陈某某补偿收养期间支出的生活费和教育费。

法律规范

中华人民共和国收养法

（1991 年 12 月 29 日第七届全国人民代表大会常务委员会第二十三次会议通过　1998 年 11 月 4 日第九届全国人民代表大会常务委员会第五次会议修正　自 1999 年 4 月 1 日起施行）

第二十三条　自收养关系成立之日起，养父母与养子女间的权利义务关系，适用法律关于父母子女关系的规定；养子女与养父母的近亲属间的权利义务关系，适用法律关于子女与父母的近亲属关系的规定。

养子女与生父母及其他近亲属间的权利义务关系，因收养关系的成立而消除。

第二十六条　收养人在被收养人成年以前，不得解除收养关系，但收养人、送养人双方协议解除的除外，养子女年满十周岁以上的，应当征得本人同意。

收养人不履行抚养义务，有虐待、遗弃等侵害未成年养子女合法权益行为的，送养人有权要求解除养父母与养子女间的收养关系。送养人、收养人不能达成解除收养关系协议的，可以向人民法院起诉。

第二十七条　养父母与成年养子女关系恶化、无法共同生活的，可以协议解除收养关系。不能达成协议的，可以向人民法院起诉。

第二十八条　当事人协议解除收养关系的，应当到民政部门办理解除收养关系的登记。

第二十九条　收养关系解除后，养子女与养父母及其他近亲属间的权利义务关系即行消除，与生父母及其他近亲属间的权利义务关系自行恢复，但成年养子女与生父母及其他近亲属间的权利义务关系是否恢复，可以协商确定。

第三十条　收养关系解除后，经养父母抚养的成年养子女，对缺乏劳动能力又缺乏生活来源的养父母，应当给付生活费。因养子女成年后虐待、遗弃养父母而解除收养关系的，养父母可以要求养子女补偿收养期间支出的生活费和教育费。

生父母要求解除收养关系的，养父母可以要求生父母适当补偿收养期间支出的生活费和教育费，但因养父母虐待、遗弃养子女而解除收养关系的除外。

专家释惑

这个咨询案件涉及的是养父母与成年养子女收养关系的解除问题。

首先，关于收养这样一种法律拟制的血亲关系，法律也规定了解除的方式和途径。依据《收养法》，收养关系的解除应依法进行，具体分为以下几种情况：

一、在被收养人成年前，收养人不得解除收养关系，但收养人、送养人双方达成协议的除外；养子女年满10周岁以上的，应征得本人同意。

二、收养人不履行抚养义务，有虐待、遗弃等侵害未成年养子女合法权益行为的，送养人有权要求解除养父母与养子女间的收养关系。

三、养父母与成年养子女关系恶化、无法共同生活的，可协议解除收养关系。

四、当事人协议解除收养关系的，应到民政部门办理登记。不能达成解除收养关系协议的，可向法院起诉。收养关系解除后，养子女与养父母及其他近亲属间的权利义务关系消除，与生父母及其他近亲属间的权利义务关系自行恢复，但成年养子女与生父母及其他近亲属间的权利义务关系是否恢复，可协商确定。

收养关系解除后，经养父母抚养的成年养子女，对缺乏劳动能力又缺乏生活来源的养父母，应给付生活费。因养子女成年后虐待、遗弃养父母而解除收养关系的，养父母可要求养子女补偿收养期间支出的生活费和教育费。生父母要求解除收养关系的，养父母可要求生父母适当补偿收养期间支出的生活费和教育费，但因养父母虐待、遗弃养子女而解除收养关系的除外。

收养关系解除后，共同生活期间的财产、住房应予以分割。收养关系存续期间的租赁房屋，应根据公房承租的有关规定处理，如原承租人死亡的，应依法变更承租人。

案例 62　什么情况下可以解除收养关系？要提供什么材料？

事情是这样的

张某某夫妇 1992 年收养了一个小男孩，并且与送养人签订了收养协议。张某某夫妇辛劳地抚养这个养子小张，可是小张在成长的过程中并不令人省心。小小年纪的小张就跟一些不三不四的人来往，抽烟喝酒。现在小张 17 周岁，由于过于顽劣，已经连续转了好几家学校，最终还是被学校开除了。小张的屡教不改让张某某夫妇彻底寒心。张某某夫妇觉得，这个养子纯粹是来惹麻烦的，很后悔收养了这样一个孩子。

因此，张某某夫妇认为已经根本没有办法与养子小张在一起生活，希望能解除收养关系。因此，张某某特意来咨询，自己这样的情况，能否与养子小张解除收养关系？

与此同时，另外一位王女士也打电话来咨询关于收养关系解除的问题。王女士的母亲在30多年前收养了王女士目前的哥哥（暂称王某某），当时是20世纪70年代初，法律对于收养并没有什么规定。王女士的母亲（王老太太）收养王某某时，并没有办理什么收养手续。现在，王女士的母亲觉得无法与自己的养子王某某生活下去了，想与其解除收养关系。因此，王女士代表自己的母亲王老太太，咨询如果老太太要与养子王某某解除收养关系，双方应该怎么办？是直接到民政局去办理还是必须通过法院调解判决才能解除？

律师专线

这两个咨询都涉及收养关系的解除问题，即什么情况下当事人有权解除收养关系？收养关系具体该如何解除？

一、解除收养关系的情形和方式

依据《收养法》第26条、第27条、第28条和第29条的相关规定可知，收养关系可以通过书面协议解除和诉讼解除两种主要的方式得以解除。根据提出解除的原因和当事人的不同，收养关系的解除可以包括以下四种主要类别：

（1）收养人、送养人双方协议解除。采用这一方式解除收养关系，养子女年满10周岁以上的，应当征得本人同意。

（2）收养人不履行抚养义务，有虐待、遗弃等侵害未成年养子女合法权益行为的，送养人可以向人民法院提起要求解除收养关系的民事诉讼。

（3）养父母与成年养子女协议解除收养关系。

（4）养父母与成年养子女关系恶化，无法共同生活又不能达成协议解除的，可向人民法院提起解除收养关系的民事诉讼。

二、张某某夫妇能否解除与未成年养子小张之间的收养关系？

律师给出的意见是：张某某夫妇目前尚不能要求解除与养子小张之间的收养关系。

从上述解除收养关系的规定可知，如果被收养人还是未成年人，一般情况是不予解除收养关系的。要解除收养关系主要有两种情形：送养人和收养人达成协议（且征得10岁以上未成年的被送养人的同意）；在收养人虐待或遗弃等情形下，送养人起诉要求解除收养关系。因此，对于第一个咨询的问题，即张某某夫妇能否解除与养子小张之间的收养关系的问题，原则上是不能的。因为小张现在才16周岁，还属于法律规定的未成年人（我国法律以满18周岁为标准判断成年与否），法律原则上规定收养人不得解除与未成年养子女之间的法律拟制的血亲关系，除非符合上述两种情形。而本案例中，小张的亲生父母并没有提出要与张某某夫妇达成解除收养关系的要求，而且也没有任何理由提出诉讼要求解除收养关系（因为张某某夫妇作为收养人也不存在遗弃或虐待等侵害养子女权益的行为）。

如果张某某夫妇实在与小张无法共同生活，作为养父母的他们可以再等两年，等到养子小张成年之后，再考虑通过协议或者诉讼的方式，依据我国《收养法》第27条要求解除收养关系。

当事人协议解除收养关系的，应当持居民户口簿、居民身份证、收养登记证和解除收养关系的书面协议，共同到被收养人常住户口所在地的收养登记机关办理解除收养关系登记。

当事人诉讼解除收养关系的，可以向法院起诉，由法院决定是否解除收养关系，在法院判决解除收养关系后，当事人再去被收养人常住户口所在地的收养登记机关办理解除收养关系登记。

三、王老太太能否与成年养子王某某解除收养关系？

依据王女士提供的信息可知，王老太太如果觉得与养子关系恶化，无法共同生活，有权与30多年前收养的养子王某某解除收养关系，王老太太有权选择通过与养子达成书面协议的方式解除收养关系，也可以选择通过诉讼的方式，向法院提起以养子王某某为被告的民事诉讼来解除收养关系。

关于协议解除收养关系，只要王老太太与养子王某某之间能达成书面的解除收养关系的协议，然后王老太太和王某某持居民户口簿、居民身份证、收养登记证和解除收养关系的书面协议，共同到王某某常住户口所在地的收养登记机关（民政局）办理解除收养关系登记即可。

如果养子王某某不同意解除收养关系，则王老太太有权到当地县级人民法院提起要求解除收养关系的民事诉讼。不过，通过诉讼解除收养关系，最终是否能解除，完全由法院裁判。此外，依据民事诉讼的举证规则可知，王老太太作为原告，应当提出证据证明自己无法与养子再共同生活下去。当然如果养子王某某有遗弃或虐待等侵害养母权益的行为，则王老太太还有权主张返还多年来支出的抚养费和教育费。

作为原告，王老太太须按照诉讼请求内容提供以下必要证据：（1）收养关系的证明（收养公证书、户籍簿、居委会和村委会等有关单位的证明以及证人姓名、地址及与本人的关系）；（2）解除收养关系的原因事实及证据。

法律规范

中华人民共和国收养法

（1991 年 12 月 29 日第七届全国人民代表大会常务委员会第二十三次会议通过　1998 年 11 月 4 日第九届全国人民代表大会常务委员会第五次会议修正　自 1999 年 4 月 1 日起施行）

第二十三条　自收养关系成立之日起，养父母与养子女间的权利义务关系，适用法律关于父母子女关系的规定；养子女与养父母的近亲属间的权利义务关系，适用法律关于子女与父母的近亲属关系的规定。

养子女与生父母及其他近亲属间的权利义务关系，因收养关系的成立而消除。

第二十六条　收养人在被收养人成年以前，不得解除收养关系，但收养人、送养人双方协议解除的除外，养子女年满十周岁以上的，应当征得本人同意。

收养人不履行抚养义务，有虐待、遗弃等侵害未成年养子女合法权益行为的，送养人有权要求解除养父母与养子女间的收养关系。送养人、收养人不能达成解除收养关系协议的，可以向人民法院起诉。

第二十七条　养父母与成年养子女关系恶化、无法共同生活的，可以协议解除收养关系。不能达成协议的，可以向人民法院起诉。

第二十八条　当事人协议解除收养关系的，应当到民政部门办理解除收养关系的登记。

第二十九条　收养关系解除后，养子女与养父母及其他近亲属间的权利义务关系即行消除，与生父母及其他近亲属间的权利义务关系自行恢复，但成年养子女与生父母及其他近亲属间的权利义务关系是否恢复，可以协商确定。

第三十条　收养关系解除后，经养父母抚养的成年养子女，对缺乏劳动能力又缺乏生活来源的养父母，应当给付生活费。因养子女成年后虐待、遗弃养父母而解除收养关系的，养父母可以要求养子女补偿收养期间支出的生活费和教育费。

生父母要求解除收养关系的，养父母可以要求生父母适当补偿收养期间支出的生活费和教育费，但因养父母虐待、遗弃养子女而解除收养关系的除外。

中国公民收养子女登记办法

（1999 年 5 月 12 日国务院批准　1999 年 5 月 25 日民政部发布）

第二条　中国公民在中国境内收养子女或者协议解除收养关系的，应当依照本办法的规定办理登记。

办理收养登记的机关是县级人民政府民政部门。

第九条　收养关系当事人协议解除收养关系的，应当持居民户口簿、居民身份证、收养登记证和解除收养关系的书面协议，共同到被收养人常住户口所在地的收养登记机关办理解除收养关系登记。

第十条　收养登记机关收到解除收养关系登记申请书及有关材料后，应当自次日起 30 日内进行审查；对符合收养法规定的，为当事人办理解除收养关系的登记，收回收养登记证，发给解除收养关系证明。

专家释惑

这里再详细介绍一下我国目前收养关系的解除条件和程序。

收养关系终止有两大类情形：一是收养人或被收养人死亡，因主体缺位而自然终止；二是收养关系依法解除，即通过法律手段而人为地终止。就法理而言，因死亡而终止的，以收养关系为中介的其他亲属关系并不终止；因依法解除而终止的，以该收养关系为中介的其他亲属关系随之终止。

关于收养关系的解除，按照《收养法》的规定，根据当事人对解除收养所持的一致或相反的态度，收养关系的解除可经由两种不同的方式处理：

(一) 依当事人协议解除收养关系

我国《收养法》第26条第1款规定：“收养人在被收养人成年以前，不得解除收养关系，但收养人、送养人双方协议解除的除外，养子女年满十周岁以上的，应当征得本人同意。”此外，按照该法第27条的规定，养父母与成年养子女也是可以协议解除收养关系的。禁止收养人在被收养人成年以前单方解除收养，是出于稳定收养关系，保护养子女合法权益的需要。如果出现某种重大事由致使收养关系确实无法维持，收养人和送养人在双方自愿的基础上达成解除收养协议的，自然应当依法准许。在养父母与成年养子女协议解除收养的问题上，则应尊重双方的共同意愿。

1. 协议解除收养关系的条件

(1) 在养子女成年以前：解除收养须征得收养人和送养人同意。双方在解除收养的问题上，意思表示完全一致。养子女年满10周岁以上的，还应征得本人同意。10周岁以上的未成年人已有部分民事行为能力，对解除收养的意义和后果是有一定的识别能力的。是否解除收养，事关该子女的切身利益，取得其同意是完全必要的。

(2) 在养子女成年以后：解除收养关系须征得收养人和被收养人即该养子女的同意，双方在解除收养的问题上，意思表示完全一致即可，无须以原送养人的同意为解除收养关系的必要条件。协议解除收养关系的，当事人应就解除后的财产和生活问题一并达成协议。

2. 协议解除收养关系的程序

我国《收养法》第28条规定：“当事人协议解除收养关系的，应当到民政部门办理解除收养关系的登记。”当事人应当持居民户口簿、居民身份证、收养登记证和解除收养关系的书面协议，共同到被收养人常住户口所在地的收养登记机关办理解除收养关系登记。

收养登记机关收到解除收养关系登记申请书及有关材料后，应当自次日起30日内进行审查，对符合收养法规定的，为当事人办理解除收养关系的登记，收回收养登记证，发给解除收养关系证明。

（二）依当事人一方的要求解除收养关系

1. 一方要求解除收养关系的条件

按照我国《收养法》第26条和第27条的规定：

（1）收养人不履行抚养义务，有虐待、遗弃等侵害未成年养子女合法权益行为的，送养人要求解除养父母与养子女的收养关系，但送养人与收养人不能达成解除收养关系协议的，送养人可以向人民法院提起诉讼。

（2）养父母与成年养子女关系恶化，无法共同生活的，养父母与成年养子女不能达成解除收养关系协议的，双方均可以向人民法院起诉解除收养关系。

2. 一方要求解除收养关系的程序

应当经由诉讼程序办理。人民法院审理要求解除收养关系的案件，应当查明有关事实，根据我国《婚姻法》《收养法》的有关规定，正确处理收养纠纷，保护当事人的合法权益，特别是未成年养子女的权益。在养子女已经成年，养父母因年老、丧失劳动能力且生活困难的情形下，应当依法保护养父母的利益。

一般来说，首先应对此类纠纷做好调解工作，促使原、被告双方在自愿的基础上达成保持或解除收养关系的协议。调解无效时，依法作出准予或不准解除收养关系的协议。依诉讼程序解除收养关系的，收养关系自准予解除收养的调解书或判决书生效之日起解除。

在诉讼程序中以调解方式解除收养关系的，其性质亦为协议解除。但是，诉讼程序中达成的解除收养关系的协议不同于诉讼外解除收养关系的协议。人民法院已将解除收养关系的协议载入调解书，当事人无须另行签订书面协议，也无须再办理解除收养的登记或公证证明。已生效的准予解除收养关系的调解书，是收养关系已经解除的法律依据。

案例63　解除收养关系有什么法律后果？养子女与生父母关系能自动恢复吗？

事情是这样的

王某某夫妇已经有一个5岁的女儿，依据当地农村的生育政策，还可以再生一胎。2002年初，王某某的妻子生下了一对双胞胎男孩。由于王某某家地处偏僻的农村，自然条件不好，经济本来就拮据，一下子出生两个宝宝，着实给家里经济增加了不小的压力。王某某夫妇经人介绍后，经过再三地思考，决定把双胞胎中的一个送养给隔壁镇上经济条件比较好万某某夫妇家。万某某夫妇结婚后好几年都没有怀上孩子，因此他们很乐意收养这个小男孩。2002年5月，万某某夫妇将才4个月大的一个小男孩收养回家，取名为贝贝。王某某夫妇和万某某夫妇去办理了收养登记。

贝贝被送养后，王某某夫妇其实很舍不得，曾经好几次去万某某家探望贝贝，万某某夫妇也表示理解，还曾经抱着贝贝到王某某家来走过亲戚。

2004年，万某某的妻子很偶然怀上了小孩，万某某夫妇非常高兴。后来王某某夫妇也得知了万某某的妻子怀孕的消息，他们怕万某某夫妇有了自己的孩子后，会对贝贝不关心，于是，有意无意地增加了来万某某家探访的次数。连续半年，王某某夫妇几乎每个月都去一次万某某家，这让万某某夫妇顿时敏感起来。于是2005年6月的时候，也就是万某某的妻子生下自己的亲生儿子不到3个月的时候，万某某夫妇和王某某夫妇就孩子贝贝的探视问题发生了争执。这样的争执恶化了双方的关系，导致收养人万某某夫妇不准王某某夫妇再去探望贝贝。

因此，王某某夫妇于2005年10月向当地法院起诉，要求解除收养关系。在审理的过程中，原告王某某夫妇和被告万某某夫妇在法庭的调解下，达成了调解协议，原告撤诉。之后，王某某夫妇和万某某夫妇达成了解除收养关系的协议，贝贝被王某某夫妇重新抱回家抚养，王某某夫妇应当向万某某夫妇支付约2000元的抚养费。

律师专线

上述案例中，王某某夫妇是送养人，万某某夫妇是收养人。依据《收养法》第23条的规定，自收养关系成立之日起，养父母与养子女间的权利义务关系，适用法律关于父母子女关系的规定；养子女与生父母及其他近亲属间的权利义务关系，因收养关系的成立而消除。因此，贝贝被万某某夫妇合法收养之后，贝贝与王某某夫妇之间就不再适用子女与父母之间的法律规定了，也就是说王某某夫妇对贝贝就不存在法定的探视权了。

由此可知，本案中原告王某某夫妇无权以对贝贝的探视权得不到满足为由，要求解除收养关系。在本案中，如果王某某夫妇与万某某夫妇在法庭调解中没有达成协议，则法院会判决原告王某某夫妇败诉。因为，贝贝才3岁多，是未成年人，一般情况下不得解除与未成年被收养人之间的收养关系，除非养父母有虐待或遗弃等侵害养子女合法权益的行为，或者送养人与收养人达成了书面协议。而本案例中，送养人王某某夫妇和收养人万某某夫妇之间在诉讼前并没有达成书面的解除收养的协议，此外收养人万某某夫妇也没有虐待或者遗弃贝贝的行为。由此可知，如果没有达成调解，法院最终判决的话，会判决原告王某某夫妇败诉。理由在于合法收养关系成立后的法律后果。

然而，法院调解结案后，王某某夫妇（送养人）与万某某夫妇（收养人）又重新达成了解除收养关系的协议。由王某某夫妇把贝贝抱回家抚养（注意，双方还需要到县民政局履行法定的解除收养登记手续），这是合理合法的。这是因为收养关系解除后的法定后果——收养关系解除后，养子女与养父母的法律拟制血亲关系自然解除，未成年被送养人与生父母及其他近亲属间的权利义务关系将自行恢复。另外，万某某夫妇要求王某某夫妇支付一定的抚养费，这也是合法合理的，因为这次抚养关系的解除是送养人提出的，而且收养人没有任何过错，因此要给予相应的经济补偿。

当然，依据《收养法》第29条可知，如果该养子女已经成年，其与生父母及其他近亲属间的权利义务关系是否恢复，可以协商确定，而不是当然自行恢复。

法律规范

中华人民共和国收养法

（1991年12月29日第七届全国人民代表大会常务委员会第二十三次会议通过　1998年11月4日第九届全国人民代表大会常务委员会第五次会议修正　自1999年4月1日起施行。）

第二十三条　自收养关系成立之日起，养父母与养子女间的权利义务关系，适用法律关于父母子女关系的规定；养子女与养父母的近亲属间的权利义务关系，适用法律关于子女与父母的近亲属关系的规定。

养子女与生父母及其他近亲属间的权利义务关系，因收养关系的成立而消除。

第二十六条　收养人在被收养人成年以前，不得解除收养关系，但收养人、送养人双方协议解除的除外，养子女年满十周岁以上的，应当征得本人同意。

收养人不履行抚养义务，有虐待、遗弃等侵害未成年养子女合法权益行为的，送养人有权要求解除养父母与养子女间的收养关系。送养人、收养人不能达成解除收养关系协议的，可以向人民法院起诉。

第二十七条　养父母与成年养子女关系恶化、无法共同生活的，可以协议解除收养关系。不能达成协议的，可以向人民法院起诉。

第二十八条　当事人协议解除收养关系的，应当到民政部门办理解除收养关系的登记。

第二十九条　收养关系解除后，养子女与养父母及其他近亲属间的权利义务关系即行消除，与生父母及其他近亲属间的权利义务关系自行恢复，但成年养子女与生父母及其他近亲属间的权利义务关系是否恢复，可以协商确定。

第三十条　收养关系解除后，经养父母抚养的成年养子女，对缺乏劳动能力又缺乏生活来源的养父母，应当给付生活费。因养子女成年后虐待、遗弃养父母而解除收养关系的，养父母可以要求养子女补偿收养期间支出的生活费和教育费。

生父母要求解除收养关系的，养父母可以要求生父母适当补偿收养期间支出的生活费和教育费，但因养父母虐待、遗弃养子女而解除收养关系的除外。

中国公民收养子女登记办法

（1999 年 5 月 12 日国务院批准　1999 年 5 月 25 日民政部发布）

第二条　中国公民在中国境内收养子女或者协议解除收养关系的，应当依照本办法的规定办理登记。

办理收养登记的机关是县级人民政府民政部门。

第九条　收养关系当事人协议解除收养关系的，应当持居民户口簿、居民身份证、收养登记证和解除收养关系的书面协议，共同到被收养人常住户口所在地的收养登记机关办理解除收养关系登记。

专家释惑

这里简要介绍一下解除收养关系具有的法律后果。

1. 拟制血亲关系的解除。《收养法》第 29 条规定：收养关系解除后，养子女与养父母及其他近亲属间的权利义务关系即行消除。

2. 自然血亲关系的恢复。《收养法》第 29 条还规定：收养关系解除后，养子女与生父母及其他近亲属间的权利义务关系自行恢复，但成年养子女与生父母及其他近亲属间的权利义务关系是否恢复，可以协商确定。如果成年养子女与生父母协商确定恢复父母子女间的权利义务关系，该子女与其他近亲属间的权利义务关系即随之恢复。

3. 解除收养后的财产问题及其处理。《收养法》第 30 条对解除收养关系后成年养子女的生活费给付义务和养父母补偿请求权作了明确的规定。

（1）成年养子女的生活费给付义务。该条规定：收养关系解除后，经养父母抚养的成年养子女，对缺乏劳动能力又缺乏生活来源的养父母，应当给付生活费。关于生活费的数额，应视养父母的实际生活需要和成年养子女的负担能力而定。一般说来，应不低于当地居民普通的生活费用标准。

（2）养父母的补偿请求权。该条还规定：因养子女成年后虐待、遗弃父母而解除收养关系的，养父母可以要求子女补偿收养期间支出的生活费和教育费。生父母要求解除收养关系的，养父母可以要求生父母适当补偿收养期间支出的生活费和教育费，但因养父母虐待、遗弃养子女而解除收养关系的除外。

案例 64　解除收养关系后，养子对养父母是否还有赡养义务？

事情是这样的

吕某某（女）和林某某（男）结婚几年都没有生育。于是，吕某某和林某某在 1965 年领养了一个 4 岁的小男孩，并取名为小林。吕某某夫妇含辛茹苦将这个男孩抚养成人，并在他们的操持下帮助其成家立业，在当地农村自立了门户。

但是，吕某某夫妇与养子小林之间不断发生矛盾。养子小林对养父母并不尽心照顾，反而嫌他们老了，身体不好，碍手碍脚，认为养父母是累赘。这让吕某某夫妇很伤心。2000 年 5 月，吕某某和林某某夫妇俩与养子小林协议解除了收养关系。当时吕某某夫妇尚能耕种责任田维持基本生活，故在签订解除收养关系协议时没有要求养子补偿生活费和教育费。

后来，吕某某夫妇俩随着年龄的增长，身体出现疾病，已基本丧失劳动能力，并且毫无经济来源。2007 年的时候，吕某某因患病花去不少医疗费，生活越来越困难，遂找到养子小林要求其给付一点生活费，却遭到养子小林的断然拒绝，吕某某夫妇无奈之下便将养子小林告上法庭。

法庭上，小林以自己与老人解除了收养关系为由，拒绝承担老人的生活费用。法院经审理后判决被告小林每月给付吕某某夫妇生活费100元。

律师专线

本案中，法院的判决是正确的。

一般情况下，收养关系一旦解除，养子女与养父母之间就不再存在权利义务关系。因为根据我国《收养法》第29条的规定，收养关系解除后，养子女与养父母及其他近亲属间的权利义务关系即自行消失，未成年养子女与生父母及其他近亲属间的权利义务关系即自行恢复，但成年养子女与生父母及其他近亲属间的权利义务关系是否恢复，可以协商确定。

但是，根据我国《收养法》第30条的规定，收养关系解除后，经养父母抚养的成年养子女，对缺乏劳动能力又缺乏生活来源的养父母，应当给付生活费。因为收养关系成立后，养父母尽了抚养义务，把养子女抚养成人；养子女成年后，自应依法对养父母负有赡养扶助的义务。因此，收养关系解除后，成年养子女对缺乏劳动能力又缺乏生活来源的养父母，应当给付生活费，这既是法律规定，也是社会公德的要求。

综上所述，只有养父母缺乏劳动能力又缺乏生活来源，同时符合这两个条件的，养父母才可以向养子女主张赡养的权利。本案中，吕某某和林某某夫妇与养子小林解除收养关系时，未要求养子补偿收养期间支出的生活费和教育费，如今吕某某夫妇年老丧失劳动能力又无其他经济来源，故小林应当给付吕某夫妇生活费。

法律规范

中华人民共和国收养法

（1991年12月29日第七届全国人民代表大会常务委员会第二十三次会议通过　1998年11月4日第九届全国人民代表大会常务委员会第五次会议修正　自1999年4月1日起施行）

第二十三条　自收养关系成立之日起，养父母与养子女间的权利义务关系，适用法律关于父母子女关系的规定；养子女与养父母的近亲属间的权利义务关系，适用法律关于子女与父母的近亲属关系的规定。

养子女与生父母及其他近亲属间的权利义务关系，因收养关系的成立而消除。

第二十六条　收养人在被收养人成年以前，不得解除收养关系，但收养人、送养人双方协议解除的除外，养子女年满十周岁以上的，应当征得本人同意。

收养人不履行抚养义务，有虐待、遗弃等侵害未成年养子女合法权益行为的，送养人有权要求解除养父母与养子女间的收养关系。送养人、收养人不能达成解除收养关系协议的，可以向人民法院起诉。

第二十七条　养父母与成年养子女关系恶化、无法共同生活的，可以协议解除收养关系。不能达成协议的，可以向人民法院起诉。

第二十八条　当事人协议解除收养关系的，应当到民政部门办理解除收养关系的登记。

第二十九条　收养关系解除后，养子女与养父母及其他近亲属间的权利义务关系即行消除，与生父母及其他近亲属间的权利义务关系自行恢复，但成年养子女与生父母及其他近亲属间的权利义务关系是否恢复，可以协商确定。

第三十条　收养关系解除后，经养父母抚养的成年养子女，对缺乏劳动能力又缺乏生活来源的养父母，应当给付生活费。因养子女成年后虐待、遗弃养父母而解除收养关系的，养父母可以要求养子女补偿收养期间支出的生活费和教育费。

生父母要求解除收养关系的，养父母可以要求生父母适当补偿收养期间支出的生活费和教育费，但因养父母虐待、遗弃养子女而解除收养关系的除外。

专家释惑

这个案例涉及的主要法律问题是收养关系解除的法律后果，具体而言，是养父母与已经成年的养子女因无法共同生活而解除收养关系的法律后果。

收养关系作为一种法律拟制的父母子女关系，既可以依一定法律程序成立，也可因养父母子女关系的恶化而依法解除。我国《收养法》第27条规定："养父母与成年养子女关系恶化、无法共同生活的，可以协议解除收养关系。不能达成协议的，可以向人民法院起诉。”

收养关系虽然解除了，但收养人将养子女抚养成人的事实却无法改变，所以我国《收养法》第30条第1款规定：“收养关系解除后，经养父母抚养的成年养子女，对缺乏劳动能力又缺乏生活来源的养父母，应当给付生活费。因养子女成年后虐待、遗弃养父母而解除收养关系的，养父母可以要求养子女补偿收养期间支出的生活费和教育费。”这一规定表明，收养关系解除后，成年养子女对抚养其成年的养父母的赡养义务，并不因收养关系的解除而解除。因此，当养父母已缺乏劳动能力而且没有生活来源时，养父母有充足的理由要求养子女给付今后的生活费。而且，如果当初解除收养关系是因为成年养子女的虐待或遗弃，养父母还有权要求养子女补偿收养期间所付出的生活费和教育费。如遭拒绝，养父母有权向人民法院起诉，寻求法律救济。

案例65 收养人王某某能否将养子涛涛转送养给其他人？是否构成拐卖儿童罪？

事情是这样的

周某某，现年22岁，家住成都市某区。2008年1月16日，周某某在成都市某区生下一名男婴。这名男宝宝的父亲夏某某是周某某2007年在成都打工时认识的网友。周某某和夏某某通过网络聊天相识，网聊甚欢后便见面。当时，夏某某见周某某年轻漂亮，便对她展开了猛烈的爱情攻势，很快就俘虏了这个情窦初开的女孩。半年后，他们同居了，而且没过多久周某某便有了身孕。过了几个月之后，夏某某和周某某迅速领证结婚。然后，夏某某在周某某面前逐步暴露出本性来。夏某某嗜赌如命，沉迷于赌博的他竟然将周某某拿给他用来操办婚礼的所有钱财都迅速地输得一干二净。赌输了、赌光了钱才回家。不思悔改的夏某某回到家所做的就是翻箱倒柜地找任何可以换钱的东西，再拿出去赌博。甚至当周某某拒绝拿钱或者拿不出钱来的时候，夏某某便对周某某大打出手。

忍受不了这种婚姻的周某某在匆忙登记结婚还不到5个月的时候，就与夏某某办理了离婚手续。这场短暂的婚姻让周某某身心交瘁。离婚后，周某某所要面临的严峻现实是，孩子刚出生不到5个月，她将如何抚养幼小的儿子呢？离婚时，丈夫夏某某原本提出由他抚养儿子，但周某某坚决不肯，哭着恳求民政局的工作人员："我的错误决定已经让自己受了很大的伤害，我不能再让儿子去受罪呀。"了解到周某某结婚几个月就离婚的遭遇，民政局的工作人员全都很同情她，经过调解最终说服夏某某将儿子涛涛的监护权交给了周某某。

可要到了儿子的监护权，周某某才意识到要养育儿子是多么艰难。儿子涛涛出生才几个月，时刻都需要人专门照顾。但周某某要是成天留在家里照看孩子，不能出去打工挣钱，那母子俩又靠什么生活呢？因此，在离婚后的最初半个月，周某某备受煎熬，一方面是对儿子的疼爱和责任，另一方面却又面临着生存的压力。一天早上，儿子突然大哭不止，周某某用手一摸孩子的额头，竟然热得烫手，她抱起孩子就往医院送。可到了医院，周某某才发现身上只有几元钱，连交挂号费都不够，她抱着孩子不由得哭起来。后来，尽管有人帮她出钱让孩子看了病，但这件事却在周某某的心里留下了阴影。她明白，自己目前这样的处境要养大儿子十分困难，于是她作出了一个痛苦的决定：将儿子送养给别人！

2008年8月8日，在一家网吧里，周某某在一个网站上发出帖子，述说了自己的遭遇和准备把儿子送养出去的想法，并留下了手机和QQ号码等联系方式。就在发布了帖子的第二天，周某某就陆续收到了有意收养儿子涛涛的数条短信。在数个真诚地表示愿意收养的人里，周某某经过几天的再三考虑，决定把儿子涛涛送养给离成都比较近的人家，这样自己在方便的时候也能去探望孩子。于是，周某某决定与一个在四川某地的王某某见面。见面时，由于害怕上当受骗，周某某没带儿子，她只将儿子涛涛的照片交给了王某某。王某某说，她自己没有生育能力，结婚后一直生活得不幸福，因此很想领养周某某的儿子。听了王某某的讲述后，周某某很感动，她不由想到，自己的不幸是因为有了孩子，而王某某的不幸则是没有孩子，她便决定将儿子抱养给王某某。

2008 年 8 月底的一天，周某某带着儿子去了王某某所在的城市。随后，周某某和王某某一起将儿子涛涛送到当地几家市级医院做健康检查，双方正式确定了收养关系。下午，在当地的一家饭店，收养方王某某给了周某某 6000 元营养费，周某某将怀中的孩子交给她。傍晚时周某某坐汽车返回成都。

然而，令周某某万万没有想到的是，几天后，在周某某曾经发帖送儿子的网站又出现了一个要送养孩子的帖子，帖子的内容同样是要将一名半岁的男婴送养出去。这引起了几位当初同样也向周某某提出想收养她儿子涛涛的网友的注意。其中一位网友邱某某特意与这次发帖的王某取得了联系。随后，邱某某与家人一起开车去王某某所在的城市与王某某见面。见面之后，王某某要求邱某某支付一万元损失费，因为自己这半年来抚养孩子花费了不少心血。听到这话，邱某某感觉到对方态度的变化，觉得自己可能遇上了人口贩子。邱某某表示需要考虑之后再答复。尽管经过一小时的考虑后，邱某某愿意支付一万元，但是见面之后，王某某的电话就打不通了。邱某某回到自己所在的城市后，就把自己的这次经历写出来，发在网上，提醒大家注意新型的人口贩子。与此同时，另一个原先想收养周某某的儿子涛涛的网友傅先生看到了王某某要送养孩子的帖子后，也迅速与王某某联系了。王某某同样告知傅先生需要支付一万元才能领养这个孩子，傅先生立即爽快地同意了。于是王某某通过 QQ 给傅先生传送了拟收养的孩子的照片。这真是不看不知道，一看吓一跳。因为王某某传送过来的照片就是当初周某某传送给傅先生看的她儿子涛涛的照片。

由于有了前面邱某某帖子的提醒，傅先生看了传送过来的涛涛的照片后，马上认定王某某是人贩子。傅先生立即与周某某联系，告诉她自己在网上的这个遭遇，并提醒周某某她的儿子涛涛可能遇上了人贩子。周某某经傅先生提醒后，立即与涛涛的收养人王某某联系，询问涛涛的情况。没想到的是，接通电话后，王某某并没有回避打算将孩子再转送出去的想法。周某某气得浑身发抖，立即在电话里面质问王某某："你不是说你和丈夫没有生育，所以才会收养我的儿子，为什么才过了几天又要把孩子送给别人?"可王某某却理直气壮地说："我们签了正式的收养协议，我就有对孩子的监护权，送不送给别人是我的自由。"周某某顿时有一种受骗的感觉，提出要抱回儿子。王某某说，要抱回儿子可以，但需要向她支付几天来的抚养费一万元，少一分钱也不行。

第二天，心急如焚的周某某来到王某某所在的城市，要求王某某把儿子涛涛还给自己，她把当初王某某给的6000元营养费退还给王某某。但是王某某始终不接听周某某的电话，在周某某发短信说"再不回复就报警"后，王某某才联系周某某，但是却告诉周某某，孩子涛涛已经于两天前送给了一户姓李的人家。周某某一听到这话，气得说不出话来。王某某又急忙解释说："在送孩子过去前，我特意去那户人家看了，家境还不错，而且我让对方写下了保证书，保证将来要让孩子受到良好的教育，不能再送养给别人。"然而，周某某已无法再相信王某某所说的话，要求王某某一定要归还孩子。

在去见王某某的路上，周某某看见有一家律师事务所，在朋友的陪同下特意去咨询了律师：自己能否合法地要回孩子？王某某作为收养人能否擅自再将涛涛转送养给他人？如果不能擅自送养，王某某是否构成拐卖儿童罪？

律师专线

受理咨询的律师告诉周某某，针对第一个问题：依据《收养法》第25条以及《民法通则》第55条的规定，如果能认定王某某和周某某之间的收养协议无效的话，周某某作为涛涛的亲生母亲当然有权合法地领回孩子。同时，依据《收养法》第26条，即便王某某与周某某之间的收养协议合法有效，只要周某某和王某某能达成书面的解除收养协议，周某某也同样能领回孩子涛涛。此外，即便周某某和王某某之间达不成解除收养关系的协议，只要周某某能证明收养人王某某对涛涛存在虐待、遗弃或者其他严重侵犯涛涛合法权益的行为，周某某也有权通过诉讼的方式解除收养关系。

根据我国《民法通则》第55条和《收养法》的有关规定，行为人不具有相应的民事行为能力（比如正处发病期间的精神病、痴呆症等），成立收养的意思表示不真实（比如他人以欺诈、胁迫手段或乘人之危，使当事人在违背真实意愿的情况下所作出的表示），违反法律（包括违反有关收养条件和收养程序的规定）或者社会公共利益，如当事人弄虚作假、欺骗收养登记或公证机关等将导致收养行为无效。本案例中，周某某之所以将自己的儿子涛涛送养给王某某，主要是因为王某某表示了真心收养的意思，而且王某某向周某某讲述的因自己没有孩子而在婚姻中遭遇的不幸也打动了周某某，从而让周某某认为王某某一定会好好善待自己的儿子涛涛。但是事实上，王某某并不是像她对周某某所说的那样会善待涛涛，而是几天后就转手将涛涛再送养给其他人，并要求对方支付高额报酬。从民事行为合法成立的要件看，王某某收养涛涛的过程中，向周某某作出了虚假的意思表示，属于欺诈。正是因为王某某的欺骗行为导致周某某作出了送养孩子的意思表示。因此，周某某有权申请确认这个收养关系无效，从而将自己的儿子涛涛领回家。

确认收养无效的程序包含行政程序和诉讼程序。行政程序是指办理收养登记的民政部门依法确认收养无效。《中国公民收养子女登记办法》指出，收养关系当事人弄虚作假骗取收养登记的，收养关系无效。由收养登记机关撤销登记，收缴收养登记证。诉讼程序是指由法院依法审理宣布收养无效的程序，对是否无效有争议时才提请法院裁决。在审判实践中，依诉讼程序确认收养无效有两种情况：一是当事人或利害关系人提出请求确认收养无效之诉，由人民法院判决宣告该项收养关系无效；二是人民法院在审理有关案件的过程中发现无效收养行为，在有关判决中确认该项收养关系无效。

第二个问题：王某某作为收养人是否有权将养子涛涛转送养给其他人？对此，我国法律没有明确规定。但是依据我国《收养法》关于送养人和收养人的条件，以及该法第 31 条“借收养名义拐卖儿童的，依法追究刑事责任”的规定可知，原则上收养人是不得再将孩子转送养给其他人的。在本案例中，王某某作为收养人，才收养几天，根本不存在任何抚养方面的特殊困难，而是纯粹为了盈利的目的，将孩子再次送养出去，当然是非法的，也是无权再送养的。而王某某对周某某在电话中声称的“我们签了正式的收养协议，我就有对孩子的监护权，送不送给别人是我的自由”是完全错误的，没有任何法律依据。相反，王某某一旦合法收养了涛涛，对这个婴幼儿就负有法律上的保护和抚育的责任，而不是送养的自由。

第三个问题：王某某以牟取利益为目的，将涛涛迅速转送养的行为，是否构成拐卖儿童罪？律师先向周某某解释了我国《刑法》关于拐卖儿童罪的含义。

我国《刑法》第 240 条对拐卖儿童罪作了规定。依据该条规定，以出卖为目的，有拐骗、绑架、收买、贩卖、接送、中转儿童行为之一的，即构成拐卖儿童罪。其中的“贩卖”，刑法规定的原意是行为人将买来的儿童再出卖给第三人，甚至其本义还有“低价买进高价卖出以获取利润”的含义。但是在司法实践中，随着有关司法解释和政策精神的出台，“贩卖”儿童已超出了刑法规定“买进卖出”的含义。比如，1999 年 10 月的《全国法院维护农村稳定刑事审判工作座谈会纪要》谈到，对于买卖至亲的案件，要区别对待。以贩卖牟利为目的“收养子女”的，应以拐卖儿童罪处理；对那些迫于生活困难，受重男轻女思想影响而出卖亲生子女或收养子女的，可不作为犯罪处理；对于出卖子女确属恶劣的，可按遗弃罪处罚。2000 年最高人民法院、最高人民检察院、公安部、民政部、司法部、全国妇联《关于打击拐卖妇女儿童犯罪有关问题的通知》中对以下三种情况以拐卖儿童罪追究责任：出卖捡拾儿童的；借收养名义拐卖儿童的；以营利为目的，出卖不满 14 周岁子女情节恶劣的。因此，本案的关键问题是如何看待王某某“出卖”所收养儿童的行为。

因此，本案例中，王某某之所以能得到涛涛，不是向周某某购买，而是通过收养（王某某向周某某支付 6000 元，并不是涛涛的买卖价格，而是营养费，我国法律并不禁止收养人向送养人支付一定的钱财表示感谢或者作为营养费）。虽然这不符合我国《刑法》规定的“买进卖出”的拐卖儿童罪的行为要件，但是，王某某在收养几天后，以牟利为目的再次将涛涛转送养给其他人，并对与她接洽的人都张口索要人民币一万元，正常收养几天的花费无论如何也不可能达到一万元人民币，王某某的行为具有明显的牟利意图。因此，王某某的行为属于《全国法院维护农村稳定刑事审判工作座谈会纪要》谈到的“以贩卖牟利为目的‘收养子女’”的行为。因此，周某某有权起诉，请求法院判决王某某构成拐卖儿童罪。

提醒

本案例中，周某某向王某某送养涛涛的行为本身也是不合法的。因为我国《收养法》第10条规定：“生父母送养子女，须双方共同送养。生父母一方不明或者查找不到的可以单方送养。”周某某必须同自己的前夫夏某某共同送养，才可能合法送养，她单方面送养侵犯了夏某某的合法权益，依法可以被认定其送养行为无效。

法律规范

中华人民共和国收养法

（1991年12月29日第七届全国人民代表大会常务委员会第二十三次会议通过　1998年11月4日第九届全国人民代表大会常务委员会第五次会议修正　自1999年4月1日起施行）

第二条　收养应当有利于被收养的未成年人的抚养、成长，保障被收养人和收养人的合法权益，遵循平等自愿的原则，并不得违背社会公德。

第四条　下列不满十四周岁的未成年人可以被收养：

（一）丧失父母的孤儿；

（二）查找不到生父母的弃婴和儿童；

（三）生父母有特殊困难无力抚养的子女。

第五条　下列公民、组织可以作送养人：

（一）孤儿的监护人；

（二）社会福利机构；

（三）有特殊困难无力抚养子女的生父母。

第六条　收养人应当同时具备下列条件：

（一）无子女；

（二）有抚养教育被收养人的能力；

（三）未患有在医学上认为不应当收养子女的疾病；

（四）年满三十周岁。

第十条　生父母送养子女，须双方共同送养。生父母一方不明或者查找不到的可以单方送养。

有配偶者收养子女，须夫妻共同收养。

第十五条　收养应当向县级以上人民政府民政部门登记。收养关系自登记之日起成立。

收养查找不到生父母的弃婴和儿童的，办理登记的民政部门应当在登记前予以公告。

收养关系当事人愿意订立收养协议的，可以订立收养协议。

收养关系当事人各方或者一方要求办理收养公证的，应当办理收养公证。

第十六条　收养关系成立后，公安部门应当依照国家有关规定为被收养人办理户口登记。

第二十条　严禁买卖儿童或者借收养名义买卖儿童。

第二十三条　自收养关系成立之日起，养父母与养子女间的权利义务关系，适用法律关于父母子女关系的规定；养子女与养父母的近亲属间的权利义务关系，适用法律关于子女与父母的近亲属关系的规定。

养子女与生父母及其他近亲属间的权利义务关系，因收养关系的成立而消除。

第二十五条　违反《中华人民共和国民法通则》第五十五条和本法规定的收养行为无法律效力。

收养行为被人民法院确认无效的，从行为开始时起就没有法律效力。

第二十六条　收养人在被收养人成年以前，不得解除收养关系，但收养人、送养人双方协议解除的除外，养子女年满十周岁以上的，应当征得本人同意。

收养人不履行抚养义务，有虐待、遗弃等侵害未成年养子女合法权益行为的，送养人有权要求解除养父母与养子女间的收养关系。送养人、收养人不能达成解除收养关系协议的，可以向人民法院起诉。

第三十条　收养关系解除后，经养父母抚养的成年养子女，对缺乏劳动能力又缺乏生活来源的养父母，应当给付生活费。因养子女成年后虐待、遗弃养父母而解除收养关系的，养父母可以要求养子女补偿收养期间支出的生活费和教育费。

生父母要求解除收养关系的，养父母可以要求生父母适当补偿收养期间支出的生活费和教育费，但因养父母虐待、遗弃养子女而解除收养关系的除外。

第三十一条　借收养名义拐卖儿童的，依法追究刑事责任。

遗弃婴儿的，由公安部门处以罚款；构成犯罪的，依法追究刑事责任。

出卖亲生子女的，由公安部门没收非法所得，并处以罚款；构成犯罪的，依法追究刑事责任。

中华人民共和国民法通则

（1986 年 4 月 12 日第六届全国人民代表大会第四次会议通过　自 1987 年 1 月 1 日起施行）

第五十五条　民事法律行为应当具备下列条件：

（一）行为人具有相应的民事行为能力；

（二）意思表示真实；

（三）不违反法律或者社会公共利益。

第五十八条　下列民事行为无效：

（一）无民事行为能力人实施的；

（二）限制民事行为能力人依法不能独立实施的；

（三）一方以欺诈、胁迫的手段或者乘人之危，使对方在违背真实意思的情况下所为的；

（四）恶意串通，损害国家、集体或者第三人利益的；

（五）违反法律或者社会公共利益的；

（六）经济合同违反国家指令性计划的；

（七）以合法形式掩盖非法目的的。

无效的民事行为，从行为开始起就没有法律约束力。

中华人民共和国刑法

（1979 年 7 月 1 日第五届全国人民代表大会第二次会议通过　1997 年 3 月 14 日第八届全国人民代表大会第五次会议修订　自 1997 年 10 月 1 日施行）

第二百四十条　拐卖妇女、儿童的，处五年以上十年以下有期徒刑，并处罚金；有下列情形之一的，处十年以上有期徒刑或者无期徒刑，并处罚金或者没收财产；情节特别严重的，处死刑，并处没收财产：

（一）拐卖妇女、儿童集团的首要分子；

（二）拐卖妇女、儿童三人以上的；

（三）奸淫被拐卖的妇女的；

（四）诱骗、强迫被拐卖的妇女卖淫或者将被拐卖的妇女卖给他人迫使其卖淫的；

（五）以出卖为目的，使用暴力、胁迫或者麻醉方法绑架妇女、儿童的；

（六）以出卖为目的，偷盗婴幼儿的；

（七）造成被拐卖的妇女、儿童或者其亲属重伤、死亡或者其他严重后果的；

（八）将妇女、儿童卖往境外的。

拐卖妇女、儿童是指以出卖为目的，有拐骗、绑架、收买、贩卖、接送、中转妇女、儿童的行为之一的。

专家释惑

这个案例涉及收养关系的成立与无效、借收养名义拐卖儿童罪的认定以及转收养的诸多法律问题。这里基于篇幅，简单介绍一下转收养的法律问题。

转收养是指养父母在收养关系成立后，又将被收养人转送于非生父母的其他人收养。能否转收养，我国《收养法》未作明确规定，但是在实践中，由于收养人情况的变化、无力抚养养子女的，或者收养人又生育子女希望解除收养关系或者将养子女交给他人抚养的情况经常发生。对此，人们有不同的认识。一种观点认为我国不应允许转收养，依据我国《收养法》第 25 条“违反《中华人民共和国民法通则》第五十五条和本法规定的收养行为无法律效力”以及第19条“送养人不得以送养子女为理由违反计划生育的规定再生育子女”的规定，收养关系成立后，养父母对养子女抚育是法定责任，不得推卸。另一种观点认为，既然养父母子女之间适用父母子女之间的权利义务关系的规定，法律允许生父母在无力抚养子女的情况下将子女送养，那也应允许养父母在无力抚养养子女的情况下，将养子女送养，这也同样是为未成年子女的利益考虑。

笔者认为，从我国《收养法》所规定的送养人的范围来看，明确规定作为送养人的父母必须是“有特殊困难无力抚养子女的生父母”，养父母并不包括在送养人的范围之内；而且我国法律规定收养关系的合法成立是一种要式法律行为，即必须经过当地民政机关的合法登记。因此，作为养父母不得随意送养已经被收养的养子女。如果养父母确实存在特殊困难，或者发生了重大变故导致特殊困难而无力抚养自己的养子女的话，养父母完全可以请求解除收养关系，或者请求他人代为抚养，而不是随意将子女转送养给其他人。这样严格限制养父母的转送养，主要是为了防止养父母借收养之名牟取利益而损害未成年人利益的行为。

三、涉外收养

内容提要

涉外收养，是指外国人或无国籍人在中华人民共和国境内收养中国公民的子女。我国港澳台居民收养内地儿童，也有不同规定，主要是程序要件方面。这里一并放在涉外部分讲解。

外国人收养中国内地未成年人应当适用我国的法律。外国收养人除了符合自己本国法律关于收养的规定外，还必须满足我国《收养法》规定的条件。

外国人收养中国内地未成年人的程序有其特别规定。比如，必须通过相应的收养组织进行，还必须到省、自治区或直辖市的民政部门办理收养登记，而不是如同国内居民收养那样去县级民政部门办理收养登记手续。为此我国民政部专门出台了《外国人在中华人民共和国收养子女登记办法》。

案例 66　大卫和海伦能否收养丁丁？外国人收养的条件是什么？

事情是这样的

大卫和海伦是一对夫妻，来自美国。自从 1994 年，大卫和海伦来到中国某城市工作以来，通过工作和日常交往，他们结识了不少中国的朋友，并发展了彼此的友谊。大卫和海伦有一位很好的工作伙伴兼朋友厉先生。厉先生对当时初来中国生活的大卫和海伦给予了很多帮助，包括介绍风土人情、风俗习惯、工作和生活提示等，并且会在闲暇时间或者节日里邀请大卫和海伦来家里做客。因此，大卫和海伦与厉先生一家三口都很熟悉。然而，天有不测风云，1999 年 11 月，厉先生一家在一次旅游度假归来的路上发生了车祸，厉先生和他的妻子被送到医院后不治身亡，不幸中的万幸是厉先生夫妇拼命保护的 6 岁的儿子丁丁，除了不严重的皮外伤之外，一切都好。大卫和海伦得知朋友厉先生家的事情后，很难过，很想帮助厉先生家做点什么。当他们去看望了在医院治疗的丁丁后，尤其是得知丁丁知道自己父母双亡后心理存在阴影，大卫和海伦经过商量，决定收养丁丁，然后等聘期结束后带丁丁到美国生活，换一个全新的环境，说不定有利于丁丁的成长。

但是，大卫和海伦都对中国的法律不太了解，他们不知道自己是否符合条件收养丁丁。他们已经有两个自己的孩子，分别为 7 岁和 9 岁。于是，他们特意去咨询了律师。

律师专线

受理咨询的律师告诉大卫和海伦，他们要收养丁丁，必须遵守和适用《中华人民共和国收养法》，并且符合中国关于涉外收养的规定，同时符合自己本国（美国）的法律。

中国法律关于外国人收养中国孩子的规定，主要体现在《中华人民共和国收养法》和《外国人在中华人民共和国收养子女登记办法》这两部法律法规中。一般情况下收养人应当同时具备四项实质条件——无子女、有抚养教育被收养人的能力、未患有在医学上认为不应当收养子女的疾病、年满30周岁。当然收养孤儿不受无子女的限制。

本案例中，大卫和海伦想收养朋友的孩子——已经是父母双亡的丁丁，因此，法律并不要求他们夫妻没有子女。也就是说，就实质条件而言，大卫和海伦都必须年满30周岁，而且身体健康、未患有不应当收养子女的疾病（比如精神病等），他们还必须提供证据证明自己有抚养和教育丁丁的能力。

另外，大卫和海伦夫妇是美国人，中国与美国通过双边协定建立了收养合作关系。依据双边协定的规定，美国夫妻来中国收养儿童，不要求收养人无子女。事实上，中国收养中心对于家中不满18周岁的子女不满5名，且家中最小的孩子年满1周岁的外国收养人的收养申请是予以优先受理、审核并安排被收养儿童的。也就是说，已经有子女的外国人也可以收养中国儿童。

当然，除此之外，大卫和海伦还必须双方同意收养，并且要与丁丁的监护人（比如爷爷奶奶、外公外婆等）达成一致意见，履行相应法定程序，这包括签订收养协议，并且向省级民政机关进行收养登记。

法律规范

中华人民共和国收养法

（1991年12月29日第七届全国人民代表大会常务委员会第二十三次会议通过　1998年11月4日第九届全国人民代表大会常务委员会第五次会议修正　自1999年4月1日起施行）

第二条　收养应当有利于被收养的未成年人的抚养、成长，保障被收养人和收养人的合法权益，遵循平等自愿的原则，并不得违背社会公德。

第四条　下列不满十四周岁的未成年人可以被收养：

（一）丧失父母的孤儿；

（二）查找不到生父母的弃婴和儿童；

（三）生父母有特殊困难无力抚养的子女。

第五条　下列公民、组织可以作送养人：

（一）孤儿的监护人；

（二）社会福利机构；

（三）有特殊困难无力抚养子女的生父母。

第六条　收养人应当同时具备下列条件：

（一）无子女；

（二）有抚养教育被收养人的能力；

（三）未患有在医学上认为不应当收养子女的疾病；

（四）年满三十周岁。

第十五条　收养应当向县级以上人民政府民政部门登记。收养关系自登记之日起成立。

收养查找不到生父母的弃婴和儿童的，办理登记的民政部门应当在登记前予以公告。

收养关系当事人愿意订立收养协议的，可以订立收养协议。

收养关系当事人各方或者一方要求办理收养公证的，应当办理收养公证。

第十六条　收养关系成立后，公安部门应当依照国家有关规定为被收养人办理户口登记。

第二十三条　自收养关系成立之日起，养父母与养子女间的权利义务关系，适用法律关于父母子女关系的规定；养子女与养父母的近亲属间的权利义务关系，适用法律关于子女与父母的近亲属关系的规定。

养子女与生父母及其他近亲属间的权利义务关系，因收养关系的成立而消除。

外国人在中华人民共和国收养子女登记办法

（1999 年 5 月 25 日民政部令第 15 号发布）

第二条　外国人在中华人民共和国境内收养子女（以下简称外国人在华收养子女），应当依照本办法办理登记。

收养人夫妻一方为外国人，在华收养子女，也应当依照本办法办理登记。

第三条　外国人在华收养子女，应当符合中国有关收养法律的规定，并应当符合收养人所在国有关收养法律的规定；因收养人所在国法律的规定与中国法律的规定不一致而产生的问题，由两国政府有关部门协商处理。

第九条　外国人来华收养子女，应当与送养人订立书面收养协议。协议一式三份，收养人、送养人各执一份，办理收养登记手续时收养登记机关收存一份。

书面协议订立后，收养关系当事人应当共同到被收养人常住户口所在地的省、自治区、直辖市人民政府民政部门办理收养登记。

专家释惑

随着我国对外开放的不断扩大，对外民间交往日益频繁，外国人，特别是一些非长期在华居住的外国人申请收养中国儿童的情况日益增多。外国人收养中国儿童必须符合一系列的条件并办理合法手续。

这个咨询案例涉及的主要法律问题是涉外收养法律关系中收养人的条件，具体而言，是外国人收养中国儿童必须符合的条件问题。因此，这里先介绍一下什么是涉外收养，再详细介绍一下外国收养人的条件。

一、什么是涉外收养？

涉外收养有广义和狭义之分。广义的涉外收养，是指含有涉外因素的收养，即在收养人与被收养人之间至少有一方为外国人。狭义的涉外收养，是指外国人或无国籍人在中华人民共和国境内收养中国公民的子女。这里所说的涉外收养是狭义的涉外收养。

涉外收养应当适用我国的法律。我国《收养法》第 21 条规定："外国人依照本法可以在中华人民共和国收养子女。"对外国人在中华人民共和国收养子女，我国法律要求：除应当符合中国收养法的有关规定外，还应当符合收养人所在国的有关收养法。因收养人所在国法律的规定与中国法律的规定不一致而产生的问题，由两国政府有关部门协商处理。涉外收养所适用的法律除了 1992 年 4 月 1 日实施、1998 年 11 月 4 日修正的《中华人民共和国收养法》外，还有民政部于 1999 年 5 月 25 日颁布实施的《外国人在中华人民共和国收养子女登记办法》等。

二、涉外收养的条件

就涉外收养的条件而言，收养条件根据涉外收养的准据法确定，即依据《中华人民共和国收养法》确定收养人、被收养人和送养人的实质要件；程序条件（形式要件）则主要依据《外国人在中华人民共和国收养子女登记办法》。

涉外收养的实质要件，是指外国人或者无国籍人在中国境内收养中国儿童时所必须具备的条件。外国人在中国境内收养中国儿童，应当适用中国法律，具备中国收养法规定的成立收养关系的一般实质要件，此与国内收养无异，即无子女、有抚养教育被收养人的能力（具有正当的收养目的和可靠的经济保障）、未患有在医学上认为不应当收养子女的疾病、年满 30 周岁。

合格的外国人收养中国儿童，还必须符合下列条件：1. 如被收养人有识别能力，须征得本人同意；2. 送养人同意送养；3. 收养行为不违反收养人居住国法律。

《中华人民共和国收养法》第 21 条、《外国人在中华人民共和国收养子女登记办法》第 4 条至第 13 条规定了涉外收养应当履行的法定程序，即涉外收养关系成立的形式要件。具体程序如下：1. 外国收养人通过外国收养组织向中国收养组织提出收养申请，并提交收养人的家庭情况报告和证明（这些报告和证明必须经过该外国收养人所在国家的外交机构或者授权机构进行认证，并经中国驻该国使领馆认证）。2. 中国送养人向我国民政部门提出送养申请，省、自治区、直辖市人民政府民政部门应当对送养人提交的证件和证明材料进行审查。3. 中国收养组织对外国收养人的收养申请和有关证明进行审查后，应当在省、自治区、直辖市人民政府民政部门报送的符合收养法规定条件的被收养人中，参照外国收养人的意愿，选择适当的被收养人，并将该被收养人及其送养人的有关情况通过外国政府或者外国收养组织送交外国收养人。外国收养人同意收养的，中国收养组织向其发出来华收养子女通知书，同时通知有关的省、自治区、直辖市人民政府民政部门向送养人发出被收养人已被同意收养的通知。4. 进行涉外收养登记，如果有一方或双方要求的话，再进行涉外收养公证。

案例67　外国人收养中国儿童的具体手续和程序是什么？

事情是这样的

玛丽是一名加拿大人，她和丈夫住在多伦多市。玛丽结婚后生了一个小男孩，生活温馨。在看过一期关于中国孤儿的节目后，玛丽想来中国收养一个被遗弃的女婴，并带回到自己的国家生活。玛丽与约翰就这个想法作了沟通之后，获得了丈夫约翰的同意。

于是，玛丽开始着手在互联网上查找加拿大关于收养外国小孩的法律规定，同时查阅中国关于收养方面的法律。作了这些关于收养的基本知识的准备之后，玛丽和约翰打算正式咨询律师，如果他们要去中国收养一名弃婴或者孤儿的话，需要办理什么手续？要经过什么样的法定程序？

律师专线

接受咨询的律师告诉玛丽和约翰，首先，他们必须是合格的收养人。这就要求他们夫妻作为收养人既要符合自己所在国（加拿大）有关收养的法律规定，又要符合中国收养法所规定的年龄、身体等方面的条件。比如，年龄必须都已经满30周岁，身体健康不存在任何不适合收养的疾病，具有抚养和教育子女的相应能力。由于玛丽和约翰是想收养弃婴或者孤儿，他们可以不受没有孩子这条规定的限制。因为我国法律规定如果被收养人是孤儿、残疾儿童或社会福利机构抚养的查找不到生父母的弃婴和儿童，收养人可以不受无子女和只能收养一名子女的一般规定的限制。

其次，玛丽和约翰要想收养中国的小孩，他们不能直接自己与当事人接洽，而是必须通过本国和中国的收养组织进行，也就是说收养申请的提交和审查都必须通过相应的收养中心或者收养组织进行。具体程序如下：第一步，符合收养条件的外国人先要通过所在国政府或者政府委托的收养组织向中国政府委托的收养组织，即中国收养中心，转交收养申请，并提交收养人的家庭情况报告和证明。以上材料应由收养人所在国有权机构出具，经其所在国外交机关或者外交机关授权的机构认证，并经中国驻该国使领馆认证后，一同提交到中国收养中心。第二步，由中国收养中心对申请进行审查。审查后，中国收养中心认为符合收养条件的，参照收养人的意愿选择适当的被收养儿童，并将被收养儿童及其送养人的相关资料，通过外交途径送交收养人。经收养人同意后，中国收养中心向其发出来华收养子女通知书。第三步，收养人要亲自到中国与送养人订立书面收养协议，并与送养人共同到被收养儿童常住户口所在地的省级人民政府民政部门办理收养登记，领取收养登记证书，收养关系自登记之日起成立，并发生法律效力。

法律规范

中华人民共和国收养法

（1991 年 12 月 29 日第七届全国人民代表大会常务委员会第二十三次会议通过　1998 年 11 月 4 日第九届全国人民代表大会常务委员会第五次会议修正　自 1999 年 4 月 1 日起施行）

第二条　收养应当有利于被收养的未成年人的抚养、成长，保障被收养人和收养人的合法权益，遵循平等自愿的原则，并不得违背社会公德。

第四条　下列不满十四周岁的未成年人可以被收养：

（一）丧失父母的孤儿；

（二）查找不到生父母的弃婴和儿童；

（三）生父母有特殊困难无力抚养的子女。

第五条　下列公民、组织可以作送养人：

（一）孤儿的监护人；

（二）社会福利机构；

（三）有特殊困难无力抚养子女的生父母。

第六条　收养人应当同时具备下列条件：

（一）无子女；

（二）有抚养教育被收养人的能力；

（三）未患有在医学上认为不应当收养子女的疾病；

（四）年满三十周岁。

第十五条　收养应当向县级以上人民政府民政部门登记。收养关系自登记之日起成立。

收养查找不到生父母的弃婴和儿童的，办理登记的民政部门应当在登记前予以公告。

收养关系当事人愿意订立收养协议的，可以订立收养协议。

收养关系当事人各方或者一方要求办理收养公证的，应当办理收养公证。

外国人在中华人民共和国收养子女登记办法

（1999 年 5 月 25 日民政部令第 15 号发布）

第二条　外国人在中华人民共和国境内收养子女（以下简称外国人在华收养子女），应当依照本办法办理登记。

收养人夫妻一方为外国人，在华收养子女，也应当依照本办法办理登记。

第三条　外国人在华收养子女，应当符合中国有关收养法律的规定，并应当符合收养人所在国有关收养法律的规定；因收养人所在国法律的规定与中国法律的规定不一致而产生的问题，由两国政府有关部门协商处理。

第四条　外国人在华收养子女，应当通过所在国政府或者政府委托的收养组织（以下简称外国收养组织）向中国政府委托的收养组织（以下简称中国收养组织）转交收养申请并提交收养人的家庭情况报告和证明。

前款规定的收养人的收养申请、家庭情况报告和证明，是指由其所在国有权机构出具，经其所在国外交机关或者外交机关授权的机构认证，并经中华人民共和国驻该国使馆或者领馆认证的下列文件：

（一）跨国收养申请书；

（二）出生证明；

（三）婚姻状况证明；

（四）职业、经济收入和财产状况证明；

（五）身体健康检查证明；

（六）有无受过刑事处罚的证明；

（七）收养人所在国主管机关同意其跨国收养子女的证明；

（八）家庭情况报告，包括收养人的身份、收养的合格性和适当性、家庭状况和病史、收养动机以及适合于照顾儿童的特点等。

在华工作或者学习连续居住一年以上的外国人在华收养子女，应当提交前款规定的除身体健康检查证明以外的文件，并应当提交在华所在单位或者有关部门出具的婚姻状况证明，职业、经济收入或者财产状况证明，有无受过刑事处罚证明以及县级以上医疗机构出具的身体健康检查证明。

第六条　省、自治区、直辖市人民政府民政部门应当对送养人提交的证件和证明材料进行审查，对查找不到生父母的弃婴和儿童公告查找其生父母；认为被收养人、送养人符合收养法规定条件的，将符合收养法规定的被收养人、送养人名单通知中国收养组织，同时转交下列证件和证明材料：

（一）送养人的居民户口簿和居民身份证（社会福利机构作送养人的，为其负责人的身份证件）复制件；

（二）被收养人是弃婴或者孤儿的证明、户籍证明、成长情况报告和身体健康检查证明的复制件及照片。省、自治区、直辖市人民政府民政部门查找弃婴或者儿童生父母的公告应当在省级地方报纸上刊登。自公告刊登之日起满60日，弃婴和儿童的生父母或者其他监护人未认领的，视为查找不到生父母的弃婴和儿童。

第七条　中国收养组织对外国收养人的收养申请和有关证明进行审查后，应当在省、自治区、直辖市人民政府民政部门报送的符合收养法规定条件的被收养人中，参照外国收养人的意愿，选择适当的被收养人，并将该被收养人及其送养人的有关情况通过外国政府或者外国收养组织送交外国收养人。外国收养人同意收养的，中国收养组织向其发出来华收养子女通知书，同时通知有关的省、自治区、直辖市人民政府民政部门向送养人发出被收养人已被同意收养的通知。

第八条　外国人来华收养子女，应当亲自来华办理登记手续。夫妻共同收养的，应当共同来华办理收养手续；一方因故不能来华的，应当书面委托另一方。委托书应当经所在国公证和认证。

第九条　外国人来华收养子女，应当与送养人订立书面收养协议。协议一式三份，收养人、送养人各执一份，办理收养登记手续时收养登记机关收存一份。

书面协议订立后，收养关系当事人应当共同到被收养人常住户口所在地的省、自治区、直辖市人民政府民政部门办理收养登记。

专家释惑

中国政府正式批准加入了《跨国收养方面保护儿童及合作公约》（也称《海牙公约》）。按照该公约确定的“国内收养优先、保证儿童最佳利益”的跨国收养原则，中国收养中心在公约的框架下开展并加强与其他缔约国的合作，保证并促进涉外收养事务健康发展，尽可能将中国被收养儿童安置到各方面条件好的、最适合其健康成长的外国收养家庭中。

为确保建立有效的收养关系、保护被收养人的合法利益，涉外收养在程序上较国内的收养程序复杂。一个突出的特点是收养申请的提交和对收养申请的审查都通过相应的政府委托的收养组织进行。这里稍微对涉外收养的具体程序作一下介绍。

（一）外国收养人通过外国收养组织向中国收养组织提出收养申请

外国人在华收养子女，应当通过所在国政府或者政府委托的收养组织（以下简称外国收养组织）向中国政府委托的收养组织（以下简称中国收养组织）转交收养申请并提交收养人的家庭情况报告和证明。外国收养人的收养申请、家庭情况报告和证明，是指由其所在国有权机构出具，经其所在国外交机关或者外交机关授权的机构认证，并经中华人民共和国驻该国使馆或者领馆认证的下列文件：(1) 跨国收养申请书；(2) 出生证明；(3) 婚姻状况证明；(4) 职业、经济收入和财产状况证明；(5) 身体健康证明；(6) 有无受过刑事处罚的证明；(7) 收养人所在国主管机关同意其跨国收养子女的证明；(8) 家庭情况报告，包括收养人身份、收养的合理性和适当性、家庭状况和病史、收养动机以及适合于照顾儿童的特点等。

在华工作或者学习连续居住一年以上的外国人在华收养子女，应当提交前款规定的除身体健康检查证明以外的文件，并应当提交在华所在单位或者有关部门出具的婚姻状况证明，职业、经济收入或者财产状况证明，有无受过刑事处罚的证明以及县级以上医疗机构出具的身体健康检查证明。

(二) 中国送养人向我国民政部门提出送养申请及其审批

送养人应当向省、自治区、直辖市人民政府民政部门提交本人的居民户口簿和居民身份证（社会福利机构作送养人的，应当提交其负责人的身份证件），被收养人的户籍证明等情况证明，并根据不同情况提交下列有关证明材料：

(1) 被收养人的生父母（包括已经离婚的）为送养人的，应当提交生父母有特殊困难无力抚养的证明和生父母双方同意送养的书面意见。其中，被收养人的生父或者生母因丧偶或者一方下落不明，由单方送养的，并应当提交配偶死亡或者下落不明的证明以及死亡的或者下落不明的配偶的父母不行使优先抚养权的书面声明。

(2) 被收养人的父母均不具备完全民事行为能力，由被收养人的其他监护人作送养人的，应当提交被收养人的父母不具备完全民事行为能力且对被收养人有严重危害的证明以及监护人有监护权的证明。

(3) 被收养人的父母均已死亡，由被收养人的监护人作送养人的，应当提交其生父母的死亡证明、监护人实际承担监护责任的证明，以及其他有抚养义务的人同意送养的书面意见。

(4) 社会福利机构作送养人的，应当提交弃婴、儿童被遗弃和发现的情况证明以及查找其父母或者其他监护人的情况证明；被收养人是孤儿的，应当提交孤儿父母的死亡或者宣告死亡证明，以及有抚养孤儿义务的其他人同意送养的书面意见。

(5) 送养残疾儿童的，还应当提交县级以上医疗机构出具的该儿童的残疾证明。

省、自治区、直辖市人民政府民政部门应当对送养人提交的证件和证明材料进行审查，对查找不到生父母的弃婴和儿童公告查找其生父母。认为被收养人、送养人符合收养法规定条件的，将符合收养法规定的被收养人、送养人名单通知中国收养组织，同时转交下列证件和证明材料：

(1) 送养人的居民户口簿和居民身份证（社会福利机构作送养人的，为其负责人的身份证件）复制件；

(2) 被收养人是弃婴或者孤儿的证明、户籍证明、成长情况报告和身体健康检查证明的复制件及被收养人的照片。

省、自治区、直辖市人民政府民政部门查找弃婴或者儿童生父母的公告应当在省级地方报纸上刊登。自公告刊登之日起满60日，弃婴和儿童的生父母或者其他监护人未认领的，视为查找不到生父母的弃婴和儿童。

（三）涉外收养的批准与通知

中国收养组织对外国收养人的收养申请和有关证明进行审查后，应当在省、自治区、直辖市人民政府民政部门报送的符合收养法规定条件的被收养人中，参照外国收养人的意愿，选择适当的被收养人，并将该被收养人及其送养人的有关情况通过外国政府或者外国收养组织送交外国收养人。外国收养人同意收养的，中国收养组织向其发出来华收养子女通知书，同时通知有关的省、自治区、直辖市人民政府民政部门向送养人发出被收养人已被同意收养的通知。

（四）涉外收养登记

第一，外国收养人应当亲自办理收养登记。外国人来华收养子女，应当亲自来华办理登记手续。夫妻共同收养的，应当共同来华办理收养手续；一方因故不能来华的，应当书面委托另一方。委托书应当经所在国公证和认证。

第二，收养人与送养人应当订立收养协议。外国人来华收养子女，应当与送养人订立书面收养协议。协议一式三份，收养人、送养人各执一份，办理收养登记手续时收养登记机关收存一份。

第三，涉外收养登记的机关。书面协议订立后，收养关系当事人应当共同到被收养人常住户口所在地的省、自治区、直辖市人民政府民政部门办理收养登记。

第四，办理涉外收养登记应当提交的材料。收养关系当事人办理收养登记时，应当填写外国人来华收养子女登记申请书并提交收养协议，同时分别提供有关材料。收养人应当提供中国收养组织发出的来华收养子女通知书及收养人的身份证件和照片。送养人应当提供省、自治区、直辖市人民政府民政部门发出的被收养人已被同意收养的通知及送养人的居民户口簿和居民身份证（社会福利机构作送养人的，为其负责人的身份证件）、被收养人的照片。

第五，涉外收养审查与登记。收养登记机关收到外国人来华收养子女登记申请书和收养人、被收养人及其送养人的有关材料后，应当自次日起7日内进行审查，对符合《收养法》和《外国人在中华人民共和国收养子女登记办法》的，为当事人办理收养登记，发给收养登记证书。收养关系自登记之日起成立。收养登记机关将登记结果通知中国收养组织。

（五）涉外收养公证

收养关系当事人办理收养登记后，各方或者一方要求办理收养公证的，应当到收养登记地的具有办理涉外公证资格的公证机构办理收养公证。

案例 68　中国港澳台居民如何办理收养内地儿童的手续？应提交哪些材料？

事情是这样的

王先生和他的太太（魏女士）于 1996 年结婚，生育有两个儿子，一家人定居在香港。王先生的太太魏女士是从广东某市嫁到香港的。魏女士有一个妹妹生活在广东肇庆。魏女士的妹妹（刘太太）结婚后连着生了三个女儿。王先生和魏女士很喜欢女孩，但是连着生两个小孩都是男孩，眼看自己年龄都快 40 岁了，魏女士觉得自己的身体状况不是特别好，就不想再生小孩了。于是，魏女士向自己的丈夫王先生提议，抱养在肇庆生活的自己妹妹所生的最小的女儿，作为自己的养女。因为这个孩子长得挺可爱，而且才 3 岁多，有利于培养感情。这样魏女士既不用再生育了，家里又能有一个女儿。魏女士的这一想法得到了丈夫王先生的赞同，于是夫妻俩便与在肇庆的妹妹妹夫一家（刘先生夫妇）沟通，得到了刘先生夫妇的积极赞同。

双方家庭都赞同之后，接下来王先生和魏女士着手打听该准备哪些资料，经过哪些程序来办理这样的收养。于是，王先生特意去咨询了相关律师。

律师专线

受理咨询的律师告诉王先生，王先生夫妇要收养在广东肇庆生活的自己的姨外甥女，首先要判断自己是否是合格的收养人、魏女士的妹妹妹夫（即刘先生夫妇）是否是合格的送养人。香港、澳门和台湾居民在收养内地儿童时，关于收养人和送养人以及被收养人的规定与中国内地居民建立收养关系时的规定是一样的，主要依据《中华人民共和国收养法》第 6 条、第 8 条和第 10 条的规定。此外，因为王先生夫妇要收养的是三代以内同辈旁系血亲的孩子，因此，要判断王先生夫妇是否是合格的收养人，除了上述几项条文规定外，主要以《中华人民共和国收养法》第 7 条为依据，即收养三代以内同辈旁系血亲的子女，可以不受该法第 4 条第 3 项（生父母有特殊困难无力抚养的子女）、第 5 条第 3 项（有特殊困难无力抚养子女的生父母）、第 9 条（无配偶的男性收养女性的，收养人与被收养人的年龄应当相差 40 周岁以上）和被收养人不满 14 周岁的限制。

由于王先生夫妇要收养的孩子是有父母的孩子，不属于孤儿、残疾儿童或者社会福利机构抚养的查找不到生父母的弃婴和儿童。因此，王先生夫妇要作为合格的收养人，必须具备：无子女、年满 30 周岁、有抚养和教育子女的能力、身体健康不存在任何不适合收养的疾病（比如精神病、传染病）。而本案例中，王先生和他太太已经有两个儿子了，要收养的对象是有父母的健康孩子，因此，王先生和他太太不属于合格的收养人，所以不能成功办理相应的收养手续。

法律规范

中华人民共和国收养法

（1991 年 12 月 29 日第七届全国人民代表大会常务委员会第二十三次会议通过　1998 年 11 月 4 日第九届全国人民代表大会常务委员会第五次会议修正　自 1999 年 4 月 1 日起施行）

第四条　下列不满十四周岁的未成年人可以被收养：

（一）丧失父母的孤儿；

（二）查找不到生父母的弃婴和儿童；

（三）生父母有特殊困难无力抚养的子女。

第五条　下列公民、组织可以作送养人：

（一）孤儿的监护人；

（二）社会福利机构；

（三）有特殊困难无力抚养子女的生父母。

第六条　收养人应当同时具备下列条件：

（一）无子女；

（二）有抚养教育被收养人的能力；

（三）未患有在医学上认为不应当收养子女的疾病；

（四）年满三十周岁。

第七条　收养三代以内同辈旁系血亲的子女，可以不受本法第四条第三项、第五条第三项、第九条和被收养人不满十四周岁的限制。

华侨收养三代以内同辈旁系血亲的子女，还可以不受收养人无子女的限制。

第八条　收养人只能收养一名子女。

收养孤儿、残疾儿童或者社会福利机构抚养的查找不到生父母的弃婴和儿童，可以不受收养人无子女和收养一名的限制。

第九条　无配偶的男性收养女性的，收养人与被收养人的年龄应当相差四十周岁以上。

第十条　生父母送养子女，须双方共同送养。生父母一方不明或者查找不到的可以单方送养。

有配偶者收养子女，须夫妻共同收养。

第十一条　收养人收养与送养人送养，须双方自愿。收养年满十周岁以上未成年人的，应当征得被收养人的同意。

第十五条　收养应当向县级以上人民政府民政部门登记。收养关系自登记之日起成立。

收养查找不到生父母的弃婴和儿童的，办理登记的民政部门应当在登记前予以公告。

收养关系当事人愿意订立收养协议的，可以订立收养协议。

收养关系当事人各方或者一方要求办理收养公证的，应当办理收养公证。

中国公民收养子女登记办法

（1999年5月12日国务院批准　1999年5月25日民政部发布）

第十四条　华侨以及居住在香港、澳门、台湾地区的中国公民在内地收养子女的，申请办理收养登记的管辖以及所需要出具的证件和证明材料，按照国务院民政部门的有关规定执行。

专家释惑

这个咨询案例是关于港澳台居民如何在中国内地收养儿童的问题。这里简要介绍一下华侨及港澳台同胞在中国内地收养儿童的条件和程序。

首先，港澳台居民和华侨作为收养人的条件。收养人既要符合收养人所在地区有关收养的法律规定，又要符合《中华人民共和国收养法》所规定的年龄、身体等方面的条件。如果被收养人是孤儿、残疾儿童或社会福利机构抚养的查找不到生父母的弃婴和儿童，收养人可以不受“无子女和只能收养一名子女”的一般规定的限制。此外，华侨收养三代以内同辈旁系血亲的子女，也可以不受收养人无子女的限制。

其次，就港澳台居民和华侨收养内地孩子的程序看。华侨及港澳台同胞在内地收养子女，与外国人在中国收养子女的程序的主要差异在于：

一、收养人不需要向中国收养中心进行申请，可以与送养人签订收养协议，也可以不签订收养协议，但双方必须共同到直辖市或设区的市级民政部门办理收养登记手续。

二、港澳台同胞办理登记时所提交的个人信息资料等文件，只需办理相应的公证证明，不需办理认证手续，华侨则需要提供驻其居住国的中国使领馆所作出的认证。

三、华侨以及居住在港澳台地区的中国公民在国内收养儿童应依据1999年5月25日民政部第16号令发布和施行的《华侨以及居住在香港、澳门、台湾地区的中国公民办理收养登记的管辖以及所需要出具的证件和证明材料的规定》提交的下列主要材料。

1. 定居国外的华侨（包括定居国外的港澳台同胞）应提交：护照，收养申请书和年龄、婚姻、有无子女、职业、财产、健康、有无受过刑事处罚等状况的证明。上述证明材料原则上应经其居住国有关公证机构公证及其外交机构或授权机构认证后，由中国驻该国使（领）馆认证。如华侨的出生地、婚姻缔结地是中国，有关收养人年龄、婚姻状况的证明材料可由中国有关机构出具。

2. 定居香港的中国公民在内地收养儿童应提交：收养申请书，香港居民身份证，香港居民来往内地通行证或者香港同胞回乡证，经中国司法部委托的香港委托公证人证明的收养人的年龄、婚姻、有无子女、职业、财产、健康、有无受过刑事处罚等状况的证明。如果定居香港的中国公民的出生地、婚姻缔结地是中国内地或者外国，有关收养人的年龄、婚姻状况的证明材料也可以由中国内地有关机构出具，或者外国有关机构公证、认证，再经中国驻该国使（领）馆认证。

3. 定居澳门的中国公民应提交：收养申请书，澳门居民身份证，澳门居民来往内地通行证或者澳门同胞回乡证，澳门地区有关机构出具的收养人的年龄、婚姻、有无子女、职业、财产、健康、有无受过刑事处罚等状况的证明材料。如果定居澳门的中国公民的出生地、婚姻缔结地是中国内地或者外国，有关收养人的年龄、婚姻状况的证明材料也可以由中国内地有关机构出具，或者外国有关机构公证、认证，再经中国驻该国使（领）馆认证。

4. 台湾居民应提交：收养申请书，在台湾地区居住的有效证明，中华人民共和国主管机关签发或签注的在有效期内的旅行证件，经台湾地区公证机构公证的收养人的年龄、婚姻、有无子女、职业、财产、健康、有无受过刑事处罚等状况的证明材料。如果台湾居民的出生地、婚姻缔结地是大陆或者外国，有关收养人的年龄、婚姻状况的证明材料也可以由大陆有关机构出具，或在外国有关机构办理公证、认证手续，再经中国驻该国使（领）馆认证。